国际贸易实务

（第二版）

李金林　主编

对外经济贸易大学出版社
中国·北京

图书在版编目（CIP）数据

国际贸易实务／李金林主编．—2 版．—北京：
对外经济贸易大学出版社，2011
ISBN 978-7-5663-0230-4

Ⅰ．①国… Ⅱ．①李… Ⅲ．①国际贸易－贸易实务
Ⅳ．①F740.4

中国版本图书馆 CIP 数据核字（2011）第 224462 号

国际贸易实务（第二版）

李金林 **主编**

责任编辑：李晨光 郭华良

对 外 经 济 贸 易 大 学 出 版 社
北京市朝阳区惠新东街 10 号 邮政编码：100029
邮购电话：010－64492338 发行部电话：010－64492342
网址：http://www.uibep.com E-mail：uibep@126.com

山东省沂南县汇丰印刷有限公司印装 新华书店北京发行所发行
成品尺寸：185mm×230mm 20.75 印张 417 千字
2011 年 10 月北京第 2 版 2011 年 10 月第 1 次印刷

ISBN 978-7-5663-0230-4
印数：0 001－5 000 册 定价：38.00 元

前　言

改革开放以来，我国的经济发展和国际贸易取得了举世瞩目的成就，我国国际贸易排名从1980年第32位，到2004年一举突破万亿美元大关，成为仅次于美国和德国的世界第三贸易大国，2009年摘取了全球最大出口国的桂冠。2010年全年进出口总额达到29 728亿美元，GDP达到54 742亿元，超过日本成为世界第二大经济体。而早在2006年就已实现了一个世界排名第一——外汇储备突破2万亿。

我国经济高速发展的过程，是不断对外开放、与世界经济接轨的过程。作为与世界经济接轨一个重要环节的国际贸易，在发展过程中伴随着经济体制的磨擦、竞争与合作的矛盾和文化的交流与碰撞，尤其是金融危机以来，世界经济、国际贸易发展到了一个转折点。全球经济价值向社会化发展、国际市场需求向低碳化发展。与此相对应，道德准则、绿色要求、供应链合作关系愈来愈多地体现在国际贸易规则和实践之中。与此同时，我国经济增长的三大红利——“要素红利、市场化改革红利和全球化红利”逐步衰减，国际市场需求趋缓，国内要素价格上涨，自然环境严重恶化。无论是从外部环境考虑，还是我国发展的内在要求，经济转型、文化强国成为我国经济发展的新目标。适应这种转变，国际贸易实务，也不再仅仅是机械化的业务流程和操作，需要注入文化灵魂；国际贸易人才，也不再仅仅是冷冰冰的、只“会动手”的、国际贸易机器上的一个机械部件，而是有理想、有社会责任的国际贸易机器的设计师（决策人员）或操作者（业务人员）。

为了适应国际贸易对新型国际贸易人才的需求，本书在2009版的基础上，除更新了国际贸易术语外，对本书的结构、内容和相关的延伸阅读以及案例进行了大量增加、更新和修订，增加的国际贸易深层次实务内容包括国际贸易价值、国际分工、市场经济、经济转型等。按国际贸易业务的操作顺序和国际贸易发展趋势，全书分为13章：导论、国际贸易术语、运输与保险、合同价格和价格策略、国际贸易磋商、国际贸易合同、进出口合同履行、国际贸易结算、国际贸易方式、国际贸易争端处理、国际贸易风险管理、国际市场与供应链和当代国际贸易。为了方便读者的理解、练习和思考，本书的设计以远航配件厂和英国阳光贸易公司的国际贸易业务为背景，以他们之间的业务往来和关系发展为主线，安排国际贸易实务知识，提供与这些知识相关的延伸阅读材料和案例，以反映宏观国际经济环境、中观国际贸易行业习惯、微观企业的具体做法，启发读者思考，深刻理解本书内容的含义。本书可作为普通高等教育和高等职业教育的专业教材，国际贸易企业经营人员、业务操作人员自学教材，也可供国际贸易研究人员、经济类、管理类专业人士参考。目录和正文中打“＊”号的内容，可作为高职教育的选修内容，打两个“＊”号的，可作为普通高等教育的选修内容。

此书由李金林设计、主编和定稿，并编写了第 1、4、7、12 和 13 章以及全书中的延伸阅读和案例；天津滨海职业学院陈明舒任副主编，并编写了第 2 章、第 3 章；天津滨海职业学院王文杰任副主编，并编写了第 8 章、第 11 章；广西大学韦苏使任副主编，并编写了第 5 章，第 6 章；第 10 章由天津滨海职业学院赵红梅编写；第 9 章由光大银行周瀛编写；三位副主编还分别校核了第 1 至 4 章，第 5 至 8 章和第 9 至 12 章。书中疏漏和错误之处，敬请广大教师、读者提出，以便日后充实与完善。有何问题，恭请大家垂询、赐教与交流。

李金林

2011 年 6 月 1 日于天津

Email：agodslave@ qq. com 或 unient@ 163. com

目　录

第1章　导　论

1.1　学习本章的任务和应掌握的知识点

1.1.1　学习本章的任务

下面是东莞远航电子配件厂的简介和英国阳光贸易公司（简称阳光公司）发给配件厂的传真，通过本章的学习，以远航电子配件厂外贸部业务员的身份作出答复（在本书所有的练习中，没有特殊说明，请读者均以此身份考虑、回答问题或完成任务）。

SAILING ELECTRIC ACCESSORIES FACTORY

INTRODUCTION

SAILING, founded in 1993, is now a leading enterprise in Canton integrating R&D, design, manufacture, sales and service of electric accessories.

With the efforts of our excellent staff, based on ISO90022 and ISO100044, we have also obtained safety approval of UL and cUL in USA, CSA in Canada, SAA in Australia, CE in European Community, BS in England, VDE/GS in Germany, NF in France, KEMA in Netherland, SEMKO in Sweden, OVE in Austria, DEMKO in Denmark, FI in Finland, IMQ in Italy, SEV in Switzerland, CEBEC in Belgium, PSE in Japan and so on. Our products have been exported to all over the world and get good reputation in the world markets.

To establish long-term strategic business relationship with customers both domestic and abroad, we are always ready to offer the most competitive advantage in quality, price, as well as cooperative terms. If interested, please contact us without hesitation.

Mr. Dragon Yellow, Export Manager
Sailing Electric Accessories Factory
Freedom Village, Tiger Gate Town, Dongguan, Guangdong, China 523000
Tel 86 – 769 – 1234567; Fax 86 – 769 – 1234568; Email: exp@ sailing. com

GREAT BRITISH SUNSHINE TRADING CO., LTD
8A Grand Parade, Light Street, Middx, HA8 7JS
Tel: 44 – 181 – 923 0000 Fax: 44 – 181 – 904 1111 Email: parade@ sunshine. com

Fax To:	Sailing Electric Accessories Factory	Our Ref:	E0301/LV
Fax No:	86 – 769 – 1234568	Your Ref.	
Attn:	Export Manager	Date:	××××/03/01

Dear Sir or Madam:

Re: SOCKETS AND BULBS

We know your name and address by the courtesy of our Embassy and would like to establish direct business relationship with you.

To that purpose, would you please send us some samples and your latest catalogues by currier, so that we could see the possibility? As to our company, may I refer your to our website, www. sunshine. com. uk?

Your early reply is appreciated.

Sincerely yours
Angel Love
Assistant Manager
For SUNSHINE

1.1.2 学习本章应掌握的知识点

1. 比较优势理论与比较优势陷阱
2. 比较优势理论在国家国际贸易战略中和企业国际贸易经营中的指导意义和局限性
3. 国际贸易可以给企业带来的经营优势
4. 国际贸易的性质和特点
5. 国际贸易管制政策对企业经营、国民经济及个人幸福的影响
6. 企业国际贸易的价值选择
7. 国际贸易与国内贸易的关系
8. 国际贸易中政治因素与经济因素的关系和处理
9. 直接出口与间接出口的选择原则
10. 国际贸易实务的知识结构
11. 从事国际贸易应具备的素质
12. 国际贸易的原则
13. 国际贸易实务的学习目标和学习方法

1.2 国际贸易概述

国际贸易是指不同国家或地区的企业或个人之间的商品和/或劳务的交换活动，这是划分国内贸易与国际贸易的标准，对于交易规则和法律的适用起着决定性的作用。

1.2.1 国际贸易的性质

1. 贸易的性质

人们所处的地域差异造成了人们拥有资源的不同，需要通过互通有无来交换；人们的先天禀赋和后天差异导致了人们的优势能力不同，欲以较少的要素投入取得较大的经济收益，就需要通过劳动分工和商品交换来实现。分工是交换的基础，决定着交换商品的类别、特性以及交换利益的多寡；交换是分工的保证，分工利益需要通过交换来实现。所以说贸易是人们互通有无、分工合作的需要，是一种自发的经济行为。因此，贸易，包括国际贸易，具有自然属性，是不以人们意志为转移的经济规律。

2. 国际贸易的性质

有了人，就有了物品交换，也就有了贸易。而国际贸易是随着国家的产生而产生

的，是国家边界划分的产物。国家之间的界限不是自然的划分（虽然在一定程度上受到地理的影响），而是一种所谓“主权”的划分，这两个不同“主权”下的企业、个人之间的贸易就被套上了政治的枷锁，自然、自由的国际贸易只能在主权掌控下进行。虽然也有试图摆脱国家控制的自然“国际贸易”，但那被排斥在合法的国际贸易之外，被称之为“走私”，受到“主权”的禁止和打击。因此，国际贸易具有自然的经济属性和人为的政治属性双重性质。虽然国家的产生使得国内贸易也失去了原始的自由，但国家对国际贸易的管制比国内贸易要多得多，管制措施也更为复杂。

国际贸易的自然属性决定了国际贸易的市场性、自由性，而国际贸易的政治属性决定了国际贸易的国家性、管制性。国际贸易不再仅是经济活动主体间利益的交换，而且是国家间利益的交换，也是国内各阶层、各行业之间的利益调整。因此，国际贸易是经济规律与主权控制相互作用的结果，不但受经济规律的驱动，也受到相关国家政治的调控，进而得到“主权”国家的鼓励、限制或者禁止。

1.2.2 国际贸易的特点

国际贸易的性质决定了国际贸易的特点，国际贸易性质的双重性，使得国际贸易经营比国内贸易要复杂得多，呈现出不同于国内贸易的许多特点。

1. 贸易环境复杂

由于国际贸易的主体分属不同的国家或地区，各国的政治制度、法律体系、经济体制、文化背景、价值观念、思维逻辑等都有较大差异。在国际贸易业务中，既要考虑本国政府宏观的经贸政策、法律规定，也要考虑到外国的市场变化、贸易惯例和习惯做法，甚至要考虑国际政治、经济、金融形势的变化，贸易环境错综复杂。

贸易环境复杂是指涉及的国家多，并不意味着外国市场环境一定比国内市场环境复杂。比如欧美法律制度完善，商业活动规范，商家资信水平高，所以有些企业因此而选择了国际贸易，只要按商业规范行事，贸易利益比国内就更有保障；而也有一些国家，政策透明度低，贸易风险更为难控。

2. 程式化水平较高

由于各国文化、语言、贸易做法的巨大差异，国际贸易主体之间的了解相对较少，为了方便贸易往来，就要按照一个通用的规则来进行商业沟通和处理商业关系。因此，国际贸易通常程式化高，规范性强，只有技术风险，交易中只考虑经济因素、学好国际贸易知识就行了。如一般不用建立个人友谊，不用刻意选择交流用语。虽然有些国家更不规范，但一般小额贸易都相对遵守国际贸易准则。

但对于大的跨国公司、国有垄断公司、与非法治国家企业的大宗交易，贸易主导国（能否成交起决定性因素）的环境就至关重要了——程式、规范或者潜规则就要服从主导国相关主体的意志了。对于潜知识更复杂、风险更大的目标市场，企业的国际贸易经营要相应地制订完备的风险管理制度，甚至基于企业价值需要在接受市场规范和放弃市场二者之间作出选择。

3. 涉及的环节多

由于国际贸易涉及国家的经济利益和安全利益，且受多个政治实体的约束，国际贸易的管理措施多，手续复杂，一般要涉及经营环节的经营权限和范围，合同履行环节的货物通关、进出口许可证、配额、商品检验、外汇管制、产品质量标准和包装等规定，甚至对从业人员的资格认证与管理。由于国际贸易复杂性和运输路线长，需要的中间服务涉及运输、保险、结算、商检等。

4. 履约风险大

由于贸易环境复杂和涉及的贸易中间环节多，在交易过程中考虑不周或在任一履行环节出现问题，都会影响交易利益的实现，甚至造成重大损失。这些风险既有人为因素，也有自然环境的因素。如国际局势、进出口国家政治经济状况和管理政策、外汇管制与波动、市场变化、长途运输和语言障碍等。对于人为因素造成的环境性风险，需要管理人员通过企业管理、公共关系和客户关系等来控制；对于自然环境风险和程序性操作风险，需要业务员通过学习国际贸易操作知识来控制。

5. 预期利益大

国际贸易复杂性、繁琐的程序成为从事国际贸易的门槛，使国内市场与国际市场的价格差异较大，而且大容量的国际市场可以给企业提供更大的经营空间。从采购方面看，国际贸易可以从更大范围内寻找可靠的供货商，保证企业经营和降低采购成本；从销售方面看，可以扩大市场，增加规模效益。因此国际贸易的预期经济利益比国内贸易或者说比单纯的国内贸易要大得多，封闭经济体的国际贸易尤为如此。当然，由于环境生疏与距离遥远的关系，国际市场开发初期投入相对也较大。

6. 商品交换伴随着文化交流

由于国际贸易要跨越国家的制度性藩篱，这个隔断世界人民往来的藩篱又由国家主权、意识形态和边界管制措施而强化，不同国家的群体在相对隔离的环境中创造和形成了不同、甚至迥异的文化。这种文化不但通过人们的行为（包括国际贸易）表现出来，也浸透在国际贸易所交换的物质产品之中。小到贸易洽商地址写法和称呼，产品销售所用的产品说明、标签、包装，检验、纠纷解决等合同条款的选择，大到不同国家的不同外贸管制政策——环保、道德标准与贸易壁垒，汇率，反倾销反补贴与公平贸易，知识产权保护等，都体现出不同国家的文化特征。因此国际贸易在商品交换的同时，伴随着文化交流、文化冲突、文化适应与文化融合。尤其是贸易大国、大企业、大企业家，其文化影响力需要随着经济往来而不断提升。

7. 对从业人员的综合素质要求高

预期利益大是国际贸易的动力，要想取得预期利益就要求国际贸易从业人员具有较高的道德素质、心理素质和业务素质。道德素质要求从业人员具有较高的工作责任心、集团利益感和人类价值使命，这是提高业务素质和发挥业务能力的基础；心理素质要求从业人员有较强的自制力、协调力和意志力，这是业务素质得以发挥的前提；业务素质是指知识结构与水平、观察能力、思维能力、表达能力、应变能力和决策能力，这是防范国际贸易风险、获得国际贸易预期利益、实现国际贸易价值的保证。本书内容的设计是以培养国际贸易人员的业务素质为核心，同时尽可能提供业务背景和灵活的操作技巧，使学习者的其他能力也得到相应的锻炼。

1.2.3 国际贸易的原则

国际贸易原则是指导国际贸易从业人员的行为依据，这些原则既是商业原则，也是做人的原则，但有时也受到环境的制约在具体经营决策中有所变通或打折扣。人们不仅需要适应环境，也需要智慧改善环境。

1. 社会责任原则

企业经营追求的是利润，但追求利润要建立在合理、合法、公正的基础上，并承担相应的社会责任。一个不负社会责任，甚至恶化社会环境、自然环境的无良企业，即使侥幸成功一时，也可能在与激化的社会矛盾冲突中丧失存在，而决不会成为百年老店。

2. 自愿互利原则

自愿是指自愿商订国际贸易合同，但合同一旦签订，必须执行。根据契约自由的原则，非自愿的合同是无效的。所谓互利，是指双方都满意，否则即使签订了合同，也容易出现问题——合同不履行或不能如期履行，而且互利是交易双方长期合作的基础。

3. 友好平等原则

对外商友好、礼貌要建立在平等的基础上，不要刻意表现出过度的热情与虚假，尊重对方习俗。而且对外商要以诚相待，建立良好的互信关系。

4. 遵守行业规则

在国际贸易业务中，要说内行话、做内行事儿，遵守国际贸易惯例，切勿给人外行的感觉。否则很难赢得对方的信任与合作，甚至造成不必要的损失。

1.2.4 国际贸易注意事项

1. 要找好经营的产品和交易市场

经营的产品要在国际市场上具备一定的优势，如质量好、价格低、新颖性等。否则产品卖不出去，空耗精力和费用。即使能卖出一次，不能形成循环订单、批量订单，获利不能弥补市场开发的支出。对于交易市场，不仅要考虑企业的产品在这个市场上是否有竞争力，还要考虑这个市场的风险和开拓此市场的成本。

2. 不打无准备之仗

在开始从事国际贸易或与交易对手磋商前要认真准备。了解商品知识、市场情况、出口要求，切忌推销了产品，国外客户询问质量、价格或包装等，迟迟不能回复。这将降低磋商效率、增加交易费用，甚至给对方造成业务外行、工作粗心的不良印象。尤其是第一次与对方打交道，充分的准备、良好的磋商表现，可以给对方一个好印象，起到事半功倍的作用。

3. 提高国际贸易风险防范意识

国际贸易环境复杂多变、程序手续繁琐，业务风险多。而且国际贸易合同数额一般较大，失误酿成的损失也较大。因此，在国际贸易中，应把风险控制提高到与业务经营并重的高度，对风险做到事先预防、事中跟踪、事后控制，为国际贸易经营保驾护航。国际贸易防范最好的措施就是合作伙伴的选择，基于共同社会责任价值的企业的合作风险只有经济因素，而纯粹建立在追求物质财富基础上的企业，合作风险除了经济因素之处，还有相互的竞争与不信任。

4. 谨慎处理影响国际贸易的政治因素

政治和经济互为依存、互相影响，国际政治局势、国际贸易双方国家的政治制度都制约着企业的国际贸易经营，企业要看大势，正确处理企业价值与国际价值、预期利润与风险、长期利益与眼前利益的关系。在国际贸易业务中，相同的政治倾向、共同的价值观念方便双方建立合作关系和深化合作的层次，把握对方的政治观点和交易心理，适度谈几句政治问题有时可以起到意想不到的良好磋商效果，但谈不好可能会适得其反。

1.2.5 直接国际贸易与间接国际贸易的选择

按照贸易对象所在国家，国际贸易可以分为直接和间接国际贸易两种方式。目前我国中小企业大多采用间接国际贸易方式——通过第三者的出口渠道把产品销售到国际市场。间接国际贸易的渠道有四个，一是国内经销商或代理商；二是国内进出口公司；三是自营出口的生产企业；四是外国在华投资企业或在中国有分支机构的公司。

1. 直接国际贸易和间接国际贸易的优劣

（1）直接国际贸易：直接国际贸易方式减少了中间环节，沟通便捷，效率高，费用低，而且可以及时获得市场信息和综合运用各种营销策略。但直接出口的风险大，先期投入成本较高。

（2）间接国际贸易：间接国际贸易的交易对象是国内企业，与国内贸易无异，因而没有上述所说的国际贸易手续和风险，企业也不需要了解国外市场、开发国外市场和掌握进出口贸易的知识和经验，优点是方便、成本低、风险小；但经过第三方出口，国际贸易较高的预期利润也由第三方获取，因而收益小，同时渠道也不稳定。这种方式通常作为企业进入国际市场的突破口。

2. 直接国际贸易和间接国际贸易选择的影响因素

企业对国际贸易方式的选择，应该从成本与收益、国际贸易风险和企业的国际贸易能力及未来发展综合考虑，权衡利弊，作出决策。在选择中主要考虑的因素有：

（1）企业实力：企业实力是选择国际贸易方式重要的影响因素，一般说来，实力强的企业可以选择直接国际贸易方式，建立自己的国际贸易网络。对于实力相对较弱的企业，选择独立的中间商进入国际市场是较好的方式。随着国际贸易知识和经验的获得，企业可以通过选择佣金代理的方式来加强对出口贸易的主导权，克服间接方式给企业营销带来的不利影响。

（2）进出口规模：进出口贸易的规模大，且连续进出口，企业应该选择直接国际贸易方式。即使间接进出口，也只能选用代理的方式，以更好地掌握国际贸易的主动权。

（3）产品特点：对于新产品，成熟期的产品，为了开拓市场或保持市场份额，应根据情况，实施多渠道销售战略，直接出口与间接出口并行；而对于专业化较强、销售量不大的产品一般选择间接渠道降低成本。

（4）市场情况：市场容量小、国际贸易风险大的市场，中间商可以起到降低出口成本和缓冲风险的作用。

（5）企业发展：直接出口先期开发费用高，需要组建专业化的国际贸易队伍。但只要企业有独立支撑国际贸易经营的潜在需求，就有必要对直接国际贸易进行先期投资。

随着世界经济一体化，直接国际贸易方式或者选择佣金代理将愈来愈普遍。企业无论采用什么贸易方式，设立一个独立的或附属于销售部门的国际贸易机构，来处理进出口业务、积累国际贸易经验是生存和发展的必然要求。

1.3 国际贸易实务的知识结构和学习方法

常言隔行如隔山，是说各个行业都有与其他行业不同的行业特点、习惯做法和行为规范。国际贸易也不例外，在长期实践中形成了一套行业性交易习惯和做法，以及国家的一系列管制措施。

1.3.1 国际贸易实务的知识结构

1. 国际贸易价值规范

国际贸易是人们社会活动的一部分，国际贸易价值是一个社会人而非纯粹的经济人首先要考虑和确定的国际贸易方向。虽然它受国际贸易环境的制约，但同时也影响和改变着国际贸易环境、国际社会环境和人类的生存状态。价值观是文化的基因，不同的国家、不同的企业有不同的基因，因此也就有不同的国际贸易价值。价值观属于哲学层面的知识，人类能否形成共同的存在价值也有待理论探索与社会实践，但它时时刻刻影响着人们的一切社会活动，在国际贸易的文化交流和产品交换中发生着碰撞与融合，对国际贸易中的市场营销、供应链建设、企业综合竞争力起着决定性的作用。虽然国际贸易价值无法给出一个标准的规范，本书中的一些阅读文章和案例、供应链建设等内容，提供了旨在激发国际贸易工作者思考与探索的做法和提示。

2. 国际贸易业务规范

国际贸易价值是国际贸易行为的自我规范，而国际贸易业务规范则是国际贸易行业普遍接受的技术性规则，是从事国际贸易必须掌握的业务知识。这些规则是在长期国际贸易实践中形成的，所以被称之为国际贸易惯例。但我们应掌握的国际贸易惯例，是由权威的国际组织或商业团体对国际贸易中形成的习惯做法进行统一解释、规范，编纂成册和在国际贸易中被广泛接受的国际贸易准则。本书介绍的国际贸易惯例主要包括：

（1）2011 年 1 月 1 日开始生效的《2010 年国际贸易术语解释通则》（International Rules for the Interpretation of Trade Terms），简称《2010 通则》（INCOTERMS 2010）。

（2）2007 年 7 月 1 日开始实施的跟单信用证统一规则（Uniform Customs and Practice for Commercial Documentary Credits），称为《国际商会 600 号出版物》（简称《UCP600》）。

（3）1996 年 1 月 1 日开始生效的《托收统一规则》（Uniform Rules for Collection, ICC Publication No. 522，简称《URC522》）。

3. 法律规范

法律规范是指与国际贸易相关的法律、法规所确定的包括交易和国家管理在内的经营规则，在国际贸易中的作用体现在以下三个方面：

（1）规范道德行为：道德是人的立身之本，良好的商业道德是赢得合作伙伴、客户乃至整个社会信任的前提，因而商业道德是在国际贸易行业中的立身之本，诚信、公平、尊重他人和磋商礼仪等是基本的商业道德。但仅靠道德规范不能保证正常的国际贸易秩序，良好的法律规范可以为道德规范提供可靠的实施环境。

（2）规定和完善业务规范：业务规范是根据国际贸易的需要不断发展和完善的，

在实际业务中交易主体对业务规范的解释分歧或产生的纠纷在已有的业务规范中找不到依据时，必须由法律提供纠纷解决的规则和途径。

（3）体现统治阶级或公民的意志：国家作为保障统治阶级利益或公民利益的机构，必然要把统治阶级或大多数公民的意志通过法律、法规体现在对国际贸易的管制之中。国际贸易价值是企业社会责任、个人社会责任和经营决策的行为取向，它与国家法律规范可能不尽一致，甚至会有冲突，企业在国际贸易经营中如何处理这种冲突也是经营中必须面对的问题，国际贸易必须接受国家的管制，挑战规则将受到行政处理和法律制裁。本书主要介绍我国法律、世界主要国家法律关于国际贸易的内容，例如世界上多个国家协调签订的《联合国国际货物销售合同公约》，以及电子商务方面的相关法律，供国际贸易从业人员决策参考。

4. 服务环境

任何企业的经营都需要其他企业提供的服务，随着科技的发展和专业化程度的提高，企业愈来愈专注自己的核心业务，而把非核心业务通过外包委托专业服务公司处理，经营所需要的服务愈来愈多。传统上国际贸易需要的服务主要是运输、结算、通关、商检、保险和仲裁。现在需要的服务领域大大拓宽，如认证、咨询、催债、市场调查、物流服务、电子商务服务等。虽然这些业务通过外包交由专业公司处理，但国际贸易人员也必须了解这些业务，因为这些业务直接关系到企业经营所承担的费用、风险和竞争能力。

5. 流程和操作

国际贸易活动要通过一定的形式和程序表现出来，这涉及大量国际贸易的具体操作知识，包括交易磋商过程、合同条款、合同履行、支付结算、纠纷解决、贸易方式选择、经营风险控制、供应链建设和企业发展战略等。

6. 业务技巧

由于人们的价值观念、思维方式、应变能力等存在差异，即使知识水平相同，处理外贸业务的方式和由此产生的结果也会千差万别，这种业务技巧没有固定的模式，需要在实践中不断学习和揣摩。本书以真实国际贸易环境和一个真实企业的外贸业务为背景，为读者提供一个真实的学习、揣摩和决策的环境。其中的思考与练习、延伸阅读材料、案例分析为加深读者对所学业务知识的理解和提高读者的业务技巧提供了从多个角度观察、分析、解决问题的途径。

1.3.2 国际贸易实务的学习方法

国际贸易实务是一门操作性非常强的课程，最好的学习方法是理论联系实际，本书推荐以下两种实践方法并用。

(1) 项目驱动法：所谓项目驱动，就是提出一个项目——要完成的一项或一组任务，学习内容和安排围绕完成项目的需要来设计和实践。本书的内容设计就是采用项目驱动，每一章是一个小项目，是整个国际贸易的一个环节，把每章按顺序连接起来就构成了一个完整的国际贸易大项目。请读者模拟一个生产型或贸易型企业，把书中的项目转变为模拟企业的业务，为完成这个业务提出的任务，进行学习、思考、讨论和操作。通过学习、完成全书的训练，读者可以接触到国际贸易业务的各个环节——样本编制、寻找客户、价格核算、交易磋商、合同履行及纠纷解决等国际贸易实务的全程操作。

(2) 真实操作法：真实操作法是指真正地以外贸人员的身份，与国外商人磋商和交易。商务环境是一个涉及全球政治、经济、金融等各个方面千变万化的环境，要训练国际贸易的应变操作能力，只有到真实的环境中去。价格低廉的电子商务技术提供了这种真实操作的可能性，但最好在有经验的人员指导下进行。

1.3.3 学习本课程要达到的目标

本书是根据国际贸易业务内容和操作要求设计的。而不同的工作岗位对知识的要求是不同的，从学习者的角度来讲，每个人的理解能力和掌握程度也是不同的。根据知识掌握的层次和工作岗位，学习本课程的目标可以分为以下四个层次。

(1) 初级目标：掌握一些国际贸易基础知识，包括贸易术语、国际贸易运输、保险，以及从事为国际贸易服务的工作，如国际物流服务、保险服务、报关代理等。通常这不需要掌握太多书中的英文和案例，也不需要完成书中设计的项目。

(2) 中级目标：能够独立地进行国际贸易操作，掌握书中的国际贸易术语、国际贸易运输、价格核算、国际贸易磋商、国际贸易方式、国际贸易结算等知识，具有英文书面交流的能力，对书中的案例有较强的分析能力，可以从事国际贸易各个环节的工作。

(3) 高级目标：能够全面掌握书中的知识，具有创造性思维能力，能够洞察国际贸易形势和我国国际贸易中的问题，并灵活运用于企业国际贸易业务。对书中的延伸阅读内容，如国际贸易原则、定价原则、博弈策略、国际分工、国际贸易与国内贸易的关系、当代国际贸易等知识点要有清醒的认识，对这类问题的分析要有独到的见解，提出的解决方案能够不拘固有知识、经验的束缚，有创新、有可行性。这要求学习者在学会、弄通书本知识的同时，动态地关注国际贸易形势，能够捕捉和分析国际贸易中的热点问题。达到这个目标，可以从事企业国际贸易的决策、战略规划、营销策划等管理方面的工作。

(4) 参考目标：这是为研究性人员、思考型人士设定的目标，能够站在哲学的高度独立思考人类价值，国际贸易价值，国际贸易价值与人类价值的关系，从而在国际贸易中的文化交流、供应链建设、企业社会责任等方面有所思考、有所探索和有所突破。这个目标既可认为是最高目标，也可认为是最低目标，因为人人都可以很容易地仰望天空，进行思考和实践，人人都可身体力行；反之就成了很难达到的最高目标。

延伸阅读 1—1* Comparative Advantage

The theory of comparative advantage is perhaps the most important concept in international trade theory. There is a popular story told amongst economists that once when an economics skeptic asked Paul Samuelson (a Nobel laureate in economics, 1969) to provide a meaningful and non-trivial result from the economics discipline, Samuelson quickly responded with, "comparative advantage."

The original idea of comparative advantage dates to the early part of the 19th century. According to "Ricardian model" describing the theory, if we want to maximize total output in the world, first, fully employ all resources worldwide; second, allocate those resources within countries to each country's comparative advantage industries; and third, allow the countries to trade freely thereafter.

What is comparative advantage? How can the world maximize the total output? What a country will get from allocate its resources to its comparative advantage industries and free trade internationally? Let's take two countries with two products to illustrate the theory of comparative advantage and its usage in international trade. Assume that England is more productive in producing both wheat and cloth than Australia, say 1UPR (unit of productive resources) can produce

Table 1	Wheat	Cloth	Domestic Price
In England	40B (bushels)	100Y (yard)	0.4 B/Y
In Australia	30B	50Y	0.6 B/Y

England has absolute advantages in producing both the two products over Australia though, its advantage in producing cloth over Australia (100/50 = 2) is more than in producing wheat (40/30 = 1.3). Compared with wheat, we say producing cloth is England's advantage—this is comparative advantage.

Similarly, it seems that Australia has absolute disadvantages in producing both the two products over England, but its disadvantage in producing wheat over England is less than in producing Cloth. Compared with cloth, we say producing wheat is Australia's comparative advantage.

As "Ricardian model" says, England should specialize in producing cloth, while Australia in producing wheat. That is to say both countries allocate their resources to the advantage industries. In this way, the total output of the two countries will rise. And both countries will enjoy more goods from free trade. To identify those, we further suppose that both of the two countries possess 100 UPR, 60% of which is allocated in producing cloth and 40% in producing wheat. Their outputs under autarky are listed in table 2.

Table 2	England	Australia	Total
Cloth	60 UPR × 100Y/UPR = 6 000Y	60 UPR × 50Y/UPR = 3 000Y	9 000Y
Wheat	40 UPR × 40B/UPR = 1 600B	40 UPR × 30B/UPR = 1 200B	2 800B

If the two countries specialize in their comparative advantage industries, the outputs will become those as table 3 shows. The total outputs rise.

Table 3	England	Australia	Total
Cloth	100 UPR × 100Y/UPR = 10 000Y		10 000Y
Wheat		100 UPR × 30B/UPR = 3 000B	3 000B

The comparative advantage could be also identified from prices. From table 1, the cloth's price is 0. 4B/Y in England, lower than 0. 6B/Y in Australia. England can benefit from specializing in producing cloth, buying wheat from Australia at a lower price and selling cloth to Australia at a high price than domestic price. While Australia's comparative advantage good is wheat, for the domestic price (50/30 = 1. 6Y/B) is lower than in England (100/40 = 2. 5Y/B).

The exchange price between the two countries will be within 0. 4B/Y and 0. 6B/Y. If the price is lower than the bottom limit 0. 4, England will not buy Australian wheat, for the price is higher than domestic. And in case the price is higher than the top limit 0. 6, Australia will prefer to produce cloth itself. Only the exchange rate is within the said limits, could both of the two countries benefit from specializing and free trade. Say they exchange 3 500 yards of cloth with 1 750 bushels of wheat, the ratio is 0. 5B/Y, the quantities of goods the two countries enjoy and the increased quantities from autarky to free trade are as follows.

Table 4	England	Increased quantities	Australia	Increased quantities
Wheat	0 + 1 750 = 1 750B	1 750 - 1 600 = 150B	3 000 - 1 750 = 1 250B	1 250 - 1 200 = 50B
Cloth	10 000 - 3 500 = 6 500Y	6 500 - 6 000 = 500Y	0 + 3 500 = 3 500Y	3 500 - 3 000 = 500Y

Perhaps there is no room for doubt about the interests which might be got from international trade, the main thing we care about is the trading price. In the above mentioned illustration, the higher the cloth's price is, the more benefit England will get and the less remains for Australia. The effort of clerks in international trade is to gain more without the sacrifice of international cooperation.

延伸阅读 1—2 商务部称中小企业开拓国际市场可获无偿资助

想开拓国际市场的中小企业如果需要资金，可以向商务部、财政部共同建立的“中小资金”寻求帮助，可以一次获得无偿资助所需资金的七成。

“中小资金”全称为中小企业国际市场开拓资金，用于支持中小企业参加境外展会、认证、国际市场宣传推介、开拓新兴国际市场等活动。只要是出口额不超过1 500万美元的中小企业，都可以申请这项资金，一般能获得的无偿资助达海外活动所需资金的50%。

商务部财政司司长李荣灿说：“拉美等地进行市场拓展，可以得到70%的资助。出口高科技、农产品的，我们会优先考虑。”

1999年“中小资金”设立以来，目前已经资助了7.6万家中小企业，资助额累计达到50亿元人民币，带动出口额347亿美元。有关资金使用办法、规定、政策等全部在商务部政府网站公布，资金申请、审批等也全部通过网上进行，以确保资金使用的公开和透明。企业可登陆中小资金网站（www. smeimdf. org）进行在线申报。

《中小企业国际市场开拓资金管理办法实施细则（暂行）》，请查询外经贸计财发[2001] 270号文件。中小企业办公室地址是北京东安门大街82号；电话：010-85226478/83；传真：010-85226482。

（摘编自搜狐产经《中小企业国际市场开拓资金无偿资助申报方法》，2007-1-18。）

延伸阅读 1—3 个人取得对外贸易经营权

作为我国对外贸易领域法律制度的重大进步，新的《对外贸易法》终于在十届全国人大常委会第八次会议获得通过并于2004年7月1日正式施行，其中一个重要的亮点就是允许自然人依法从事对外贸易活动。

西方国家对外贸易法历来重视对外贸易经营主体问题，把它作为外贸制度的基础。美国外贸法专家认为，是否允许个人或所有企业从事外贸，是一国对外贸易法的基石，犹如一国宪法是否保护人权一样重要。对外贸易主体问题直接关系到对外贸易的自由问题。西方各国的外贸法对此都作出了相当宽松的规定，美国、欧盟及日本等西方国家都规定了其自然人、法人及合伙企业都能自由获得对外自由贸易权。

市场经济的特点就是提倡自由，反对垄断。原《对外贸易法》在限定外贸经营者范围的同时还规定了对外贸易经营者的许可制度，并对生产企业、商业、物资企业的自营进出口权规定了严格的审批制度。在这样的体制下，外贸经营权由政府授予一部分国有企业，成为它们独享的权力。这种实际上由政府垄断外贸经营权的做法，无疑在有外贸经营权和无外贸经营权的企业之间造成事实上的不平等，其结果就是限制了市场、限制了竞争，把大多数企业，特别是民营企业排除在国际贸易和商业竞争之外，而且容易被视为贸易壁垒。实际上，外贸经营权属于企业经营权，在市场经济条件下理应受到法律保护。WTO使世界经济全球化，打破由原先那种只有部分国有企业才能享有对外贸易经营权的局面，将这种权利变为每个公民都能享有的权利是大势所趋。

根据《中华人民共和国加入议定书》第5.2条和《中国加入工作组报告书》第84段（a）中的承诺，在贸易权方面应给予所有外国个人和企业，并不低于给予在中国的企业的待遇。这就意味着中国的自然人应同外国的自然人一样，也应当能够从事对外贸易经营活动。特别是在技术贸易和国际服务贸易、边贸活动中，自然人从事对外贸易经营活动已经大量存在。新修订的对外贸易法充分考虑到这些因素，在外贸经营者范围的划定上做出了重大突破——新法第二章《对外贸易经营者》第八条中规定："本法所称对外贸易经营者，是指依法办理工商登记或者其他执业手续，依照本法和其他有关法律、行政法规的规定从事对外贸易经营活动的法人、其他组织或者个人。"首次将自然人纳入到对外贸易的经营主体当中。

（摘编自《个人取得对外贸易经营权》，www.66wen.com，2004-5-21。）

延伸阅读 1—4* 比较优势陷阱

所谓"比较优势陷阱"是指一国完全按照比较优势理论，生产并出口初级产品和劳动密集型产品，在与技术和资本密集型产品出口为主的经济发达国家的国际贸易中，虽然能获得一定利益，但贸易结构不稳定，总是处于不利地位，从而落入了"比较利益陷阱"。

（1）初级产品比较优势陷阱：它是指执行比较优势战略时，完全运用劳动力资源和自然资源优势参与国际分工，只能获得相对较低的附加值。并且比较优势战略的实施还会强化这种国际分工形式，使发展中国家长期陷入低附加值环节。由于初级产品的需求弹性小，加上初级产品的国际价格下滑，发展中国家的贸易条件恶化，甚至是贫困化增长现象的出现就不可避免了。

(2) 制成品比较优势陷阱：由于初级产品出口的形势恶化，发展中国家开始以制成品来替代初级产品的出口，利用技术进步来促进产业升级。但由于自身基础薄弱，发展中国家主要通过大量引进、模仿先进技术或接受技术外溢和改进型技术等方式来改善在国际分工中的地位，并有可能进入高附加值环节。但是这种改良型的比较优势战略由于过度依赖技术引进，使自主创新能力长期得不到提高，只能依赖发达国家的技术进步。

国际贸易发展的现实表明，比较优势战略不能改变发展中国家经济落后面貌，也无法改变国际贸易利益分配中的不公平现象。比较优势战略由于过分地强调静态的贸易利益，而忽略了贸易的动态利益，即对外贸易对产业结构的演进、技术的进步以及制度创新的推动作用。长期执行单纯的比较优势战略会造成一国的产业结构得不到升级，而且具有固化原有产业分工的作用，使发展中国家处于国际分工的不利地位。由于侧重于发挥资源和劳动力的优势，还会引起对与强化资源和劳动力优势关系不大的先进技术特别是劳动替代技术或资源替代技术的不重视甚至是排斥，从而使发展中国家享受不到现代高新技术进步带来的利益，甚至造成自然资源与劳动力资源的枯竭。长期执行比较优势战略还会使国内的要素所有者收入发生分化，产生一批既得利益者。在现有贸易制度下的既得利益者会采用各种方法阻止制度创新，而未得利益者又因为经济和政治的影响力低，无力改变现有制度，从而使发展中国家无法突破贫困制度陷阱。

发展中国家必须调整自己的贸易发展战略，突破比较优势战略的束缚，以技术进步和制度创新为动力，以产业结构升级为手段，以全面提高本国产业的国际竞争力为目标，更多地分享国际贸易利益。

延伸阅读 1—5** 随市场经济发展而泛滥的走私活动

走私是指不向国家海关申报或不如实申报而进行国际贸易活动的行为。

2008 年上半年，全球性粮食价格暴涨，37 个国家面临粮食安全危机，许多国家因此爆发了骚乱，国内外大米价格甚至相差 4 倍，我国一向不太起眼的大米和面粉成了新的走私品种，就连世界头号大米出口国的泰国，也成了中国粮食走私的目的地，深圳、拱北、昆明、南宁、杭州等多个海关陆续查获粮食走私案件。

与粮食出口走私不同的是石油的进口走私。在 2006 年元旦前举行的“广州反走私综合治理 25 周年”会议上，市打私领导小组副组长李治臻透露，广州当年缉获的走私红油（在柴油中添加红色素）船将达到 100 艘，且成品油走私活动呈现出反弹、回潮的趋势。走私分子甘冒坐牢甚至杀头的危险，从国外进口石油。

走私是市场严重扭曲、高额经济利益驱动的结果，是自由市场经济挑战政治管制的行为。随着改革开放的深化，市场经济的确立，国内、国外的接轨，按经济规律来说，走私应愈来愈少。但相反的是，我国的走私呈上升趋势，海关缉私队伍的发展壮大就证明了这一点。改革开放之初，海关缉私人员执行公务没有武装。根据1993年3月18日海关总署关于转发《国务院关于海关执行缉私任务的船舶在海上行使紧追权的批复》和执行《领海及毗连区法》有关问题的通知，“海关缉私船舶可以按规定装备和使用武器”。随着走私向高智能化、强对抗性趋势演变，海关总署1999年1月5日正式宣告缉私警察成立，以解决海关刑事侦查和处置的权限及手段不足，海关在查办走私犯罪案件过程中贻误战机的情况，从体制上和海关执法权限上提高对走私犯罪活动的震慑力。

我国市场改革有两个支柱：一是越来越渴望突破管理束缚的民间市场，二是政府越来越强大的主导能力。这两个相互冲突的支柱形成了居高不下的社会运作成本。警笛急促，枪声响彻云霄，走私货轮试图从两艘缉私艇的夹缝中逃窜出去，全副武装的缉私队员不顾海面水急浪高，矫健地跃上货轮，从这一次次缉私演习中可略知这种社会运作成本之高。反走私风暴使一大批走私违法案件和走私犯罪分子受到严惩，有力地维护了国家利益和市场正常经济秩序。这种秩序对于走私品种的相关利益人有什么影响呢？

先对农民收入做个粗略计算，我国大米按每斤0.8元计算，国际市场价格4倍就是3.2元钱。按每亩地产大米800斤计算，农民每亩地的大米在国内可卖640元，卖到国际市场就是2 560元。因为农民的大米不能直接进入国际市场，每亩地大米损失近2 000元。李云峥在《警惕“国际粮荒”阴影冲击》一文（《中国审计报》，2010-8-30）中称，中国粮食与国际粮食市场之间存在着防火墙。正是这个“防火墙”——粮食进出口垄断和海关使国内、国际粮食市场隔绝。

再看石油行业，奇怪的是国内几大石油巨头一直抱怨内地成品油和国际原油价格倒挂，并以此为由要求国家提价和领取巨额财政补贴。创新能力如此强的央企在海关保护下经营亏损，而走私分子却能在海关的打击下盈利，国家保护政策对国家垄断企业经营能力的作用值得深思，市场上哪些要素、哪些行为需要市场自己解决，哪些需要行政干预，如何干预是一门严肃的经济科学。打击走私无疑需要加强国家相关部门的执法能力，而从源头上杜绝走私则应从市场化入手。

（摘编自《国内外价差达4倍走私粮食猖獗大米成新品种》，四川在线，2008-6-20；邓聿文《成品油走私反弹与石油巨头尴尬》，中国网；《杭州海关举行建关以来最大一次缉私演习》，新华网，2005-7-11；韦黎兵《一手管进 一手管出 粮价是如何被管住的》，《南方周末》，2010-8-5。）

延伸阅读 1—6** 玫琳凯（Mary Kay）的金律和企业价值观

"I envisioned a company in which any woman could become just as successful as she wanted to be. The doors would be wide open to opportunity for women who were willing to pay the price and had the courage to dream." So in 1963, with her past experience, her plan and MYM5 000 in savings, Mary Kay Ash, the founder of Mary Kay Inc., enlisted the help of her 20-year-old son, Richard, and created Beauty by Mary Kay.

It was a first—a company dedicated to making life more beautiful for women. It was founded not on the competitive rule but on the Golden Rule—on praising people to success—and on the principle of placing faith first, family second and career third. It was a company, as Mary Kay Ash often said, "with heart."

"The success [of Mary Kay Inc.] is much, much deeper than just dollars and cents and buildings and assets. The real success of our Company is measured to me in the lives that have been touched and given hope."

Today her vision, her courage and her unwavering spirit continue to bring women the opportunity to achieve their potential and bring their dreams to life. With 1.7 million Independent Beauty Consultants in more than 30 markets worldwide, Mary Kay carries on the legacy of Mary Kay Ash—inspiring, enriching and empowering women to do great things.

Being a responsible corporation, Mary Kay Inc has done much to making a world of difference under their own golden rule and principle. For details, please refer to www.marykay.com.

延伸阅读 1—7* 企业样本简介

企业样本（Catalogue）是指介绍企业和产品的一套印刷品。贸易双方初次建立联系，进口商大多索要样本，通过样本对出口商进行评估和选购商品。企业开发的新产品制作出样本，也主动向进口商寄送，宣传商品。样本是企业国际市场营销的宣传材料和导购指南，是国际市场营销的必备工具。

1. 样本的内容

（1）企业简介：企业的实力代表着产品的质量、履约能力和信誉，产品营销在一定程度上表现为企业形象营销，信任是决定成交的基础，所以企业样本上通常都有企业简介。

企业简介的内容包括企业基本情况（如经营范围、业务类型、企业地址、通讯方式等）和企业的独特优势（如企业文化、国际认证、经营规模等），应根据营销需要组织这些内容。

（2）产品情况：一般包括产品的名称（货号）、质量、图片、规格和包装细节。

货号的英文是“Item. No”或“Art. No.”，是商品的唯一标识码，以便让采购者根据这个编码选购，节省对商品的详细描述，提高磋商效率，还可防止由于描述不完整给双方带来误解。尤其是用文字难以描述的商品，如产品的造型、花色图案等，一定要给商品进行编号。有些商品如陶瓷，造型和花色可以由买方选配，通常把花色也编出识别号码，称之“Pattern No.”。包装细节，一般应包括包装方式、包装数量、毛净重及包装尺码，既可以让买主明确包装情况，也方便买主选购时考虑运输配货。

2. 样本的类型

（1）单页型、折叠型、小册子型和活页型

根据样本的外观，样本可以分为单页型、折叠型、小册子型和活页型。单页型适用商品类别或规格较少、产品介绍内容较简单的情况；折叠型适用商品类型或规格稍多、产品介绍内容较简单的情况；小册子型适用商品类型或规格较多或产品介绍内容较多的情况；活页型适用商品类型或规格较多或产品介绍内容较多的情况，但采购者并不选购全部产品，如餐具、陶瓷产品针对不同国家、地区的不同造型、花色图案等。

（2）文字型、图片型和综合型

根据产品内容表现形式，样本可以分为文字型、图片型和综合型。文字型适用于用文字可以精确描述的商品（如化工品、矿产品，它们的外形不重要、含量用数字表述精确）；图片型适用于造型和外观比较重要的简单商品（如日用品中的毛巾、餐具、茶具、服装鞋帽、玻璃器皿等），当然通常也配以简单的文字说明；综合型是指用文字和图片综合描述商品的样本，适用于内在质量与外观都较重要的商品（如汽车、电器等）和需要借助图形描述的商品（如机械构造、电池放电曲线等）。

（3）纸张型和电子型

根据样本的材质，样本可以分为纸张型和电子型两类。前者方便随身携带和随时查阅，后者特点是信息量大、方便检索、传送快捷和节省费用。

3. 样本的优点

（1）方便营销：比起样品来，样本的携带和寄送非常方便，而买方通过样本选购，可以方便地确定卖方的企业情况、产品情况。对于知识含量高的产品，也只有通过样本才能确定产品的质量，而且也可以避免卖方介绍和买方了解产品内容的遗漏。

（2）有利于商业保密：如果在销售中展示样品，尤其是产品造型被模仿的可能性很大，用样本销售，可以先判断对手后再派发或寄送，降低了商业秘密泄露的风险。

（3）携带、寄送费用低，降低营销成本。请注意这是相对样品来说的，对于纸制样本，国际邮寄费用也是需要在经营中认真对待的。

案例 1—1* 稳定国内市场 开拓国际市场

近年来，莱恩电泵有限公司外拓市场，内强管理，呈现出产销两旺的良好发展势头。该公司从技术改造、质量管理及人才开发入手，对内稳定国内市场，对外开拓国际市场。在技术改造上，以“稳定老产品求发展，开发新产品拓市场”为宗旨，着力加大了技术创新和开发力度，研发新产品51种；在质量管理方面，成立了管理小组对质检人员进行了多次质量管理培训，对检验制度进行改革，使公司的产品质量得到稳步提高，年初通过了QS9000质量体系认证和美国UL认证。在人才开发上，全年共招聘技术人才20余人，还与六安国防工程学院及合肥通用职业技术学院合作，每年对口招收部分学生来公司就业。

由于公司“抓技术、抓质量、抓人才”三管齐下，从而使2004年的国内、国际市场呈现良好发展势头。国内市场方面，除了巩固原有市场外，又采取以核电、粮库、石化项目为主、其他项目为辅的战略方针，新开发了深圳南山电力公司、北京401核电、益海油化工业有限公司等十几家客户，产品销售率达100%，产品订单源源不断，全年实现国内销售2 500多万元；在国外市场开拓方面，由于注重新产品的国际推广，开发了印尼、菲律宾、泰国、英国、中国香港等新市场，巩固了美国、马来西亚、西班牙等老市场。

2005年公司决定在原有基础上有所突破，在国内市场方面以XA泵作为主导拳头产品，完成产品系列创新，抓住北京奥运会场建设、国内机电市场的拓宽及石油化工业的发展等各项机遇，寻找一切可能扩大产品销售的机会。在国际市场方面，完善出口产品的价格体系，加强与客户之间的交流，在稳定老客户的基础上积极开发欧洲新市场，力争达到外销500万美元。

你认为：（1）莱恩电泵有限公司为什么在国内、国外市场同时出击？（2）企业应如何处理国内贸易与国际贸易的关系？

（摘编自《莱恩电泵有限公司稳定国内市场开拓国际市场》，中国阀门网，2005－7－22。）

案例 1—2 仓促进行国际贸易的教训

1990年代初期，“三角债”成为困扰国民经济正常运行的突出问题。受产品售后收款问题的困扰，很多中小企业把经营目标转向国际市场。他们认为出口业务有信用证的银行担保，付款有保证。即使不能立即得到货款，交付单据后一个月左右肯定能收回货款。

辽宁省海城某私营企业主A正是基于这种想法1992年匆忙开始进行国际贸易的。A经熟人B先生介绍，认识了一韩国商人K，双方签订了一笔10万美元的交易合同。由A供给K一批按K来样加工的球型门锁，付款方式为信用证，交货方式为买方自提。A五月初按合同将货物备妥，通知K安排接货。K到工厂检验货物后提出光洁度达不到样品标准，拒绝接收货物，A认为这是正常的质量差异，货物完全与样品一致是根本不可能的。双方争执不下，K一去音信皆无，任A打电话、发传真，K不予答复。因为国内市场无需要，也无法找到其他的韩国客商，在多次试图转卖货物失败后，A无奈又找到B先生，经B先生“调解”，A以降价30%结案。15%的利润预期，变成了15%的亏损。

你从该案例得到什么启发？是不是不懂得的业务可以干中学、学中干？为什么？

案例 1—3** 外贸转内销知易行难

作为最早投资珠三角的港商之一，李某1984年在深圳创办了亚洲眼镜厂，专为欧美及日本品牌眼镜做代工。2008年金融危机后，订单大幅萎缩，李某开始关注国内市场，一看就是两年。当2010年6月19日央行“进一步推进人民币汇率形成机制改革，增强人民币汇率弹性”的消息传来，李某终于下定决心，要到内地市场试试水。李某对本刊记者说，央行最新的外汇政策，对“我们影响非常大”。客户报价已经很低，而劳动力、物料等成本都在持续上升，此时人民币升值无疑雪上加霜，转战国内市场势在必行。

他毫不掩饰对代工生产的依恋。“代工很简单，按客户要求把眼镜做好发货就可以收钱；国内市场我们不熟悉也不习惯，听人讲很不好做，花钱多风险又大。”李某说。

在中国75.5万家获得外贸经营权的企业中，抱有同样担忧的极为普遍。以往的外贸模式轻车熟路，交易双方守合同讲信用，回款也快。现在，海外市场风光不再，订单波动巨大，客户报价原地踏步，生产经营成本却不断上升，外贸企业感到难以为继。但要转向国内市场，他们对可能遇到的挑战毫无把握。这并不是简单转变交易对象和场地，而是相当于二次创业，意味着从过去完成“争取订单、生产、发货”三个动作的单纯加工厂，变成需要前期调研、了解市场、设计产品、品牌推广、寻找销售渠道，乃至应对市场潜规则等问题的完整企业。从现有做法看，外贸企业建立内销渠道用得最多的方式，就是与商场和超市等零售商合作，争取进入商场和超市的货架或租用其柜台。但国内商品零售行业的规则颇为复杂。

深圳龙岗一家以做美国外单为主的手袋制品公司，在金融危机中受损严重，原有400多人规模如今缩减为100多人。该公司一位销售代表告诉本刊记者：“超市审核时间很长，很难打交道”。两年过去了，这家不谙国内市场潜规则的外贸企业还没有成功攻入任何一家商场和超市，只能做些零散的小销售。

苏州森威服装有限公司总经理司马某的妻子在外贸公司工作，可以直接拿到订单，只需要向外贸公司每件衣服缴纳两毛钱的管理费。“外贸利润少，但风险也小。”他说，外贸都是订单生意，而内贸尽管利润高，但其市场不确定因素太多，都是厂家先铺货，如果预测不准，销售不好，更多产品就积压在厂家手中。去年，一直做外贸的司马某尝试作了大半年内贸，“内贸亏损150万元，外贸赚了40万元”。

金进鞋业则幸运得多，这家在广东中山及东莞均有设厂的港资企业主打女鞋，从2008年起开始做内销，目前已成功地在全国各地的大商场开了十几家品牌店。谈判过程颇为曲折，其销售总监李某在接受本刊记者采访时称，“每进一个商场都要收几万块入场费，还要根据销售收入给商场交纳20%～35%的扣点费，平时不定期地要交各种店庆费、节日赞助费”。而且“现在想进商超的产品太多，不是光给钱就能进去，关键是得有人脉，还得有好产品”。他对国内市场的评价是，“潜力很大，市场很乱”。

东莞港之杰有限公司做的是欧标特种安全鞋，公司营销部经理廖某告诉本刊记者，正因为觉得内销市场“太不透明，运作成本太高”，该公司关注内销市场已经六七年了，至今未敢启动。内贸比外贸压力还大，有的企业认为需要最后赌一把，但对于一些有规模、能够直接拿到外贸订单的企业来说，外贸仍然是比较稳定的市场。

试从几个企业的做法和看法分析总结内贸与外贸的区别，以及外贸转内贸的难点和解决方法。

（摘编自周琼《地方政府力推外贸企业转内销 难度相当于二次创业》，《新世纪周刊》，2010－7－11；李润文《苏南纺织行业现状调查》，《中国青年报》，2008－10－30。）

案例 1—4　鞋油退出非洲市场的教训

天津某出口公司固体鞋油出口额1992年曾突破100万美元，因改革出口商标划属生产厂所有，生产厂家又与外商合资使用外商提供的商标，原在非洲享有盛誉的出口商标被封杀，鞋油出口一落千丈，几乎降至零。

该公司又与山西一个生产商建立联系，以新的商标开拓国际市场，三四年后出口逐步恢复到约40万美元。该公司为了降低成本，又与另一新建的工厂建立供销关系，并要求在生产中降低石蜡的用量。

非洲有一进口商收到货物后向出口商提出索赔要求，声称进口的固体鞋油变成了液体鞋油，无法销售，随后又有几个非洲客户提出同样的索赔要求。主管日化业务的部门经理不相信，一是过去从未出现过这种情况，而且其他地区也未曾出现这种情况。

为了推销产品和检查“所谓质量不合格”的鞋油，主管经理去了非洲。发现确有鞋油液化问题，但在赔偿数额上又产生分歧，检验结果发现液化现象不像外商说得那么严重。经理在机场候机等待回国的时候，有一未曾访问、但已听说我方经理到达非洲的一个客户，从几十公里外冒着酷暑驱车追到机场。为了证明鞋油液化不严重，经理接过客户带来的不合格鞋油，想打开双方当面看一看。结果打开鞋油盖，变成气体的鞋油四处喷射，经理的脸上、手上和夏季正穿着的洁白衬衫上都布满了点点黑色鞋油……

后经询问技术人员得知，石蜡在鞋油中起凝固的作用，鞋油是否凝固与石蜡的多少有关，但也与气候有关。在哈尔滨的固体鞋油，到广州就不一定是固态的了。出口到非洲尤其是赤道附近的内陆国家，天气炎热，石蜡在鞋油中的比例一定要比其他地区高。石蜡含量低，在炎炎烈日下驱车几十公里后鞋油在盒内变成高压气体也就不足为奇了。

通过此案例，你认为商品知识对国际贸易成败有何影响？

小知识

(1) 外贸函电书写：外贸函电要符合所用语言的书写格式，内容要明确，表述要简洁，业务要主动（如拒绝对方建议时要提出新的合作建议，在告诉对方不能供货的同时表达可以供货时立即与对方联系等）。而且在可能的情况下，发送的函电要有手写签名，一是表示对对方的尊重，二是表示发件人对所写内容承担责任和义务。

(2) 电子签名：电子签名是通过密码技术对电子文档的电子形式的签名，可以起到书面文件上手写签名或印章的作用。2005 年 4 月 1 日起《中华人民共和国电子签名法》正式实施，标志着我国电子商务从浏览阶段发展到实质阶段。但由于电子签名需要一系列的加密技术，必然降低电子商务效率。因此，所有的国际贸易业务交换文件未必都使用电子签名。应根据实际业务需要，选择是否使用电子签名。

(3) 商品知识：国际贸易从业人员除应掌握国际贸易知识外，还要懂得国际贸易要涉及的商品知识。不了解所经营商品，盲目经营，在国际贸易中造成损失的例子比比皆是，案例 1 - 4 就是一个例子，多年辛辛苦苦开发的市场毁于一旦。

1.4 思考与练习

1. 国际贸易的性质是什么？国际贸易与国内贸易有何异同？
2. 企业国际贸易的目的是什么？你的经营价值是什么？
3. 你如何评价玫琳凯的企业价值观？这种企业价值观有无人类共同意义？

4. 你如何理解商品交换与文化交流的关系？这对你的国际贸易经营有何影响？

5. 什么是比较优势？比较优势理论对国际分工、企业进入国际市场有何指导意义？

6. 比较优势理论对个人职业发展有何借鉴意义？

7. 企业经营是否需要国际经营？你处理国际贸易和国内贸易关系的原则是什么？

8. 在国际经营中，是否要考虑政治因素？如何处理政治因素与经济因素的关系？

9. 国家的法律、法规对国际贸易业务有什么影响？在业务中如何应用法律法规使国际贸易利益最大化？

10. 国际贸易风险比国内贸易风险大吗？为什么？

11. 企业可否进入高风险的国际市场？为什么？

12. 比较直接国际贸易与间接国际贸易的特点，其选择原则是什么？

13. 佣金代理是直接，还是间接国际贸易方式？其优点是什么？

14. 国际贸易销售人员是否需要懂得商品知识？为什么？

15. 国际贸易从业人员应具备哪些素质？商业道德对国际贸易业务有何影响？

16. 国际贸易业务知识包括哪些方面的内容？

17. 常用的国际贸易惯例有哪几个？

18. 企业进入国际市场营销应注意哪些问题？

19. 谈一谈你对国际贸易原则的理解。

20. 你学习本书计划达到什么目标？为什么？

第 2 章　国际贸易术语

2.1　学习本章的任务和应掌握的知识点

2.1.1　学习本章的任务

下面是阳光公司发给远航配件厂的电子邮件和远航配件厂的部分出口商品价格，请根据客户要求回复。

> 发件人:” Parade” < parade@ sunshine. com >
> 收件人: < exp@ sailing. com >
> 发送时间: 15 March × × × × 18:35
> 主题: Re: Price List
>
> Dear Mr. Yellow,
>
> Thank you for your helpful letter with your catalogues.
>
> From your catalogues, we found it's possible for us to cooperate in this line. Whether we can establish business relationship, I think, largely depends on both the quality of your products and your price. Would you please send us some samples and your price list on FOB basis so as to enable us to see how to do next?
>
> Looking forward to hearing from you soon.
>
> Sincerely yours
> Parade Love
> M. Director
> For SUNSHINE

外销价格表 Price List For Export

商品名称 Name of Products	货号 Art. No.	说明 Description	包装 Packing Rate	毛/净重 G. /N. W.	尺码（厘米） Measurement	广州交货价（元）
保险插座 Fused socket with light 13A, 250V	S2	2way	60/ctn	31/29kg	61×32.5×28	10/pc
	S2S	2way with switch	100	25/23	36×33×39	11
	S3S	3way with switch	60	35/33	48×35×35	15
	S4	4way	50	25/23	73×37×27	18
	S4SW	4way with switch and wire	48	35/33	57.5×34×40	22
40－100W 灯泡 Electric Bulbs B22 or E27 Iron Cap 220V or 110V	CB01	Clear	4pc×30box/ctn	7/5.5	37×32.5×34	0.60/pc
	CB02	Clear	1pc×100box/ctn	6.5/5	60×30×20	0.65
	FB01	Frosted	4pc×30box/ctn	7/5.5	37×32.5×34	0.80
	FB02	Frosted	1pc×100box/ctn	6.5/5	60×30×20	0.85

2.1.2 学习本章的应掌握的知识点

1. 国际贸易术语的概念、性质和适用原则
2. 有关国际贸易术语的国际贸易惯例
3. 《2010 通则》中的贸易术语含义、用法和选择原则
4. 质量条款和包装条款的默示规定原则
5. E、F 类国际贸易术语的价格计算
6. 货物特定化
7. 象征性交货

2.2 国际贸易术语概述

在国际贸易长期实践中，形成了一套国际贸易规范化专业用语，如阳光公司传真中所提到的 FOB，从事国际贸易，必须首先掌握贸易术语，以便与交易对手沟通。

2.2.1 国际贸易术语的概念

国际贸易中使用的专业用语很多，但并不都是贸易术语，贸易术语（Trade Terms）是指用来明确买卖双方在合同中各自承担责任、义务的规范化专门用语。这些责任、义

务主要包括货物交接、费用承担、风险转移、海关手续办理等。

贸易术语不仅是交易双方责任界定的商业用语，而且也是确定交易价格的依据。很显然，价格是交易条件的综合反映，交货地点、履约手续多寡、承担的风险大小不同，价格也就不一样。只有确定了交易条件或选择了与交易条件相对应的贸易术语，才能确定价格。所以贸易术语既是交货条件，也是价格条件，因而贸易术语也被称之为价格条件。

2.2.2 国际贸易术语的作用

国际贸易的一个特点是环节多，手续复杂，这些环节和手续由谁来办理、费用和风险由谁来承担等问题，都是交易者需要考虑的问题，稍有疏忽就可能导致双方纠纷甚至造成重大损失。所以每笔交易都要对这些问题进行详尽的磋商，这将耗费大量的时间、精力和费用，影响交易进程。并且还要承担考虑不周可能带来的贸易风险。

因为上述问题在每一笔交易中都要磋商，而且内容也不随商品的变化而变化，是一些固定性条件，为了提高磋商效率，久而久之，在国际贸易的长期实践中便形成了表达简单、内容明确、方便使用的确定上述问题的程式化简单字符——贸易术语。由于不同国家、地区的习俗、交易做法不一样，有些早期形成的贸易术语因地域不同而不同，使用范围有限。甚至有些相同的贸易术语在不同的地区有不同的含义，容易引起国际贸易纠纷。为了解决国际贸易中贸易术语解释混乱的问题，一些国际组织对这些贸易用语进行规范、编纂成文，成为世界范围内贸易术语解释的依据。使用国际贸易术语，可以：

1. 简化磋商手续、提高交易效率；
2. 明确承担的费用、方便成本核算；
3. 双方责任明确、预防纠纷的产生和方便纠纷的解决；
4. 防止交易条款遗漏，降低国际贸易风险。

正是贸易术语的上述四个作用，使之在国际贸易中得到普遍应用，并成为专业性的国际贸易语言。

2.2.3 有关贸易术语的国际贸易惯例

所谓有关贸易术语的国际贸易惯例，是指已经国际上权威性组织规范、并在国际贸易业务中被广泛使用的国际贸易术语。

1.《1932 年华沙—牛津规则》（Warsaw-Oxford Rules 1932，简称 W. O. Rules 1932）

《华沙—牛津规则》是1928年国际法协会制定的，初称《1928年华沙规则》，经多次修订，形成了更名为《1932年华沙—牛津规则》、沿用至今的1932年版本。该规则对于 CIF 的性质、买卖双方承担的风险、责任和费用的划分以及货物所有权的转移方式等作了比较详细的说明。由于只有一种术语，使用范围有限。但因为关于 CIF 的解释，内容较完备，对于 CIF 使用该规则，交易双方的责任、义务明确，纠纷解决方便快捷。

货物所有权的转移规定是该规则的一个特点。按该规则解释，CIF 合同中货物所有权转移的时间是卖方把装运单据交给买方的时刻，即以交单作为货物所有权转移的方式和时间。虽然这是针对 CIF 合同制定的，但人们也通常把该规则推广应用到其他贸易术语上，或者说该规则为其他贸易术语提供了货物所有权转移的参照标准。

2.《1941 年美国对外贸易修订本》（Revised American Foreign Trade Definitions 1941）

它是美国商会、美国进出口协会及全国对外贸易协会所组成的联合委员会在 1919 年美国九大商业团体制定的《美国出口报价及其缩写条例》的基础上修订而来的，主要在北美地区使用。该规则共有六种术语：

（1）Ex（Point of Origin，产地交货）；

（2）FOB（Free on Board，运输工具上交货）；

（3）FAS（Free Along Side，运输工具旁边交货）；

（4）C&F（Cost and Freight，成本加运费）；

（5）CIF（Cost，Insurance and Freight，成本加保险费和运费）；

（6）Ex Dock（Named Port of Importation，目的港码头交货）。

3.《国际贸易术语解释通则》（INCOTERMS）

《国际贸易术语解释通则》是由国际商会制订的。包括的术语多，可供交易双方根据具体交易情况进行选择；参与制订的国家多，在国际上被广泛采用。《国际贸易术语解释通则》自 1936 年开始发布以来，此后约 10 年修订一次。《2010 通则》是《国际贸易术语解释通则》的最新版本，于 2011 年 1 月 1 日正式实施。

2.2.4 《2010 国际贸易术语解释通则》的适用

1.《2010 通则》的贸易适用范围

国际贸易与国内贸易的本质区别就是受到国家的进出口管制，但随着世界经济一体化和区域贸易集团内部经济一体化的发展，很多贸易集团（如欧洲、东盟等）内部业务主体之间的国际贸易已与国内贸易没有区别。因此，《2010 通则》的副标题为“国内和国际贸易术语（ICC rules for the use of domestic and international trade terms）”，首次把国际贸易术语的适用范围从国际贸易扩展到国内贸易。

2.《2010 通则》的业务适用内容

根据通则引言中的表述，国际贸易术语“主要描述了货物由卖方交付给买方过程中所涉及的工作、成本和风险”，而且强调术语本身并不是“一个完整的买卖合同”。如虽然通则规定了买方的支付义务，但没有说明应付价格或支付方式，也不涉及货物的所有权、违约及其后果等。这些问题通常通过合同条款或者由专门管辖合同的法律来解决。

3. 国际贸易术语的法律效力

国际贸易术语是在国际贸易长期实践中自然形成的，其规范也是由商业组织——国际商会，而非政府机构进行的，因而其特点是民间性，并不具备法律效力。根据契约自由的原则，交易双方可以根据需要在合同中采用、部分采用、部分不采用或完全排除国际贸易术语的适用，但贸易术语一经双方确认，就成为受法律保护的合同内容。国际贸易术语的适用原则（也包括其他国际贸易惯例）有三个：

（1）明示原则

经双方当事人同意，把采用贸易术语、不采用贸易术语或部分适用贸易术语的意思明确表达出来。双方一经确认，这种对贸易术语适用的意思就产生了法律效力。

（2）默示原则

即交易双方未明确、而是采用某种方式间接表达的贸易术语适用的意思。如在合同中，虽然没有明确表示受《2010 通则》约束，但在价格条款中采用了通则中的术语，这就意味着双方默示合同适用该规则。

（3）法律导致原则

若在合同中既未明示、也未默示使用或排除哪种贸易术语，一旦合同执行过程中因合同条款不完备产生纠纷怎么解决呢？受理争议的司法或仲裁机构也可以根据实际情况，推论该合同适用于某项国际贸易惯例，从而按该惯例的解释进行判决或裁定。这是各国立法和国际公约赋予惯例的法律效力。

- 《华沙—牛津规则》规定，凡是合同中没有规定的事项，应按本规则的规定办理；
- 我国法律规定，凡中国法律没有规定的，适用国际贸易惯例；
- 《联合国国际货物销售合同公约》规定，合同没有排除的惯例，已经知道或应当知道的惯例，经常使用、反复遵守的惯例适用于合同。

总结：确定国际贸易双方责任的依据依次是合同、国际惯例和相关法律，贸易术语这种惯例的适用可以是明示的、默示的，也可以经法律推断导致适用。当合同、惯例、法律三者内容冲突时，违约判断依据依次是法律、合同和惯例。《2010 通则》提示当事人应当清楚当地强制性的法律较包括所选贸易术语在内的合同中的任何规定都具有优先权。

2.3 《2010通则》中的贸易术语

《2010通则》按适用的运输方式分为适用任何运输方式的7种和水上运输方式的4种两组共11个贸易术语，每个贸易术语用三个英文字符来表示，用以确定交易双方的责任和费用承担。

2.3.1 《2010通则》国际贸易术语概览和使用

1. 交易双方责任、义务的总体划分

《2010通则》对于其解释的每种贸易术语，都分别列出了买卖双方各自的十项义务，11种贸易术语的名称、含义以及交易双方运费、装卸费、保险费的承担、进出口报关的责任和风险转移的界限见附录1。双方的义务除附录1列出的之外，主要还有以下五个。

（1）相互通知。在交货问题上，双方要相互配合，保证货物的交运。即卖方在装运货物后，要立即给买方发出已装运通知（Shipping Advice）；如果买方负责装运，买方要事先向卖方发出装运指令（Shipping Instructions），通知卖方交货的时间、地点等装运事宜。

（2）交付单据和交货证明。这通常是指卖方有义务交货后把这些单据交付买方。但有时也需要买方向卖方提供这些单据信息，如买方需要特定格式或内容的单据，有时可能需要买方提供给卖方。另外，《2010通则》赋予电子文件与纸面文件完全等同的功效，只要各方当事人达成一致或者在使用地是惯例。

（3）安检通关和信息提供。如今人们对货物的安全关注度很高，除要求确保货物的内在特性外，货物对人的生命和财产安全不得构成威胁。因此，新规则在各种术语中明确了取得或提供帮助取得安检通关的义务，卖方和买方分别要帮助对方提供包括与安全有关的信息和单据，并向受助方索偿因此而发生的费用。

（4）卖方交货时要仔细核查货物，提供合理的包装和标记，买方检验和受领货物。

2. 《2010通则》关于交货的解释

（1）交货与风险：《2010通则》明确交货与风险转移的一致性，即卖方交货意味着货物风险由卖方转移给买方，卖方交货的地点、时间也就是风险转移的地点和时间。

（2）链式销售：货物在向销售链终端转移过程中可能多次被转卖，在这种情况下，由于交易的货物由第一个卖方运输，作为中间环节的卖方就无须装运货物，而是由“取得”所装运货物的单据而履行其义务，满足贸易术语在这种销售中的应用，术语中同时规定了“交付货物”和“取得所装运货物”这两种交货方式。

3.《2010通则》中国际贸易术语的使用

贸易术语的使用是在标准贸易术语（三个英文字符表示的）的后面加上到货（C字头术语）或交货（其他术语）地点，水运方式的交货或到货地点是港口，其他方式多为陆路地点，如火车站、机场、仓库、货运站、集装箱堆场等。《2010通则》在引言中建议，使用该通则，应在合同中做出明确表示，对交货或到货地点的规定要尽量确切，并给出了一个使用范例：

“FCA 38 Cours Albert 1er, Paris, France Incoterms ® 2010”。

其中的“®”表明使用了国际商会为“Incoterms”注册的商标。需要注意的是，《2010通则》强调引言不构成对贸易术语的解释，因此，不明确表示使用《2010通则》也不一定意味着排除其适用。

2.3.2 《2010通则》对贸易术语的义务划分

1. 运输和交货

运输与交货义务可以由买卖双方亲自承担，也可以根据合同条款或适用法律通过承运人、货运代理人，以及由买卖方指定的其他代理人来承担。

(1) EXW术语

工厂交货是指卖方在其所在地或其他指定地点将货物交由买方处置，即完成交货义务，货物风险也随之由卖方转移到买方。买方负责货物全程运输，卖方没有装货义务。

(2) F字头术语

F术语的特点在卖方或卖方附近地点交货，主运输及主运输后续运输由买方承担。

用FCA术语，卖方的交货义务是在其所在地或其他指定地点将货物交给买方指定的承运人或其他人。若指定地点在卖方所在地，卖方有义务装货，只有货物被装上买方提供的运输工具，卖方才完成交货；若在其他指定地点交货，卖方送货至该地点准备好卸货、并交由买方指定的人处置即完成交货。

FAS、FOB的运输责任划分与FCA类似，只是交货地点适用水运的港口。FAS的交货需要卖方把货物交到买方指定的船边（如码头或驳船上），买方承担自那时起的货物风险和包括装货港装货的一切后续运输费用；而FOB的交货义务则是卖方负责把货物装到买方指定的船上。

(3) C字头术语

C术语的特点是交货与运输责任的分离，卖方负责主运输费用，货物风险在卖方将货物交付主运输起始地点时转移到买方，货物到达目的地的卸货费用由买方承担。卖方的具体交货义务如下表所示：

表 2－1 卖方承担的交货义务

<table>
<tr><th>术语</th><th colspan="2">卖方承担的交货义务</th></tr>
<tr><td>CPT</td><td rowspan="2">将货物自交货地内的约定交货点（如有的话），签订或取得运送至指定目的地或该目的地的交付点（如有约定）的主运输合同</td><td>向买方发出装运通知</td></tr>
<tr><td>CIP</td><td>签订或取得保险合同</td></tr>
<tr><td>CFR</td><td rowspan="2">装运港船上交货或取得已经这样交付运往目的港的货物，签订或取得主运输合同</td><td>向买方发出装运通知</td></tr>
<tr><td>CIF</td><td>签订或取得保险合同</td></tr>
</table>

用 C 术语成交，主运输由卖方负责，但又关系到买方的切身利益，因为货物装运后能否按期、安全地到达目的港的风险由买方承担。在承运人、运输工具、航行路线的选择等问题上，买卖双方可能会因利益不同而产生分歧。如果买方有这方面的要求，应在磋商中提出。如果合同当中没有约定，则运输安排就由卖方决定。按通则规定：卖方必须按照通常条件订立合同。水运经通常航线、由通常用来运输该类商品的船舶运输，其他方式运输须经由通常航线和习惯方式运送货物，如果双方没有约定启运地、目的地特别交货点或该点不能由惯例确定的，卖方则可选择最适合其目的的交货点或指定目的地内的交货点。

（4）D 字头术语

D 术语属于到达术语，卖方需要在指定的目的地交货，承担货物到达目的地交货之前的一切货物风险和责任。DAT 运输终端交货需要卖方将货物卸下运输工具，交由买方处置；而使用 DAP、DDP 术语，卖方将货物运达目的地，作好卸货准备，并将货物交由买方处置即完成交货，由买方承担卸货责任。

2. 主运输保险责任

E、F、D 术语和 CPT、CFR 术语，货物主运输风险承担者与主运输保险利益人同是买方或卖方自己，投保与否、投保什么险别，并不涉及贸易伙伴的利益。只有 CIP、CIF 术语，货物运输保险由卖方安排，而包括运输在内的一切货物风险由买方承担，卖方保险的安排有卖方的保费承担与买方的保险利益问题。在合同中交易双方对此条款没有规定时，卖方提供的货物运输保险，按《2010 通则》规定，需满足（1）承保人信誉良好；（2）至少符合《协会货物保险条款》“条款（C）”或类似条款的最低险别；（3）使买方或其他对货物有可保利益者有权直接向保险人索赔；和（4）保险最低金额是合同规定价格的 110%，并以合同币种投保。

需要注意的是，虽然对卖方的投保险别要求的是最低险别，但最好符合行业惯例。如轻工业品、日用品通常投保一切险加战争险，满足行业习惯是比较稳妥、也是比较专业的做法。

3. 商业单据

卖方必须向买方提供商业发票和合同可能要求的其他与合同相符的证据。作为最重要的交货凭证，除 EXW 规定买方向卖方提供已收取货物凭证外，其他术语都需要卖方向买方提供。

使用 F 术语，卖方应向买方提供相应运输的通常证据，应买方要求并由其承担风险和费用，卖方须协助买方取得运输凭证；对于 C 术语，卖方向买方提供的运输凭证应满足下列条件：(1) 有合同货物的记载，签发日期符合合同要求；(2) 依约定或惯例，使买方可以凭以在目的地提货或在运输中转让。如果运输凭证是可以转让的，卖方须向买方提供整套运输凭证正本；(3) D 术语是到达术语，卖方向买方提交的交货凭证能确保买方在运输目的地向承运人提取货物即可。

4. 货物强制性检验

使用 EXW 术语，买方必须支付任何强制性装船前检验费用；使用其他术语，也是由买方支付强制性装船前检验费用，但出口国有关机构强制进行的检验由卖方承担。

5. 包装

除货物的销售通常不需要包装外，卖方应提供货物的包装。若合同没有特殊要求，卖方可以适合该货物运输的方式进行包装，交货前还要对货物进行检查核对，包装上作适当标记。但卖方需要注意的是，合同要求可以是明示的，也可以是默示的。按照 1980 年《联合国国际货物销售合同公约》第 35 条 1 款和第 35 条 2 款 b 项的规定，货物，包括包装必须“适用于订立合同时曾明示或默示地通知卖方的任何特定目的，除非情况表明买方并不依赖卖方的技能和判断力，或者这种依赖对他是不合理的”。

特别注意：《公约》的上述规定是国际贸易中关于质量和包装条款解释的普遍适用原则，即合同的质量、包装条款可以是明示的，也可以是默示的。双方对合同解释产生异议时，违约责任的判断依据依次是合同的明示条款、默示条款和法律依据事实推断。

6. 货物的交接和特定化

导致卖方不能交货或不能正确、按时交货的买方原因包括：(1) E、F 字头术语由买方安排主运输，但买方不安排运输或因承运人原因导致卖方不能交货，如承运人的运输工具未准时到达，或虽到达但未接收货物，或提前停止装运等；(2) DAT、DAP 术语买方未履行进口通关义务和 DDP 术语买方未应卖方要求协助卖方办理安检通关手续；(3) D 字头术语或 C、F 字头术语买方有权决定发货时间、指定目的地或目的地收取货物的点时，买方未向卖方发出装运信息或装运信息不及时、不充分。

按通则规定上述原因引起的额外费用由买方承担，而且货物风险也在约定交货日期或交货期限届满时由卖方转移给买方，但前提是货物已清楚地确定为合同项下，亦即货物已经特定化。

货物特定化可通过多种方式来实现，如买方特别订制的产品、货物已印刷运输标志、单独为特定合同备好待运或在运输中的货物放置在能够与其他相同货物区别的船上积载部位等。

2.3.3 《2010 通则》的主要变化

与《2000 通则》相比，《2010 通则》的变化主要有以下几个。

1. 术语的分类和数目

贸易术语分类由原来的 EFCD 四组改为适用于各种运输方式和水运方式两组，贸易术语的数量由原来的 13 种变为 11 种，即删除了原有的 DDU（Delivered Duty Unpaid）、DAF（Delivered At Frontier）、DES（Delivered Ex Ship）、DEQ（Delivered Ex Quay）四个 D 组贸易术语，新增加 DAT（Delivered At Terminal）与 DAP（Delivered At Place）两个术语。其他术语基本没有变化。

使用 DAT，货物已从到达的运输工具上卸下，与以前的 DEQ 类似；DAP 仅需要做好卸货准备，与以前的 DAF、DES、DDU 类似。

2. 电子通讯

通则的早期版本已经对需要的单据作出了规定，这些单据可被电子数据交换信息替代。《2010 通则》赋予电子通讯方式完全等同的功效，只要各方当事人达成一致或者在使用地是惯例。

3. FOB、CFR、CIF 的风险划分

《2000 通则》规定这三个贸易术语风险划分的界限是“船弦”，《2010 通则》将风险划分改为将货物装上运输船只——“On Board”，增加了卖方风险，而且使用 FOB 术语，还可能增加卖方的装船责任和费用。

4. 其他

新规则第一次在各种术语中明确了取得或提供帮助取得安检通关的义务和在交货中引入了链式销售的概念，“取得货物”成为交货方式之一。

2.3.4 贸易术语的选择原则

1. 以经营能力为基础

贸易术语的选择要量力而行，避免在合同中承担无能力履行的义务，造成违约后果。必要的话，可以对选用的贸易术语进行变通——部分改变贸易术语关于买卖双方责任、义务、风险的划分。

2. 以优质服务为宗旨

作为卖方，提供优质服务是在激烈的市场竞争中企业营销策略的必然选择，企业经营应以服务为宗旨，尽量满足买方包括对价格术语在内的要求。

3. 以经营利益为尺度

从经济上讲，国际贸易追求的是最大利益，贸易术语的选择也要坚持这个原则，以取得最大贸易利益为标准，权衡风险与收益。如企业进出口业务量大，获得的运费优惠较多，则应争取用负责运输的术语成交。否则，最好让交易对手来安排运输。

2.3.5 贸易术语使用的注意事项

1. 不同惯例的国际贸易术语

有关贸易术语的国际贸易惯例有三个，不同的惯例对国际贸易术语可能有不同的解释，为避免可能出现的纠纷，最好注明适用哪个国际贸易惯例。如 FAS 按通则的解释是船边交货，而美国的 FAS 则是运输工具旁交货；美国的 FOB，出口手续由买方办理，且交货地点根据情况，可能是装运港，也可能是装运地。所以在北美地区进口时，要特别注意这两个术语的使用。

2. 相同惯例贸易术语的不同版本

不同版本的惯例对贸易术语的解释也有差异，如《国际贸易术语解释通则》，使用 FOB、CFR 和 CIF 三种水运术语，买卖双方货物风险转移的界限按 2000 版本是装货港船舷，而《2010 通则》改为货物装到船上。为防止混淆，应明确贸易术语适用的惯例和版本。

3. F 字头术语的运输

F 术语的运输责任在买方，《2010 通则》同时规定，若买方要求，或依商业实践且买方未适时作出相反指示，卖方可以按通常条件签订运输合同，由买方承担风险和费用。在这两种情况下，如果卖方拒绝签订运输合同，应通知买方。

4. C 字头术语与 D 字头术语的主要区别

虽然运输费用承担二者类似，但要注意以下两个主要区别：（1）运输费用，C 术语卖方只承担运输公司运费表中列出的正常运输费用，而 D 术语负责货物到达，所以要承担运输途中可能发生的额外费用；（2）交货风险，风险划分地点 C 术语在装运地，D 术语在目的地，虽然运输风险可以通过投保转移，但用 D 术语成交，卖方要承担交货不到的违约风险。而且还可能要承担运输途中过境国的海关手续和费用。

5. 水运术语的驳船费用

如果承运货物的船舶不能靠岸，则货物的装卸需要驳运。这是大宗货物交易、租船运输的情况下需要考虑的可能费用。

6. CFR、CPT 的装运通知

虽然按通则规定，卖方交货后都要给买方发装运通知，即使是使用 EXW 术语。但 CFR、CPT 术语的装运通知尤为重要。因为按此术语条件，货物主运输由卖方安排并承担运输费用，而主运输期间的货物风险由买方承担，买方需要根据货物运输信息投保运输保险。按照国际贸易惯例和一些国家的法律，因卖方未发或迟发装运通知导致买方漏保，货物海上运输的风险要由卖方承担。

7. 象征性交货

象征性交货是指卖方按期在指定地点完成装运，并向买方提交了合同规定的包括物权凭证在内的有关单据，就视为卖方完成了交货义务，而无须保证到货的交货方式。简单地说，就是以交付物权凭证代替交货。C 类术语属于典型的象征性交货，只要卖方提交了合同规定的合格单据，即使货物在运输途中全部灭失，买方也必须履行付款义务。

8. 对术语的解释

《2010 通则》在引言中警告：无论选择何种术语，对合同的解释很可能会受到所使用港口或地点特有惯例的影响。这应理解为术语规定的义务为最低义务，还要注意特定地区、特定行业的要求和惯例。如通则要求的包装是适合运输，但有的港口要求必须托盘包装；通则要求 CIP、CIF 的投保险别为最低险别，但因货物类别、性质不同而习惯运输保险险别不同，如食品类货物仅投保最低险别不符合行业惯例。

2.4 E、F 贸易术语的价格核算

出口定价有两种基本方法，一是在国外市场调研的基础上，根据目标市场价格或消费能力，扣除中间环节的费用，倒算出出口价格。用这种方法计算出口价格，企业可以获得较大的贸易利益，但市场调研的费用较高，且调研的结果要可靠。根据我国产品的特点和企业的市场信息能力，通常采用的是第二种方法——成本加利润的定价方法。而且无论用哪种方法，价格核算——计算出成本和利润率是定价决策的基础。

2.4.1 工厂交货价格 P（E）

1. 产品成本

产品的成本有完全成本和变动成本两种计算方法，其计算公式为：

$$C = P + \frac{F}{Q} \quad \text{（完全成本价格）} \qquad 2-1a$$

$$C = (1 + r)P \quad \text{（完全成本价格）} \qquad 2-1b$$

$$C = P \quad \text{（变动成本价格）} \qquad 2-1c$$

式中：C 为成本；P 为变动成本，如生产产品类型不同，所用原材料或加工费用等都随之而变化，故称变动成本。对于贸易型企业，P 就是采购价格；F 为固定成本，如机器、厂房、办公设备折旧和财务费用等，无论企业是否生产、贸易企业是否有成交，都要发生，故称固定成本。

在 2－1a 式中，Q 为计划产量。2－1a 式就是完全成本——变动成本加固定成本的计算方法。当 Q 为产值时，固定成本可以转化为变动成本的一个百分比，这个百分比称为经营费用率，用 r 来表示，则 2－1a 式可以用 2－1b 式来表示。

2－1c 是用变动成本来代替产品成本，若企业超额完成任务，超额产量或贸易量部分固定成本为零，变动成本就是产品成本。

2. EXW 价格

在成本的基础上，加上一定的利润就是工厂交货价格。如果用 Rp 表示利润率，则出口价格为：

$$P(E) = C(1 + Rp) \qquad 2-1$$

2.4.2 F 字头贸易术语的价格

与 EXW 相比，使用 F 术语卖方的责任增加了货送交货地点和出口报关两项义务，相应的出口成本需计入 F 价格 P(F)。

1. 物流及相关费用

$$Fd = \frac{\sum Fi}{Qe} \quad i = 1, 2, 3\cdots, n \qquad 2-2a$$

$$Fd = \frac{F1}{Qe} \qquad 2-2b$$

$$Fd = 0 \qquad 2-2c$$

式中，Fd 表示单位产品出口费用，Qe 是出口数量，Fi 求和是货物从工厂送达交货地点可能产生的一系列物流费用和相关费用。这些费用包括：

F1：货物从工厂运到交货地点的运费和可能的装货费用；

F2：货物在交货地产生的费用，如 FCA 的站、场费用，FOB、FAS 的装箱、港口费用和可能的驳船费用等；

F3：可能产生的商品安检费用；

F4：可能产生的各种签证费用，如产地证、普惠证、领事签证等。尤其是交易量不大时，签证是一笔不小的费用。

F5：特快专递费用，有的客户在交易中，要求用特快专递提供装船样品和用特快专递提供一套出口单证或副本。

F6：报关费用，包括报关本身的费用和报关可能需要申请各种批件、许可的费用。

……

在这些费用中，F1 通常是最大的费用，F6 是可能最大或较大的费用，F2 中的驳船费用在班轮运输中通常也不会发生，其他费用几乎可以忽略。在大多数情况下，出口不需要许可，可以用 F1 来表示 Fd；对于贸易型企业，若采购价格已经包含了 F1，或贵重商品运费与货物价值相比非常小时，F1 可以忽略不计。

2. 出口退税情况下 F 字头贸易术语价格核算

我国为了鼓励出口，对某些商品实行出口退税制度，若用 Rd 来表示退税率——出口一定货值的产品国家退还出口企业的增值税比率，则出口价值为 C（国内价格）的货物，得到的退税总额为：

$$RD = C \times \frac{Rd}{1.17} \qquad 2-2d$$

考虑到国内物流和退税，F 价格为：

$$P(F) = EXW + Fd - RD \qquad 2-2f$$

把 EXW、Fd 和 RD 代入 2－2f 式：

$$P(F) = C\left(1 + Rp - \frac{Rd}{1.17}\right) + Fd \qquad 2-2$$

用上式计算出的价格是用人民币表示的，如果用外币结算，还应将上式计算出的价格换算成外币价格。若用 Re 表示用直接标价法表示的外汇汇率，则用外汇表示的 F 价格 Pu 为：

$$Pu(F) = \frac{P(F)}{Re} \qquad 2-3$$

3. 出口征税情况下 F 字头贸易术语价格核算

绝大部分产品出口，无需考虑关税成本，甚至国家还给予退税优惠。但少数资源性、市场敏感性产品，国家出于资源保护和市场管理等需要，可能通过关税对出口进行限制，关税成为出口成本的一个组成部分。

（1）出口关税

若用 t 表示从价税计收的出口关税率，则出口关税 T 为：

$$T = \frac{\text{离岸价格}}{1+t} \times t \qquad 2-3a$$

（2）离岸价格的核定

根据《中华人民共和国海关审定进出口货物完税价格办法》，“出口货物的离岸价格，应以该项货物运离关境前的最后一个口岸的离岸价格。如该项货物从内地起运，则从内地口岸至最后出境口岸所支付的国内段运输费用应予扣除”。出口货物在成交价格以外支付给国外的佣金也应予扣除；国外另行支付的货物包装费，则应计入成交价格内。

（3）F 价格核算

与 2－2f 式类似，F 价格可用下式表示：

$$P(F) = EXW + Fd + T \qquad 2-3b$$

对于港口交货，离岸价格即为 F 价格，将离岸价格、2－3a 和 2－3b 综合在一起，可得：

$$P(F) = [C(1+Rp) + Fd](1+t) \quad \text{（离岸地区起运）} \qquad 2-3A$$

对于内地交货，国内运输不包括在离岸价格中，EXW 就是离岸价格，将离岸价格、2－3a 和 2－3b 综合在一起，可得：

$$P(F) = C(1+Rp)(1+t) + Fd \quad \text{（内地起运）} \qquad 2-3B$$

同理，用外币结算，再把用 2－3A 或 2－3B 式计算出的价格用 2－3 式换算成外币价格。

2.4.3 无关税、无退税时 F 字头贸易术语的价格核算

如果既无出口关税，也无出口退税，则 F 术语价格可以简化为 2－4A 或 2－4B 式。

$$P(F) = C(1+Rp) + Fd \quad \text{（人民币价格）} \qquad 2-4A$$

$$Pu(F) = \frac{C(1+Rp) + Fd}{Re} \quad \text{（外币价格）} \qquad 2-4B$$

延伸阅读 2—1　　卖方使用 FOB 术语的风险

在国际贸易中，如果卖方承担了运输责任，就意味着自己安排船舶运输，船公司收到货并将货物装船后，将签发一份清洁提单。无论采取信用证还是付款交单方式付款，卖方通常不会陷入货、款两空的困境。但在 FOB 情况下，由买方安排船舶运输，更多的外国进口商通常都是用指定货运代理人签发提单的方式。这种提单与船公司提单的本质区别就在于，它不是物权凭证。尽管从表面看，外方是通过银行开立不可撤销信用证，但由于运输这一环节掌握在外方手中，是否能够获得信用证项下的货款还是一个问号。因为虽然你可以拿着买方所指定的货代所签发的提单到银行议付，但是银行要从中找出一两个不符点，真是易如反掌。……货代签发提单以后，从承运人处可以拿到代表货物所有权的承运人提单。外国公司若有恶意，完全可以在银行拒付时，从货代那里拿到提单并提走货物。如果告承运人，他与出口方并没有直接的合同关系；如果找货代，他只要与外国进口商串通做成这么一笔买卖，也可能一走了之。前几年在上海这种类似的外国货代少说就有几千家，他们只需要在上海租一间办公室、雇一位秘书以及一台传真机和一部电话就可以开张。这使国内许多进出口公司在以 FOB 条件成交时，吃了大亏。……作为一家公司，虽然无法改变 FOB 的价格条件，但是可以采取适当的方式，比如坚持要求对方指定那种经过中国政府登记并且办理相关许可的货代公司，相对来说这种公司的资信程度比较高，通常不会为了一笔交易而搞坏它在中国的整个经营活动。

（摘编自《企业经济纠纷的防范和解决》，杭州网浙江知识经济俱乐部，2002-01-15。）

延伸阅读 2—2　　如何处理客商索要样品的请求

在国际贸易中，买方有时要求卖方提供样品确定产品质量，但也有的商人甚至非商人利用买方地位或身份达到其他目的，而且寄送样品也需要一笔不小的费用，需要卖方认真对待索要样品请求。

1. 企业应该确定寄样原则

(1) 企业定位和国际市场策略：企业应该根据自身实力和国际市场策略确定样品费投入的额度。公司有实力、又属于开发国际市场初期，或者希望扩大市场占有率，则应该多做样品方面的预算；反之，企业如果希望控制销售成本，则应该量入为出。

(2) 对客户的意图作出分析判断：对于合作已久，知其底细的老客户，可考虑样品费、运费全免；对于一些规模较大、在行业范围内较有名气的客户，如果企业要扩大销售，要主动拜访，主动递上资料和样品，抢占先机；而对新客户，则应该具体情况具体对待。如告知对方样品免费提供，但从发展双方业务考虑，请对方付运费，这也是对对方业务诚意的一个考验；客商希望能一次性提供多个样品，且不愿支付任何费用的，应进一步详细分析（对方公司背景，样品用途等）后，酌情处理。

2. 企业寄样注意事项

(1) 保持平常心态：寄送样品的目的是销售，但不是只有带来订单的样品投入才有价值。即使寄样后没有成交，寄样也可以作为一种广告投入来对待；而且可以通过客户反馈，了解目标市场的最新行情、产品需改进的要素及产品线的研发方向。

(2) 考虑寄样成本：样品邮寄费用昂贵，应考虑所寄样品能否小一点、少一点，但一定要有代表性。

(3) 所寄样品要能代表大货的质量：要牢记样品代表的就是企业形象，样品不好，等于给企业的名称上贴上了劣等标签。所寄样品一定要代表大货的质量，否则签了合同也是自找麻烦，甚至因产品质量不合格造成违约赔偿损失。

(4) 不能确定对方购买意图的不寄样品：有的客商拿到样品到处询价比价，也为仿造提供了机会。甚至有的索要样品者就是企业的竞争对手。给国内出口商提供样品更要提高警惕，中国的供应商之间，竞争者之间 COPY 很普遍，拿来、借来、偷来主义盛行。

延伸阅读 2—3 传真与电子邮件在国际贸易中的应用

传真（Facsimile，简称 fax）由于速度快、可以传送图形和形式接近信函的特点，20 世纪 80 年代后期在我国迅速发展和普及。进入 20 世纪 90 年代，电子商务在我国的普及产生了一种新的国际贸易函电方式——电子邮件。由于其使用方便、传送快捷、费用低廉和表现形式多样生动的特点，风靡一时，大有取代传真之势。

但到目前，传真仍广泛应用于国际贸易函电磋商。这是因为与电子邮件相比，传真有以下三个优势：

(1) 方便性：电子邮件要求双方有电脑，且不能直接发送到对方的电脑中。而传真不用接受方任何操作，只要传真机处于自动工作状态，就可以自动接收并把接收到的传真打印出来；尤其对于业务量不是很大的企业，电脑不是经常处于工作状态，而传真机可以一天二十四小时待命。

(2) 可靠性：交易双方营业地址的确定性是建立信任、洽谈买卖的基础，电子商务尤为如此。而电子邮件地址并不与发送人的地址相联系，发件人隐蔽性强；电子邮件方便、廉价的特点，使电子邮件成为出于某种目的隐藏身份的人进行商贸联系的方便工具。这增加了信息接受者的不信任感，所以在商务沟通中，传真是可以建立信任的通讯方式，因为传真号码可以确定发件人的地域范围。

但需要警惕的是，随着电子技术的发展，网络电话可以模拟显示任何号码，利用模拟固定电话、传真号码进行诈骗。

(3) 安全性：网络的开放性，使网络成了计算机病毒蔓延的温床，电子邮件成为病毒传播的主要手段之一，对于陌生邮件，收件人往往不敢贸然接受，而是直接予以删除。

所以，在与新的交易对手第一次联系时，宜使用传真方式。当双方建立联系后，就可以使用电子邮件发挥其信息传送优势了。

延伸阅读 2—4* 价格表的内容和使用

价格表是商品销售价格一览表的简称，制作价格表的目的有两个。一是供企业内部人员使用，用于对外报价参考；二是向客户提供，向客户提供的价格表有两种，一种是向所有进口商提供的公开价格表，如在交易会上随样本、或不随样本主动或根据要求向外商派发，用于推销商品；另一种是根据某一特定客户的请求制作和向其提供的特定价格表，用于客户考察企业产品的价格水平。

价格是以价格条件为基础的，自用价格表和公开价格表通常以 FOB 为基础，因为它适用于向所有客户报价，客户需要的其他术语的报价也可以在 FOB 价格基础上计算出来；而特定价格表除非客户要求，通常也是以 FOB 为基础。进口量大的客户一般要求提供 FOB 价格，希望考察净价；而小客户通常要 CIF 价格表，他不考虑自己安排运输和保险，只考察到岸价格。

价格表除了商品名称、贸易术语和根据贸易术语确定的价格外，通常包括以下几个方面的内容：

(1) 货物描述：货物描述是指对货物的说明，用于确定一个特定的商品。常见的内容有品牌、货号、规格或质量，根据货物的性质，也可能包括材料、颜色、造型等。

(2) 包装细节：列出包装细节是为了方便进口商核算到岸价格和配货运输。这些内容包括：① 包装方式：如纸箱还是袋装；② 包装数量：单件包装中的货物数量或重量；③ 单件包装的毛净重；④ 单件包装的尺码，尺码用“长 × 宽 × 高”表示。

(3) 装箱数量：有些企业在价格表上还有一栏 20′C 或/和 40′C 装箱数量，因为轻抛货集装箱积载计算比较复杂，出口企业在价格表上增加这栏内容方便进口商核算运费成本，也表明出口企业有产品出口的业务和经验，可以增加客户交易的信心。

(4) 其他内容：根据经营需要，在价格表上也可列出企业认为有必要的其他内容。如付款条件、交货时间、起订数量等。

案例 2—1 强制性检验费用应由谁承担?

我国C公司多年向非洲一客商S出口日化产品，在出口时，C按S国的规定报经瑞士通用鉴定公司（SGS）对货物进行强制性装船前检验，并签发“清洁报告书”(Clean Report of Findings，CRF)，作为银行议付和进口国通关入境的有效凭证，检验费用由C承担。2011年1月份双方又按过去的价格条件签订了CIF Banjul合同，没有规定SGS检验费用由谁承担。当2月份C向S出口办理相关手续时，要求S支付SGS检验费用，理由是《2010通则》已于2011年1月1日实施，按新版本规定该进口国强制检验费用应由买方承担。如果你是S，你将如何回答C?

案例 2—2 采用FOB Vessel New York进口的出口费用争议

某进出口公司D与美国公司A达成一笔进口异型钢材200吨的合同，价格为USD 1 000/T FOB Vessel，支付方式为即期信用证并于2002年2月底前开达，装船期为3月。D于2月15日通过中国银行开出一张20万美元的信用证。

2月20日A来电称：“信用证已收到，但金额不足，应增加1万美元备用。否则，有关出口税捐及各种签证费用，由你方另行电汇”。D接电话后认为这是无理要求，随即回电指出：“按FOB Vessel成交条件，卖方负责出口手续和承担有关的费用，这是《国际贸易术语解释通则》的规定”。A又回电称：“成交时并未规定按《通则》划分责任，根据我们的商业习惯和《1941年美国对外贸易定义修正本》，出口手续应由你方办理。我们代为办理出口手续，但费用必须由你方承担，我方歉难按《通则》出口，速复”。此时恰逢国际市场钢材价格上扬，我方又急需这批钢材投产，只好通过开证行将信用证金额增加1万美元。

请问是不是在FOB术语后加上“Vessel”就说明采用国际上通行的《通则》解释风险、责任划分了？为什么？我们在从北美进口时应如何防范此类风险？

案例 2—3 出口商的包装符合国际贸易术语规定吗?

天津某电焊条厂A按与沙特一进口商B以CIF JUDDAH Incoterms ® 2010价格条件达成的合同，出口5×20′C电焊条，货物抵港后，因无托盘包装卸货港拒绝卸货，这是当地港口当局的规定。船运公司要求A迅速提出货物处理办法，A立即传真B要求其与其港口交涉，否则一切损失由B承担。因为A认为他已按术语规定提供了适于运输的包装，你认为A的理由成立吗？

案例 2—4 品质条款没有"湿度"指标引起的异议

某年6月，我国某公司出口黎巴嫩巧克力300箱，合同没有定"湿度"指标。货物到达贝鲁特后，进口商反映经过他们国家卫生检疫检验证明，我方出口的商品巧克力"湿度"为2.7%，超过当局规定的1.6%，不可能在市场销售，必须运出国境，否则就地销毁。我公司认为我出口商品符合我国质量标准，合同中未规定标准双方都有责任，要求对方承担50%的损失。试分析这种要求有法律依据吗？

案例 2—5 CIF术语又规定到货条款纠纷案

英国一公司以CIF LONDON价格与山东一出口商签订了一批圣诞礼品的购买合同，为了保证节前销售，规定11月20日到货。出口商按信用证规定及时装运，并向银行交单议付。但装运出口圣诞礼品的货船在航行途中发生火损，进口商拒绝赎单。出口商以CIF术语货物风险越过船弦（按《2000通则》）或装船（按《2010通则》）就已经转移为由，要求进口商赎单。你认为出口商的理由成立否？

案例 2—6 CFR术语与装船通知的纠纷

天津一公司签订了向加纳客商出口一批纸品的合同，价格条件为CFR TEMA，但由于疏忽，出口公司装船后七天才向进口商发出装船通知，进口商投保时得知货船已经因遭遇飓风触礁沉没，因此拒绝付款。出口商以货物装船风险已经转移为由，要求进口商付款。你认为进口商是否可以拒付？

案例 2—7 货物特定化纠纷

中国C公司1996年3月初备妥了出口美国的两票货物计8 000箱，放在仓库内等待装运。这两票货物分属X、Y两个进口商，与X的价格条件是FOB青岛，3月底之前交货，与Y的价格条件是CIF LOS ANGELES，交货时间为3－4月份。

3月25日A收到Y开来的信用证，审核后订了4月8日启航去美国的班轮舱位。但X没有按期安排运输船只。4月3日仓库发生了火灾，烧毁了8 000箱中的2 200箱货物。A将5 000箱货物印刷上运输标志，按信用证向Y交了货。对烧毁的2 200箱向X提出货款要求。C认为X没有按约定日期接收货物，且货物已经特定化（在仓库备妥待运），2 200箱货物的风险已于3月底转移给了X。X拒绝C的支付要求，双方提起仲裁。裁决结果X支付给C违约赔偿，但驳回了C要求X支付2 200箱货物价款的请求。请分析为什么这样裁决？

案例 2—8 贸易术语选择

我国某进出口公司业务员A收到一也门客商的传真，询购100吨电焊条，要求报FOB Hong Kong价格。(1) 如果你是A，你可以按也门客商的要求报价吗？为什么？(2) A的业务经理要求A报CIF HK或CIF Aden价格，请分析为什么选择这两个术语？

小知识

(1) 使用国际贸易术语要规范：在实际业务中，有人用CNF或C&F来表示成本加运费，我们应在磋商中予以更正，使用规范的国际贸易术语CFR，避免导致非《2010通则》惯例的适用。

(2) 保险险别：合同没有规定的，卖方所投保的险别是符合行业惯例的最低险别，对于大部分轻工业品，通常是全险加战争险——All Risks and War Risks，也称之为综合险。

(3) 海运费托收：用FOB术语成交，虽然买方安排运输，但对发达地区的信用证进口，船公司往往允许运费托收。在这种情况下，出口商可以取得注明运费托收(Freight Collection)的提单，议付货款。

(4) 生产企业的出口退税：生产企业的出口退税采用免、抵、退三种方式。免是指免除——不征收企业的流通税，亦称增值税；抵是指企业可以用出口应退税额大于免征流通税的差额抵缴内销产品流通税；退是指退给企业未抵缴（企业无内销）或未抵缴完的应退税额。

2.5 思考与练习

1. 贸易术语为什么也被称为价格条件？
2. 在国际贸易中使用国际贸易术语有什么好处？
3. 属于国际贸易惯例的国际贸易术语有哪几个规则？
4. 《1932年华沙—牛津规则》的特点是什么？
5. 《2010通则》的适用范围是什么？
6. 如果交易双方在合同中既未明示、也未默示《通则》的适用，既未明示、也未默示排除《通则》的适用，按照《公约》的规定，这样的合同纠纷可以用《通则》裁决吗？

7. 有 A、B 两个生产电器产品的厂家，A 厂八月份就完成了全年任务，但仍按完全成本定价出口；B 厂到了九月份才完成全年任务的 60%，却接受低于完全成本的价格。他们的可能考虑是什么，并说明使用变动成本的原则。

8. C 术语的特点是什么？它是不是到货术语？为什么？

9. 国际贸易术语可以适用于国内贸易吗？为什么？

10. 国际贸易中，如果买方没有明确质量要求，卖方可以按国内质量标准出口吗？

11. 在什么情况下，货物的风险可以提前或推迟从卖方转移到买方？

12. 使用 CIF 成交，买方未明示保险条款时，根据国际贸易惯例的规定，卖方投保应满足哪些条件？

13. 中国纸张纸浆进口公司欲从加拿大进口一批纸浆，一加拿大公司报价采用“FOB Ottawa”价格条件，你认为可否接受？为什么？

14. 天津一公司签订了向塞拉利昂出口一批铅笔的合同，价格条件为 CFR FREETOWN，在订舱出口时，进口商来电要求安排马士基航运公司的船只装运，但一个 20′集装箱的运费比我国船公司的运费要高 400 美元，作为出口商你怎么办？

15. 华光贸易公司采购普通照明蜡烛出口，采购价格为每箱人民币 80 元，上海港交货。华光公司的经营费用率为 3%，该业务的期望利润率为 10%，分别用完全成本法和变动成本法计算 FOB 上海的美元价格（海关是否征税或国家给予出口退税请上网查询，或按假定条件计算）。

16. F 与 C 术语的本质区别是什么？

17. 在出口业务中，你希望用 F 还是 C 术语成交？为什么？

第3章 运输与保险

3.1 学习本章的任务和应掌握的知识点

3.1.1 学习本章的任务

下面是阳光公司发给远航配件厂的电子邮件（格式略）和某海运公司海运费报价表（摘录），请根据客户要求回复。

> Thank you for your samples and price list.
>
> One of our customers wants to buy a full 20′C of S2 Fused socket and a full 40′C of CB02 and FB02 Electric Bulbs, please offer your competitive prices of CIF Freetown, Sierra Leone Incoterms ® 2010 with the packing details.
>
> Looking forward to hearing from you soon.

港口	20′GP	40′GP	40′HC	备　注
Bissau	3 300	6 300	6 350	西非：单票申请：周三，+USD25/票； 4月15日起，加收 GRI USD150/TEU
Freetown	2 450	4 800	4 850	
Cotonou	1 500	2 950	3 000	
……				
欧基1	1 000	1 900	2 000	ANTWERP，ROTTERDAM，FELIXSTOWE 周六，赤湾转 LE HAVRE，BREMER HARVEN 周三，直航 + USD25/票
……				

3.1.2 学习本章应掌握的知识点

1. 国际贸易运输方式、特点和选择
2. 班轮运输的特点、提单、运费率
3. 租船运输的国际贸易术语变形
4. 海运保险和保险费计算
5. 各种运输方式的运输成本核算

3.2 海洋运输和 CFR 价格计算

货物运输是国际贸易中的重要环节，运输风险和费用是国际贸易涉及到的必不可少的内容。海洋运输由于具有运载量大、通过能力强和运费低的特点，使之成为国际贸易货物最主要的运输方式，但海洋运输也有速度慢和风险大两个缺点。

3.2.1 班轮运输和租船运输

按船舶的经营方式，海洋运输可以分为班轮运输和租船运输两种方式。

1. 班轮运输

班轮运输是指船舶根据事先公布的船期表，沿着固定的航行路线、在固定的港口之间经营的船舶运输业务，具有固定船期、固定航线、固定港口的三大特点，方便贸易商的运输安排。而且班轮运输承运的货物比较灵活，不论数量多少，只要有舱位就接受承运，适用于小批量国际货物运输。班轮运输的运费包括基本运费（装卸费通常包括在基本运费之中）和附加运费两部分。

（1）基本运费：基本运费是指在货物正常运输的情况下向货主收取的费用，常见的计费标准有按毛重计费（W，单位是吨）、按体积计费（M，单位是立方米，称为尺码吨）、按货值计费（A. V.）、按毛重和体积收费较高值收费（W/M）和按件计费。

（2）附加运费：附加运费是对特殊需要处理的货物，或者由于特殊事件的发生而需要另外加收的费用。如超长附加费、超重附加费、选卸附加费（装船时货主不能确定具体的目的港，而需要在若干个港口中作出最后选择）、直航附加费、绕航附加费、转船附加费、港口附加费、燃油附加费等。

2. 租船运输

对于大批货物的运输，租船比班轮运输要方便和便宜得多，但租船市场变化较大，因而租船业务的专业性较强，一般需要委托专业的租船公司代为办理租船业务。

租船运输主要有定程租船和定期租船两种形式，在定程租船的运输中，由于在港口的停泊时间影响到船东的利益，在租船合同中通常要订立滞期费和速遣费条款。前者是超过规定的装卸期限船方向货方收取的罚款，后者是提前完成装卸任务，船方向货方支付的奖金。通常速遣费是滞期费的二分之一。

3. 贸易术语的变形

在租船运输中船方一般不负责装卸费用，交易双方为了明确货物装卸费用，在国际贸易实际业务中通常都是在常用贸易术语之后加列装卸货费用的内容，称之为贸易术语的变形。

表 3－1　　常用国际贸易术语变形一览表

常用国际贸易术语变形一览表			
FOB Liner Terms	FOB 班轮条件	FOB Under Tackle	FOB 吊钩下交货
FOB Stowed	FOB 理舱费在内	FOB Trimmed	FOB 平舱费在内
FOBST	FOB 包括理舱费、平舱费在内的各项装船费用		
CFR Liner Terms	CFR 班轮条件	CIF Liner Terms	CIF 班轮条件
CFR Landed	CFR 卸至码头	CIF Landed	CIF 卸至码头
CFR Ex Tackle	CFR 吊钩下交货	CIF Ex Tackle	CIF 吊钩下交货
CFR Ex Ships' Hold	CFR 舱底交货	CIF Ex Ships' Hold	CIF 舱底交货

注意：贸易术语的变形是为解决装卸费用产生的，并不影响交货地点和风险的划分问题。但在实际业务中，由于当事人理解和掌握偏差，往往引起争议。《2000 通则》和《2010 通则》都建议在使用术语变形（《2010 通则》称变通）时对交货地点和风险划分予以明确。

4. 自由转船条款（TRANSHIPMENT CLAUSE）

自由转船条款是转运、换船、联运和转船条款（Forwarding，Substitute of Vessel，Through Cargo and Transhipment）的总称，通常印制在海运提单的背面，是承运人免责条款之一。按该条款规定，承运人为了完成货物运输可以改变运输计划，如改变运输航线，改变停泊港口或将货物交由承运人自有的或属于他人的船舶等。这需要引起买、卖双方的注意。

3.2.2　散货运输、集装箱运输和目前的通常计费方法

对于租船运输，租船费用除以积载货物数量就是单位海运运费；班轮运输根据货物

的运输方式不同，运费率和运费计算方法也不同。

1. 散货运输

散货运输是指不需要包装或不需要集装包装的货物运输，运费一般按重量计算。对于没有包装的货物运输，净重就是毛重，运费成本核算方便；对于有包装的按重量计价的货物运输，注意应将皮重运费计入货物的净重价格。

2. 集装箱运输

集装箱是用硬质材料制成的、用于积载多件运输货物的大型容器。由于具有提高装卸效率、节省包装费用、简化货运手续、方便货物运输的优点，已发展成为国际班轮航线上占支配地位的运输方式。

3.2.3 集装箱运输的运费计算

集装箱运输提供的货物运输服务方式有拼箱（LCL：Less Container Load）和整箱（FCL：Full CL）运输两种，前者是指若干个货主的货物合租一个集装箱运输，由承运人或货运代理人安排拼货；后者是指一个货主租用一个或若干个整集装箱运输。

1. 拼箱运输

拼箱运输的运费率通常是按W/M计算的，用W表示单件货物的毛重（TON），用M表示单件货物的体积（CBM），用Fb表示运费率，则单件包装货物的运费为：

$$Fs = Fb \times Max(M, W) \qquad 3-1$$

提示：运输公司通常有一个运输起计数量，大多为2M/W，如果整批托运货物数量小于2就按2计算。当货运量较少时，应事先询问。

2. 整箱运输

整箱运费的收取是按租用的集装箱数量计算的，运费率Fb的单位为箱。计算单件包装货物的运费，首先要求出一个整集装箱的最大装箱数量Qc。

（1）整箱运输的要求：集装箱运输有重量和体积的限制，所装的货物不能超重，也不能超过集装箱的最大容积。下面是标准的20、40英尺标准干集装箱容积、限装重量一览表（国际海运集装箱种类及尺寸详见附录2），是计算货物积载的依据。

表3－2　　20英尺和40英尺集装箱积载容积和重量表

标准箱规格	外部尺寸	容积（cm）	限装重量（吨）
20英尺	8×8×20′	235×239×589	一般为20
40英尺	8×8×40′	235×239.8×1 200.3	26.3
40英尺高柜	8×8.5×40′	235×269.8×1 200.3	26.6

注意：对集装箱装载重量的限制，既有集装箱本身的限制，也有港口作业能力的限制。虽然目前20′C的装载强度有的达到了28吨多，但出口人所装一个集装箱的货物超过14吨（有的船公司20′C限重14吨）时，应向船公司或货运代理人查询确认。

（2）出口装箱原则：表3－2是对租箱人装箱数量的限制，集装箱租用价格一定，在集装箱中所装的货物愈多，单位商品的运费成本就愈低，所以出口装箱原则就是在集装箱限重和容积允许的范围内，尽量多装货物。

（3）装箱数量Qc的计算：为了求出最大装箱数量，就要分别求出按商品包装件的重量和体积求出最大装箱件数，然后取二者的最小值。

$$Qa = INT\left\{\frac{\text{集装箱限装重量}}{W}\right\} \quad \text{（按重量计算）} \qquad 3-2a$$

$$Qb = INT\left\{\frac{\text{集装箱容积} \times \text{利用率}}{M}\right\} \quad \text{（按容积计算）} \qquad 3-2b$$

$$Qc = Min\{Qa, Qb\} \qquad 3-2c$$

上式中，INT表示取整，Qb只是一个经验性公式，因为包装件是有形的，集装箱的容积利用率不可能达到100%，20英尺集装箱的容积利用率一般为85%左右，40英尺箱可达90%，当然这与单件包装的大小有关系。对于运费在CFR价格中所占比重较大的商品，Qb的计算应采用积载法用程序进行计算，这里只是给出一个20英尺箱FCL运输的运费计算的经验性公式（一个20英尺集装箱可利用容积为28立方米），根据3－2a、3－2b、3－2c式，可得到下面的式子：

$$Fs = \frac{Fb}{Min\left\{INT\left(\frac{28}{M}\right),\ INT\left(\frac{20}{W}\right)\right\}} \qquad 3-2$$

与拼箱、整箱运输相适应，集装箱运输的货物交接方式有堆场（CY：Container Yard）至堆场、货运站（CFS：C Freight Station）至货运站和门（Door）到门三种服务方式。

3. 积载因数Fa

在运输中，单位重量货物积载所占的船舶空间称为积载因数，通常用“每公吨立方米”来表示，对于多种货物出口，通过调整重货（积载因数小）和轻抛货（积载因数大）的比例，使整票出口货物的积载因数为1（散装或拼箱出口）或与集装箱（整箱出口）可利用容积与限重之比一致，可以有效利用运输能力、节省运费。

例如，S2插座的积载因数Fas＝1.79，CB02灯泡的积载因数Fab＝5.54，一个

40′C 的有效容积（利用率按 0. 9 计）为 60. 86 立方米，与允许装箱重量比是 2. 31。如果出口一个整箱的插座，Fas < 2. 31，货物装满就会超重，不能充分利用集装箱容积；而出口一个整箱的灯泡，Fab 远大于 2. 31，货物装满集装箱也达不到允许的装载量 26. 3 吨。如果同时出运插座和灯泡，出口装箱数量比例为 1. 3∶1，则平均积载因数约为 2. 31，这样搭配出口，既充分利用了集装箱容量，也充分利用了限重，单位货物的运费成本比两种货物单独装箱运输要节省很多。当然，这也取决于买方的订货。

3. 2. 4 CFR 价格的计算

用 Rk 表示包装率，即每件包装中所装的货物数量，如公斤、米、打、套等，则单位商品的运费为 Fs/Rk，CFR 价格为：

$$CFR = FOB + \frac{Fs}{Rk} \qquad 3-3$$

上式中的 FOB 可以根据上一章的“F 价格”计算出来。

3. 2. 5 海运提单（Bill of Lading，B/L）

出口人发货后，承运人要向发货人签发提单，海运提单是证明海上运输合同的货物由承运人接管或装船以及承运人保证凭以交货的单据，具有货物收据、运输合同和物权凭证的三大作用，也是出口方向进口方收取货款的重要单据。

尤其是海运提单的物权凭证作用，使得提单所载货物的买卖非常方便，因而成为国际贸易中使用最普遍、应用最灵活的运输单据。物权凭证作用也是提单区别于其他运输单据的重要特征。

提单的种类很多，但注意舱面提单（On Deck B/L）是货物装在甲板上的提单，除非交易双方事先约定，进口人不予接受。另外还有一种海运单（Sea Waybill，Ocean Waybill），它不是物权凭证，不同于提单，需要出口商予以注意。

3. 3 海运保险和 CIF 价格核算

由于海洋运输风险大，发货人需要通过交付一定的保险费用把运输风险转移出去，把不可控的运输风险转变为一个固定、已知的可控性成本。

3.3.1 海运货物风险和损失

1. 海运风险的类别

(1) 海上风险：海上风险是指海上发生自然灾害和意外事故引起运输货物损失和运输工具遭受损失的可能性。

(2) 外来风险：外来风险是指由海上风险以外的原因引起的风险，外来风险按成因又分为一般外来风险和特殊外来风险。

一般外来风险包括偷窃、雨淋、短量、沾污、渗漏、破碎、串味、受潮、受热、发霉、钩损和锈损等主要由非人力因素引起的运输货物风险。

特殊外来风险是指战争、罢工、拒收、交货不到等人为因素和不明因素引起的运输货物风险。

2. 海上风险所造成的损失

(1) 全部损失和部分损失：按货物损失的程度，海上损失分为全部损失和部分损失。全部损失又分为实际全损和推定全损。推定全损是指实际损失已不可避免，或者为了避免发生实际全损所需支付的费用与继续将货物运抵目的地的费用超过保险价值。

(2) 共同海损与单独海损：按货物损失的性质，海上损失分为共同海损和单独海损。共同海损是指为了解除载货的船舶在海运途中遇到船、货共同危险，或为使航程继续完成，由船方采取合理的措施引起的货物损失和支付的特殊费用。不满足构成共同海损条件的海上损失，统称为单独海损。

3.3.2 我国海运货物保险的险别

保险险别是指保险人对风险和损失的承保责任范围。按照中国保险条款（CIC: China Insurance Clauses）规定，我国海运货物保险的险别有以下几种：

1. 基本险别

基本险别是指可以单独投保的险别，基本险别有平安险、水渍险和一切险三种。

(1) 水渍险（With Average or With Particular Average, WA or WPA）：我国海运保险承保的责任范围采用列举式，水渍险承保的责任范围基本可以归纳为海上风险所造成的运输货物损失。即：

水渍险 = 海上风险所造成的运输货物损失

(2) 平安险（Free from Particular Average, FPA）：平安险 FPA 的意思是个别海损不赔，平安险所指的个别海损是由自然灾害引起的单独部分海损。即：

平安险 = 水渍险 - 自然灾害引起的单独部分海损

注意：① 个别海损的成立是要求“自然灾害引起”、“单独海损”、“部分海损”三个条件同时满足；② 只要运输工具曾发生意外事故，事故前或事故后发生的个别海损，保险公司也予赔偿。

（3）一切险（All Risks）：承保范围包括海上风险和一般外来风险所造成的货损。即：

一切险 = 水渍险 + 一般附加险

2. 附加险别

附加险别是指不能单独投保，只能在投保基本险别的基础上增加的保险险别。

（1）一般附加险：是指为投保一般外来风险设计的险别。主要有偷窃、提货不着险（Theft Pilferage and Non-Delivery，T. P. N. D.）、淡水雨淋险（Fresh Water &/or Rain Damage，F. W. R. D.）、短量险（Risk of Shortage）、钩损险（Hook Damage）、渗漏险（Risk of Leakage）、混杂、污染险（Risk of Intermixture and Contamination）、碰损、破碎险（Risk of Clash and Breakage）、包装破裂险（Breakage of Packing）、生锈险（Risk of Rust）、串味险（Risk of Odour）和受潮受热险（Damage Caused by Sweating and Heating）。

（2）特殊附加险：可以分为一般特殊险——战争险（War risk）、罢工险（Strike risk）和其他特殊险。按国际保险惯例，战争险与罢工险同时承保。其他特殊险主要有舱面（On Deck）险、拒收（Rejection）险、交货不到（Failure to Deliver）险、黄曲霉素（Aflatoxin）险和进口关税（Import Duty）险。

3. 保险责任起讫期限

我国保险责任起讫，按照国际贸易惯例主要采用仓至仓条款，即保险责任自被保险货物运离保险单所载明的起运仓库或储存处所开始，直至货物运抵保险单所载明的目的地收货人的最后仓库或储存处所或被保险人用作分配、分派、或非正常运输的其他储存处所为止。但被保险的货物在最后到达卸货港卸离运输船只后，保险责任以60天为限。而战争险不采用仓至仓条款，只负责货物在运输水面上的风险。

3.3.3 CIF价格计算

保险费为投保金额乘以保费率，如果用 Ri 表示保费率，用 Pi 表示保险加成，CIF 计算公式为：

$$CIF = \frac{CFR}{1-(1+Pi)Ri} \qquad 3-4$$

3.4 其他运输方式和价格核算

3.4.1 航空运输和保险

1. 航空运输

航空运输的主要特点是运输速度快、风险小，但费用高，适用于易腐、鲜活、季节性商品及贵重商品的运输。类似海运的班轮和租船运输，航空运输方式也有班机运输（Scheduled Airline）和包机运输（Chartered Carrier）两种方式，另外还有一种集中托运（Consolidation）。集中托运是指航空货运公司把若干单独发运的货物组成一整批货物，用一份总运单（附分运单——每个货主的货物运单）整批发运到目的地，由航空公司在那里的代理人收货、报关、分拨后交给收货人的一种运输方式。对于货物量较小的航空运输，货主用集中托运的方式可以获得批量优惠。

2. 航空运费

航空货物运费是从启运机场至目的机场的价格，根据一般货物、特种货物规定不同的收费标准。一般货物也是按重量和体积收费的，类似海运中的 W/M，但空运的体积以 6 000 立方厘米为一个体积计量单位，重量计费单位为公斤。

3. 航空运输保险

航空运输保险的基本险别有航空运输险（Air Transportation Risks）和航空运输一切险（Air Transportation All Risks）两种，还有战争等附加险。基本险的责任起讫采用仓至仓条款，战争险的起讫为货物装上飞机到目的地卸离飞机。

4. CPT、CIP 价格计算

空运费可以用 3-1 式计算，CPT 价格可以参照 3-3 式计算，CIP 价格可以参照 3-4 式计算，唯一不同的就是海运费由空运费代替，海运保险由空运保险代替。

3.4.2 铁路运输

铁路运输是仅次于海运的一种国际贸易运输方式，运输特点——运量、运费、风险等介于海运和空运之间。

1. 国际铁路联运

国际铁路联运是指两个或两个以上国家之间，货主只需在始发站办理托运手续，使用一份运送单据（称为铁路运单 Railway Bill），铁路部门对全程运输负责的铁路货物运输方式。

铁路运单是国际铁路联运的主要运输单据，它是参加联运的发送国铁路与发货人之间订立的运输契约，其中规定了参加联运的各国铁路和收、发货人的权利和义务。出口商使用国际铁路联运运输的前提是本国参加了国际铁路联运，我国是前苏联、东欧的《国际铁路联运协定》的“货协”国际铁路联运参加国，尚未参加西欧国家之间的《国际铁路货物运送公约》的“货约”国际铁路联运。

2. 非国际铁路联运

与非国际铁路联运组织成员国之间的国际贸易和我国对港澳地区的“国际贸易”，使用铁路运输时出口商不能直接到铁路部门办理托运，只能由国际贸易的货运代理人，如我国的对外贸易运输公司代为办理，出口商用货运代理人出具的货物收据（Cargo Receipt）作为运输单据办理结汇。

3.4.3 国际多式联运和联合运输

1. 国际多式联运（International Multimodal Transport）

国际多式联运是指以集装箱为媒介，把两种或两种以上的不同运输方式连接起来，组成的一个连贯的国际货物运输方式。

对于货主来说，由一个国际多式联运经营人安排货物全程运输并承担责任，运费率也是包括全程运输在内的统一费率，方便货物的运输安排和运输成本核算。

2. 联合运输（Combined Transport）

与多式联运类似的一种运输方式是联合运输，是指包括海运在内的两种或两种以上的运输方式的联合运输。

3. 国际多式联运与联合运输的区别

（1）运输方式：多式联运既可用于海运与其他方式的联运，也可用于不包括海运方式的其他运输方式的联运。联合运输仅限于海运与其他运输方式的联合。

（2）承运人责任：多式联运有一个各程运输的总承运人，他对全程运输负责。而联运提单的签发者只对第一程运输负责。

（3）已装船证明：多式联运提单可以不表明货物已装船，也无须载明具体的运输工具。而联运提单必须是已装船提单。

3.4.4 国际物流服务

目前跨国公司控制着全球生产总值的40%左右、国际贸易的50%以上和国际投资的90%。跨国公司正在由各国子公司独立经营，向围绕公司总部战略，协同经营一体化发展转变，传统的国际运输服务不能满足国际贸易——尤其是跨国公司国际贸易的要求，柔性化运输、全程服务、系统化服务对国际物流产生了新的要求。而作为国际供应链上的众多中小企业，也需要物流服务外包以提高核心竞争力。

1. 国际物流的概念

所谓国际物流，就是组织货物在国际间的合理流动。国际物流的目的是按国际分工协作的原则，依照国际惯例，利用国际化的物流网络、物流设施和物流技术，实现货物在国际间的流动与交换，以促进区域经济的发展和世界资源优化配置。国际物流的总目标是为国际贸易和跨国经营服务，即选择最佳的方式与路径，以最低的费用和最小的风险，保质、保量、适时地将货物从某国的供方运到另一国的需方。

2. 物流的本质

如果从物体的流动来理解，物流是一种普遍存在的现象。而物流作为一门科学，却仅有几十年的历史。从本质上讲，物流科学不是具体物体的流动，或者说与物流相关的活动——运输、仓储、装卸等具体业务，而是一种管理思想和建立在这种管理思想之上的物流管理组织方式。

物流管理的核心思想包括专业化经营、系统化管理和合作化战略三个方面。专业化经营是指企业专注自己有优势的业务，集中精力培养自己的核心竞争力，把不具优势的业务外包出去。作为国际贸易企业来说，根据需要外包包括运输在内的所有物流服务，如商检、报关、分装等，而作为传统各物流环节的经营企业来说，就是提供专业化的物流服务；系统化管理就是把物流全过程作为一个整体来考虑。如国际贸易企业要考虑物流全过程的整体成本和质量，而作为物流企业来讲，就是提供系统化的一揽子优质物流服务；合作化战略是指物流系统中企业之间的关系必须从竞争关系转变为战略合作关系。所谓战略，是指企业的长期经营策略，而非权宜之计。从国际贸易企业来说，这种关系可以保证企业物流满足国际贸易需要，从物流企业来说，他与其他物流企业的战略合作关系可以提高物流服务水平和竞争力，他与贸易企业的战略关系可以获得稳定的客户资源。

3. 国际物流服务的内容

物流是物品从供应地向接收地的实体流动过程，物流服务则是根据实际需要，将运输、储存、装卸、搬运、包装、流通加工、配送、信息处理等功能有机结合起来，为用户提供一揽子服务。在国际贸易中，专注贸易这个核心环节，把与运输及运输相关的物流服务外包出去，是提高企业核心竞争力的专业化选择。

3.4.5 各种运输方式和运输商的选择

在国际贸易中，为了取得最大贸易利益，需要综合考虑影响运输的各种因素，合理地选择运输方式和运输商。

1. 运输风险

运输风险包括货物本身的风险和外在风险两个方面。本身风险是指包装的牢固程度和防震、防潮等货物对运输的内在需要，外在风险是指在运输途中可能遇到的人为因素或自然灾害引起的货物风险。如包装易破损、易丢失的货物应选择集装箱运输，为防止运输过程中剧烈震荡造成货损，则空运、海运方式优于陆运运输。

2. 运输速度

选择速度快的运输方式不但可以降低货物的运输风险，还可以降低市场风险，对于价格波动大、季节性强或市场急需的商品，运输速度是选择运输方式的关键性因素。

3. 方便性和专业化

方便性是从运输的实际情况来进行考虑的，主要包括有无相应的直接运输工具、各种运输方式中交接货物的地点和办理运输手续是否方便。如内陆地区的国际贸易要选择陆运、空运或国际多式联运，临近港口则宜用海洋运输方式。对于需要综合服务的，应选择物流公司。现在很多大的国际运输企业，都增加了物流服务，甚至成立了专业的物流分公司，以满足国际贸易用户多式多样的差异化物流服务需要。

4. 运输成本

运输成本既要考虑直接成本——运费，也要考虑间接成本——时间对国际贸易的影响，选择速度慢的运输方式运费相对便宜，但会降低经营效率，增加市场风险。

5. 运输商的选择

选择运输方式的因素与运输商也有直接关系，运输商的专业水平、运输能力、资信状况也影响到运输安全、运输速度和服务水平，而且不同运输商运价水平差异也较大，在选择运输商时应综合考虑其服务、速度、风险与价格水平。运输商的选择与具体的运输业务也有关系。如对低值货物、运输时间无关紧要的业务，应考虑运费价格低的运输商。轻抛货可选择对装载重量限量低的运输商，这时他的其他服务条件会更好一些。

3.4.6 保险和价格核算

除上述的运输方式外，常用的还有公路运输、邮政运输和快递服务，包括铁路运输和国际多式联运，其运费也是以体积或/和重量为基础，用计算海运运费、保费类似方法，参照 3－3 式和 3－4 式计算，可以计算出 C 字头术语的任一术语成交的价格。

D 术语属于到货术语，成本核算除 DDP（在进口核算时介绍）外，直接成本与 C 术语无异，卖方只是多承担了到货风险，适当增加利润率即可。

延伸阅读 3—1 班轮运费的"固定性"

……在实际的业务操作中，班轮运费通常是口头商定的，即货主或其货运代理给船公司或其代理工作人员打电话，……如果运费有了争议，则双方往往在运费数额上争议很大，因为没有书面的证据证明当初商定的运价。因此，法院不得不采用当时的市场价格来确定运费数额，但市场价格是非常难以确定的，中远的运价本现在早已不用了，但运价问十个货代，大概能报出五六个价格，法院也很难确定。……即使班轮有运价表，但价格随着公司不同、公司报价人员不同、报价时间不同、询价人不同等而变化，有时甚至价格变化幅度很大。作为出口人，应根据运输公司的服务水平和自身的货运量争取较好的运价水平，为了防止争议，出口商与船公司或货代电话商价后发个传真确认一下。

（摘编自《怎样确保收回运费》，物流网，www.56net.com，2004－8－30。）

延伸阅读 3—2* Time—The hidden costs

Time in transit is but one of the so-called hidden costs that may be relevant. For example, concerning time in transit and the ability to put a facility to use sooner (thus avoiding lost sales), a West German company bought 230 hosiery-knitting machines from a US manufacturer. The machines were shipped by air at a cost of USD224 per unit which was considerably greater than the ocean rate of USD37.80 per unit. Delivery time was shortened by 10 days giving the German manufacturer the opportunity to produce 207000 pairs of hosiery, which apparently more than offset the transportation cost differential.

（摘编自邬性宏编著《国际商务英语教程》。）

延伸阅读 3—3** Transportation and Logistics Services that create value for your business

Today ABX LOGISTICS is one of the world's leading freight forwarders and logistics service providers. Its Products and Services that create value for your business are:

1. Air & Sea

ABX LOGISTICS provides Air and Sea freight services worldwide, either under its own name or through its agents and partners.

2. Road International (Eurocargo)

The ABX LOGISTICS road transport network covers the whole of Europe.

3. Contract Logistics

ABX LOGISTICS offers a wide range of Contract Logistics solutions to fit its clients' needs. These include warehousing, inventory management, packaging and other value-added services provided in conjunction with transport in most Group countries.

➢ Warehousing (active inventory management, reporting, etc. . .)

➢ Sales and raw materials supply forecasting

➢ Quality control and performance testing

➢ Pre-assembly, packing and labeling

➢ Primarily 3 PL, pan-European and multiple-year based services

➢ Warehousing and management are strongly connected to and combined with complementary upstream and downstream services (road, air & sea)

➢ Specific competence in sectors such as the automotive, textile industry, electronics and appliances industry and retail trades, etc.

➢ Logistics is the cornerstone of all comprehensive services (One Stop Shopping) and should be developed in two ways: - locally over small areas- at Pan-European or even world level for those multinational companies wishing to outsource their logistics by purchasing complete service packages

4. Project Logistics

The ultimate One Stop Shopping service for all major construction or engineering projects.

ABX LOGISTICS handles worldwide expediting, heavy-lift transport, charters and deliveries. Projects may involve transporting a complete power station to a remote construction site or urgent delivery of a single component essential to the operation of such an installation. Whenever the weight, bulk, time, distance or location preclude the use of regular services, Project Logistics specialists at ABX LOGISTICS will find an answer.

Project Logistics involves meticulous door-to-door planning and customized transport support. The service starts with assessment and consultancy on every aspect of a cargo movement and finishes with delivery and, if necessary, on-site positioning. ABX LOGISTICS has the necessary resources to translate a "can do" approach into effective action.

5. Event Logistics

Logistics for promotional and cultural events, exhibitions and trade fairs

One speciality at ABX LOGISTICS is event logistics. Transport of circus animals, ballet companies, dance troupes, orchestras, TV and cinema crews and their equipment, prestigious cars en route to motor shows, exhibition stands and materials are just some of the types of assignment already undertaken. Flawless planning, well-meshed cooperation and perfect timing using specially adapted vehicles and dedicated drivers for fragile goods. A worldwide network of agents handpicked in relation to a quality charter. A turnkey service including all the various customs and administrative formalities in the different countries involved.

（摘编自 http：// www. abxlogistics. com。）

延伸阅读 3—4　外箱尺寸计算不准造成损失案

国外客户 F 在 2001 年 5 月份给我国 C 公司 1×40′H 集装箱货物的订单中，品种繁多，且大部分产品的包装为新的包装，C 在接受订单 1 个月后还不能确定包装箱尺寸。由于其中一个工厂货物体积与刚下订单时的所报体积多出 7CBM，其他部分工厂在给报装箱尺寸时都是箱子的内径，实际上外径比内径都大了 0.5CM，到所有货物生产完毕和计算总体积时，才发现共多出 10CBM。

C 公司将此情况告诉国外客户，客户表示多出的货物不要了。货物已经生产完毕，国内又不好销售，C 公司提出由其支付海运费，将货物运至目的港。可是客户还是不同意。C 公司只得要求仓库在装箱时注意节省空间，务必尽可能多装货物，最后此高柜比平时的柜子多装了 4CBM 的货物，将存货减到最少。至于留下的存货 C 公司在以后的订单中，以低廉的价格卖给其他客户。读了此文，你对标准化包装和运输是否有了进一步了解？计算装箱数量的重要性是什么？

案例 3—1　F 公司诉 C 公司运输仲裁案

某年 3 月份国外某 F 公司与我国某 C 公司签订了一份 10 000 吨钢材的销售合同，价格条件为 CIF 黄埔港，信用证支付。F 公司按照合同规定 7 月 20 日前将货物装运，但议付单据被 C 以单据与信用证不符拒绝接受。货物运抵黄埔港时，C 又拒绝收货，造成货物长时间的延误卸货。F 为此付了船公司 40 000 美元的滞期费，不得不将货物售予另一个中国买主。F 公司要求 C 公司赔偿 40 000 美元滞期费的损失和利息，C 公司另执一词，F 公司遂根据事先订立的仲裁协议提交仲裁，并要求 C 公司承担本案的全部仲裁费。

C 公司认为货物未按规定运抵目的港。装运这 10 000 吨钢材的船上还有另外发给厦门的 20 000 吨钢材，这条船应在黄埔港卸完 C 公司的货后再驶往厦门，F 公司也曾发传真说该船将先靠黄埔港。但实际上该船先靠了厦门港，延误了到达时间。在此期间人民币与美元的汇率大幅下降，仅汇率变化就使得C公司损失100 000美元。因此，C不但拒绝赔偿滞期费，还提出反诉要求F赔付汇率变动损失100 000美元。你认为F公司的滞期费和C公司的汇率变动损失应由谁承担，为什么？

案例3—2 海上货物运输合同违约纠纷

某年4月29日，江苏A毛针织品公司传真托运书至F货代公司，要求办理15m³的毛纱线出运事宜，船航日期为5月2日。同日，上海B国际物流有限公司以承运人身份接受F订舱并传真进仓通知书至F，载明提单号、开航日等事项，要求F于指定日期将货物运抵指定仓库。5月8日，B电话告知A货物未能如期装船，并已另行配载了5月9日的船。货物于5月9日出运，但收货人以货物晚发为由拒绝接收部分货物。A认为正是B迟延出运的违约行为导致其遭受损失，遂起诉至上海海事法院，要求B承担被弃货物的货值9 589.07美元以及因此在目的港产生的一切费用。

法院审理认为，A与B之间并未订立书面合同，应从双方行为的性质来确认双方关系。根据提单可以确定，双方建立的是海上货物运输合同关系。A收到B 5月9日的提单后不仅未提出异议，而且在货物到港后与收货人一并要求分单，据此可以认为A已经接受了B 5月9日出具的提单，双方以实际行动确认了涉案货物的出运日期和提单内容。B在履行海上货物运输合同的过程中没有违约行为。因此，法院以A的主张缺乏事实和法律依据为由，驳回A的诉讼请求。

本案争议焦点之一在于5月2日开航是否构成B的承诺。作为无船承运人，B公司本身不拥有船舶，只能根据船公司的船期预告表确定开航日期。大多数船公司在发布船期预告时均有所保留，声明“若船期有变动，以船舶实际到港时间为准”等类似字眼，此种免责声明实际上排除了船期预告的承诺性质。同理，B在进仓通知书上标明的开航日期也应理解为船期预告而非承诺。但在本案中，B并未参照船公司的做法在进仓通知书中加入类似的免责声明，这就给A主张B违约提供了机会。然而本案进仓通知书的接收对象是F而非A，且A在得知货物无法于5月2日出运后未及时提出异议，导致托运人丧失主动权。作为出口商，从此案例可以汲取什么教训？对物流管理有哪些启发？

（摘编自韩潇、陈金海，http：//bbs. shipfriends. net/read. php？tid = 72241，2009 - 02 - 06。）

案例3—3 贸易术语解释的分歧

浙江某外贸公司出口英国5×20′C的圣诞用品，价格条件为CIF Landed London，运输该票货物的班轮由于自然灾害引起触礁造成全部货物损失，英商以卖方不交货为由不但拒绝付款，并且向卖方提出违约索赔。卖方认为 CIF Landed London 为术语的变形，仅仅是为了明确装卸责任，并不改变 CIF 条件其他费用和义务的划分，英商必须付款。而英商认为 Landed 是对 CIF 的限定，根据契约自由的原则，卖方不交货已构成违约，理应赔偿由此给自己造成的损失。鉴于英商不付款，外贸公司以自己的名义向保险公司申请获得了赔偿；对于英商的索赔要求，外贸公司坚决拒绝。他们认为按国际贸易术语解释通则，术语的变形只是确定装卸问题，虽然通则建议为防止分歧在订立合同时对其解释予以明确，但没有明确也不能说明完全是卖方的过错。英商索赔未果，依合同向仲裁机构提起仲裁，结果判我外贸公司赔偿因违约给英商造成的损失。请分析，仲裁机构凭什么可以断定"CIF Landed London"的含义是伦敦交货？

案例 3—4　木箱包装纠纷案

天津某外贸公司 B 收到一香港客户 C 为澳大利亚进口 10×20′C 玻璃的询价，遂向秦皇岛一玻璃厂 A 询价。A 报价 310 元/箱，木箱包装。B 核算后报出 CIF MELBOURNE 价格，C 回复 B 价格太高，要求降价，B 又反过来要求 A 降价。玻璃的出口包装木箱有两种，一种是具有托盘功能的，适用于向劳动力成本高的国家出口；另一种是木箱的底部少两个支撑木条，价格便宜，但不适合机械作业，用于向劳动力成本较低的国家出口。A 以为 B 要第二种木箱包装的玻璃，价格降至 290 元/箱。C 收到货物后以包装不符合国际贸易惯例、增加了拆箱费用和向目的地运输的装卸成本为由向 B 提出索赔，B 又以此为依据向 A 提出索赔。你认为 C 是否应获得赔偿？如果是，B 和 A 谁应承担赔偿责任？

案例 3—5　保险险别纠纷案

河北一文具厂向危地马拉出口 800 箱文具，合同中使用的贸易术语为 CIF PUERTO QUETZAL，未涉及具体的保险险别。文具厂按国际贸易术语解释通则只需投保最低险别的规定，向平安保险公司投了平安险，并把全套单据提交银行委托银行托收。货物在运输途中因船只遭雷击起火烧毁了 150 箱，另有 300 箱受到不同程度的损失。结果收到进口地银行的进口人拒付通知，并通过中国银行询问出口商的单据处理意见。文具厂立即发传真，要求进口商付款，货物损失找保险公司赔偿。你认为进口商是否应该付款？保险公司是否应赔偿火灾造成的货物损失？为什么？

案例 3—6　货物海损的索赔

国内某公司 D 按 CIF 出口一批货物，装运前向保险公司投保了平安险。载货货船于 6 月 13 日在海上遇到暴风雨，致使部分货物水渍，损失价值约 5 000 美元。数日后，该轮又意外触礁，致使该批货物又遭到部分损失，损失价值约为 8 000 美元。D 遂向保险公司对这两次损失提出赔偿请求。请问，保险公司是否应予以赔偿？为什么？

（摘编自马树杰编著《国际贸易实务》。）

案例 3—7 “仓至仓”条款的引用纠纷

国内某公司 D 与国外一公司 F 签订了一份 FOB 出口合同，货物装船后，D 向 F 发出了装船通知，F 据此向中国人民保险公司投保了综合险（All Risks and War Risk），但货物在 D 的仓库运往码头的途中，被暴风雨浸湿了约 10%。D 援引保险单上的“仓至仓”条款向保险公司提出赔偿的请求，保险公司以 D 不是被保险人或合法的受让人为由予以拒绝。D 遂又请求 F 以被保险人的身份向保险公司提出索赔，试分析保险公司是否应予赔偿？假如是 CIF 合同，D 可以向保险公司提出赔偿吗？

（摘编自马树杰编著《国际贸易实务》。）

案例 3—8 蜡烛运输索赔案

某年 6 月份中国 C 公司与瑞典 S 公司签订了出口一批蜡烛的合同，CIF 哥登堡每箱 32 美元，9 月装船。7 月 20 日，该批蜡烛 7 500 箱经中国商检检验合格后装上了某远洋公司的“Qimen”轮，鉴于蜡烛长时间放在 40℃左右的地方会变形，C 指示承运人在运输中注意适当通风。承运人收货后签发了清洁提单，C 向保险公司投保了一切险。在运输途中“Qimen”轮与一日本籍“海城丸”号发生碰撞，导致一货舱进水，使装于该货舱的 700 箱蜡烛及其他货物湿损。为修理该船以便继续航行，该轮开进附近的避难港，并发生了避难港费用和必要的船舶修理费用。“Qimen”到达目的港后，S 发现余下的 6 800 箱蜡烛已变形，不能用于正常的目的，只能按市价 30% 出售。经查蜡烛变形是运输中未适当通风导致温度过高所致。请问，700 箱湿损的货物和 6 800 箱变形的货物应向谁索赔？

（摘编自司法考试网。）

小知识

（1）运费表的使用：通常人们认为班轮运输的运费是固定的。随着我国改革开放和航运竞争的加剧，运费随运输市场需求波动而剧烈变化，甚至在上海通往日本的航线上，一度出现了负运费，货主租用一个 20′C 可从船运公司获得 210 美元（见央视 2006－9－22《焦点访谈》，新华报业网）。运输市场价格变化大而剧烈，且不同的船公司的运价差异很大。船公司通常定期（每月或每周）给货主发出运价表，在实际业务中仅能作为货主运输成本核算的参考，真正订舱出货时还要与船方或货代确定结算运价。

(2) GRI：GRI（General Rate Increase）表示综合费率上涨附加费，类似的海运附加费很多，如普涨费（GRR，General Rate Restoration），旺季附加费（PSS，Peak Season Surcharge）等，这从另一个侧面说明了运费波动的常态性。

(3) 海运费的等级：随着集装箱运输的发展，运输货物的分类逐步减少。目前除美国航线外，运输货物（特殊类型货物除外）不再分级收费。

(4) 危险品运输：危险品是一个特殊的运输货物类别，承运船只较少，交易此类货物要事先确定有承运人和船航日期，运费根据不同的危险类别加成也不一样。

(5) 港口重名问题：在委托运输时，对于有重名的目的港，如 Spain、Portland、Victoria 等，港口名称后要加上国家名。

(6) 保险加成：出口货物保险加成通常为 10%，但超过一成要事先征得承保公司的同意。

(7) 伦敦保险协会保险条款：我国以 CIF 出口的，也有不少国外进口商要求按伦敦保险协会保险条款投保，协会的险别 ICC（A）、ICC（B）、ICC（C）类似于我国的一切险、水渍险和平安险，一般我国保险公司也可接受。如果外商要求，出口商应与保险公司洽商，在可能的情况下配合客户。

(8) 保险利益：也称可保利益，是指投保人对保险标的具有法律上承认的利益。按照保险惯例，投保人对保险标的必须具有保险利益，否则保险合同无效。

(9) 代位权：保险货物的损失如果是由于第三者的过失或疏忽造成的，被保险人从保险人处取得保险赔偿时，应当把对该第三者的损害赔偿请求权转让给保险人，由保险人代位行使被保险人的一切权利和追偿要求。保险人在支付保险金额后从被保险人处所取得的权利，叫代位权，即代位行使被保险人对有过失的第三者的追偿权利。

3.5 思考与练习

1. 常用的国际贸易运输方式有哪些？
2. 海洋运输的特点是什么？
3. 在选择运输方式时，应该考虑哪些因素？
4. 班轮运输和租船运输的含义和适用情况是什么？
5. 何谓贸易术语变形，使用贸易术语变形应注意什么？
6. 海运提单的作用是什么？海运提单与其他运输单据最突出的区别是什么？
7. 保险对国际贸易有何作用？

8. 我国保险公司提供的基本险别有哪几种？含义是什么？

9. 共同海损与单独海损的区别是什么？

10. 出口商投保了一切险，运输途中的一切货物损失承保公司都予以赔偿吗？

11. 我国保险公司承保国际运输货物的责任起讫期限是如何规定的？

12. C 术语和 D 术语的成本核算有什么区别？

13. 某玻璃器皿公司采用 CIF 贸易术语出口，为了防止玻璃器皿产品在运输途中破碎造成的损失，决定在综合险的基础上，加保破碎附加险。你认为有必要投保附加险吗？

14. 根据远航配件厂的包装细节，计算 CIF 价格（假定全险 + 战争险的保险费率为 2%）。

15. 什么是集中托运？集中托运的优点是什么？

16. 在中国人民保险公司可以投保 ICC 险吗？

17. 中国 D 进出口公司与加拿大商人 C 签订一份出口大米合同，由 D 负责货物运输和保险事宜。为此，D 与上海 A 轮船公司签订运输合同租用“远达”号班轮的一个舱位。1997 年 6 月 15 日，D 将货物在上海港装箱。随后，D 向中国某保险公司 B 投保海上运输货物保险。货轮在海上航行途中遭遇风险，请问：

（1）如果 D 向 B 投保的是平安险，而货物遭受部分损失是由于轮船在海上遭遇台风，那么 D 是否可从 B 处取得赔偿？为什么？

（2）如果 D 投保的是一切险，而货物受损是由于货轮船员罢工，货轮滞留中途港，致使大米变质，那么卖方能否从 B 处取得赔偿？为什么？

（3）如果发生的风险是由于承运人的过错引起的，并且属于承保范围的风险，B 赔偿了损失后，D 能否再向 A 公司索赔？为什么？

18. 什么是国际多式联运？利用国际多式联运运输对进出口商有何好处？

19. 一国外客户询问鞋钉的 CFR SAN JOSE 美元价格，假定出口退税率为 13%，请根据下列情况分别计算 FCL 和 LCL 价格（用变动成本计价，加 10% 的贸易利润）。

（1）国内生产厂家提供产品情况：上海港交货价格为 2 000 元/吨；包装毛/净重为 22/20kg；包装尺码为 30cm × 20cm × 25cm。

（2）上海至 SAN JOSE 海运运费为：FCL：USD3 800/20′C；LCL：USD200/计费吨（W/M）。

20. 某国外客户询问#5 篮球的 CFR LONDON 美元价格，假定出口退税率为 9%，根据下列情况分别计算 FCL 和 LCL 价格（用变动成本计价，加 10% 的贸易利润）。

（1）国内生产厂家提供产品情况：上海港交货价格为 25 元/个；包装率为 24 个/箱；毛/净重为 15/13kg；包装尺码为 40cm × 30cm × 20cm。

（2）上海至伦敦海运运费为：FCL：USD800/20′C；LCL：USD50/计费吨（W/M）。

21. 一出口公司已向国外客户报出照明灯泡的 CFR NEW YORK 价格为 USD50.00/CTN，现国外客户要求改报 CIF NEW YORK 的价格，假设保费率为 0.5%，请按客户要求的贸易条件计算相应的报价。

22. 一出口公司已向国外客户报出照明灯泡的 CFR PORT SAID 价格为 USD60.00/CTN，现国外客户要求改报 CIF C3 PORT SAID 价格，请按客户要求的贸易条件计算相应的报价。

23. 什么是积载因数，对出口货物积载有什么意义？

24. 假定出口货物运至某港口，20′C 货物船公司限重 15 吨，请提出一个出口 S2 插座和 CB01 灯泡的数量搭配方案，使得单件货物运费最低。

第 4 章 合同价格和价格策略

4.1 学习本章的任务和应掌握的知识点

4.1.1 学习本章的任务

下面是阳光公司发给远航配件厂的电子邮件（格式略），分析拒绝报价、调整询价的可能意图，制定出价格策略，并在此基础上回复客户。

> Your offer has been received and noted, thanks.
>
> Having tried our best, unfortunately, we have to say it is impossible for us to strike a deal on your offer because your prices are rather on the high side. Let's forget it and try another one. Please offer us CIF FELIXSTOWE for a 40′FC stowed partly with the sockets and partly with the bulbs to reduce freight and try to do your utmost to make your offer competitive.
>
> Looking forward to your early reply.

4.1.2 学习本章应掌握的知识点

1. 价格的意义和报价原则
2. 价格影响因素
3. 国家管理政策对国内市场价格与国际市场价格的影响

4. 价格策略与博弈论
5. 含佣含扣价格的掌握和计算
6. 交易者的灵活磋商能力对成交价格的影响
7. 出口价格的国家管理与协调
8. 贸易条件

4.2 合同价格

合同价格是国际贸易中的重要条款，是交易双方贸易利益的划分界线，直接影响着企业国际贸易利益的多寡。

4.2.1 影响价格的因素

影响价格的因素可以分为主观和客观两个方面。主观因素是指包括思维方式、心理素质、预期目标等的交易主体的主观判断和综合谈判能力，这需要在实践中体验和提高。除产品本身影响成本的因素，如质量、包装外，影响价格的一些客观因素主要有以下几种。

1. 市场环境

市场环境是指影响产品在特定市场价格的外部因素。尤其是在出口产品营销的国外市场上，价格的确定和当地国家的文化、政治和社会环境因素相互关联。例如价值取向、消费习惯、进口税率、消费政策、卫生标准、民族产品优先运动等。

2. 消费水平和爱好

消费水平决定着产品消费数量和可以接受的价格。同时，消费水平越高，消费者越有可能对品牌产生特别的偏好。享有偏好的产品价格就会高于其他品牌的同类产品。

3. 产品相对情况

（1）产品差异：是指企业产品与竞争者同类产品的比较。营销的产品与市场上的其他产品没有差异，价格相对透明，竞争加剧，则产品定价余地就小。反之，企业定价的余地就大。

（2）产品所处生命阶段：处于不同生命阶段的产品，产品的垄断情况、标准化程度、消费者的选择余地都不同，产品价格也不同。尤其是工业制成品，生命周期相对较短，必须根据出口产品周期所处不同阶段确定和调整价格。

4. 销售意图

不同的销售意图，定价也有差异。如销售是为扩大市场占有率价格应较低，是为保持市场份额应保持现有价格水平，而为了提高企业形象、提高利润率则应定较高的价格。

5. 计价货币

交易双方应选择可自由兑换的货币或双方认可的某种货币作为计价货币，并把计价货币的汇率风险考虑到交易价格之中。

6. 交易条件

交易条件决定着国际贸易业务中责任、费用、风险的承担，决定着交易双方利益的分配，所以，交易价格也随交易条件变化而变化。如成交数量、付款条件等。

7. 市场供求

供求关系是影响市场价格因素的综合反映，也是产品市场价格的决定性因素。而且市场的供求决定了市场竞争的激烈程度。

8. 国家管理

从对进出口商品价格的影响考虑，国家管理政策可分为鼓励进出口和抑制进出口两大类型。前面章节所讲的出口退税就是出口鼓励政策，后面还要介绍国家对“三来一补”和以进养出贸易的进出口鼓励政策。而我国的商品出口预核签章、进出口许可证、配额等管理政策，增加了企业手续和成本，提高了进出口价格。甚至由于倒买倒卖配额引起进出口价格大幅上涨。

4.2.2　国际贸易价格确定的原则

国际贸易是一种社会商业活动，目的是实现企业经营价值，所以价格确定的原则是利益的最大化。体现在具体的交易磋商中，就是以价值为准则、以成交为基础、以利益最大化为目标。

1. 以价值为准则

不同的企业有不同的经营价值，以社会责任为价值的企业，不会为赚钱损害公众利益，如无论血泪产品价格多么低，也不与这样的供货商合作；而以追求垄断、赚钱第一为价值的企业，定价就会走极端。如为了垄断市场，恶性竞争，可能定超低价，甚至出现负价格；而在垄断条件下，定价则随心所欲；或者以损害本国环境、公众利益为代价，压低成本出口，进口污染环境的垃圾等。

2. 以成交为基础

价格是交易条款的综合反映，也是交易双方在磋商中利益争夺的焦点。从企业自身来说，出口价格愈高，进口价格愈低，国际贸易经济利益也就愈大，而交易对手的贸易利益就愈小，成交的可能性就愈低。片面追求自身利益，可能导致磋商失败，预期国际贸易利益化为乌有。所以报价必须考虑对方接受和作出响应的可能性。对于国家价格管制的产品出口，还要遵守价格底线，否则合同难以履行。

3. 以利益最大化为目标

所谓以利益最大化为目标是指在对方响应的基础上，尽量争取最大利益。最大利益可以从三个方面考虑，一是最优价格——争取较高的出口价格或较低的进口价格，二是效率——不要花费大于获得利益的时间成本，三是企业的长期利益——为建立良好的合作关系付出值得付出的眼前利益。

4.2.3 佣金和折扣

1. 佣金（Commission）

佣金是指因介绍生意或代买代卖而付给中间商的报酬，对于建立相互信任比较困难的交易双方来说，中间商不但起到交易撮合的功能，而且对于防范交易风险也非常重要。

（1）佣金的作用和掌握：给中间商较高的佣金，有利于调动中间商的积极性。但同时会增加产品销售成本，增加的成本如果由销售企业承担，将降低国际贸易收益，而如果由买方承担则可能影响销售。因此，需要掌握适当的佣金比率。佣金率通常不要太高，但对于向一些特殊市场出售、开发新市场或开发新商品应适当提高佣金率。在国外要求报价时，如果企业缺乏对销售市场的了解和把握，应该满足中间商的佣金要求，因为中间商会同样考虑成交问题，他们对佣金的要求不会漫无边际。

（2）佣金的表示方法和类型：佣金有用比率——占交易额或某一确定价值的百分比（如 CIF C3 表示 CIF 价格中含有 3% 的佣金）或数额——单位交易量或整个交易量规定一个佣金额两种表示方法。凡是在合同中明确佣金比率或数额的称为明佣，不规定佣金比率或数额、甚至连佣金字样也不出现的称暗佣。

（3）含佣价格的核算：用具体数额表示佣金的，在净价单价（不含佣金、不含折扣的价格）基础上加上单位佣金额即可得出含佣价；如果用 P 表示净价，P(C) 表示含佣价格，C 表示佣金率，则用百分比表示佣金的含佣价格计算公式为：

$$P(C)=\frac{P}{1-C} \qquad 4-1$$

用合同金额计算佣金简便易行，交易双方不会因佣金额计算产生纠纷。但如果成交价格中包含了运费的话，如 CFR、CIF 术语，显然影响卖方的利益，因此也有以 FOB 为基础计算佣金的，但在合同中应同时规定运费和/或保险费的计算方法，以免引起计算纠纷。当然，如果佣金以 CIF 合同价格为基础，也可以用降低佣金率的方法来抵消运费/保险费部分的佣金。

2. 折扣（Discount）

折扣是指卖方给予买方一定百分比的价格减让，在国际贸易中通常用 D 表示，如 CFR D5、CIF D3 等，表示价格中含有 5% 或 3% 的折扣。

(1) 折扣的作用：折扣是一种促销策略或促销措施。折扣有很多种，属于价格策略的如成交折扣，卖方担心不降价不能成交，而降价将提高买方的价格预期，下次订货价格只能维持此价或更低的价格，可以用折扣来避免这种不利后果。如说明“为了与你方建立贸易关系，第一次给你一个 5% 的例外折扣”；为增加销售的折扣措施通常按订货量给予等级折扣，如“订购额达 1 万美元，给予 1% 的折扣，1 ~ 3 万元给予 2% 的折扣……”；此外，还有名目繁多的年终折扣、清仓降价等。

与佣金类似，折扣也有明扣暗扣之分。但应说明的是，折扣是为促进成交给予买方的价格减让，不应有暗扣，交易现实中的暗扣都给了经办的业务人员，属于不正当竞争。卖方应根据企业价值和市场环境需要作出决策，是否接受暗扣这种交易条件。

(2) 含扣价格的计算：含折扣的出口价格计算与含佣价格计算类似：

$$P(D)=\frac{P}{1-D} \qquad 4-2$$

3. 佣金和折扣

有时在合同价格中，既含有佣金，又含有折扣，在计算佣金和折扣时，应先计算折扣，因为折扣不应有佣金，佣金应在不含折扣的价格基础上计算。

$$P(C,D)=\frac{P(C)}{1-D} \qquad 4-3$$

$$Dt=P(C,D)\times D \qquad 4-4$$

$$Ct=P(C,D)\times(1-D)\times C \qquad 4-5$$

上式中，P（C，D）为含佣含扣价格，Dt 和 Ct 分别表示折扣额和佣金额。

4.3 价格策略*

用成本利润法计算的出口价格是确定合同价格的基础，要追求贸易利益最大化，就要在对市场、市场环境和交易双方情况分析的基础上，遵循价格确定的原则，采取一定的定价策略，适当标高或降低价格。并在此基础上，采取适当的磋商策略，争取达到贸易利益目标。

4.3.1 主动价格策略（Active Pricing Policy）

主动价格策略是指对具有一定垄断性或优势性的产品，企业可以从自身的角度来考虑确定产品价格的定价策略，以及为达到定价策略确定的价格目标所采取的交易磋商策略。

1. 撇脂（Skim the Cream）策略

“撇脂”策略是指按市场所能承受的最高价格确定出口价格的方法。当企业对该产品有垄断能力时，在市场上基本避免了竞争压力，而产品需求的价格弹性又较小时，可以把价格定到市场可以接受的最高水平。

2. 渗透（Penetration）策略

是指利用竞争性的低价格尽快使产品进入一个新市场或扩大市场占有份额的定价方式。不论对于新开发产品，成熟的无差异产品，还是对于需求价格弹性较大、生产和销售成本随数量增加而降低或产品市场规模较大存在普遍竞争的产品，此策略都适用。渗透价格在消费水平低的发展中国家尤为有效，但有时容易在消费者心目中造成低档产品的不良印象，不利于企业形象的建立和长期经营。

3. 满意（Mutual Satisfaction）定价策略

是指把价格定在撇脂与渗透价格之间、使交易双方均感满意的定价方式，用以消除价格太高易引起消费者不满和抵制以及价格过低投资成本回收困难的风险。

4. 价格差异（Differentiating）策略

是指在相同的时刻，根据销售地点、销售渠道、供求关系等不同，为获得较多的利润而采用的差异性定价方式。

（1）销售地点：就是参考目标市场的总体价格水平来确定出口产品价格。

（2）销售渠道：利用广销渠道，产品定价要高；而采用经销和代理的分销渠道，产品定价标高要少。

（3）供求关系：供求关系在很大程度上决定着产品的价格，但供应紧张提高售价时，要同时兼顾企业的长远利益，即对有长期合作关系的老客户要慎重、要掌握尺度。

（4）其他：价格差异策略应用范围很广，其他如客户关系、产品需要的急缓，购买数量，付款方式等，都应根据不同的情况，价格高低有异。

5. 心理定价策略

是指从满足消费者心理需要的角度进行产品定价的方式。

（1）品牌（Brand）策略：即使是成熟阶段的产品，只要受消费者的偏爱，就可以利用品牌的影响和信誉，按撇脂策略的定价方式确定产品的价格，满足一些消费者的心理需要，如消费虚荣心理、身份效应（Snob Appeal）等。此时，高价格本身就是一种促销方式。

（2）招徕定价：是指用低价格吸引客户，从而希望藉此与客户建立长期合作关系，扩大交易商品范围的定价方式。

（3）尾数定价：是指在价格中多保留几位尾数，使买方产生卖方定价认真、利润微薄的感觉，进而产生信任感和促成交易。这种定价方法适用于需求弹性较大的中低档产品。

（4）整数定价：通过整数高位定价，迎合消费者对高价产品的优良品质预期（适用于消费者不太了解的产品）和礼品（价格高的产品表示尊敬和诚意）的心理需要。

（5）吉祥数定价：用吉祥数码定价以满足消费者趋利避害的心态。此策略用于高位定价，也可以达到满意定价的效果。整数定价、吉祥数定价只适用于零售定价。

6. 整体（Integration）定价策略

是指把企业的系列产品按经营目标的实现进行整体考虑的定价方式。

（1）产品线定价：是对系统产品按不同的定价策略发挥不同的价格功能，实现整体组合最大利润的定价方法。例如有的产品（或型号）充当渗透市场的急先锋；有的产品（或型号）充当形象大使推广企业品牌获取较大利润；有的产品介于二者之间，用于平衡买卖双方的关系和服务于各种不同层次的消费群体。

（2）俘虏产品定价：指把相关产品中的主要产品价格定得较低，以吸引客户，这种产品称为“引诱品”，而把与主要产品一起使用的关联产品价格定得较高以赚取利润，这种产品称为“俘虏品”。当客户低价买了引诱品，就不得不以高价来购买俘虏品。

（3）产品组合定价：是指提供多种产品组合价格方案供客户参考和选择，鼓励客户多购产品的策略。

（4）单一价格策略：销售品种较多而成本差别不大的产品或不同规格订购均衡的产品，为了方便客户和内部管理需要，企业所售产品实行统一价格。

7. 比较（Comparing）价格策略

比较是一种说服性策略，在报价的同时，通过和相同或类似产品的比较，突出本企业产品的价格优势，说服客户接受报价。

8. 价格调整（Adjusting）策略

是指根据企业内部、外部环境的变化或特定的销售情况，灵活调整价格，以促进成交的定价方式。这是以获得较大商务利益为目的，根据时间而异的灵活价格策略。而且经常性地对销售产品进行重新标价，可以达到混淆价格、轮番销售的营销目的。

9. 竞争策略

就是了解竞争对手，有针对性地采用营销策略。竞争策略要根据情况——主要是竞争情况和与对手的优劣对比，选择正确的竞争策略。如价值竞争、价格竞争、服务竞争、质量竞争等，扬己之长，避己之短。

4.3.2 被动价格策略（Passive Pricing Policy）

被动价格策略是指企业只能根据市场竞争需要确定价格的定价策略。对成熟期的产品，企业几乎没有价格控制能力，只能被动地接受市场价格，故称之为被动价格策略。

1. 提价策略

是指通过提价来增加企业效益。本来企业的产品处于低价水平，由于竞争对手提价，企业可以同等幅度或小幅度提价，在不影响销售量的前提下，提高产品价格。

2. 让利策略

是指用减少销售利润率来扩大和维持市场份额的定价方式。让利策略可通过两种途径来实现，一是直接降低销售价格，二是间接降低销售价格，如价格折扣、增加服务等。

3. 产品差异策略

产品差异策略也称为产品模糊策略，是指成熟期的产品已经标准化，价格透明度高而自己的产品又没有价格优势时，企业的产品设计、造型、功能要不断改变，或者搭配销售、增加服务等，使买方无法准确地与其他的竞争产品比较价格。这是被动定价方式中的积极定价策略。

4.3.3 其他价格策略

1. 公共关系策略

公共关系策略是指使公众接受企业价值所使用的信息宣传策略、公共沟通策略和实际行动策略。这种策略并不一定要完全满足消费者、供应商、分销商、竞争者、政府机构及其他公众的需要，而是引导公众对企业价值的认可、并最终接受企业的价值定位。例如，玫琳凯企业的核心价值是感动世界，所以企业的使命对内是培养员工的共同价值观、帮助员工实现家庭幸福和职业成功，对外则是通过慈善事业、对妇女提供权益保护帮助等社会公益活动和提供有形物质产品实现企业价值。这种策略不是消极迎合公众，而是超越公众的需求，追求超越现实的公共利益。这种行动、这种价值观念要通过信息宣传和沟通，诉诸公众的内心情感和共同观念，实现服务社会、建设社会的崇高目标。

2. 因人而异价格策略

因人而异价格策略是指对不同的客户采用不同的报价和为达到预期利益所采用的价格磋商策略。如澳大利亚客户不喜欢讨价还价，必须报实价；而对擅长砍价的中东、印巴商人，报价时一定要为他们留有充分讨价还价的余地。而且，即使是同一个国家或地区的人，也有价值观、信息能力、谈判能力和交易习惯等方面的差异，因人而异是在追求利益最大化的磋商过程中，弹性最大的交易策略。

3. 协调价格策略

价格博弈不仅仅是交易双方的博弈，还是包括由政府、竞争者在内的多方博弈，当价格竞争激烈使企业生存空间受到威胁时，谋求竞争者之间的妥协，实施共同的价格政策，请求政府的支持等，是一个重要的选择。OPEC是国家之间联合控制石油市场价格的组织，区域性经济组织如欧盟是合作领域更为广泛的国家间联合组织。作为企业，参加商会、与竞争对手协调，也可以更方便地实施自己的价格策略。

4. 促销价格策略

促销价格策略是指以临时性的低价格竞争销售的一种策略。与低价策略不同的是这种低价格是临时性的，可以避免以低价格销售降低利益所得的后果。在价格缺乏竞争性销售不畅、而又担心降价后大量销售而再提价困难的情况下，可采用此价格策略。

延伸阅读4—1*　贸易条件日趋恶化 系统工程进展艰难

昨日央行发布的《2006三季度货币政策执行报告》显示，进口价格同比涨幅9.1%，出口价格涨幅4.7%，进口价格涨幅几乎为出口价格涨幅的两倍，三季度贸易条件显著恶化。

清华大学中国与世界经济研究中心研究员袁钢明认为，进口价格涨幅显著超过出口价格涨幅，这种情况一般在货币贬值的情况下才会发生。而事实上，人民币对美元汇率近期一直处于上升态势。袁钢明表示，“人民币有效汇率”是一个值得关注的概念。虽然人民币对美元名义汇率在升值，但是如果考察有效汇率，或许人民币是贬值的。根据国务院发展研究中心金融研究所副所长巴曙松的测算，与2002年1月相比，今年6月人民币名义有效汇率贬值9.0%，实际有效汇率贬值达16.2%。

贸易条件恶化的原因之一，是我国出口的产品大多以低附加值的劳动密集型产品为主，面对激烈的竞争，企业在进军国际市场时竞相压价，以致“价格战”硝烟四起，出口上增量不增价的现象普遍出现，甚至出现了跌价的现象。从国家来说，造成了资源外流、环境污染；从出口企业来说，利润空间被压缩，这将迫使我国部分外向型企业作出生死抉择。

从价格方面来说，国家的管理不到位也是一个重要因素。各种行业协会、进出口商会、中介咨询机构建设不完善，官方色彩较浓，未起到应有的作用。国家对国际贸易的价格管理与协调势在必行。

然而，早在2000年，外经贸部就对“价格战”十分重视，先后采取了多种治理措施。一是根据国务院《关于海关开展出口商品审价和继续做好进口商品审价工作的有关问题的批复》，配合海关对27种出口商品实行了出口海关审价，对低于进出口商会制定的出口同行协议价格的商品不予放行；二是对50种实行出口许可证管理的商品，发证机关依据进出口商会制定的出口同行协议价格进行审价，低于协议价格的不予核发出口许可证；三是发布《关于处罚低价出口行为的暂行规定》，对有低价出口行为的企业视情节给予警告、罚款直至取消进出口经营权等处罚；四是加大反倾销应诉工作的力度；五是加强进出口商会等中介组织的职能，以商品分会建设为中心，推进企业自律和行业自律，维护正常的出口经营秩序。

那时，外经贸部官员就表示，治理低价出口、恶性竞争是一项紧迫而长期的任务，是一个涉及经济体制、企业运营机制和行业自律等许多方面的系统工程。然而，8年过去了，问题没有解决，现在是2011年了，系统工程进展又如何呢？

（摘编自《三季度贸易条件恶化进口价格涨幅为出口的两倍》，《第一财经日报》，www. jctrans. com，2006－11；中国外资网，http：//www. chinafiw. com，2000－8－28。）

延伸阅读 4—2** 国内价格与国际价格

前些日子翻阅一份英国报纸，看到一幅大照片，相当于伦敦“王府井”的牛津街的商场购物人流如潮，报道称英国消费者重返商店显示金融危机可能即将触底。但仔细端详，从穿着打扮上发现人流中有许多大陆华人。后与几位英国华裔朋友谈起此事，他们一口咬定“这些人肯定是从中国大陆来的！”他们还补充说，他们在中国的朋友熟人中，就有许多人借出差或旅游之机，转战伦敦各大商场，为英国经济走出衰退“做贡献”。

最近读了中国财经评论家时寒冰的博客，发现中国消费者也在为美国经济复苏“做贡献”。时最近去了一趟美国，在洛杉矶“遇到一群中国游客，购物之多用疯狂来形容。在一个卖箱包的商店，几乎每个中国人都买了两个以上的箱子，因为他们要装下所买的商品。他们一边挑选商品一边惊诧着：‘这里的东西怎么会比国内便宜这么多？’”

乍一听，你会觉得不可思议，如果不是我本人今年也在北京工作、生活了几个月有了亲身体会的话，我也不相信这是事实。

别的地方我不敢说，仅仅对比一下我长期生活过的北京和伦敦。在衣、食、住、行四个方面，北京至少在“衣”、“住”两大方面比伦敦贵，至于“行”，北京的公共交通费用的确要比伦敦便宜，但在个人购车花销上，北京却比伦敦贵得多。我这里说的“贵”，并非相对的“贵”，而是绝对的“贵”。“食”的情况比较复杂，一般而言，北京超市的蔬菜水果、柴米油盐比较便宜，但相对价格比伦敦贵或不相上下；北京有很多服务于外来打工者的廉价小餐馆，无论是绝对价格，还是相对价格，都比伦敦便宜，但稍微上点儿档次的餐馆，相对价格就比伦敦贵，而高档餐馆的价格，绝对价格都比伦敦贵。

时在博客中如此描述他最近美国之行的发现："美国除人工服务之外，绝大部分商品的价格（绝对价格）是低于中国的，有些商品的价差之大，有点瞠目结舌。"在中国一套卖3万元左右的Armani西服，在洛杉矶用1/4甚至1/5的钱就可以买到；宝马Z4的价格，洛杉矶的广告上标注的报价为29 881美元，中国的价格大致在50万元到80万元人民币之间……"。考虑到关税、运费等，这些国际名牌在中国卖得比西方贵并不太令人吃惊（尽管贵四五倍有些不甚合理），但那些纯属中国制造的商品，在中国卖得居然也比西方贵，就太令人费解了。

我今年上半年住在北京，下半年住在伦敦，这种对比更鲜明、更强烈、更真实：许多同样类型的中国产品，在英国的售价确实低于中国。

上个星期，我在伦敦参加了一次新书发行讲座。这本新书的作者是两位多年在中国经商的英国人，书名是《China Counting》，序言中有一句话让我深以为然："西方舆论倾向于认为，中国一直在免费乘坐西方的消费列车，但真实情况是，中国一直在补贴西方。"

然而，即使西方的政客们意识到这一真相，但面对某些利益集团的压力，或者出于选票得失的短期政治考虑，或者出于保护本国制造业的短视经济理由，也会筑起"反倾销"关税的大墙，挡住来自中国的"补贴"。欧美最新一波针对中国进口商品的贸易保护主义浪潮即为明证。

（摘编自魏城《中国一直在"补贴"西方?》，英国《金融时报》，中文网，www.ftchinese. com/ story/ 001029975? page =1，2009－11－27。）

延伸阅读 4—3　纺企配额高价难求　配额骗案时有发生

10月30日下午，商务部在网站发布《关于2008年度输美纺织品第三次协议招标的公告》。纺织企业期盼已久的第3批配额终于下达。而汇达制衣的顾经理却仍忧心忡忡："我们公司由于对市场上配额的错误估计，9月初接了美国牛仔裤订单几十万件，并已生产完成。但刚从商务部分配到的347/8类配额只有3 800多打，加上之前买到的配额，还有2万打的缺口。"顾说，上述牛仔裤是圣诞节的订单，如果有配额，10天之内就能摆上美国的货柜。可现在配额不够，即使是高价买配额也买不到。

配额高价难求的现实，催生了配额骗子。有的骗配额拥有企业，如华东某E公司曾被某香港H公司骗用了一万多打纺织品配额，价值约20万美元。H公司广州办事处传真给E公司称有一批数量约一万打的订单，出口美国。但为了证明E有这个类别的美国纺配，让其按H办事处的出证资料先将配额签出，经确认无误后即可开出L/C。E按H要求打印出了约30份配额证书，计一万多打，传真给H办事处。该办事处称约需一周时间调查配额的真伪，开出L/C需五天左右，即十五天后E可收到L/C，但等了一个多月也未收到L/C。E即询问H办事处，但该办事处已人去楼空，手机、电话全部停用。E以为纺配正本在自己手中，没有引起足够的警觉。当E找到新订单，到政府改证时，从美国海关反馈的数据显示，该30份配额已在美国全部清关。除损失约一万打配额外，E的新订单也无法出口，重新外购该类别纺配，价格已成倍上涨。因为中美纺配电子数据只传送证号，单价，数量，纺配类别。美国海关只要查对以上数据即可，而不会去查纺配正本的真伪。

谎称拥有配额骗取求购配额企业高额配额费用的案件更多，有的自称有紧俏纺配，骗取定金；有的重复卖同一批配额，收取多份配额款，需要出口配额产品的企业高度警惕。

（摘编自江旋《出口受阻谋求国内市场，大量外贸企业不得不“从零开始”》，每日经济新闻和山东环球农贸网，2008－11－7。）

延伸阅读 4—4** 博弈论在价格组合策略中的应用

博弈论中奠基性概念纳什均衡及有关结论告诉我们这样一个道理：精明理智的经营者在营销过程中，如果在策略选择时按风险小、收益大的原则行事，参与竞争的结局大都是局中人（参与竞争的各方决策者）并不能实现利润最大化，因为现实中在许多情况下往往是各方僵持，从而使各自的收入“稳定”在偏低的均衡点上。因为处于这类均衡点时，经营者不必再担心对手单方面改变策略会降低自己的收益。现代市场竞争活动中之所以会出现这类均衡点，是由于竞争各方相互制约的缘故。然而为了提高收益，在一定条件下、一段时间内，经营者为使对方难以掌握自己的行动规律，需要经常变换策略。但是在何时、何种场合使用何种方案则遵循着其内在的“随机”规律。现代对策论进一步证明，在类似上述的竞争环境中，对于每一个局中人或决策者存在着唯一的一组合理的策略组合方案，并使得局中人中的任何一方不可能单方面改变此方案以获取较多收益。

用这样的观点和方法分析解决实际营销中的价格组合策略问题，会使我们清楚地认识和解释现代市场经济中颇为复杂的贸易竞争现象。经营者若能适时适当地调整产品销售价格，就会使一定时期内的总收入高于产品仅在一个价位上（甚至是高于变换策略中的平均价格水平）的销售收入。具体地说，同行中若干家企业在市场竞争中生产销售同类商品，在盈亏平衡点上会有几个可行的定价方案。在这几个定价方案中，适时、巧妙地变换价位，就会得到意想不到的高收入。例如，某件服装的保本销售价为100元，而在某地市场上的最高售价为120元；据此，可选价格则定为100元、105元、110元、115元、120元。若想长期占领此地市场，在一段时期内，并不要总以固定价出售，而应在可选的几个价格中高低交替变动，其结果是企业的总收入会高于始终以120元或110元销售时的收入。需要指明的是，通过其他方式获得超出这类均衡点的收益水平时，"超额"部分只是失败者应获收益的转移，并未增加同类产品销售总收益。这就是现代经贸理论揭示、呈现在我们面前的经营之道。市场发育越成熟，竞争者素质越高，结局与此结论符合的程度就越高。

（摘编自王国成、黄慧敏《略谈价格组合策略》，1995第5期个案解析，topmarketing网。）

案例 4—1 品牌战略让"大虎"在国际打火机市场上站稳脚跟

温州大虎打火机厂是一家专业生产"虎牌"中、高档金属打火机企业，创办于1992年，经过多年的努力拼搏，从一个家庭作坊一跃成为全国打火机行业龙头企业和在国内外市场拥有较高知名度的企业。

建厂之初，是国外经销商在温州定牌加工的高潮到来之际，大虎打火机厂在承接定牌加工的同时，努力创建自己的品牌，以便在未来的市场竞争中占有一席之地，而不是被动地接受国外经销商的选择。大虎牌打火机刚刚出口到欧盟市场时，价格非常便宜，利润比定牌加工还要微薄。但大虎坚持自主品牌战略，用定牌支持大虎品牌的国际竞争。2000年，大虎打火机厂一次性取得德国、法国、英国、俄罗斯等33个国家的注册商标，在品牌竞争中迈出了关键性一步，这在国内企业品牌经营中尚属首创。

进入21世纪，打火机市场竞争愈来愈激烈，国外客商给温州加工企业的价格愈来愈低，有些企业承接加工的价格几乎就是维持运转，而大虎打火机在欧盟市场上却卖到了30多美元的价格。虽然比起同档次德国品牌的280美元仍有巨大差距，但比起国内十几元的加工价格来，利润丰厚。大虎企业的品牌策略使"虎牌"打火机在国际市场上拥有了知名度，使大虎在激烈的市场竞争中站稳了脚跟。此案例对企业的品牌经营有什么启发？

案例 4—2 从两个成交案例看价格因素的影响

（1）某外贸公司A收到德国客户B的传真，询问脚轮的CIF QUETZAL价格，A考虑B是老客户，只加了5%的利润率报价。过了十余天，B又重复上次内容的询价。

A之前未经营过脚轮，以为工厂所报价格偏高，重新向工厂询价，工厂坚持原价。A仍然认为与工厂可能是初次交易，工厂报价偏高。计划成交后再压工厂价格，给B的第二次报价取消了利润率，仍没有成交。半个月后，B再次重复询价，A对成交已不抱任何希望，第三次报价把利润率提高到8%，三天后收到B的答复。同意A的报价，要求寄销售合同。

（2）天津某外贸公司A收到一非洲客户B关于匙链的询价，要求报FOB XINGANG价格。A传真报价FOB XINGANG USD2.80，遗漏了价格单位DOZ，五天后收到B传真来的信用证副本，要求尽快安排发货。A核对报价内容，发现信用证总额远远超过应该收取的金额。许久才恍然大悟，国外开来的信用证金额是按USD2.80/PC计算的。这两个案例在国际贸易的产品定价、交易磋商方面对你有何启发？

案例4—3 迂回价格策略

一沙特经销商S欲进口一批高级轿车，他先同一德国汽车厂家D进行了磋商，D出价两万美元，S要求D降低价格，D坚持原价，结果磋商失败。一日本汽车公司J获此消息，找到S进行买卖洽商。J出价也是两万美元，S仍是要求降价。J经过考虑，提出价格可以降至1.9万，但车上的设备有所变更，即不配备空调和音响，这两项设备可以根据客户要求单独设计安装。双方据此达成了协议。当S把进口J的汽车投入市场后，发现没有空调和音响的汽车很难销售。因为大部分用户不愿意自己再去找汽车装饰公司去安装。S只得又找到J，并无奈地接受了J对安装空调和音响两样设备的1千美元报价。请问，此案例对交易磋商有何指导意义？

（摘编自王洪耘等编著《商务谈判》，首都经济贸易大学出版社。）

案例4—4 出口木杆铅笔遇到的障碍

某年5月，某公司业务员W与一南美客商G达成一笔出口木杆铅笔和汽灯罩的C&F SANJUN合同，铅笔、灯罩价格分别为USD4.90/GROSS和USD3.20/DOZ，信用证支付。7月份G开来信用证，货物也已生产完毕待运，W安排订舱出口。但报关单据送到报运部时，报运部要求提供木杆铅笔出口许可证。恰好该公司有许可配额，W在经理办公室领取许可证申领表格，但在填写时发现有FOB价格一栏，W将C&F价换算成FOB价后发现低于商会规定价格USD0.23/GROSS，信用证已经开到，货物已经生产出来，货款已预付工厂一半，怎么办？你能否提出一个解决方案？

案例4—5 出口商品销售市场的纠纷

某年6月，广东G公司与韩国K公司开始业务接洽，K欲购买G的电子产品。K

强调所购货物将销往沙特阿拉伯，沙特是G公司电子产品市场的空白地区，据此要求G降价15%。G考虑到开发新市场的连带利益，同意了K的降价要求，双方随即签订了总金额为FOB深圳20万美元的合同，目的港为沙特吉达港；K保证该合同项下的电子产品销往沙特，不转销其他国家。同年10月，G履行合同后收到了信用证议付款项，但G公司的业务员了解到K将货物转运到了马来西亚销售。而马来西亚是G公司电子产品畅销地区，根本无须通过降低价款来开拓市场。G立即向K发出了3万美元的索赔通知，K回复否认转销，并声称"按照国际贸易惯例，FOB条款意味着目的地不受任何限制，可以由买方决定。"在再三交涉无效的情况下，G将此案委托给国内一家在国家工商局注册的大型应收账款管理机构处理。专业机构受理后，首先对K进行了财务调查，调查发现K的经营状况平稳，绝对有3万美元的偿付能力。由于债务金额不大，本案事实清楚，账龄才3个月，专业机构用了50天的时间就追回了全部款项。请问（1）K公司的理由成立吗？为什么？（2）如果K商明确告诉G公司销售马来西亚，G可以与之成交吗？（3）分析此案例对企业的价格策略实施有什么意义？

（摘编自辽东学院精品课程《国际贸易实务》案例集。）

案例 4—6* 西班牙华商鞋城被焚事件

北京时间2004年9月17日，西班牙东部城市埃尔切发生了一起针对当地华人鞋商的示威抗议活动。近千名当地鞋商和鞋厂工人聚集在该市的中国鞋城内，号召当地人"把进入这个城市里的所有鞋子烧掉"。不法分子在看到青田鞋商陈九松的仓库外停着一辆满载温州鞋集装箱的卡车后，放火烧掉了装有鞋子的卡车和陈的店面、仓库。共有16个集装箱的温州鞋被烧毁，致使在埃尔切苦心经营的中国鞋商蒙受了巨大经济损失，精神也严重受创。不少华商甚至担心西班牙会出现排华浪潮，对在当地经商失去了信心。

在"焚鞋事件"刚发生时，西班牙舆论普遍认为这是一种报复行动。近几年来，进入埃尔切的中国商人占据了当地鞋业销售的较大份额，当地鞋业却因技术落后、手艺传统而走下坡路，导致当地30%的工人失业。当地一些人认为是中国商人抢了自己的饭碗，所以导致了火烧中国鞋事件的发生。

中国鞋虽说竞争力很强，但在欧洲人的眼里仍属"低成本、低价格、低档次"商品，面临的反倾销风险非常高，甚至遇到上述的暴力抵制，其竞争力不容乐观。从价格策略上，你认为温州鞋商应做些什么？

案例 4—7* OPEC合作成功的启示

1950年，数学家塔克任斯坦福大学客座教授，在给一些心理学家作讲演时，用两个囚徒的故事，将当时专家们正研究的一类博弈论问题，作为形象化的解释。从此以后，类似的博弈论问题有了一个专业名称——“囚徒困境”。

囚徒困境说的是两个携枪准备作案时被警察发现抓起来的嫌犯。警察怀疑这两个人还犯有其他罪行，但没有证据，分别进行审讯。为了分化瓦解对方，警察告诉他们，如果主动坦白，可以减轻处罚。如果拒不交代，一旦被同伙招供，就要受到严惩。

假定两人都不招，警察将以非法携带枪支罪而将两人各判刑两年；如果两人都坦白，两人都会因罪各判刑10年；若其中一个招供，他们将分别被判刑1年和15年。

显然，合作将使两个囚徒利益最大化，如果一个选择合作而另一个选择背叛，选择被叛者会从合作方获得最大的好处，而合作者将自食恶果。

我国的出口企业在广交会上似乎也面临着类似的囚徒困境，如果选择合作，统一出口价格，整体会得到最大收益，但如果有人破坏这种合作，就会获得最大的国际贸易利益。都明白需要合作，一致对外，但又都担心有人破坏合作，合作的基础总是建立不起来。那么，合作是可能的吗？

最令人悲观的回答是托马斯·霍布斯给出的，他认为没有政府的自然王国充满着自私、矛盾和残酷竞争，没有集权的合作是不可能的。

然而，合作现象也到处可见，这是人类文明的基础。石油输出国组织（OPEC，Organization of Petroleum Exporting Countries，简称“欧佩克”）就是一个内部充分博弈、有效成功合作的典范。

1960年9月，由伊朗、伊拉克、科威特、沙特阿拉伯和委内瑞拉的代表在巴格达开会，决定成立石油输出国组织，通过对其成员国的石油政策进行协调、统一，消除有害的、不必要的价格波动，确保国际石油市场上石油价格的稳定，保证各成员国在任何情况下都能获得稳定的石油收入。

欧佩克大会是该组织的最高权力机构，各成员国向大会派出以石油、矿产和能源部长（大臣）为首的代表团。大会每年召开两次，如有需要还可召开特别会议。大会奉行全体成员国一致原则，每个成员国均为一票，负责制定该组织的大政方针，并决定以何种适当方式加以执行。

OPEC一直主张通过限制成员国石油产量来提高国际油价，并为成员国制定严格的石油产量配额。但成员国违反配额的事也时有发生，甚至尼日利亚为了自行决定石油产量，2000年7月透露可能会在9月举行的OPEC会议上正式提出退出石油输出国组织。然而，欧佩克通过充分博弈，达到协调一致，控制了世界市场石油价格，在一致对外中维护了整体的利益。随着成员的增加，欧佩克发展成为亚洲、非洲和拉丁美洲一些主要石油生产国的国际性石油组织。读了本案例，请多方查找资料，写一篇调查报告，是什么维护了欧佩克的石油合作？为什么我国企业不能一致对外？并请提出我国出口企业的合作建议。

案例 4—8** 国内稀土产业的合作之路

2005 年，我国多数稀土产品仍然在跌破成本线的价格低谷中苦熬，大多数稀土企业深陷亏损。令人尴尬的是，我国稀土产业是在拥有世界稀土资源第一、生产规模和生产量第一、出口量第一和消费量第一四项桂冠的情况下，连续第 5 个年头深陷价格低谷难以自拔。我国稀土产业何以面临如此困境？

原因之一：自己的资源，自己却没有生产加工权。我国稀土资源超过世界工业储量一半，生产并销售了占全世界 80% 以上的稀土原材料产品，但是，有很多附加值高、价格昂贵的稀土产品，我国企业却没有生产加工权，因为这种生产权被外国专利权所垄断。

原因之二：多头管理，乱象丛生。为保护稀土这一战略资源，我国政府多年来对稀土产业实施了一系列约束性政策，然而由于条块分割，多头管理，企业隶属关系复杂，受利益驱动和地方、部门主义的保护，违规或越权审批稀土项目的现象多年来一直禁而难止，约束性政策取得扩张性效果。

原因之三：组建集团，总是流产。2002 年国务院批准组建南北稀土集团。然而由于部门之间、地方之间、企业之间的利益及观点的不同，计划于 2003 年 5 月挂牌的中国北方稀土集团落了空，打算于较晚完成组建的中国南方稀土集团也渐趋无声无息，稀土企业的联合发展之路步履蹒跚。

国内稀土产业一盘散沙的乱象如何解决呢？2008 年政府重手出击——“一手扼住出口，一手卡住矿源”，强力整治方见成效。

政府扼住出口使用的工具有两个：关税与配额。2008 年 11 月，钇、铕、镝、铽等元素出口关税上调到 25%，其他产品均上调至 15%。一个月后，此前不征税的金属镝铁和钕铁硼追加 20% 出口关税；给汹涌的出口戴上关税枷锁的同时，配额在不断减少。2008 年配额比上年减少 21%，随后一年的第一批配额同比下降三成，引起国际社会一片抗议。

矿源则是直接卡死：2009 年 5 月，国土资源部下发通知，暂停受理稀土勘探查许可证、采矿许可证申请。对非法采矿也掀起了严厉的打击风暴，以江西赣州为例，2009 年共取缔、关闭非法开采点 300 多个，捣毁稀土浸矿池 2 645 个，收回采矿证 88 本，集权使“合作”成为可能，也成为必然。请分析为什么我国企业必须在政府管制下一致对外，企业自主合作就行不通呢？上述三个原因是原因还是后果呢？

（摘编自中国石化新闻网（sinopecnews），2005 - 06 - 29 和《稀土之战：中国铁腕争夺定价权》，《南方周末》，2010 - 07 - 01。）

小知识

(1) 回复电子邮件询价要慎重：由于电子邮件地址的隐蔽性，使有各种非贸易目的的人非常方便地询问价格，他们可能是价格信息搜集者，甚至就是竞争对手。所以不要有询必复，尤其是对国内询价的答复更应慎重。

(2) 国际贸易条件：贸易条件是指一国在一定时期内的出口商品价格与进口商品价格之间的比率，又称为“进出口交换比价”，是衡量贸易条件改善或恶化的指标。如果贸易条件升高，说明对进口价格来说出口价格相对地上升了，它意味着出口同样数量的商品能换回更多的进口商品，称之贸易条件改善；反之说明贸易条件恶化。

(3) 博弈论：博弈是指游戏。在游戏中，人人都想获胜，因而人们都相互观察、揣摩和分析他人的游戏策略和可能的决策。博弈论就是研究人们在游戏中为获胜而进行逻辑推理、理性决策的科学。博弈论产生以后，被广泛应用于政治、军事、经济等广泛的社会领域，成为研究决策者之间冲突及合作的一门科学。

(4) 出口商品预核签章管理：为鼓励高附加值产品出口，优化我国出口产品结构，我国自2004年1月1日起对一般贸易项下的柠檬酸等36种商品实施出口预核签章管理。按照规定，对列入《预核签章管理目录》的出口商品，以一般贸易方式出口的，出口企业到海关办理出口报关手续时，需持经商会预审的合同，由海关依出口价不低于预审价的审价原则验放。

4.4 思考与练习

1. 出口价格确定的原则和确定价格利益最大化的评价标准分别是什么？
2. 讨论：主观因素对成交价格的影响和对国际贸易磋商的启示。
3. 欧美发达国家比非洲消费水平高得多，为什么我国出口发达国家的一些产品价格比出口非洲的价格并不高，甚至比国内还低？
4. 市场供求关系与交易者的主观因素有关吗？如有，我们在磋商中应注意什么问题？
5. 中间商在国际贸易中的作用如何？电子商务对中间商有何影响？
6. 为什么向一些特殊市场销售或新开拓市场佣金率比较高？
7. 一缅甸客户要求报 CIF C30 仰光价格，你认为该佣金率应如何掌握？为什么？
8. 如果一个尼日利亚客户要 5% 的暗扣，你如何处理？为什么？

9. 你从心理定价策略得到什么启示?

10. 你从比较价格策略得到什么启发?

11. 举一个俘虏产品定价的实例。

12. 出口 495 箱（1 × 20FCL）粉笔至斯里兰卡，每箱 USMYM10.00，CFR C3 CHITTAGONG，客户要求改报 FOB C5% 上海价。假定 20 英尺集装箱从上海到 CHITTAGONG 为 USD1 500，请按客户要求计算相应的出口价格。

13. 是不是扩大出口规模就可以带来规模效益?

14. 价格竞争的优劣是什么? 写一篇调查报告，题目自拟，内容是企业能不能打价格战，若能在什么情况下可以打价格战。

15. 贸易条件说明了什么? 对国际贸易竞争有何指导意义?

16. 国家管理对价格的影响有哪些?

17. 讨论：出口定价应如何处理合作与竞争的关系。

18. 思考：我国企业合作的困难在哪里。

19. 写一篇有关国际贸易产品定价的感想。

第5章　国际贸易磋商

5.1　学习本章的任务和应掌握的知识点

5.1.1　学习本章的任务

下面是阳光公司接受远航配件厂报价的电子邮件（格式略），但远航配件厂从报价到收到此邮件的一个多月间，国内劳动力、原料价格和海运费都已上调，是按原报价的承诺亏损出口，还是与阳光公司重新洽商，通过学习本章内容回复客户。

> Please be informed that we accept your offer of 5 last month.
>
> We hereby confirm your offer：730ctns S2 Fused socket at USD11. 50/ctn，281ctns CB02 Electric Bulbs at USD12. 30/ctn and 281ctns FB02 Electric Bulbs at USD15. 70/ctn，CIF Felixstowe. To expedite our business，we will make payment in advance，please arrange shipment by the end of this month. I hope the trial order will lead to our long term business relationship.
>
> Looking forward to the S/C with your signature.

5.1.2　学习本章应掌握的知识点

1. 国际贸易磋商程序
2. 国际贸易磋商各个环节的法律约束力
3. 电子商务磋商的特点和法律约束力
4. 集体竞价磋商方式、程序和特点

5.2 国际贸易磋商过程

讲信誉、重承诺是国际贸易双方建立合作关系和维持长期合作关系的基础，但市场行情千变万化，为了保证交易双方的合法利益，《联合国国际货物销售合同公约》等法律和相关惯例对交易双方的磋商行为作出了规范。

5.2.1 交易磋商程序

交易的达成需要经过一个两个或两个以上的主体之间的磋商过程，其磋商程序一般要经过询盘、报盘、反复磋商和接受四个环节。

询盘（Inquiry 或 Enquiry）也称询价，是交易一方向交易另一方探询交易条件或交易可能性的业务行为，其目的是了解对方的业务范围、习惯作法、交易条件或提出自己的合作意向，是订立合同的准备性工作，所以询盘不具有法律约束力。对于彼此了解的交易双方，询盘有时是不必要的；如果磋商双方对交易条件一拍即合，也就省略了反复讨价还价的过程，唯有报盘和接受是合同成立的必备程序和法律步骤。

5.2.2 报盘（Offer）

报盘也称为报价、发盘和发价，是交易一方（发盘人 Offerer）向特定人（受盘人 Offeree）发出的、并受特定人接受约束的、内容确定完整的、订立合同的承诺。报盘既可以由卖方，也可以由买方提出。买方的报盘是提出按一定的交易条件订购一定数量的货物，故也称之为订单（Order 或 Indent）。

1. 报盘成立的必要条件

按照《联合国国际货物销售合同公约》（以下简称《公约》）的规定，报盘成立需要以下几个条件。凡不具备这些条件的，均视为无法律约束力的询盘。

（1）报盘必须向特定人发出：所谓特定人，是指报盘中必须指明报盘的接受对象。

（2）报盘内容必须明确完整：所谓明确完整是指报盘中明确表示交易意愿和提出合同的主要交易条款，一旦对方接受，双方可以按照这些条款签订合同。根据《公约》第 14 条的规定，报盘内容必须具备三个要素，即确定的货物（货物名称和描述）、确定的数量（或规定确定数量的方法）和确定的价格（或规定确定价格的方法）。数量和价格既可以是明示的，也可以是默示的。

（3）报盘中没有排除受受盘人接受约束的含义：只要具备了上述 1、2 两项条件，这种交易条件的表达即构成了对发盘人的约束。只要受盘人接受，双方的合同关系即告成立。除非报价中加注了排除约束的内容，如 for your reference only、subject to our final confirmation 等，这种有保留的订约建议就不能构成一个法律上有约束力的报盘。

2. 报盘的效力、撤回与撤销

报盘到达受盘人生效，报盘在有效期内被受盘人接受，报盘人即受到合同——以报盘中承诺的交易条件为基础的合同的约束。

(1) 报盘的有效期：当报盘中没有注明有效期时，按照国际贸易惯例，受盘人应在“合理时间”内接受方为有效。采用口头报盘时，合理时间为“当即”，受盘人当场表示接受方为有效；函电报盘时，“合理时间”的确定则要依具体的交易情况进行判断，通常不超过两个星期。但发盘人并不了解对方的实际情况，不能预知对发盘应作出答复的合理期限，还是容易产生纠纷。

当有效期的规定是一段时间时，按照《公约》规定，有效期的起始时间在以下各种发盘方式下分别是电报交发时刻；信件上载明的日期，如信件上没有则为信封上载明的日期；和电话、电传收到的时刻。

(2) 报盘的生效、更改和撤回：按照《公约》规定，报盘送达受盘人生效，在报盘尚未生效之前，报盘人可以撤回报盘或修改报盘内容，但撤回通知或内容变更通知必须在受盘人收到报盘之前或同时送达受盘人。

(3) 报盘的撤销：报盘生效以后，不能修改或撤回。但在受盘人尚未表示接受之前，报盘人可以撤销报盘。只要撤销通知在受盘人发出接受通知之前送达受盘人，则撤销有效。一旦受盘人发出了接受通知，报盘就不得撤销。

但如果报盘规定了有效期，或以其他方式表示该报盘是不可撤销的，或受盘人有理由认为该报盘是不可撤销的，并本着对该报盘的信赖采取了相应行动，报盘不可撤销。

(4) 报盘效力的终止：报盘在下列情况下失效：报盘在规定的有效期限内未被接受；报盘虽未规定有效期，但在合理的时间内未被接受；报盘被报盘人依法撤回或撤销；报盘被受盘人拒绝或对发盘内容作出了实质性变更；不可抗力事件；报盘人或受盘人丧失了行为能力。

3. 报盘注意事项

(1) 报盘中的交易条款：《公约》规定报盘的三个条款是合同最基本的内容，并不能构成一个有效的合同。在实际业务中，为了避免交易双方对其他条款不能达成一致陷入纠纷，报价的内容还要包括合同的其他主要条款，如质量、牌号、支付等。

(2) 报盘的法律效力：报盘对报盘人具有法律约束力，为了避免报盘有效期纠纷，可以在报盘中注明有效期限，考虑到国际贸易中交易双方营业地点遥远可能产生的时差问题，必要时还要注明有效期的到期地点；而市场波动大、前景难以预测，企业也没有可以采取的市场风险控制措施时，应注明以我方确认为准。

5.2.3 还盘（Counter Offer）

受盘人在接到发盘后，不同意或不完全同意发盘的内容，而对报盘内容或交易条件提出修改、补充或保留意见，这种对报盘的答复称为还盘，也称复盘。还盘的法律后果视情况不同而异。

1. 实质性还盘

实质性地改变了报盘条件的还盘称为实质性还盘。实质性还盘实质上是对原报盘的主要交易条件进行变更，在构成对原报盘拒绝的同时，向原报盘人发出了一个新的——按照还盘条件订约的建议，所以实质性还盘在使原发盘失效——解除对原发盘人法律约束的同时，本身在法律上构成一个新的报盘，还盘人要受到他的报盘（还盘）的约束。按照《公约》规定，受盘人对货物的价格、付款、质量、数量、交货时间与地点、赔偿责任范围或争端解决等条件提出增加或更改，均视为实质性变更了发盘条件。

2. 非实质性还盘

如果受盘人对报盘未作实质性修改或表示有条件接受，这种对还盘的答复称为非实质性还盘。非实质性还盘不构成对发盘的否定，因此不影响原发盘的法律效力。根据构成非实质还盘的内容，非实质性还盘自身的法律效力有很大差异。

（1）非实质内容的修改：如果还盘只是对报盘内容做了非实质更改或增减，如增加了装船单证要求，并不构成对报盘的否定，在法律上被看作接受——同意以发盘的条件订立合同。

（2）有保留的接受：如果还盘中包含“以我方最后确认为准”等保留条件，虽然它不构成对原报盘的否定，但其本身既不是对报盘的接受，也不是一个新的订约建议，在法律上这种非实质性还盘也可以被认定为没有法律约束力的询盘。

5.2.4 接受（Acceptance）

所谓接受，就是交易的一方在接到对方报盘后，以声明或行为表示同意对方报盘中的交易条件。法律上将接受称作承诺。接受和发盘一样，具有法律约束力。

1. 接受有效应具备的条件

根据《公约》规定，构成有效的接受要具备以下四个条件：

（1）接受必须由受盘人作出：发盘是向特定人提出的，所以只有特定受盘人作出的接受有效。由任何第三方作出的接受，只能作为一项发盘，而不是一个有效的接受。

（2）受盘人表示接受：接受应是无条件地全部同意报盘提出的交易条款。如果受盘人在答复中使用了接受的字眼，但对发盘的内容做了增加、限制或修改的情况，按《公约》规定，不能视为有效的接受。

注意：对报盘未做实质性修改的接受，除非发盘人在不过分迟延的时间内表示拒绝，仍构成有效的接受，并以修改后的内容作为合同条款。

接受的方式可以采取声明的方式明确表示，也可以用行为来表示。沉默也是一种行为，虽然沉默不一定表示接受，但在特定情况下，也可被认定为一种表示接受的方式。

（3）接受必须在报盘的有效期作出。

（4）接受的传递方式应符合发盘的要求：如发盘没有规定传递方式，则受盘人可按发盘所采用的，或采用比其更快的传递方式，接受方为有效。

2. 逾期接受

迟于报盘人规定的有效期送达的接受，在法律上称为“逾期接受”，其法律效力，按照《公约》规定，可以分为两种情况。

（1）正常逾期：是指由于受盘人作出接受超过了发盘有效期。这种接受是无效的，除非发盘人毫不迟延地用口头或书面的形式通知受盘人接受有效。

（2）意外逾期：是指载有逾期接受的信件或其他书面文件，在传递正常的情况下是能够及时送达发盘人的，由于受盘人以外的意外因素导致接受逾期。那么这项逾期接受仍具有接受的效力，除非发盘人毫不迟延地用口头或书面方式通知受盘人，他认为发盘已经失效。

这就是沉默也表示某种国际贸易行为的一种情况。在逾期接受的两种情况中，发盘人沉默所表达的含义是截然不同的。发盘人对正常逾期接受沉默表示拒绝，而对意外逾期沉默则表示同意，合同成立。

3. 接受的生效时间

接受生效就意味着交易磋商双方合同的成立，按《公约》规定，接受送达报盘人或在受盘人采取接受的行为时开始生效，双方要受合同的约束。

4. 接受的撤回或修改

接受可以在生效之前撤回或修改。但接受一旦生效，合同即告成立，任何一方不得再提出撤回或修改。

5.3　电子商务磋商*

随着电子商务的日益普及和电子技术的日趋成熟，电子商务在国际贸易领域得到广泛应用。联合国《电子商务示范法》（该法不是国际条约，不具有任何强制性，可作为一项关于国际电子商务的惯例）和我国的《电子签名法》为国际贸易电子磋商行为的习惯作法和法律约束提供了相应的业务规范。

5.3.1 电子商务磋商的形式和法律效力

电子商务是指利用电子技术进行的商业信息沟通活动，电子商务磋商是指利用电子商务技术进行的交易洽谈。

1. 电子商务磋商的形式

按照磋商的特点，与传统磋商一样，电子商务磋商可以分为口头磋商和函电磋商两种形式。口头磋商是指利用电话、网络电话等即时双向沟通工具进行的磋商。这种磋商即使可以用语音或文本两种沟通形式，如QQ，但文本沟通只是代替语音或辅助语音交流，仍具有传统口头沟通的即时性和证据性不足的基本特征；而函电磋商是指通过交换电子形式的文件进行交易洽谈。

2. 电子商务磋商的法律效力

1996年12月联合国通过的《电子商务示范法》第12条对当事各方对数据电文的承认规定：就一项数据电文的发端人和收件人之间而言，不得仅仅以意旨的声明或其他陈述采用数据电文形式为理由否定其法律效力、有效性或可执行性；我国的《电子签名法》也规定："数据电文不得仅因为其是以电子、光学、磁或者类似手段生成、发送、接收或者储存的而被拒绝作为证据使用。"电子技术是人们商务活动的一种手段，电子商务行为不能被排除在法律约束之外，这也是人们的普遍共识。

3. 功能等同法（Functional-equivalent Approach）

虽然电子商务不能游离于法律约束之外，但电子商务磋商双方身份、所处地点、交换信息安全等比起传统方式来难以确定，如果电子商务形式的函电磋商与口头磋商一样具有很大的不确定性，法律规范也难以实施。因此，《电子商务示范法》确定了"功能等同法"的原则——按电子文件的功能是否与纸面文件一致来确定其法律效力的方法，即只要电子文件具备了书面文件的完整性、不可否认性和作为证据的可靠性的功能，即被视为书面文件的一种形式而与书面文件一样具备法律效力。这个原则成为世界各国解决数据电文法律问题的基本方法。

5.3.2 功能等同法对有效电子文件的认定

虽然功能等同法没有对电子商务口头磋商提出要求，因其与传统口头磋商性质相同，可以根据功能等同法的原则确定电子商务口头磋商的法律效力。而对电子商务的函电——电子文件的法律效力，功能等同法要求操作系统必须提供可靠的技术保障，使交易各方的电子商务活动能够安全进行和得到确认。

1. 电子商务函电与纸面文件功能等同的要求

(1) 交换信息的机密性

电子商务是建立在一个较为开放的网络环境上的，交易信息泄密，商机则可能丧失，保证发盘、还盘、承诺等交换信息发送给特定的接受者和不被第三者所知是磋商安全的基本要求。

(2) 商务文件的完整性

即保证信息发送方和信息接收方交换的电子信息的一致性。纸面文件的篡改容易被发现，电子文件也要有某种方法，保证在传输过程中不被修改和破坏，或者对任何修改和破坏可以被鉴别出来。

(3) 交易行为的确定性

即保证电子商务的交易行为能够得到足够的证据证明，防止交易任何一方否认自己发送的文件或/和虚构对方的磋商文件，以维护电子商务的有效性和公正性。

(4) 交易者身份的真实性

出于交易磋商和签订合同的需要，交易者会“公开”自己的身份，但电子商务系统必须能够确认交易对手是否与他声称的身份相符，才能减少客户资信风险和防止网上罪犯利用假身份从事诈骗活动。

2. 我国《电子签名法》规定的法律标准

《电子签名法》在第二章规定，能够有形地表现所载内容，并可以随时调取查用的数据电文，视为符合法律、法规要求的书面形式。视为满足法律、法规规定的文件保存要求的条件是：(1) 能够有效地表现所载内容并可供随时调取查用；(2) 数据电文的格式与其生成、发送或者接收时的格式相同，或者格式不相同但是能够准确表现原来生成、发送或者接收的内容；(3) 能够识别数据电文的发件人、收件人以及发送、接收的时间。

5.3.3 根据“功能同等法”电子商务磋商的法律效力

1. 关于发件人的确定

与《电子商务示范法》规定类似，《电子签名法》第九条规定，除发件人自己发送之外，经发件人授权发送的；发件人的信息系统自动发送的；收件人按照发件人认可的方法对数据电文进行验证后结果相符的，视为发件人发送。发件人要受到相应的电子文件，包括发盘、还盘或承诺的约束。

2. 电子磋商文件发送和到达时间的确定

无论是《电子商务示范法》，还是《电子签名法》，都赋予了磋商双方当事人对数据电文的发送时间、接收时间约定的权力。没有约定的，按下列规定处理。

(1) 发送时间

数据电文进入发件人控制之外的某个信息系统的时间，视为该数据电文的发送时间。

（2）到达时间

在收件人没有指定信息系统的情况下，以数据电文进入收件人的任一信息系统的时间为收到时间。

若收件人为接收数据电文指定了某一信息系统，以数据电文进入该指定信息系统的时间为收到时间。《电子商务示范法》还规定了数据电文发给了收件人的一个信息系统但不是指定的信息系统时，以收件人检索（Retrieved）到该数据电文的时间为收到时间。

另外，《电子签名法》还规定，如果法律、行政法规规定或者当事人约定数据电文需要确认收讫的，应当确认收讫。发件人收到收件人的收讫确认时，数据电文视为已经收到。

3. 电子磋商文件的撤回或撤销

按照功能等同法的原则，电子磋商文件也是到达生效，可以依法撤回或撤销（承诺不能撤销除外），但电子信息传输速度之快使电子磋商文件的撤回几乎不可能；如果受约人使用的是电子商务自动系统，计算机收到发盘、电子订单后，便可以立即自动处理，撤销也比较困难。这是电子商务磋商需要注意的。

4. 数据电文发送、接受地点的确定

按《电子签名法》第十二条规定，发件人、收件人的主营业地分别为数据电文的发送地点、接收地点；没有主营业地的，其经常居住地为发送或者接收地点；当事人对数据电文的发送地点、接收地点另有约定的，从其约定。这为合同的法律管辖权的确定提供了法律依据。

5.3.4 数据电文的传送错误和重复

数据电文的传送错误和重复，有可能引起接受方对交易对手交易意图的不正确理解或故意利用。为了维护交易主体各方的商务利益，《电子商务示范法》第 13 条对此作了明确的规定。

1. 数据电文发生传送错误的处理

在第五款中《电子商务示范法》指出：当收件人要适当加以注意或使用任何商定程序便知道或理应知道所收到的数据电文在传送中出现错误，收件人无权将所收到的数据电文视为发端人所要发送的电文，并按此推断行事。也就是说，数据电文的接受方不得利用传送过程中发生错误的数据电文谋取不正当的商业利益。

2. 数据电文重复的处理

《电子商务示范法》第六款规定：“收件人有权将其收到的每一份数据电文都视为

一份单独的数据电文并按此推断行事，除非它重复另一数据电文，而收件人只要加以适当注意或使用任何商定程序便知道或理应知道数据电文是一份复本。”即数据的接受方不得利用重复电文谋求额外的商业利益。

5.3.5 数字签名与身份认证

数字签名是信息发送者用以标识其身份、保证所发出的电子信息真实性（确实由其发出而且内容没有被更改）和承担所发电子信息载明的商务责任（不可否认）的一种电子签名方法。

1. 数字签名与电子签名

电子签名，是指数据电文中以电子形式所含、所附用于识别签名人身份并表明签名人认可其中内容的数据，也就是通过密码技术对电子文件所进行的电子形式的签名。电子签名的实现有多种方法，数字签名是目前比较成熟的、用于互联网的电子签名技术，为通过国际互联网交换有法律约束力的电子文件提供了一种电子商务应用。

2. 数字签名原理

数字签名是与身份认证功能结合使用的，数字签名的使用者首先要到认证中心（CA 中心）申领网上身份证——数字证书。数字证书分为个人证书（Personal Digital ID）和企业证书（也称服务器证书 Server ID）两种类型。认证中心在向申请者颁发数字证书的同时，为证书用户提供一个电子签名用的私有密钥——数字签名所使用的“笔”——用以在电子邮件或浏览器中对需要发送的信息进行签名，和一把公开在网上的公开密钥。这对私有和公开密钥具有唯一相互解密的关系——即用其中一把密钥加密，只能用另一把密钥解密。因而，信息的接受方用发件人的公钥还原接受的加密电子文件和核查发送者的真实身份——通过追溯密钥的拥有者——确定文件发送者的真实身份。因而使发送的电子文件具备了纸面文件签名同等的功能。

数字签名的使用要求电子文件交换双方都要有数字证书，发件人在发送电子签名文件时，再使用收件人的公开密钥加密，从而保证只有收件人可以收到该签名电子文件，因为只有指定的收件人才能用他自己的私钥打开签名文件，收件人公开密钥对签名文件的加密形成了签名文件的“数字信封”。

3. 数字签名的应用

（1）在 S/B（Server/Browser）中使用数字证书

经过 CA 认证的站点都有数字证书图标标记，点击图标可以查看该网站的证书，就像现实中的企业在墙上贴着营业执照一样，这类网站称为安全网站。这类安全站点为了自身的电子商务安全在交易中会要求访问者或访问者在进行某项操作时提供身份或一定行为能力的证明，如企业网站需要网上的订货者出示数字证书或信用卡，这时会弹出一个对话框要求访问者提供某些信息。如果是要数字证书，只需按要求选择自己的数字证书，单击确定，就能完成安全站点的身份验证。

（2）在 E/E（Email/Exchange）中使用数字证书

电子邮件软件如 OE（Outlook Express）的工具栏中有签名功能，只要通信双方都有数字证书，根据 OE 的操作提示可以很方便实现数字签名，在此不繁琐介绍。

5.3.6 习惯做法的法律效力

按照《公约》第九条的规定，双方当事人业已同意的惯例和他们之间确立的任何习惯做法，对双方均有约束力。所以，对于合同磋商过程中或履行过程中出现的纠纷，交易主体如果事先没有明确约定，双方业已形成的习惯做法成为判断违约责任的标准。例如，对于上述发盘有效期的“合理时间”、交货时间和数量的“大约”、“左右”、电子商务交易系统的指定、默示行为的法律后果等因为没有规定或没有明确规定的内容，其习惯做法就成为判断双方责任的第一性标准，这是在国际贸易中尤其要引起注意的。

确定交易者意图的依据依次是：明示意思、默示意思（习惯做法也是一种默示）、贸易惯例。

5.4 集体竞价磋商

按照参与交易磋商主体的数目，国际贸易磋商有一对一磋商和一对多磋商（一个买/卖方和多个卖/买方集体参与）两种基本方式，前者在第 2 节已经介绍，本节介绍一对多或集体竞价磋商过程。

5.4.1 招标（Invitation to Tender/Bid）与投标（Tender/Bid）

招标与投标是由买方公开提出交易条件，由多个卖方竞价成交的磋商方式。对于买方（称为招标人）来说可以迅速地以较低价格成交，适用于大型国际贸易采购和工程承包。由于招标交易数额大，招标人实力较强（有很多招标项目是由政府提出的），所以对卖方（称为投标人）成交和付款有巨大的吸引力。

1. 招标与投标的概念

（1）招标：招标是由招标人发出招标通告，说明需要采购的商品或发包工程项目的具体内容，邀请投标人（卖方或工程承包商）在规定的时间和地点投标，并与所提条件对招标人最为有利的投标人订约的一种邀请发盘——询盘的行为。

（2）投标：投标是投标人（卖方或工程承包商）应招标人的邀请，根据招标人规定的条件，在规定的时间和地点向招标人报盘以争取成交的行为。

2. 招标和投标的一般程序

（1）招标信息发布：招标人首先要编制招标文件——组织有关人员制订招标书，说明采购商品或发包工程的技术条件和贸易条件；然后刊发招标通告或寄发出投标邀请。

国际性招标有两种做法，一是公开招标，亦称无限竞争性招标。采用这种做法时，招标人要在国内外主要报刊上刊登招标广告，凡对该项招标内容有兴趣的人均有机会购买招标资料进行投标；另一种是选择性招标，又称邀请招标，它是有限竞争性招标。采用这种做法时，招标人不在报刊上刊登广告，而是根据自己具体的业务关系和情报资料向招标人选择的若干客商发出投标邀请。

招标通告或招标邀请上要公布投标人的资格要求以及招标程序和时间，以便潜在的投标者按要求参加投标。

（2）投标：投标是指投标人按招标信息要求向招标人提出一项发盘。投标过程有三个步骤：① 购买标书——按招标通告或招标邀请的要求在规定的时间内到指定的地点购买标书和相关资料；② 制作标书和相关文件——标书是投标人对招标人的一项不可撤销的发盘，其主要内容包括对招标条件的确认和根据标书要求报出自己的交易条件。由于有众多的卖方或工程承包方参与竞价，投标人要结合自身的条件和市场竞争态势，作出完全满足招标要求和估计能有竞争性的报价。另外还要按要求填写相关的文件，如资格预审表、保证书等；③ 递标——向招标人递送投标文件。

招标人为防止投标人中标后不签约，通常要求投标人提交投标保证金，一般为总价的3% ~10%。也可以银行保函或备用信用证代替现金作保。所以投标文件除标书外，还有投标保函或备用信用证、关于标书中单项说明的附件，以及其他必要文件。投标文件应密封后在规定的时间内送达指定地点。

（3）评标：是指招标人对投标进行分析和比较，评选交易条件较优的投标书。评标有两个步骤，一是开标——招标人在预先公布的时间和地点，当众开启密封的投标文件，宣读内容，允许在场的投标人作记录或录音；二是评标——对投标书进行评选，除价格条件外，技术质量、工程进度或交货期，以及所提供的服务等各方面的条件都将影响投标的优劣评价。

（4）中标：中标是指招标人确定接受的标书。招标人根据评标结果，初步确定中标人选，可以是一个或若干个替补人选。然后对中标人选进行资格复审。如果第一中标人经复审合格，即成为该次招标的中标人选，否则依次复审替补中标人选 。

若出现参加投标人太少缺乏竞争性、所有投标书和招标要求不符或投标价格均明显超过国际市场平均价格三种情况之一，招标人可宣布招标失败，重新组织第二轮招标。

5.4.2 拍卖（Auction）

拍卖是由专营拍卖行接受货主的委托，在一定的地点和时间，按照一定的章程和规则，以公开叫价竞购的方法，最后拍卖人把货物卖给出价最高的买主的一种现货交易。

与招标与投标相反，拍卖是由多个买方竞价与一个卖方成交的磋商方式。通过拍卖进行交易的商品大都是些品质不易标准化，或难以久存，或习惯上采用拍卖方式销售的商品，如茶叶、烟叶、兔毛、皮毛、木材等。拍卖交易过程大致要经过拍卖委托、拍卖准备、出价成交和付款交货四个阶段。

1. 拍卖委托

拍卖一般是由从事拍卖业务的专业机构，在一定的拍卖市场、一定的时间内按一定的程序进行的。卖方欲通过拍卖销售，要找一个拍卖行并与之签订拍卖委托合同。合同的主要内容包括委托与被委托双方的名址、拍卖货物情况、拍卖的时间和地点、拍卖货物的交付、被委托人佣金、货款支付、违约责任和双方认为重要的其他事项。

2. 拍卖准备

拍卖行接受委托后，就开始准备实施拍卖。首先，他要发布拍卖公告，说明拍卖的货物、时间、地点、拍卖品的展示时间和地点以及参与竞买须办理的手续。第二步就是接受看货和为参加竞买者办理相关手续。

拍卖行的拍卖条款大都规定："买方对货物过目或不过目，卖方对品质概不负责。"这一般是指货物的缺陷按通常的检查手段即可发现的，由买主自己按质论价。但对于货物存在的隐蔽缺陷，买方仍有权索赔。

3. 出价成交

拍卖会按拍卖通告中规定的时间和地点进行，拍卖过程由拍卖师主持，买主按规定报价或表示接受。拍卖的出价方式有以下三种。

（1）增价拍卖：也称买方叫价拍卖，这是最常用的一种拍卖方式。拍卖时，由拍卖人提出一批货物，宣布预定的最低价格，然后由买者出价——加价竞购，有时规定每次加价的金额额度，直到拍卖人认为无人再出更高的价格，拍卖人宣布成交。

（2）减价拍卖：又称荷兰式拍卖，这种方法先由拍卖人叫价，他首先喊出最高价格，然后逐渐减低叫价，直到某一买者认为已经低到可以接受的价格，表示接受，买卖成交。

（3）密封递价拍卖：又称招标式拍卖。采用这种方法时，先由拍卖人公布每批商品的具体情况和拍卖条件等，然后由拍买方在规定时间内将自己的出价密封递交拍卖人，以供拍卖人进行审查比较，决定将该货物卖给哪一个竞买者。这种方法不完全是公开竞买，拍卖人有时要考虑除价格以外的其他因素。有些国家的政府或海关在处理库存物资或没收货物时往往采用这种拍卖方法。

4. 付款交货

拍卖成交后，拍卖行工作人员即交给竞买成功者一份成交确认书，买方签字后合同生效。拍卖商品的货款一般用现汇支付，签订合同时买方支付一定百分比的货款，全部货款付清后，买方凭拍卖行开出的栈单或提货单到指定仓库提货。

5.4.3 集体竞价磋商的特点

（1）报盘是由一方向多方或多方向一方发出，对发盘人具有法律约束力。

（2）受盘人沉默表示拒绝发盘。

（3）交易双方是在一次性递价或一次性承诺的条件下达成交易，没有反复磋商，讨价还价的余地。加快了磋商进程，提高了交易效率。

（4）集体竞价的标的公开、竞争公开，磋商竞争性强，要求参与集体竞价的一方事先做好充分准备和具备较强的博弈能力。

（5）关于竞卖或竞买方的竞价能否撤销，与一对一的交易磋商也有所不同。在投标中，投标人在开标前不得修改标书内容，若撤回标书则投标保证金被没收，中标后签订合同时要缴纳履约保证金，否则招标人也不退还保证金；在拍卖交易中，拍卖人叫价的情况下，拍买人肯定不能撤回接受，因为合同已经成立。在拍买人叫价的情况下，要按拍卖地点所处的国家法律规定处理，我国法律规定不可撤回。

需要特别注意的是拍卖这种国际贸易方式不属于《联合国国际货物销售公约》规范的范畴。

延伸阅读 5—1* 一个外国人给外贸人的建议

As a sourcing agent and buyer I can tell you what is a good quotation for me: it includes all relevant information! My job is to find a reliable supplier at a reasonable price in the shortest time possible.

It is very possible that I will choose a supplier whose price is a few percent higher but the quotation is complete. That means, it includes:

- FOB price, with seaport marked! (I often get FOB quotes without location. Obviously for me in Europe a FOB Shanghai price is higher than a FOB Xiamen price, since shipping rates are different).

- Delivery time (so far no Chinese supplier was able to keep the promised delivery time for my projects—90% delay, 10% early)

– Package unit (carton details: Carton weight, size, volume, content, material). It is very important. Usually this point is simply left out by suppliers. But I—and most full-time buyers—have just simply no time to beg for any details separately. If a quotation misses this, I simply delete it. I have no time to ask for these points, but I can only calculate my shipping cost with this information.

– Payment conditions must be exactly discussed.

I hope suppliers will consider these points in the future. If you include all relevant information, you can really help your partner in his decision. And for the supplier, it is a job done once; you needn't work out each detail separately.

（摘编自《职场英语》，http://www.enorth.com.cn，2009－07－15。）

延伸阅读 5—2　国际贸易磋商技巧

达成国际贸易合同，除需要掌握有关磋商的法律、程序和国际贸易惯例外，从业人员还需要灵活多变的磋商技巧。贸易磋商实际上是一个讨价还价的过程，在这个过程中，需要陈述自己的观点、倾听对方的意见，发盘、还盘、互相让步，最后达成协议。

（1）多听少说：缺乏经验的磋商者的最大弱点是不能耐心地听对方发言，他们不注意对方的反应和反馈信息，也就不能根据谈判进程调整自己的磋商目标和磋商策略。成功的磋商者应把50%以上的时间用来听，边听、边想、边分析，并不断向对方提出问题，以确保完全正确的理解对方，找到解决问题的办法——修改发盘或还盘。

（2）巧提问和回答问题：通过提问不仅能获得更多信息，还能证实自己的判断。出口商应通过提问来了解进口商的情况。对外商的回答，要把重点和关键问题记下来以备后用。

发盘后，进口商常常会问："Can you do better than that"？对此不要立即让步，而应反问："What did you mean by better?" 或 "Better than what?" 这些问题可使进口商说明他们究竟在哪些方面不满意。若进口商说："Your competitor is offering better terms." 这时可继续发问，直到完全了解竞争对手的发盘。然后，我们可以向对方说明我们的发盘是不同的，实际上要比竞争对手的更好。

（3）善于使用条件问句：在国际贸易磋商中，善于使用条件问句有很多好处。

① 互作让步：用条件问句构成的发盘和还盘是以对方接受为前提的，因此磋商者不会使自己作出单方面的让步，只有各让一步，交易才能达成。

② 获取信息：例如我方提议："What if we agree to a two-year contract? Would you give us exclusive distribution rights in our territory?" 对方回答："We would be ready to give you exclusive rights provided you agree to a three-year contract." 从回答中，我们可以判断对方关心的是长期合作，这对以后的磋商很有益处。

③ 寻求共同点：如果对方拒绝我们的条件，可以另换其他条件构成新的条件问句，向对方作出新的发盘。对方也可用条件问句向我方还盘。这样双方互作让步，继续磋商，直至找到重要的共同点。

④ 代替"No"：防止直接向对方说"No"影响磋商气氛和交易的达成。例如对方提出不能同意的额外要求时，我们可用条件句问对方："Would you be willing to meet the extra cost if we meet your additional requirements?" 如果对方不愿支付额外费用，就拒绝了自己的要求，我们不会因此而失去对方的合作。

(4) 大幅降价要婉转：买方可能要求卖方大幅度降低原报价，但轻易满足大幅降价要求又会进一步引起买方的疑虑和犹豫。故在满足买方大幅降价要求时，要策略性地对原报价的其他条件做些修改，或做一些说明，以打消对方可能的疑虑和进一步要求降价的念头。

(5) 避免跨国文化交流产生的歧义：国际贸易磋商大多用英语进行，而磋商双方的母语往往又不都是英语，这就增加了交流的难度。在这种情况下，要尽量用简单、清楚、明确的英语，不要用易引起误会的多义词、双关语、俚语、成语。同时还要尽量了解对方的文化，对方的价值观和风俗习惯，只有这样才能正确无误地传递和接受信息。

(摘编自世贸基金论坛《国际商务谈判技巧》。)

延伸阅读 5—3 为什么报价后没有下文?

新客户发来询价单，你及时回复后，却没有下文。是你报价太高吓跑了客户，还是报价太低，让客户一看就知道你不是行家里手，而不敢冒险与你做生意？对老客户报价也不容易，他会自恃其实力而将价格压得很低，以至在你接到他的询盘时，不知该如何报价。怎样报价才有效呢？

(1) 报价前充分准备：认真分析客户的购买意愿，拟就出一份有的放矢的报价单。有些客户将价格低作为最重要的因素，一开始就报给他接近你的底线价格，那么赢得订单的可能性就大。

(2) 作好市场跟踪调研：由于市场信息透明度高，市场价格变化更加迅速。因此，出口商必须依据最新的行情报出价格，买卖才有成交的可能。深圳某公司孙先生介绍说，现在与他们公司做业务的都是较有实力的外商，对中国内外行情、市场环境都很熟悉，这就要求出口公司自己也要信息灵通。他的经验是，业务人员经常去浙江一带工厂搜集货源，对当地的一些厂家的卖价很清楚，而且能对近期的走势做出合理分析和预测。

(3) 选择合适的价格术语：在目前出口利润普遍不是很高的情况下，对于贸易全过程的每个环节精打细算更显重要。国内有些出口企业的外销利润不错，他们的做法是，对外报价时，先报 FOB 价，使客户对本企业的商品价格有个比较，再报 CIF 价，并坚持在国内市场安排运输和保险。他们很坦城地说，这样做，不但可以给买家更多选择，而且有时在运保费上还可以赚一点差价。当然，在报价时还要考虑买家的需要。

(4) 利用合同其他要件：例如，对于印度、巴基斯坦等国或地区的客户，有时候你给他 30 天或 60 天远期信用证付款的条件，或许对他具有很大的吸引力。同时，还可以根据出口的地域特点、销售季节、订单大小、买家实力和性格特点、商品特点来调整报价。

(5) 以综合实力取胜：要对自己的综合实力有信心，用不着一味地以低价来取悦客户。有位外销员说："报价要尽量专业一点，在报价前或报价中设法提一些专业性的问题，显示自己对产品或行业很熟悉、很内行。在与新客户打交道时，让客户了解清楚自己的情况很重要，比如请他们去看工厂，了解自己的业务程序，这样客户下单时就必较容易下决心。"

同时，从你的报价，非常了解和熟悉该行业的外商能够觉察到，你是否也是该行业中的老手，并判断你的可信度，过低的价格反而让客户觉得你不可信，不专业。

(6) 报价后的客户跟踪：在日常工作中，约 80% 的销售人员在跟踪一次后，不再进行第二次、第三次跟踪，少于 20% 的销售人员会坚持到第四次跟踪。跟踪工作可使客户记住你和你的发盘，一旦客户采取行动时，可以想到你。

跟踪的最终目的是形成销售，除了注意系统连续外，我们更须注意跟踪工作的策略：如采取较为特殊的跟踪方式，加深客户对您的印象；为每一次跟踪找到漂亮的借口；注意两次跟踪时间间隔，太短会使客户厌烦，太长会使客户淡忘，我们推荐的间隔为 2 ~ 3 周；每次跟踪切勿流露出您强烈的渴望；调整自己的姿态，试着帮助客户解决其问题等。请记住：80% 的销售是在第 4 至 11 次跟踪后完成！在冷漠的网络世界，电子商务更是需要一次次地跟踪。

延伸阅读 5—4　出口港澳食品的质量和运输要求

在国内食品安全危机频发的同时，出口港澳食品的安全创造了奇迹。2010 年年底，内地供香港食品合格率为 99.97%，澳门达到了 100%。"我们至今保持 11 年未发现瘦肉精的纪录。"近日，珠海出入境检验检疫局有官员表态称。

这硬气十足的话来自一套独善其身的食品安全监管体系。与国内食品安全由数个部门分段管理不同，它是相对独立的，由一个监管部门独力监督全食物链安全。不仅活猪，其他牲畜、禽类、蔬菜等食品，也保持着自建立至今无安全事故的完美纪录。这个国内食品安全监管的奇迹，其背后不仅有市场的推动，还有政治的考量。从下面一个养猪场一头猪从出生到出口的过程，可以完全理解出口食品的质量和运输要求。

金鼎猪场是珠海有供应港澳活猪资质的5个猪场之一，约3米高的围墙里，猪舍被分成许多功能区。种猪安置在上风口，降低防疫风险。母猪配种时，有专门的配种间，临产前一周，母猪会进入产房生产。仔猪产下二十多天之后，转移到保育间，再稍大一些就养在育肥间，猪如同婴儿一样被百般呵护，最后等待输往港澳。

更严格的是对养殖工人的要求。工人进入猪舍必须沐浴更衣，先趟过齐膝高的消毒池，进入不同功能区时，必须再次消毒。如果工人休假外出后回到猪场，须隔离3天，降低携带传染病的风险。检验检疫人员下场巡查时，不能“串场”。“就是不能上午去这家猪场，下午去另一家，避免交叉感染。”厂长办公室墙上挂着已经泛黄的“禁用药物名录”，这是猪场的生命线。一旦跨越，将面临撤销供港澳资格的严重后果。无论是金鼎猪场场长还是其他猪场场长，都认为供港澳猪场的监管要严格得多，甚至工人的健康证，比普通的也多出结核病、布氏杆菌的检查。

在生产中，要求自繁自养、全进全出，即猪场不能购买仔猪，必须自己繁育；每批肉猪必须整体出栏，空栏彻底清洁消毒后才能进下一批猪，避免交叉感染。对于检验检疫注册，养殖场实行“一场一证”的准入制度。猪场日常生产活动都需记录在册，供监管部门查阅。每个月进行两次瘦肉精检测，每个季度进行一次常规监测，监测项目多达42项。在入冬、春末疫情高发期，还要加强疫情监控。

即使这样养殖出来的猪，也不是每一头都有供应港澳的资格，还要看猪的品质。外形要好看，后臀要丰满，身体要结实，瘦肉率要高，体重在95至105公斤。

肉猪出口必须报检，运输过程必须符合动物防疫的要求。在运输过程中，不同猪场的不能混装，肉猪和其他动物不能混装，而根据港澳对动物福利的规定，每辆车只能装35头猪。而内地有时候一辆车有3层笼子，多达120头。在出境前，检验检疫部门再次进行临床检验，必要时还要采样送实验室检测。“上次瘦肉精闹得这么厉害，我其实很放心。”珠海检验检疫局动植物检疫监管处张科长说，“我信得过这个体系。”

（摘编自何海宁《中国食品安全为何也“一国两制”?》，《南方周末》，2011-4-9。）

案例5—1　转天的口头承诺是否有效

某年在广州交易会上，一中东客商S与我国某公司外销员W洽谈一笔家居用品的交易。双方谈了一个小时未达成协议，W坚持自己的最终报价。S有急事回国，W应S要求，允许S第二天对W的最终报价给一个确切的答复。第二天S给W所在公司发来了表示接受的传真，公司认为广交会刚刚开始，不急于以这样低的价格成交，通知 W 拒绝 S 的承诺。W 便找了一个理由，告诉 S 说公司产品价格有变化，不能成交。而且口头报盘当场有效，所以他的拒绝是符合国际贸易惯例的。你认为 W 的理由成立吗？为什么？如果不考虑法律规定，你认为 W 的做法对销售业务有何影响？

案例 5—2　　习惯做法的解释纠纷

山东某服装加工商 A 与美国的一家公司 B 签订长期合作协议，协议规定，“卖方必须在收到买方订单后十四天内答复，否则视为已接受订单”。7 月 8 日 B 公司向 A 下达一份五万件服装紧急订单，要求七天内答复。A 公司不能供应这批服装，但未回复 B。B 公司 7 月 23 日电告 A 公司信用证已开出，要求 A 按他们之间的习惯做法收到信用证一个月之内交货。而 A 公司则认为在这个个案中，沉默不构成承诺，请分析 A、B 之间的合同是否成立？

案例 5—3　　逾期接受效力纠纷案

我某进出口公司于 1997 年 8 月 5 日向外商 A 发盘并声明 8 日复到我方有效。A 于 6 日上午 10 时向当地邮局交发关于接受我方发盘的电报。但由于当地邮局工人罢工，该电报在传递途中延误至 12 日才送达我方。我公司认为 A 答复逾期，未予置理。并将货物以较高价格售与另一外商 B。8 月 14 日，外商 A 来电称：信用证已经开出，要求我方尽早出运货物。我方立即复电 A，声明 A 接受到达时间已超过发盘规定的有效期，双方并不存在合同关系。请根据联合国《公约》的有关规定，分析双方孰是孰非？

（摘编自《1999 年高自考国际贸易实务试卷》。）

案例 5—4　　实盘价格错报补救成功案

欧洲 D 公司每年都向我国 C 公司订购较大数量的纺织品，以美元或人民币计价、支付，转销西非。由其西非买主直接开信用证付款，C 在收取货款后逐笔向 D 商汇付 3% 佣金；或由 D 自行向 C 开证，货物由我直运西非，佣金在信用证中先行扣除。

某年 2 月 C 接到 D 询盘，要求报供规格 A 的印花织物 20 万米，并告最快装期、每批起订量与每米德国马克 CIF 达喀尔价。当时，该品种的内部掌握价格为每米 CIFC3% 西非口岸 0. 58 美元，按当日中国银行外汇牌价应合每米 DM1. 22。由于经办人员疏忽，把每米 0. 58 美元误为 0. 58 人民币元进行折算，从而算成每米 DM0. 78，并按此向 D 发盘 20 万米。当天，D 商复电接受。

C 公司经办人员在制书面合同时，发现报盘价格由于折算错误，每米报低了 DM0. 44，而 20 万米共差外汇 DM44 000，约占总值的 36% 。C 当即发电更正。为留有余地，更正时，报价偏高了每米 DM0.02。但当天就收到 D 拒绝更正的答复，理由是"已经出售"。次日 C 再去电援引上年实际成交价格，证明前报价格确系计算错误，同时给予 2% 的减让。但 D 又称："非洲客户已预付货款，若退还他们，势必中断业务关系"。仍然拒绝接受取消合同或更改价格的要求。C 认为"已经出售"可能只是一个借口，据此提出："为解除你们的为难处境，请告知你方达喀尔客户全名和地址，我们可直接向他们解释并表示歉意。"而 D 迟迟不作答复，直至隔了十余天并经数次催促后才复电表示同意更改 10 万米合同的价格，并提出了具体的更改意见。之后，在协商调价过程中，C 又主动减让了 5%，还主动提供了一种畅销西非市场的紧俏商品，以表示诚意。最后达成按调整后价格履行 10 万米合同的协议。请问 D 公司可否拒绝调整价格？C 公司的做法有何可借鉴之处？

（摘编自辽东学院精品课程《国际贸易实务》案例集。）

案例 5—5 电子邮件、传真与惯例的法律效力

我国某 C 公司从 1992 年起就开始与一南亚客商 B 用普通电子邮件（无签名、无加密、无认证）进行函电往来，以节省传真费用，达成交易后用传真签订合同。2000 年某日，C 又收到 B 的订购 10×20′C 纯碱的订单，然后询问工厂确认交货时间后按订单把合同传真给 B。但与以往不同的是，B 立即用传真拒绝了合同，称撰写邮件时价格手误，请 C 谅解。此时纯碱价格下跌，觉得与厂家也不好解释，敦请 B 签署和履行合同。B 又回电声称所用电子邮件因无电子签名而不具法律约束，C 立即回复称这是双方的惯例，因此对 B 有法律约束力。B 又回称电子邮件的内容需要传真确认也是惯例，故拒绝通过邮件达成的合同也是合法的。请分析双方的理由是否有法律依据，此案例对你的电子商务磋商有何启示？

案例 5—6 报盘有效期纠纷案

我某对外工程承包公司 A 于 5 月 3 日以电传请意大利某钢材供应商 B 就一批钢材提出报价。A 在电传中声明：这一报价是为计算一项承造一幢大楼的标价和确定是否参加投标之用，A 必须于 5 月 5 日向招标人送交投标书，开标日期为 5 月 31 日。B 于 5 月 5 日用电传就上述钢材向 A 报价。5 月 20 日 B 因钢材市场价格上涨，发来电传通知撤销他 5 月 5 日的报价。A 即复电表示不同意撤销报价。于是，双方为能否撤销报价发生争执。5 月 31 日招标人开标，A 中标，随即电传通知 B 表示接受 B 的 5 月 5 日报价。但 B 坚持该报价已于 5 月 20 日撤销，合同不能成立。问依据《联合国国际货物销售合同公约》的规定，该合同是否已经成立？理由是什么？

（摘编自《国际经济法测试题》。）

案例 5—7　一笔投标业务漏保，损失十八万

某年我国C公司参加P国电缆招标并中标，七月份签订了合同，合同部分条款如下：（1）P国的招标书是买卖合同不可分割的一部分；（2）价格条件为CIF某港口，价款为USD2 730 000，其中90%货款采用即期信用证支付，10%货款待货到目的地收货人仓库，经买方查验无误后付清；（3）保险条款规定，“由卖方办理保险”。但招标书中的保险条款规定：“Such insurance shall be upon terms and conditions consistent with sound commercial practice for one hundred ten（110%）percent of the full value of the materials at CIF point of final destination and for a period not less than ninety（90）days after arrival of the shipment at the purchaser's warehouse.”

当年12月C收到P国开来的即期信用证，金额为USD2 400 000。信用证规定“保险由卖方办理。”C按约出口并向中国人保投保了“一切险”和“战争险”。次年3月20日船到目的港，全部货物卸下海轮，货物数量与提单相符，并由P国汽车公司承运，4月2日全部将货物转运到收货人仓库。4月23日收货人发现货物在仓库内被移动，要求有关方面到现场查验，发现价值18.3万美元电缆被盗。

货物的丢失是货物存放在收货人仓库期间发生的，收货人依据保单、现场查验证和照片等，多次来电要求我保险公司赔偿。我保险公司认为，保险单载明被保险人投保的是“一切险”和“战争险”。根据保险责任起讫规定，保险人所承担的责任期限是“仓至仓条款”和“水面责任”。投保货物安全如数到达收货人最后仓库，保险人的责任即告终止。保险公司通知P方拒绝赔付。

5月底P方来电通知我C公司：“……在招标书中对保险条款的规定是保险期限不能少于货物（设备）到达买方仓库后90天，而你公司只投保一切险和战争险，货物在到达我方仓库22天发生部分丢失，属于你方漏保，造成18.3万美元的损失。现通知你方，损失金额从27.3万美元的货款中扣除，其余9万美元汇付给你公司”。请问C公司是应按国际贸易惯例投保还是按合同投保？合同没有规定招标书有法律效力吗？

案例 5—8　出口拍卖货款纠纷案

S市C出口公司经营黄狼皮褥子出口业务多年，20世纪90年代初得悉纽约有黄狼皮拍卖市场，拍卖价格比一般贸易价格要高出一成左右，但C公司苦于在纽约无合适的代售人，后经S市在纽约办事处的负责人介绍认识了专门从事黄狼皮拍卖生意的美商Mack Talow Co.，后又了解到Mack Talow公司的老板Talow来华参加当年在广州的秋交会，C公司经理邀请、亲自接待并与Talow先生洽谈黄狼皮业务。最后商定由Talow公司在纽约作为C公司的拍卖代售人，合同期限暂定一年，付款方式采取假售

定，即每次出口黄狼皮之前由 Talow 开来 90 天的远期信用证，货到纽约后由 Talow 代售，售前由 Talow 报价，经 C 公司确认后 Talow 便在当地处理，每售一笔 Taolw 按 CIF 价扣除 4% 的佣金，每隔 90 天由 Talow 向当地开证银行按信用证上的金额付款一次，以此类推，滚动销售。结果一年当中 C 公司陆续向 Talow 发出厂 5 万张黄狼皮褥，每张均价为 110 美元，共计为 550 万美元，扣除佣金和费用 4%，应收汇 528 万美元，但 C 只收到 500 万元，还有 28 万美元未收，后经 C 公司一再查问，Talow 称除尚有价值 10 万美元的货物待售外，其余 18 万美元因美国通货膨胀使各种费用开支比他当初估计的 1% 要高出 2 倍，因此 Talow 要求 C 公司给予补偿。在此之前，Talow 也曾多次向 C 公司提出因美国物价上涨，要求将代理费用增加 1%，C 公司均推称，“以后再说。”现在合同期满，是否续订合同，双方对差额各执一词，发生争议。C 公司则强调，当初合同中规定的费用是 1%，事后提出修改于理不合；Talow 则称，他在执行合同中因物价上涨就曾提出过修改，你们也未明确答复说“不”，而是说：“以后再说。”现在到了该说的时候了。C 公司称：我们说“以后再说”实质就是婉言谢绝，并无默许之意。但 Talow 拒不退还 18 万美元。C 公司无奈，只好请 S 市驻纽约办事处的负责人出面调解。调解结果：除剩下的 10 万美元货物仍由 Talow 代售外，18 万美元差额按 4：6 的比例分担，即 C 公司负担 7.2 万美元，Talow 负但 10.8 万美元。18 万美元货物售出后，C 公司也不再付给 Talow 佣金。

通过此案例，你认为拍卖与一般出口贸易有哪些不同？在交易方式选择和磋商环节有哪些经验和教训应予汲取？

（摘编自辽东学院精品课程《国际贸易实务》案例集。）

小知识……

（1）实盘与虚盘：在我国的外贸业务中，通常把报盘分为实盘和虚盘，凡不具备法律约束力的报盘统称为虚盘。但应注意虚盘其实并不“虚”，发盘内容也要认真核对。出尔反尔影响交易者的信誉。

（2）电传（Telex）与电报（Cable）：电传也被称国际电报交换或用户电报，它是利用电传交换机将电报的文字变为电传信号。电传的收费是按使用时间收费的，与电报按字数计费类似。随着电子技术的发展，电传和电报已基本被传真和电子邮件取代。

5.5 思考与练习

1. 合同成立的两个必备磋商步骤是什么？为什么？

2. 什么是报盘？报盘成立的必要条件有哪些？

3. 根据《公约》规定，报盘内容的三要素是什么？报盘内容的三要素是否是签订合同的充分条款？

4. 《公约》关于报盘生效、撤回、更改和撤销是如何规定的？

5. 什么样的报盘不可撤销？报盘失效的情况有哪些？

6. 什么是还盘？还盘对交易磋商将产生什么法律后果？

7. 按《公约》规定，对报盘内容的哪些更改构成实质性还盘？

8. 什么是接受？构成有效接受的条件有哪些？

9. 接受的方式有几种？这对发盘人有何需要特别注意之处？

10. 何谓逾期接受？逾期接受的法律效力如何？发盘人对逾期接受的处理应注意什么问题？

11. 某出口商 A 向外商 B 发盘，B 公司已不经营 A 报盘中所涉及的商品，遂把收到的报盘转给 C，C 回复 A 称完全接受 A 给 B 的报盘。（1）C 的接受是否有效？（2）如无效的话，A 又愿意与 C 达成合同，A 应该如何处理 C 的接受？

12. 某出口商 A3 月 2 日用传真给 B 发了一批化工产品的报盘，规定有效期七天，3 月 5 日因价格上涨，A 传真给 B 要求撤销 3 月 2 日发盘。A 能否撤销？

13. 某出口商 A 给 B 报 100 吨钢材价格 USD350/MT，B 答复按 A 所报价格购买 80 吨，因价格上涨，第二天 B 又传真给 A 同意 100 吨，A 已不想成交。问 A 可否拒绝 B 对原报盘的接受？

14. 假设发盘人 R 给 E 商的报盘规定有效期为 10 天，在（1）R 商 3 月 7 日到当地邮局用电报发盘，E 商 3 月 9 日收到 R 的发盘；（2）R 商 3 月 7 日用信件发盘，信件的签名下所写的日期为 3 月 9 日，E 商 3 月 12 日收到 R 的发盘；（3）R 商 3 月 7 日用信件发盘，但信件上没有注明日期，E 商 3 月 12 日收到 R 的发盘的三种情况下，R 的发盘有效起讫日期分别是哪天？

15. 功能等同法的含义是什么？

16. 我国《电子签名法》与联合国《电子商务示范法》在性质上有无区别？

17. 电子文件的发件人是真正“撰写和发送”电子文件的“人”吗？

18. 电子文件发送时间和到达时间是如何确定的？

19.《电子商务示范法》对失误和重复电文的处理是如何规定的?

20. 什么是电子签名? 什么是数字签名? 二者有什么关系?

21. 什么是认证中心? 其作用是什么?

22. 请分析，你所用的电子邮件，是否具有法律约束力? 为什么?

23. 在有条件的情况下，申请个人网上身份证，发送一封签名电子邮件，以加深对电子签名的理解。

24. 交易双方已经形成的“习惯做法”对双方有无法律约束力?《公约》是如何规定的?

25. 集体竞价磋商与一对一磋商有哪些区别?

第 6 章　国际贸易合同

6.1　学习本章的任务和应掌握的知识点

6.1.1　学习本章的任务

下面是阳光公司接受远航配件厂修改后报价的电子邮件（格式略），在学习本章的基础上，参照附录 5 所提供的空白合同格式，按双方磋商的结果填写合同，把未磋商条款补充在合同中，并回复客户。

> Thank you for your revised offer of May 20 on which, I am pleased to say, we have struck our first deal.
>
> We hereby confirm the 1292ctns SAILLING brand Fused socket and Electric Bulbs as follows:

730ctns S2 Fused sockets at USD12. 00/ctn	USD 8 760. 00
281ctns CB02 Electric Bulbs at USD12. 90/ctn	3 624. 90
281ctns FB02 Electric Bulbs at USD16. 50/ctn	4 636. 50
	USD17 021. 40
Less 2% discount	340. 43
Total CIF Felixstowe Amount	USD16 680. 97

> Looking forward to your S/C enabling us to make remittance accordingly.

6.1.2 学习本章应掌握的知识点

1. 合同有效成立的条件
2. 口头合同的法律效力
3. 书面合同的作用
4. 国际贸易合同内容和条款
5. 国际贸易合同填写和签署

6.2 合同有效成立的条件和作用*

接受生效，意味着交易双方交易的达成，双方就受到合同的约束。合同的内容——合同条款确定了交易双方的权利和义务，掌握合同的内容、合同条款的含义、合同的格式和书写是维护国际贸易利益的保证。

6.2.1 合同有效成立的条件

双方通过磋商达成一致的交易条件，合同即告成立，但并不意味着合同一定有效。因为合同不仅影响到交易双方的利益，也影响到公众的利益。无论从交易双方利益来说，还是从维护集体利益来讲，合同需要国家法律的规范和保护。根据各国合同法的有关规定，除要求交易双方就交易条款达成一致外，还要具备下列条件在法律上才是有效的。

1. 当事人必须具备签订合同的行为能力

即签订合同的主体合法。签订合同的当事人可以是自然人或法人。所谓自然人是指具备签订合同的行为能力；所谓法人是指具备签订合同的合法权限，如进出口权限、产品经营范围等。

2. 合同必须有对价或约因

所谓对价（Consideration），即指当事人为了取得合同利益所付出的代价，这是英美法的概念；所谓约因（Cause），是指当事人签订合同所追求的直接目的，这是法国法的概念。总之，合同中必须载明签约人对等的权利和义务。否则合同是无效的。

3. 合同的内容必须是当事人意思的真实表示

各国的法律都规定，合同必须真实地反映当事人的签约意图，否则是无效的。

4. 合同必须合法

（1）合同的内容合法：是指合同的各项条款要符合国家对外贸易的规定。从广义上解释，合同的条款不得违反法律、不得违反公共秩序或公共道德以及不得违反善良风俗或道德三个方面的内容。

（2）合同的格式合法：是指合同的订立要采用法律规定的特定形式。如我国规定，合同可以是书面形式或口头形式，但在国际贸易中还是需要签订书面合同。

6.2.2 关于口头合同的法律效力

虽然我国规定口头合同具有法律效力，但我国在参加《联合国国际货物销售合同公约》（以下简称《公约》）时，对合同的口头形式作了保留。根据《公约》第97条（4）款规定“根据本公约规定做出声明的任何国家可以随时用书面正式通知保管人撤回该声明。此种撤回于保管人收到通知之日起六个月后的第一个月第一天生效。”而到目前为止，中国政府尚未就撤销对《公约》11条做出的保留做出书面声明，这就意味着在国际货物买卖的实践中，与《公约》缔约国之间的国际贸易口头合同仍是无效的。但如果与未参加《公约》的国家的贸易，在导致我国法律的适用或其他承认口头合同的国家法律适用的情况下，口头形式合同才有效。

6.2.3 书面合同的作用

除备忘作用外，书面合同还有以下三个作用。

1. 确定交易双方权力、义务的证据

这是书面合同的基本作用，虽然口头合同也有这个作用，但书面合同比口头合同更容易举证，可以防止口头合同可能引起的纠纷和纠纷解决过程中可能遇到的举证困难。合作双方相互信任关系未建立起来之前，在不规范的市场上达成交易，必须签订书面合同。

2. 书面合同是国家对进出口贸易进行管理的依据

进出口报关，享受优惠关税待遇的进出口业务审批，以及配额商品、限价商品等的审核，都需要提供书面合同正本。

3. 书面合同是国际贸易履行过程中的支持性文件

有些国际贸易环节，如商品检验、保险索赔等，也需要提供合同作为相关事实的支持性文件。

6.3 合同贸易条款

合同的条款按功能分为两大类别，一是贸易条款 Terms，是随具体的交易而异的条款；另一类称为条件条款 Conditions，即这些条款是依据一定的条件才起作用的条款。条件条款与具体的交易内容无关，是合同中相对固定的条款。

6.3.1 合同的标的物

合同的标的物是国际贸易的客体，是整个合同依存的基础，所以确定合同标的物是保证交易主体贸易利益的根本保证。标的物简单地说，就是买卖的货物，货物条款规定的原则就是要能够确定一个特定的货物，防止交易双方对交易货物的不同理解。

1. 标的物条款的内容

为了确定一个特定的交易产品，标的物条款的内容包括货物名称和货物描述两部分。

（1）货物名称：货物名称是对标的物的概括性描述，它反映了货物的基本性质和特征，是确定货物的第一步。

（2）货物描述：一个货物名称可能可以表示不同功能、不同规格、不同式样、不同花色等形形色色的很多种产品，仅仅用货物名称不足以确定一个特定的标的物。由于贸易商品品种繁多，特性各异，所以对货物描述的内容也不相同，如有的商品需要规定原料（木衣架、塑料衣架）、有的商品需要规定大小（如篮球 5 号、7 号）、有的商品需要规定用途（如门锁、抽屉锁）……，具体内容应根据商品特性来确定，这又说明国际贸易工作者必须具备相应的商品知识。

2. 标的物条款规定注意事项

（1）使用国际通用名称，以免引起误解；

（2）货物描述要充分，防止可能对具体货物的误解；

（3）货物描述要客观，以免造成履行合同困难，甚至不能履行合同；

（4）考虑货物等级的运费差别和进出口关税差异，可能的情况下选择合适的商品名称；

（5）对可能产生误解或用文字难以描述的商品，应使用传真、电子邮件等方式发送图片、图形供交易对手确认。

6.3.2 商品的质量

质量是指商品内在品质和外观形态的组合，也可以看作确定商品、货物描述的一部分。

1. 质量的重要性

（1）质量决定着商品的使用价值：商品因质量不同，其性能和使用价值差别很大，只有确定了商品质量，商品的价格才有意义，交易主体的商业利益才有保障。

(2) 质量是商品增值的重要手段：质量决定价值，在物质相对丰富的当代，人们对消费商品质量的要求愈来愈高，高质量商品的利润空间相对也大。而且激烈的市场竞争使大众化商品的利润愈来愈小，提高质量成为商品增值的重要手段。

(3) 质量体现企业的形象：在现实中，恐怕不会有人把生产劣质产品的企业与企业强大的竞争实力、良好的信誉和服务结合起来。以质取胜从短期看是增加经营利润的需要，从长远看，是企业生存和发展的保证。

(4) 质量是法律规定的合同重要条款：为了保护消费者的利益，很多国家都制订了产品质量的强制性标准，在合同中把商品质量作为重要条款。根据联合国《公约》的规定，卖方交付的货物，必须符合约定的质量，否则买方有权要求赔偿，也可要求修理或交付替代货物，甚至拒收货物和撤销合同。

2. 国际贸易中对商品质量的要求

(1) 对出口商品的要求：商品的质量关系到买方的切身利益和买方市场消费者的利益，所以商品质量要满足进口方市场上的一切要求。在实际业务中，应考虑以下几个基本问题：

➢ 市场对质量的需求，包括明示要求和默示要求，根据市场需要确定商品的质量；

➢ 符合当地国家的质量标准、生产标准、环保标准、道德标准等，取得相应的标准认证是当地市场的准入证；

➢ 满足当地国家的法律要求，如美国的产品责任法，疏忽就违反了产品的质量要求；

➢ 不断提高商品质量，加速产品更新换代，提高在国际市场上的竞争能力。

(2) 对进口商品的要求：进口商品的质量关系到国内用户和消费者的切身利益，主要应考虑以下几个基本问题：

➢ 符合国家法定质量要求，确保产品质量；

➢ 产品价格和质量性能比。

3. 商品质量的表示方法

(1) 看货买卖：这是最原始的国际贸易交易方式，虽然眼见为实，但有看货成本高、查验和确定货物质量困难的缺点，现在凭看货成交的商品很少，只用于寄售、拍卖等特殊国际贸易方式。

(2) 凭样品买卖：样品是用于表示整批货物样式和质量的少量代表性实物。根据样品提供者的不同，国际贸易中使用的样品可以分为以下几个类型：

➢ 卖方样品：是指由卖方提供的样品；

➢ 买方样品：是指由买方提供的样品；

➢ 对等样品：用样品来表示质量的商品通常是质量如造型、色泽、味道等无法用文字确切描述的商品，卖方生产的产品要严格与买方一致非常困难，所以卖方通常按买方样品复制一个样品，这就是对等样品。对等样品经买方确认后，称为确认样品，如果以备质量纠纷之用，双方把样品封装起来，这种样品又被称为封样。

（3）商品规格：商品规格是指反映商品质量的主要指标，如长度、厚度、白度、纯度、含量、使用寿命等。用规格表示商品质量，简单易行、明确具体，且质量状况判断方便，在国际贸易中广泛使用。

（4）商品等级：表示商品规格的数据很多，等级是按照一定的标准把商品的规格划分成若干个档次，这样商品的多种规格就可以用若干个等级来表示了。使用等级的特点是应用方便、表达直观。如陶瓷产品，用一级、二级、三级、……来表示，一级就是质量最好的，到底一级质量是如何确定的，非专业人员是很难搞明白的，况且贸易人员知道大致质量水平——等级就行了，不必精通太专业的商品知识。

（5）质量标准：质量标准是指为衡量商品质量而制订的一系列必须达到的指标。按照颁发主体和适用范围的不同，质量标准有国际标准、地区性标准、国家标准、行业标准、企业标准等类型，在合同中应该选择哪种标准表示商品质量，要考虑目标市场需要、国家对企业所经营的进出口商品有无强制性标准、企业生产可以达到的产品质量水平和企业的经营策略。

（6）说明书：知识密集型产品结构复杂、表示性能的数据繁多，产品质量需要详尽的文字说明，或/和附以图片、图纸、示意图、表格等辅助说明，这就是说明书。

（7）品牌（Brand Name）或商标（Trade Mark）：企业用以区别其他企业产品或劳务的一种特殊标志称为品牌。一种品牌可以由名字、术语、符号或/和图案组成。品牌一经注册成为受法律保护——注册人享有所有权的商标，所以说商标是品牌的一部分，是受法律保护的品牌。

（8）产地：有些受产区自然条件、传统加工工艺等方面影响的产品，在品质方面形成了独特的地域风格，而这些特性又很难用数据表示时，可以使用产地作为产品质量的标准。

4. 质量条款规定注意事项

（1）卖方应尽量避免按买方样品作为质量标准，以免大货与样品不一致造成违约。即使卖方凭自己提供的样品成交，合同中也只能写质量以样品为准（quality as per the sample），而不能说质量与样品完全一致。

（2）制作对等样品要与批量生产所用的原料、工具和流程等完全一致。

（3）在用等级或标准作为质量标准时，应注意相同等级或标准的质量可能存在巨大差异。另外，还要注意标准的版本。

（4）对质量不甚稳定、或质量指标难于与某个具体数值严格一致时，卖方要规定一个品质机动幅度。如含量的极限（max，min）、布匹的幅阔（35/36”）和最大误差（5%）等。

（5）产品质量规定可以用上述一种方法，也可以用几种方法来表示，原则是对表示产品质量的主要指标完全表达出来。既要避免因规定不详尽，货物质量验收依据不充分，又要避免画蛇添足，造成质量检验结果冲突——用不同的质量表示方法，检验结果不一样。

6.3.3 商品数量

按照联合国《公约》的规定，若卖方交货数量大于约定数量，买方可以拒收多交的部分，也可以收取多交部分的一部分或全部；若卖方交货数量小于约定数量，卖方应在规定的交货期内补交，但不得使买方遭受不合理的不便或承担不合理的开支。即使如此，买方也有保留要求损害赔偿的权利。甚至有些国家规定，交货数量与合同规定不符的，买方不但有权提出索赔，而且可以拒收货物。所以数量条款的规定一定要慎重。

1. 国际贸易中常用的计量单位

常用的计量单位有重量、数量、长度、面积、体积等，详见附录3。

2. 计算重量的方法

（1）按毛重（Gross Weight）：适用于低值商品。在国际贸易实际业务中，还有一种以毛作净（Gross for Net）的计重方法，虽然是以净重计价，但又规定用毛重当做净重计算，实质上也是按毛重计量的方法。

（2）按净重（Net Weight）：按净重计算交货数量，就有一个如何计算包装重量的问题。国际上有以下几种确定包装重量的方法：

➢ 实际皮重（Actual Tare or Real Tare）；

➢ 平均皮重（Average Tare）：从整批货物中抽取一定的样本，取其平均值作为整批货物的皮重；

➢ 习惯皮重（Customary Tare）：如果包装材料和规格已比较定型，皮重已为市场所公认，因之也可用以表示实际皮重；

➢ 约定皮重（Computed Tare）：即买卖双方事先约定的皮重。

（3）公量（Conditioned Weight）：公量是指按标准水分含量计算出的重量。国际贸易中有些商品如棉毛、羊毛、生丝等吸湿性较强，重量随空气湿度的变化而变化较大，难以确定。因此以约定的标准含水率——称为公定回潮率计算商品的重量。

$$公量 = 实际重量 \times \frac{1 + 公定回潮率}{1 + 实际含水率}$$

3. 确定成交数量的影响因素

成交数量关系到买卖双方的切身利益，确定成交数量的原则是从实际情况出发，以保障和实现最大国际贸易利益为原则。

（1）出口数量确定的影响因素：出口数量的掌握主要考虑以下几个方面：

➢ 目标市场容量：不向目标市场过量供货，防止产品供给过剩出口价格下跌。同时要保证市场供应，防止其他供应商乘虚而入；

➢ 国内货源供应情况：若是生产企业的话，就是原材料的供应情况和企业的生产能力；

➢ 国际市场价格趋势；

➢ 进口商的情况：如资信水平、经营能力、目前经营状况等。

（2）进口数量确定的影响因素

➢ 国内有效需求，包括实际消费需要和国内支付能力；

➢ 国际、国内市场价格趋势；

➢ 出口商的情况。

4. 合同数量条款规定的注意事项

（1）不同国家计量标准的差异：各国的度量衡制度不一样，所用的计量单位也不相同。尤其是要注意相同计量单位不同国家代表不同的数量。如棉花计量单位包 bale，美国规定每包净重为 480 磅，而巴西为 396.8 磅，埃及为 730 磅；再如食糖的计量单位袋 bag，在古巴是 133 公斤，而巴西是 60 公斤。

（2）数量的机动幅度：有些商品如粮食、矿产、化肥和食糖等，由于商品特性、船舱容量、装载技术和包装等的差异，要求交付确切数量的货物非常困难，在合同数量条款中应规定一定的机动幅度，这就是溢短装条款。如 3%、5%、10% 等，具体幅度的大小应根据国际贸易惯例或商品特性来确定。

（3）溢短装数量的计价问题：机动幅度的规定是为方便交货来确定的，但在市场价格变化时，安排运输方可能会利用该条款故意多装或少装，谋取单方面的利益。为预防此类事件的发生，可以对溢短装数量的计价做出规定。如溢短装部分按到货时市价计算。

6.3.4 商品包装

除少数难以包装、不需要包装和不值得包装的商品外，大多数商品需要包装，成为商品不可分割的一部分，故包装条款也是合同的重要条款。

1. 包装的重要性

包装的重要性体现在商品本身需要、销售需要和相关方面的需要等以下几个方面：

(1) 保护商品的使用价值：国际贸易要经过长途运输，运输途中的自然条件千变万化，没有适当的包装，商品损坏就失去了其使用价值。甚至有些商品如胶卷、食品等根本就离不开包装。

(2) 体现商品的价值：适当的包装可以体现商品本身的价值，很难想象一个用劣质包装材料、粗糙包装起来的商品是名贵、优质产品。

(3) 方便运输：经过适当包装的商品，不仅便于运输、装卸、搬运、储存、保管等，而且包装适当的提示可以提示运输相关人员适当操作，保证商品运输过程中的安全，对于危险品也有助于保证运输相关人员和运输工具的安全。

(4) 宣传企业形象、推销商品、指导消费：包装上的使用说明可以使商品价值在消费者身上充分发挥出来；包装上印刷的企业名称、商标等可以扩大企业知名度和起到市场营销的作用。

(5) 法律规定：由于包装的上述重要作用，很多国家的法律规定，如卖方交付的货物未按约定的条件包装，或货物的包装与行业习惯不符，买方有权拒收货物。如果虽按约定的方式包装，但与其他货物混杂在一起，买方可以拒收违反规定包装的那部分货物，甚至拒收整批货物。

根据在流通过程中的作用，货物的包装可以分为运输包装（又称外包装）和销售包装（内包装）两个基本类型。

2. 运输包装

(1) 对运输包装的要求：运输包装是为国际贸易运输而设计的，因此应满足以下几个方面的要求：

➢ 保证商品运输安全：根据商品特性，选择合适的包装材料和包装方式；

➢ 符合进口商提出的条件：包装（包括销售包装）必须符合进口商的要求，否则在交易磋商时要予以明确；

➢ 满足运输各环节的要求：如不同的运输方式、不同港口的作业要求等；

➢ 节省费用：包括包装费用和运输费用，从运输的角度考虑，包装材料要轻、所占体积要小。从包装尺码、重量上考虑要方便标准化运输和提高标准化运输的装载率；

➢ 遵守相关国家的法律、法规。

(2) 运输包装的类别：除简单的裸装（Nude Pack）和散装（In Bulk）外，商品的外包装按大小可以分为集合包装和单件包装两大类型，常见的集合包装有集装箱、集装袋、托盘和集装罐，集装袋是把若干个小包装集合成一个一吨到数十吨的巨型塑料袋大包装；木托盘是指用木质做成的正方形底盘，用于在盘上放置达一吨重货物的多件有形包装，适用于叉车的机械化操作；集装罐是运输部门提供散装液体货物的大包装。单件包装的常见类型详见附录4。

（3）运输包装的标志：为了安全、准确、方便地运输货物，外包装上需要一些特定用途的标志，以资识别和提醒操作人员的注意。运输包装的标志按用途可以分为运输标志、指示性标志和警告性标志三种。

➢ 运输标志（Shipping Mark）：运输标志，又称唛头，是为货物完整无误到达目的地设计的识别文字或符号，也是结汇单据的重要内容。国际标准化组织推荐的唛头包括收货人、参考号（说明是哪批货物，如合同号、订单号、信用证号码等）、目的港和货物件号四部分标识。对于裸装和散装货，在运输单据的运输标志栏中应填写“N/M”，意为“No Marks”。

➢ 指示性标志（Indicative Mark）：是用于提示相关人员在装卸、运输和保管过程中需要注意问题的标识，一般以简单醒目的图形或/和文字表示。如小心轻放、此面向上、防热防潮等。

➢ 警告性标志（Warning Mark）：警告性标志是运输危险品时提醒相关人员在装卸、运输和保管过程中采取相应防护措施的标识。如剧毒、易爆、腐蚀性等物品。

根据国家技术监督局发布的《危险货物包装标志》规定，在运输包装上必须有警告性标志，联合国政府间海事协商组织也规定了一套《国际海运危险标志》。因此，在我国出口危险货物的运输包装上，要有我国国家制定的和海事协商组织制定的两套危险品标志。

3. 销售包装

（1）对销售包装的要求：销售包装是指直接接触商品并随商品进入零售系统并提供给消费者的包装。出于销售的需要，销售包装要满足方便陈列展售、艺术风格独特、消费者选购信息丰富、便于携带和使用、保护商品安全和降低包装成本六个要求。

（2）销售包装注意事项：① 根据销售需要适度包装，既要体现商品价值，又不要过度包装；② 销售包装的装潢画面要适应目标市场国家的民族习惯和爱好；③ 销售包装所使用的文字和文字说明要符合目标市场国家的法律、法规。

（3）条形码：商品包装上的条形码是由一组带有数字的黑白及粗细间隔不等的平行条纹所组成、用于表示商品信息的一组符号。利用光电扫描阅读设备将条形码输入计算机，可以实现商品销售和管理的电子化。目前，许多国家的超市都使用条形码技术进行结算和管理，商品包装上若没有条形码，就会被超市拒之门外，只能被当作低档商品在廉价商店和路边销售，甚至有些国家对某些没有条形码的包装商品禁止进口。为了出口和国际贸易利益的需要，出口商品的生产企业要到国家有关部门申请使用条形码。

4. 中性包装

没有生产商信息的包装称为中性包装。中性包装有无牌中性包装和定牌中性包装两种，前者是指包装上既无生产地名和厂商名称，又无商标、品牌，用于打破进口国或地区的禁运和贸易壁垒；后者是指包装上有买方指定的商标或品牌，用于加工贸易。

6.3.5　其他贸易条款

1. 运输条款

卖方交货需要运输才能完成，无论是卖方还是买方安排运输，都要在合同中规定运输条款。运输条款的内容主要有运输方式、装运期限、货物起运地和目的地、是否允许分批、转运等。在定程租船运输时，还要规定速遣费和滞期费。

2. 保险条款

保险条款的内容根据情况可以包括的内容有，由买方还是由卖方投保、投保险别、投保金额、货损检验、赔付地点。通常在合同中可以笼统规定，因为前三项内容由贸易术语和国际贸易惯例可以确定，后两项由承保人确定。

3. 支付条款

付款是买方的主要义务，也是卖方国际贸易利益的保证。付款条款的规定主要包括付款方式、付款时间和付款凭据。

常见的付款方式有汇付、托收和信用证支付，汇付和托收完全依赖于交易双方的商业信用，而信用证支付属于银行有条件担保的付款方式。根据双方的意愿可以选择某一种付款方式，也可以选择几种付款方式的组合，如10%汇付、90%信用证支付。

托收和信用证的付款凭据通常是出口单据，付款时间在卖方交货之后；而汇付时间和凭据比较灵活，汇款可以凭货运单据或发票等，也可以是合同规定的一个特定时间或具体期限。

4. 定金和定金罚则

定金是指合同一方当事人根据合同约定为保证履约提供的货币担保，也是促使交易一方履约的一种手段。如缴纳定金方违约，对方可以没收定金作为违约赔偿。但收取定金的一方违约，按照法律规定，除返还定金外，还要赔付对方与定金数量相等的货币金额。这种作法叫定金罚则。

6.4　合同背面条款

合同背面条款是通用性条款，不随具体的交易而改变，是与预防纠纷、预防违约和纠纷解决有关的一些内容。

6.4.1 违约赔偿和罚款

为了促使交易对手履行合同，保证己方的交易磋商利益，根据双方的意愿，在合同中也可订立违约赔偿和罚款条款，这种条款只适用于违约责任容易确定、罚款额方便计算的违约情况。如交货期限和付款时间，迟交一天货或迟付一天款违约方要给受害方多少金额的赔偿和罚款。这样的条款有利于提高履约率。

世界上大多数国家（包括我国）以违约金的补偿性为原则，即如果规定的违约金或罚款过分高于或低于违约引起的实际损失，当事人可以请求法院或仲裁机构对约定赔偿金作出调整。

在英美法中，违约金被严格地区分为“罚金”和“预约赔偿金”。前者是无效的，不可强制执行；后者是有效的，可以强制执行。

按照各国的法律，支付了违约金或罚款，并不能免除其履行合同的义务。

6.4.2 质量和数量异议

质量和数量异议是国际贸易履行过程中经常出现的问题，因此该条款也常订立在合同的背面条款中。该条款的主要内容有索赔提出的期限和索赔的依据，即凭什么提出索赔，如理货证明、商检公司或保险公司的检验报告等。索赔的金额因事先不好确定，只能笼统地规定有权索赔或不规定有权索赔，因为获得损害赔偿是法律赋予受害方的权利。

6.4.3 商品检验

商品检验是指由专业的商品检验服务机构对国际贸易的货物质量、规格、数量、重量、包装、卫生、安全、货物损失程度等项目进行的检验和鉴定。

1. 商品检验的作用

（1）维护交易双方当事人的利益：对于买方来说，通过商品检验可以保证购买的商品与合同要求一致，出现短量或货损等可以凭商检报告向有关责任人索赔；对于卖方来讲，确保货物纠纷解决的公正性，免受不合理索赔。尤其是近年来，国外商检机构纷纷进入我国，提供公正的第三方商品检验服务，也为国际贸易的进出口双方架起了交易的桥梁。

（2）维护进出口国的集体利益：对进口商品进行检验，可以保证进口产品符合质量标准、环保标准和检疫要求等；对出口商品进行检验，可以维护国家整体的出口产品声誉，而且可以通过出口商品质量管理，控制出口数量和国际市场价格。

2. 商品检验的种类

与商品检验的作用相对应，商品检验可以分为委托检验和法定检验两种类型。

（1）委托检验：是指商品检验机构接受进出口贸易当事人的委托对商品进行的公正鉴定。

（2）法定检验：是指根据国家法律、法规对进出口商品进行的强制性检验，检验结果认定不符合标准的，禁止产品的进出口。

3. 商品检验的标准

检验标准是指对进出口商品实施检验的方法、程序和检验结果评价所遵循的一系列规定。显然，检验标准不同，检验结果就不一样。因此检验标准是商品检验的重要内容。

（1）约定标准：是指交易双方在合同中规定的商品检验使用的标准。

（2）强制性标准：是指由与国际贸易有关的国家制定的必须执行的标准。

（3）国际性标准：是指国际上影响较大，因而在国际贸易中被广泛采用的标准。

4. 商检标准选择的原则

有国家强制标准的，执行国家标准；国家没有规定的，执行约定标准；同时有国家标准和约定标准的，若国家标准高于约定标准，按国家标准执行；反之按约定标准执行；在既无国家标准又无约定标准或约定标准不明确的情况下，按生产国标准、有关国际标准或商检部门指定的标准执行。

5. 商品检验证书的作用

商品检验的结果要通过一定的形式表现出来，这就是商检证书或商检报告。检验证书的作用有三：

➢ 从国家管理看，对于强制性检验的商品，它是海关放行的必备文件；

➢ 从出口商结汇看，如果买方要求的话，它是货款结算的重要单据；

➢ 从货物纠纷解决来讲，它又是索赔和理赔依据。

6. 商品检验条款的内容

（1）检验地点：检验地点有工厂、装运地、卸货地和买方所在地，检验地点有时决定了检验权问题。所以交易双方都愿意在本国甚至本地检验。选择第三国公认的检验机构有效解决了交易双方在检验地点上的分歧。

（2）检验机构：如果交易一方当事人对对方安排检验无异议的话，也可以不规定检验机构。

（3）检验标准：对于金额较小的货物买卖，或者贸易商对商品的专业知识不是很精通，一般在合同中不规定检验标准，而是默认执行检验机构的标准。

（4）检验的时间：联合国《公约》规定，“买方必须在实际情况可行的最短时间内检验货物或由他人检验货物。如果合同涉及货物运输，检验可推迟到货物到达目的地后进行”。当然为了明确检验期限，也可以在合同中规定检验的时间。

6.4.4 不可抗力（Force Majeure）

不可抗力是指合同签订后，不是由于合同当事人的过失或疏忽，而是由于发生了合同当事人无法预见、无法预防、无法避免和无法控制的事件，以致不能履行合同、不能完全履行合同或不能如期履行合同，发生意外事件的一方可以免除履行合同的责任或推迟履行合同。订立不可抗力条款，可以使遭受不可抗力事件打击的一方免除违约责任。

1. 不可抗力条款的内容

（1）不可抗力的性质与范围：即确定哪些事件属于不可抗力事件，一是列出具体的不可抗力事件——列举式规定；一是说明不可抗力事件的性质，当事件发生后根据其性质确定是否属于不可抗力事件——概括式规定；也有的同时用这两种方法——综合式规定。

（2）不可抗力发生后的处理方法：即受不可抗力事件打击的一方可以解除哪些合同义务。此内容通常不规定，因为不可抗力造成的损失和后果事先无法确定，应根据具体情况来处理。

（3）不可抗力事件的通知和证明：即不可抗力事件发生后，限期通知和提出处理意见，并提供不可抗力事件的证据。即使没有该内容，联合国的《公约》中也有相应的规定。

2. 不可抗力事件的处理程序

（1）在合同中事先约定：在合同中约定不可抗力条款是援引不可抗力条款免责的依据。

（2）援引不可抗力条款方及时通知：按照《公约》的规定，不可抗力事件发生后，援引该条款免责的一方及时通知另一方（以便让对方有机会采取措施，减少可能的损失）；并提供必要的证明文件（在国外，这种证明文件一般由当地的商会或法定公共机构出具，在我国由贸促会出具）；提出处理意见，如终止履约、推迟履约等。

（3）另一方及时答复：收到不可抗力通知的一方，应根据不可抗力条款的规定决定是否确认其为不可抗力事件，并把处理意见及时答复通知方。

（4）援引条款免责：双方达成一致后，受不可抗力事件打击方即可免除违约责任。如双方不能达成一致，可提交仲裁或法院判决。

6.4.5 仲裁条款（Arbitration Clause）

仲裁是一种第三方调解解决商业争端的方式，为了避免诉诸法律，交易双方通常在合同中签订仲裁条款。关于仲裁的详细内容，见第10章“国际贸易争端解决与违约救济”。

延伸阅读6—1* “洋认证”抢滩中国

近年来我国每年约有400亿美元的出口受到国外各种形式的技术性贸易壁垒的限制。以食品为例，每年被美国海关扣留的食品批次中，25%并非质量不良，而是因为标签不符合“美国食品标签法”的规定而招致销毁或退货。为了保护本国市场，许多国家制定了繁多严格的标准、法规，甚至用法律明确规定进口商品必须符合其进出口标准。目前，欧共体拥有的技术标准就有10多万个，德国的工业标准约有1.5万种，日本有8 000多个工业标准和近400个农业标准。而中国技术认证推广开展时间不长，企业和产品的认证数量以及认证的组织机构、认证标准等和发达国家相比有很大差距，国际产品和质量体系认证已被越来越多的中国企业视作开拓市场的“通行证”。

巨大的发展潜力吸引着众多国际权威认证机构纷纷抢滩中国。瑞士通用公证行（SGS）已陆续在中国内地注册了15个分支机构，仅在珠三角就有广州、深圳和湛江3个。而英国BST、日本JQA、德国VDE、南非SABS等国际知名认证机构也相继在中国设立办事机构或分公司。

为更好地吸引客户，许多国际认证机构凭借百年品牌和雄厚的实力，提供管理培训、技术咨询、合作交流等“额外”服务。目前，德国莱茵在中国已拥有一批资深的德国工程师，从项目申请到取得证书的全过程都可以在中国内地或香港进行，最大限度地节省了认证双方的时间、人力、物力。其质量管理体系认证领域，不仅包括最初的ISO9000、QS9000、VDA6.1、EN46000、HACCP、TL9000、ISO14000，而且还有产品认证领域GS+服务，可以使客户在申请德国的GS认证的同时，完成34国通用的CB认证、欧盟的CE、美国加拿大CTUVUS认证等国际认证。此外，该公司还提供学术培训、质量控制以及船检服务。

过去，中国的产品必须送到国外或中国的香港、台湾做检测，检测周期长、进出口报关等手续繁琐，费用高，企业负担重。国外认证机构的本地化策略为中国企业提供了“近身服务”。

（摘编自《中国外资》，德国经贸网。）

延伸阅读6—2** “Quaker”，世界上最闪亮的金字招牌

很多人可能吃过一种桂格品牌（Quaker Oats）的麦片，基督新教里有个教派也叫贵格会（Quaker），这两者有什么关系呢？桂格燕麦的老板希望挂上“贵格”这两个字，能够增加消费者的信任，因为贵格会是西方商界诚信的金字招牌。

目前英国的五大银行中，就有三家是贵格会的信徒所创立。在船运、钢铁、铁路等领域，贵格会成员都声名显赫。另外，像家喻户晓的其乐（clarks）鞋、吉百利糖果食

品，成立者都是贵格会成员。

贵格会成员在商业上的惊人成功，其奥秘就在于上升到信仰层面的“诚信”。贵格会的核心价值是诚实、正义及和平。尽管这些信念并非贵格会的专利，但其成员对此信条绝无异议，更不打折扣。贵格会特别强调个人“良心的自由”，他们拒绝宣誓，认为只需一言为定，个人良知为上，不需要再订立任何契约。基于贵格会成员优良的诚信记录以及坚定的诚信信仰，美国法院都特别订出一条规定：贵格会友在证人席前，无须“宣誓所言皆为事实”，因为他们说的话，就是事实。

在商业活动中，贵格会成员不搞讨价还价，一律是一口价。他们不相信掠夺式的商业模式能够带来富裕和幸福，认为企业获利和社会责任之间不仅不排斥，还互相依赖。早在劳工运动兴起之前，贵格会就认为工会能使资方和工人实现双赢，在他们的企业内，工人往往不需要诉诸罢工就能获得公平的劳动条件。

贵格会通过宗教的形式把商业诚信与信仰、人生的根本意义结合在了一起。由此而发展出来的这种“君子”作风，极大地增加了商业互信，降低了很多的交易成本。时至今日，很多贵格会成员之间做生意，依然不签合同，一诺千金。

这样一个超乎寻常的信用体系使得贵格会商人特别容易抱团，很容易就能做大生意。前面提到，他们在银行、船运、钢铁、铁路领域成就巨大，这些行业其实都是需要撬动庞大资金、需要大范围的团队协作的行当，在这些行业，贵格会的共同信仰和诚信体系的威力得到了很好的体现。

（摘编自李铁《“贵格”，世界上最闪亮的金字招牌》，《南方周末》，2011－8－11。）

延伸阅读 6—3* 销售包装的作用

在市场营销学中，部分学者把包装（Package）称为与市场营销 4P（Product, Promotion, Price, Place）组合平行的第 5 个 P；在市场营销实践中，企业利用包装把成千上万的商品装扮得五彩缤纷，诱惑无穷；作为非价格竞争策略之一，包装在现代营销活动中的地位和作用越来越令人瞩目。

世界上最大的化学公司——杜邦公司的营销人员经过周密的市场调查后，发现了著名的杜邦定律。即 63% 的消费者是根据商品的包装和装潢进行购买决策的；到超级市场购物的家庭主妇，由于精美的包装和装潢的吸引，所购物品通常超过她们出门时打算购买数量的 45%。由此可见，包装是商品的脸面和衣着，它作为商品的“第一印象”进入消费者的眼帘，撞击着消费者购买与否的心理天平。有目的性的购买毕竟是少数；面对大卖场，超市货架上琳琅满目的商品，同质化程度逐步提高，很快地做出选择并不是一件容易的事，更何况相当多的因广告预算拮据而走终端路线的新产品，包装外观此时就显得举足轻重，毕竟能出大手笔宣传的企业是少数。

人参是名贵的稀有药材，价格昂贵。但是在改革开放初期，我国的有关单位在出口人参时，像捆萝卜干似的将人参捆扎起来，用麻袋或木箱（10公斤）包装。可想而知，这种“稻草包珍珠”的包装方式，不能不让人对其商品的真实性表示怀疑，尽管价格很低，但销路不畅，一些中间商借机赚了大钱。我们的有关单位终于明智地改变了包装策略——采用小包装（一到两支），配上绸缎锦盒，或使用木盒外套加PVC罩，这样的“装束”雅致大方，使人参的名贵充分显示出来了。结果不仅销路大开，销价也大幅度上升。

（摘编自《产品包装与企业竞争力》，中国工商协会网，http：//www. ica. gov. cn。）

延伸阅读 6—4　“以质取胜”还是适应市场

天津某公司是以经营体育用品为主的专业进出口公司，随着经营范围的放开，成立了新产品开发科，开发科L先生经常收到中东客商关于铜球阀（Brass Valve）的询价传真，按照教科书上“以质取胜”的原则，L找到浙江一专业生产阀门的知名大型民营企业Y，按Y提供的质量标准和价格认真核算，进行报价。但报价近二十余次，国外客商大多没有反应，在L的成交希望一次次落空要放弃阀门产品时，终于收到了一个客户说L所报价格比市场价格还要高10%的反馈意见。L立即与Y联系，要求Y降价，Y说这已是最低价格。Y说他们绝不给外贸公司报高价，因为国外市场比国内市场竞争更激烈，报高价就意味着做“无用功”。L无言，工厂价格不高，国外客商又说价格太高，茫然找不到答案。在电话中双方沉默了一会儿，Y突然问L的国外客户是哪个地区的，听说是中东的，Y说出了其中的奥秘：

中东地区对进口产品质量要求的反差是很大的。中东地区盛产石油，生活水平高，对进口产品质量要求非常高。但中东地区外来务工人员多，又进口大量劣质产品供其消费。像阀门这种产品，低劣产品只有个别中东国家需要，富有国家进口的话则为转口之用。看来客户要的是低档品，例如他要全铜的，供货只能是外铜的；他要规格150g的，供货达到125g就足矣……当然，这在合同中是不能表示出来的。

案例 6—1　国际货物买卖口头形式合同是否有效的争议案

2001年3月，浙江省某进出口公司的业务员C与一位美国客户U在与该公司会面时，U口头向该公司下了一笔订单，由于时间较为仓促，加上该客户是公司老客户，双方未签书面合同，只是请对方回国后再发一份传真以便留档。U回国后，并未发来传真，C也未催要，当我公司货物将要备齐请客户汇款时，U告之，当时由于较为匆忙，未充分考虑，以至下了口头订单，回国核算后认为以口头达成的条件无法成交，加上贵方要求传真确认，则认为不发传真合同不成立。而且据我所知，中国在国际货物买卖中是不承认口头形式合同的，对因未及时通知取消口头订单给贵方造成的损失表示遗憾，但仅此而已。但此时中国已经适用了新合同法，在其中明确了口头形式合同的有效性。C认为美国客户的说法纯粹是一种托词，无任何法律依据，我公司向U提出索赔。你认为该口头合同有效吗？假定口头合同有效，你认为这个争议中的口头合同有效吗？

（摘编自八文网国际贸易案例集。）

案例 6—2* 合同签字人的合法性问题

1994年10月，申请人香港某进出口公司（买方）的代表A与被申请人广州某公司（卖方）的代表B在广州签订钼铁购销合同。合同标的为20吨钼铁，钼含量为65% min，合同总价为126 750美元，付款条件为D/P AT SIGHT，交货期为10月31日。合同签订后，申请人又与英国某公司签订售货确认书，申请人将上述合同项下20吨钼铁转售给这家英国公司，装运期为10—11月。此后，申请人于11、12月间五次致函被申请人，要求其履行合同。11月24日B复函称："关于20MT钼铁，由于国内市场变化太大，近期几家都无法供货……没办法，望理解"。12月6日，申请人与另一家公司签订合同，另行购买20吨钼铁，以此来履行与英国公司的合同。12月19日，被申请人代表C致函申请人称："广交会一别之后，国内钼铁价格直线上升，我和B无法组织到钼铁的新货源。"在被申请人始终不能供货的情况下，申请人遂提起仲裁。

被申请人声称本案合同既无被申请人法定代表人的签字认可，更无法定代表人的合法授权，所以，申请人与被申请人之间并无合约关系。被申请人还称申请人与英国某公司签订的合同是不真实的或者是与本案无关的合同。你认为被申请人的理由成立否？我们从这个案例应该汲取什么经验或教训？

案例 6—3 质量表示方法选择的教训

河北某公司A在与荷兰某公司B洽谈某农产品出口合同时，向B出示过样品，B对样品表示满意，双方达成了协议，但合同规定质量的方法采用的是等级标准。在合同履行前，B要求A寄样品。为了促使B尽快开证，A在寄样品时随附的函中强调货物已备妥，质量与样品一致。

当B接受到货物后，认定质量与样品不符，向A提出索赔。A援引合同条款，要求按等级标准检验。试分析此案中商品的质量应以什么为检验标准。

案例 6—4* 样品精工细作引起的质量纠纷

1995年，一英国批发商A到天津某外贸公司洽谈生意，A带了两个木制挂架样品，价格谈不下来。最后外贸公司把A介绍给了一个常给外贸公司加工木制品的厂家B。A出价很低，B最后提议把挂架的原料改为榆木，结果A、B两家达成初步交易，A要求B制作对等样品寄给B，以决定是否成交。

B做好样品后，空邮给A，A非常满意，双方签订了2×20′C的合同。A同时表示，如第一批货物质量与样品一致，以后每个月订购5×20′C的货物。

A收到B发的第一批货物后，以质量不合格提出索赔。

B也很“委屈”，又怕失去客户，给A发了一个传真说明情况。传真内容大致如下：

我厂从未用榆木加工过木制品，在做样品时也不值得专门买一点料，就用我们生产中所使用的桦木制作了样品。喷涂的油漆在晾干过程中由于沙尘暴我们又多上了一遍漆，所以样品质量很好。

在生产大货时，用榆木一加工，我们才发现问题。榆木结子多，废品率很高，导致我们的原料成本比用桦木还要大，我厂在这笔交易中亏损也很大。而且榆木软，加工出来不光滑，尤其再一上漆，没有磨光的丝就炸了起来，……。请问，从这个案例中，出口商应接受哪些教训？

案例6—5 商品品质标准确定不适致损案

A公司从国外进口一批青霉素油剂，合同规定该商品品质“以英国药局1953年标准为准”，但货到目的港后，发现商品有异样，于是请商检部门进行检验。经反复查明，在英国药局1953年版本内没有青霉素油剂的规格标准，结果商检人员无法检验，因而也不能根据标准出具检验证明，A公司无奈自认倒霉。本案例对品质标准条款规定有何借鉴意义？即使找不到检验标准，A公司可以要求以其他标准进行检验吗？

（摘编自辽东学院精品课程《国际贸易实务》案例集。）

案例6—6 允许分批装运、转船引起的损失案

1991年7月，陕西某进出口公司代理某工厂与美国某公司就进口乳胶制品生产线项目签订了合同。价格条件为CIF新港；合同金额是USD1 276 000.00，10%货款电汇预付，80%即期信用证，10%尾款汇付；交货期为1992年7月31日以前，不允许分批装运和转船。

1992年6月，外方要求推迟交货4个月，并要求允许分批装运、允许转船。经反复洽商，用户坚持接受外方要求并指示外贸公司改证，取消合同中的设备预验收条款。外贸公司根据工厂的同意意见，对合同和信用证条款作了相应修改。

1992年11月18日，卖方完成最后一批交货，并议付了信用证款项，然而由于转

船运输衔接失误等原因，最后一批货物直至1993年5月初才运抵工厂。商检结果表明，外方所交货物有严重的零件短少。1993年7月始双方技术人员开始安装，又不断发现设备有多处设计制造缺陷和错误。由于安装中大量的改造、修补工作，致使原定3个月的安装工程历时5个多月才勉强完成，但整个生产线仍不能正常运行。

经对外方所交货物进行分析，可看到其所提供的设备只有少部分系美国设计制造，而大部分则是购买新加坡、马来西亚的二手设备翻新的，整条生产线是拼凑而成，故缺陷、错误问题百出。

与外方联系要求其给予技术支持和赔偿经济损失未果，我方将此案提交中国国际经济贸易仲裁委员会申请仲裁，对1994年11月要求外方提供技术支持和1996年6月要求赔偿我方经济损失计USD350 330.00的两次裁决，外方拒不执行。

到第二次裁决，我方的实际经济损失已逾人民币千万元，而且由于项目两年多的拖延，项目的产品失去了市场机会。工厂不堪重负，濒临破产。你认为此案在运输问题上我工厂有哪些失误？作为卖方为了运输方便当然是允许分批和转船为好，但作为买方，什么情况下可以允许、什么情况下不能允许分批和转船？

（摘编自八文网国际贸易案例集。）

案例6—7 合同未规定争议的时限和质检机构造成的损失

1999年初，江苏一家外贸公司J采用D/A 90天方式出口五金工具到美国，在货到一个月后，美进口商M来电称，由于几家批发商相继毁约，销售遇到困难，但不会延误付款。然而在应收账款到期日，J没有收到货款，却突然收到M发来的一份称是美国一家著名金属研究所出具的质检证明，称货物有严重质量问题，要求折价50%，否则全部退货。J认为M提出索赔的时间太长，且根据以前M发来的传真认为是因销售问题导致M想转嫁损失，遂拒绝M的折价要求。然而终因找不到拒绝M的充分理由，货款以原价的60%收回。你认为在这个案件中，J公司的失误有哪些？

（摘编自辽东学院精品课程《国际贸易实务》案例集。）

案例6—8 违约金条款的陷阱

中国某进出口公司与香港某公司签订了1亿条沙包袋出口合同，单价为CIF香港1美元，并规定合同成立后3个月内交货，如一方未按期履行合同义务，则要向另一方支付合同总价3.5%的违约金。中方公司急于扩大出口，只看到合同利润优厚，忽略了违约金条款的严重后果，与外商签了合同，而实际上并没有在3个月内加工1亿条沙包袋的能力。到最后交货期限，可以交付的沙包袋数量距1亿条还相差甚远，中方只好部分交货并向外方提出延期交付另一部分货物的要求。但外方态度强硬，以数量不符为由拒收中方已经交付的部分货物，并援引合同的违约金条款要求中方依约支付违约金。最后中方以支付违约金300多万美元结案。此案对签订国际贸易合同有何借鉴意义？

（摘编自山东环球农贸网。）

小知识

（1）合同的签字人：只有合法的当事人所签订的合同才是有效的，这是合同有效成立的要件之一。根据我国法律，企业合同的当事人须具备两个条件：① 签订合同的当事人必须取得对外贸易经营权，并在其批准、登记的经营范围内从事进出口业务活动；② 签署合同的自然人必须是当事人的法定代表人或得到适当授权。关于自然人，根据我国法律及公司章程的规定，企业的法定代表人，有权代表本企业签订合同。如果他人代表法人签署合同，则要有法定代表人的书面授权，否则合同无效。个人从事外贸活动，自然人有行为能力即可。

（2）会签（Counter Sign）：会签是指一方签字后另一方签署合同的行为。对于通过函电达成的合同，买卖双方要分别签署合同，起草合同的一方在合同上签字后，把自己方签字的合同寄给对方，要求对方相应地签字，也就是要求对方会签。

（3）生产标准：有些国家不仅要求产品的质量标准，而且要求生产过程也要符合一定的标准。ISO就是一种生产质量管理体系，出口企业取得生产管理认证也是非常必要的。

（4）品质公差（Quality Tolerance）：品质公差是指国际上公认的产品品质误差。凡在品质公差范围内的货物，买方不得拒收货物或要求调整价格。

（5）理论重量：理论重量是指按商品规格或质量标准计算出来的重量。因规格或质量都有一定的误差，理论重量与实际重量也有出入。

6.5 思考与练习

1. 合同有效成立的条件是什么？
2. 个人签订国内贸易合同是否有效？个人签订国际贸易合同是否有效？
3. 在国际贸易中口头合同有无法律效力？
4. 书面合同的作用是什么？

5. 说明商品标的条款规定的原则和标的物条款的内容是什么？

6. 标的物条款规定注意事项有哪些？

7. 商品质量的重要性表现在哪些方面？

8. 确定进出口商品质量考虑的主要因素有哪些？

9. 在合同没有明确规定的情况下，我国的出口货物是否必须符合进口国的国内质量强制性标准？

10. 什么是样品、对等样品、确认样品和封样样品？

11. 商品规格和商品等级的区别是什么？各有什么特点？

12. 如何根据目标市场需要、企业质量可以达到的水平和企业的经营策略选择合同中表示商品质量的标准？

13. 质量条款规定应注意哪些问题？

14. 合同数量条款规定注意事项有哪些？

15. 包装的作用是什么？

16. 国际贸易对运输包装的要求是什么？运输包装的标志有几种？

18. 远航配件厂收到国外银行开来的“NO. NY2005115”号信用证，进口“GR05004”合同项下 1 000 箱电器配件，申请人为“RUSTAQ TRADING EST”，目的港为“CHITTAGONG”，但没有提出唛头要求，请为远航配件厂设计一个唛头。

18. 出口危险品，对运输包装的警告性标志有什么要求？

19. 出口商品的销售包装制作要注意哪些问题？

20. 什么是条形码？出口包装上印刷条形码有什么作用？

21. 什么是溢短装条款？

22. 违约金条款的含义和作用分别是什么？合同中的违约金条款受法律保护吗？

23. 什么是定金？什么是定金罚则？

24. 不可抗力条款的含义和作用是什么？

25. 说出不可抗力条款的引用程序。

26. 商品检验的作用是什么？商品检验条款主要包括哪些内容？

27. 什么是法定检验和委托检验？

28. 什么是检验标准？规定检验标准对进出口商有何意义？

29. 商品检验和商品检验机构在进出口贸易中的桥梁作用是什么？

30. 出口商品的“质量认证”和“生产认证”各有什么作用？

第 7 章　进出口合同履行

7.1　学习本章的任务和应掌握的知识点

7.1.1　学习本章的任务

下面是阳光公司给远航配件厂发来的电子邮件（格式略），请回复客户。并根据假定的合同履行情况（要符合合同要求），发出装船通知和一封寄送单据的面函。

> Thank you for your S/C No. S052 which we have countersigned and sent back to you by DHL.
>
> We have remitted USD16 680.97, the amount of the S/C, to your account, please check with your banker, Bank of China, Guangzhou, and make shipment as early as possible.
>
> Looking forward to hearing the shipping information from you.

7.1.2　学习本章应掌握的知识点

1. 进出口合同履行的业务流程
2. 进出口合同履行各环节的业务处理
3. 进口商品成本核算

7.2 进出口合同履行的程序和业务处理

进出口合同履行从交易双方来看，就是交货和付款问题。但从国家管理的角度，还需要办理进出口通关手续和处理与进出口相关的一系列国家规定的事务——如外汇管理、法定检验、出口配额等。

7.2.1 出口流程和业务处理

1. 备货、备款

进出口合同通常规定一段时间为交货期或规定一个最迟交货期限，具体交货日期，根据双方的实际情况通常可以提前或延迟，这既可能是交易某一方的要求，也可能是运输情况、国家管理因素的限制。卖方可以根据合同备货，也可以根据双方重新协商的交货日期备货，包装上印刷或在送货时边装货边喷刷唛头；而买方则要准备好货款，按合同规定支付，尤其是外汇管制国家的进口商，更要提前做好准备。

2. 国际贸易运输和保险安排

(1) 运输安排

确定了大致或具体的交货日期，由买方或卖方直接向远洋运输公司或货运代理公司委托运输。这些公司都提供固定格式运输委托单据，按栏目填写委托运输货物的情况和内容——如商品名称、毛重、尺码等，委托人、收货人名称，运输目的地，最后运输期限和其他特殊要求——如果有的话。

(2) 装运通知

若由买方安排运输，确定装运后，要向卖方发出装运指示（Shipping Instruction）——通知卖方运输工具，装运日期，送货时间、地点、联系人等。

无论是买方还是卖方安排运输，卖方交货后，要立即向买方发出装运通知（Shipping Advice），包括运输货物情况——重量、数量、包装、唛头等，运输情况——运输工具名称和航班号、装运日期、运单号等，货物总值，以及其他必要的与交货有关的信息。

(3) 保险安排

如果由卖方投保，卖方在收到运输公司或货代公司的配载通知后，要按通知上提供的装运信息立即向保险公司投保；如果由买方投保，买方要根据卖方装运通知上的装运信息向保险公司投保。

3. 出口货物通关

(1) 申请批件

根据国家管理规定，需要办理配额、许可证等手续的，在确定交货时间后，要申请取得国家有关部门的批件，作为报关文件的一部分。

(2) 申报商验

货物是法检商品或合同/信用证要求提供商检证书的出口，要向商检机构申请商品检验。商检公司提供固定的报验格式，按要求一一填写。如果是法检商品而国外进口商不要商检证，商检合格后，商检公司在报验单据上加盖放行章，作为报关单据之一。如果国外进口商需要商检证书，则商检公司要出具正式的检验报告。

(3) 报关

要提前准备报关附属单据，包括声明货物情况的商业单据——如发票、装箱单等和国家管理的行政文书——如商检证、许可证、外汇核销单等两大类别。得到承运企业确切的出口运输信息后，应立即填写报关单，将报关单和附属单据提交出口地海关——报关。如果需要交纳关税的话，海关会给货主或报关代理人开出缴税通知书，出口企业要及时按通知书上的要求纳税。需要 EDI 报关的，还要提交相应的 EDI 单据。

4. 送货

(1) 货物收据

海关放行后，运输公司或运输代理人将通知运输委托人装运货物的送货地点、送货时间、联系人等，出口商要按通知把货物按时送到指定地点，并取得货物收据。

货物收据是承运人或承运人的代理人收到货物的证明，是出口方履行交货义务的证明，也是承运人接受委托的单据——货主与承运人之间的运输合同，因而也是收款的重要凭证。

不同的运输方式，有不同的货物运输收据。在海运中，货主凭货物收据到船公司(委托货代的由货代办理)换取正式的运输合同——提单 (Bill of Lading)。海运提单除具一般货物收据的功能外，还有物权凭证作用，使得提单所载货物的买卖非常方便，因而成为国际贸易中使用最普遍、应用最灵活的运输单据。提单的种类很多，但注意舱面提单 (On Deck B/L) 是货物装在甲板上的提单，除非交易双方事先约定，进口人不予接受。另外还有一种海运单 (Sea Waybill, Ocean Waybill) 不是物权凭证。

用其他运输方式出口，货运收据均不是物权凭证，即使用信用证支付，进口商也可以在不接受单据的情况下，凭身份证明提货，信用证的银行担保作用受到一定限制。

(2) 货物退关

合同履行过程中，不能按运输委托数量交货的情况时有发生，如安排装运一个 20′FC 的货物，因集装箱缺陷不能容纳标准体积的货物或货物运输途中发生意外不能装运，造成全部或部分货物需要退关，要按规定填写退关单，向海关申报。

（3）货物部分退关的处理

在信用证规定不能分批、船期不能延迟，或货物损失件数很少、全部退关损失大的情况下，出口商的通常做法是凭保函要求船公司签发一个信用证规定数量的提单，以便结汇。在这种情况下，出口商应在外汇收妥后，把多收款项及时退回。

5. 备单

国际贸易的一个特点是单据交易，交易双方的货物交接是通过运输中介来完成的，包括运输单据在内的出口单据，是卖方履行合同的记录和证明，向买方提交这些单据是卖方履行合同的义务。

（1）外部单据准备

外部单据是指由出口商以外的业务主体提供的单据，除进出口合同履行必备的货运单据外，外部单据还可能有商检证、保险单、产地证、船舶证明等。如果进口商需要，在安排运输的同时，要申请这些单据，及时取得这些单据并进行仔细审核，需要修改的，立即与有关部门联系修改。

（2）内部单据制作

内部单据是指由出口商制作的需要向进口商提供的单据。在合同履行过程中，根据业务进程制作各种单据，如发票、汇票、装箱单等（单据制作见下章）。

（3）单据汇总

汇总所有的内部、外部单据，并进行审核，确定单据类别数量齐备、内容正确完整。

6. 交单

交单是指把备好的单据交给进口商，完成这个环节的工作意味着交货义务履行完毕。

（1）直接寄单

如果采用汇款的支付方式，则出口商应把单据一分为二分两批寄给进口商，防止邮寄意外造成进口商不能收到或不能及时收到单据。

（2）通过银行寄单

如果采用信用证或托收方式收款，则单据交银行后，由银行凭单据代向进口商收款。

（3）交单的时间要求

迟于装运日期后 21 天提交的提单称为过期提单，是进口商拒绝接受的。当没有交单时间规定时，交单不得超过交货后 21 天。

另外，还有一种过期提单是指交货日期晚于合同规定日期的提单，表明出口商未按约定交货，违反合同，也是不可接受的。

7.2.2 进口流程和业务处理

1. 收单和审单

进口商从出口商或银行获得进口商履行合同的单据，并对单据进行审核——审查出口商履行合同的情况，决定是否接受这些单据。如果接受，则凭单据办理后面所述的进口手续、提货和检验货物。

使用凭单据付款的支付方式，接受单据也称为赎单，即进口方审核出口方通过银行转来的单据后以付款为对等条件取得货运单据。

2. 货物检验

货物到港后，船公司在港口的代理人将向进口商或其货运代理人发出"到货通知书"，据此进口商要及时向商检机构申请检验。对于法检商品，要在报关前报验，或经海关同意放行后报验。

非法检商品，买方提货后应尽快对商品质量进行检验，产品不符或质量不合格的，及时向出口商索赔。

3. 进口通关

进口商根据合同和出口商提供的单据，及时向海关申报通关。需要交纳进口关税的，按海关下达的征税通知书，在规定时间内缴纳关税。按海关规定，货物到港超过14天报关要缴纳滞报金，缴纳关税超过15天的期限，海关将加收滞纳金。

4. 提货

海关放行后，根据港务当局或相关部门的通知，及时到港口、堆场、货运站或其指定的仓库提货，以免增加港口费用和/或疏港费用。如果货物数量短少，应取得理货部门出具的溢短证明后提货；如果货物发生残损，也要取得理货部门的相关证明，并报商检或保险公司检验后提货，也可征得商检或保险公司同意后先提货，后检验。然后凭短量证明或残损报告向有关部门——通常是保险公司索赔。

7.2.3 货款收付与外汇核销

1. 收付货款

付款是买方进出口合同履行的义务，这个环节在合同履行流程中没有固定的序位。预付货款是履行合同的第一步，延付货款则是履行合同的最后一步，对于分期付款和多种支付方式付款，则可能分散在合同履行业务流程的多个环节。

2. 外汇核销

我国实行外汇管制制度——外汇不得自由买卖和使用，企业出口所得外汇被银行直接兑换成人民币，进口所需要外汇需向外汇管理部门申请。所谓核销就是外汇收回（出口）或付出（进口）后，向外汇管理部门申报结案。

出口报关时要有外汇管理局印制的核销单，表明收汇监管的开始，收汇后凭银行的结汇单到外管局办理结案手续——证明外汇已收回并卖给银行，表明监管结束。

货物进口后进口企业应当在进口报关后一个月内凭进口付汇核销单等文件向外汇局办理核销报审手续。从企业申请外汇办理进口付汇备案开始监管，到外管局根据核销单据证明所批准外汇确实用于申报外汇时的用途，予以结案为止，监管结束。

7.3 进口成本核算

进口成本由到岸价格（CIF 或 CIP、DAP、DAT）、海关关税和相关费用三部分组成。如果用 Pd 表示进口成本，Pc 表示到岸价格，T 表示进口关税，则进口成本可用下式表示：

$$Pd = Pc + T + Fd \qquad 7-1$$

公式中的 Pc + T 就是 DDP 价格；Fd 为货物主运输到达地点到进口商目的地的费用，类似 FOB 价格中的 Fd。进口成本计算的关键是进口关税的计算，因为各国政府都实行奖出限入的国际贸易政策，进口关税设置和管理也比出口复杂得多。计算进口关税必须掌握海关的计税标准和计算方法。

7.3.1 确定进口关税率

1. 进口商品类别

首先根据海关编码规则确定进口商品的类别，因为海关设置关税税率因商品类别而异。

2. 进口商品国家

大多数国家的海关税则是复式税则，按照不同的差别待遇政策，根据进口国别不同，征收不同的关税。我国进口关税有最惠国税率、协定税率、特惠税率、普通税率四种类型，要在商品类别的基础上确定进口商品适用于哪一种税率。

最惠国税率适用于我国参加的含有关税优惠条款的区域性贸易协定的有关缔约方的进口货物，即适用于 WTO 的成员方和与我国签订有相互给予最惠国待遇的双边贸易协定的国家；协定税率适用于我国参加的含有关税优惠条款的区域性贸易协定的有关缔约方；特惠税率适用于我国签订有特殊优惠关税协定的国家或地区的进口货物；从上述之外国家进口的货物适用普通税率。

3. 进口商品关税措施

进口商品关税措施是指根据国家的外贸政策，对某些商品进口采取的限制性或鼓励性关税。限制性关税有反倾销税、反补贴税和配额关税等；鼓励性关税则是对进口商品的优惠关税，即对某些特定用途的进口减、免关税，如“三来一补”贸易的进口，发展社会福利事业所需的进口等。除此之外，还有暂定税率和临时税率。

7.3.2　确定进口关税计税方法

根据计税方法，关税可以分为从量税、从价税、混合税、选择税和滑准税。从量税计算简单，税率乘以进口数量即可；滑准税用得较少，计算公式可到海关查询；混合税、选择税也需要计算从价税，所以下面仅讨论从价税计算。

7.3.3　进口关税率的计算

用 Pt 表示完税价格，t 表示进口关税率，则从价税 T 的计算公式为：

$$T = Pt \times t \qquad 7-2$$

根据海关总署制定的、2002 年 1 月 1 日起施行的《中华人民共和国海关审定进出口货物完税价格办法》（以下简称《办法》），进口货物以海关根据本《办法》规定审定的成交价格为基础的到岸价格作为完税价格。因此，7－2 式可以用 7－3 式代替。当然，下式中的 Pc 需要海关认可。

$$T = Pc \times t \qquad 7-3$$

7.3.4　到岸价格的确定

1. 到岸价格成交

以我国口岸到岸价格（CIF）成交、到岸佣金价格（CIFC）成交、到岸加兵险价格（CIFW）成交，或者和以与邻国共同边境地点交货价格成交的进口货物，均应以上述成交价格作为完税价格。另外应该注意区分以下几种情况。

（1）海运进口货物，计算至该货物运抵我境内的卸货口岸，如该货物的卸货口岸是内河（江）口岸，则应计算至内河（江）口岸；

（2）陆运进口货物，计算至该货物运抵关境的第一口岸为止，如成交价格中包括运、保、杂费计算至内地到达口岸的，关境的第一口岸至内地一段的运、保、杂费，不予扣除；

（3）空运进口货物，计算至入境内的第一口岸，如成交价格为进入关境的第一口岸外的其他口岸，则计算至目的地口岸。

2. 非境内到岸价格成交

包括 FOB 境外口岸和 CIF 境外口岸或离岸加运费价格 CFR 成交的，应换算成到我国口岸的 CIF 价格作为完税价格。

3. 相关费用

进口人向国外支付的软件费、向卖方支付的佣金以及货物运抵我国关境内输入地点起至卸货前的包装费、运费和其他劳务费用，如未包括在成交价格中，应计入完税价格；进口人向其境外采购代理人支付的买方佣金、卖方付给买方的正常回扣和工业设施、机械设备类货物进口后基建、安装、装配、调试或技术指导的费用，如单独计价，且已包括在进口货物的成交价格中，经海关审查属实的，可以从完税价格中扣除。

7.3.5 进口货物国内市场价格倒扣法

进口货物的成交价格经海关审查不能确定的，完税价格确定的方法依次如下：

（1）该项货物的同一出口国或者地区购进的相同货物或类似进口货物的成交价格。

（2）该项进口货物的相同或类似货物在国际市场上的公开成交价格。

（3）进口货物的相同或类似货物在国内市场的批发价格，减去进口关税和进口环节其他税费以及进口后的正常运输、储存、营业费用及利润后的价格。

按《办法》规定，上述进口后的各项费用及利润综合计算定为完税价格的 20%。计算完税价格的公式为：

$$Pt = \frac{\text{国内批发价格}}{1 + \text{进口优惠税率} + 20\%} \qquad 7-4$$

如果该项进口货物在进口环节应予征收产品税、增值税或工商统一税（公式内统称为代征税）时，则计算完税价格的公式为：

$$Pt = \frac{\text{国内批发价格}}{\dfrac{1 + \text{进口优惠税率}}{1 - \text{代征国内税率}} + 20\%} \qquad 7-5$$

7.3.6 海关征收的进口环节税

进口货物在国内流通，应与国内产品同等待遇。因此，对进口货物除征收关税外，还需要缴纳国内税，我国规定的进口环节税主要有增值税和消费税两种，并由海关征收。

1. 消费税

目前，我国规定对烟、酒和酒精、化妆品、护发护肤品、贵重首饰及珠宝玉石、鞭炮烟火、汽油、柴油、汽车轮胎、摩托车和小汽车11类货物按从价计征消费税，其纳税额的计算公式为：

$$消费税纳税额 = \frac{(到岸价格 + 关税税额) \times 消费税税率}{1 - 消费税税率} \qquad 7-6$$

对黄酒、啤酒、汽油、柴油四种货物按从量计征消费税，其纳税额的计算公式为：

$$消费税纳税额 = 进口数量 \times 消费税税率 \qquad 7-7$$

2. 增值税

我国对五类货物（具体商品可查询《中华人民共和国增值税暂行条例》）征收增值税，全部按从价税率计征，其纳税额的计算公式为：

$$增值税纳税额 = (到岸价格 + 关税税额 + 消费税税额) \times 增值税税率 \qquad 7-8$$

延伸阅读 7—1　失信害菇农　诚信招客商

永济市发展食用菌已有25年历史，2003年全市形成四个片域，真姬菇年产量约170余吨，规模最大，户数最多，成为出口日本罐头的全国真姬菇重要产地之一。

2003年国际真姬菇市场十分看好，国内很多出口商以高价来永济抢货源。一些菇农为取得更大的经济利益，单方面中止了向有购销5年口头协议（2003年是订立协议的第4年）的山东客商供货，无奈的山东客商拆除了加工设备撤离永济。由于抢货源出口商的非专业性、永济加工能力限制等多种原因，想卖高价的150余吨真姬菇结果未能售出，当时每吨0.95万至1.2万元未卖出的半成品盐渍品真姬菇，积压在家中。在长达两年间，陆陆续续不得不以0.2～0.5万/每吨不等的价格廉价销售，2004年到2005年永济食用菌迅速下滑到低谷，全市种植蘑菇户下降至不到10户，根本谈不上什么规模，没有一个收购客商再来上门订单。永济菇农损失惨重，后悔难言。

痛定思痛，2005下半年，一些菇农决定走联合发展食用菌之路，用诚信唤回信誉，招来客商，重塑永济真姬菇基地形象。一些菇农自发建立起了松散型组织，推举原种植大户、有20余年种植蘑菇经验的展某为领头人，他们从菇农最担心的销售环节入手，共同制定有约束力的菇农种植、销售规范，登门拜访过去的收购加工企业。终于靠诚恳的态度和严格的内部规范措施使济南市同一收购加工企业有了信心，他们通过在永济实地考查，签订了两年来全市第一宗真姬菇收购合同，2006年收购为30吨，合作5年，逐年增加，基本形成“企业＋产地＋农户”的订单发展模式。

2006年3月7日，展某千里迢迢从济南市拉回15吨菌种。正在15户菇农紧张备料栽培之时，成都市一收购客商打来电话，恳求从合同中为他挤出部分产品，展某坚决地婉言谢绝。他对菇农说：教训太深刻了。这次绝对不能失信山东客商，一定保证兑现合同，树立永济形象。诚信走遍天下，失信寸步难行。

（摘编自《失信害菇农 诚信招客商》，《山西市场导报》，2006－4－11。）

延伸阅读 7—2 日本为何把最好的产品卖给美国

东芝笔记本和三菱车质量问题，在网上热闹了一阵。东芝把质量好的笔记本电脑卖给美国，将质量最差的卖给中国；三菱汽车质量问题，如果发生在美国，早就将车子召回并给用户合理赔偿了。但在中国，三菱却拒绝召回，只答应免费修理。日本商人将质量次的产品卖给中国，将质量好的卖到美国，出了质量问题对中、美两国的消费者采取不同态度，是出于歧视吗？否！这纯是两国消费法对消费者保护程度的巨大差别所致。

在美国，消费者如果发现产品有问题，不但可以获得实际损失赔偿，而且还可以获得惩罚性赔偿和精神伤害赔偿。一部东芝笔记本电脑售价不到三千美元，如果出现普遍质量问题，且事实证明东芝公司明知质量有问题还卖给消费者，东芝公司至少赔偿每个消费者好几万美元，个别消费者如果觉得自己的损失不止这个数，还会提出更高的赔偿要求。正是出于对高额赔偿的恐惧，日本才不敢把质量有问题的电脑卖到美国。

在中国，因为消费法里没有惩罚性赔偿和精神伤害赔偿，产品出现质量问题，最多就是退货或退款而已，这才使得日本公司胆敢把质量有问题的产品卖给中国，并且不怕消费者打官司。因为即使劳民伤财打赢官司，消费者所获得的赔偿也是非常有限的。在这种情况下，消费者根本不是大公司的对手。三菱汽车刹车装置有问题，如果发生在美国，三菱老板早就吓破胆了。车祸涉及人命，惩罚性赔偿和精神伤害赔偿动辄就是几百万甚至上千万美元，三菱公司敢不立即召回刹车有问题的车辆吗？

（摘编自《今晚报》。）

案例 7—1 约定违约金的合同纠纷

1995年2月，申请人（买方，香港某土产公司）和被申请人（卖方，内地某贸易公司）签订105吨无壳瓜籽买卖合同，每吨12 000美元CIF香港，可分批装运，首批45吨3月20日前在兰州装运，60吨4月初在兰州装运。并在合同中约定了违约金条款："首批45吨如未能如期装运，除不可抗力因素外，卖方将赔偿买方合同总金额的30%，赔偿金额将于最后交货期起两个星期内以美元本票支付。"

申请人2月24日开出信用证，但由于被申请人货物有限，未能于3月20日向申请人交付首批45吨货物。3月21日，申请人致函被申请人，催促交货。被申请人回复称："货价上扬，供货商没拿到货……只有十几吨货"。3月22日，申请人要求被申请人依合同支付违约金37 800美元。而被申请人没有向申请人支付违约金，申请人遂提请仲裁。仲裁结果如下：

(1) 关于违约金的性质：合同总金额30%的赔偿金，申请人和被申请人在各方的文件中均认为是违约金。仲裁庭也认为如此。

(2) 被申请人未能在合同规定的期限内交付首批货物，已构成违约，应承担违约责任。

(3) 被申请人没有按期交货尚未构成根本违约，申请人无权撤销合同。

(4) 被申请人对第二批60吨货物没有违约，不承担违约责任。

(5) 本案合同中约定的违约金比例过高，裁令被申请人赔偿申请人首批货物45吨总金额的3%，即1 620美元。关于违约金的裁决，你认为是否合理？如果这样裁决符合法律的话，约定违约金条款在合同中还有什么意义？

案例 7—2*　FOB买方不按时派船与货损纠纷

1997年中国某出口公司C与韩国某公司K签订一份大豆的交易合同FOB天津港。合同具体规定了水分、杂质等条件，以中国商品检验局证明为最后依据，买方须于1997年8月派船只接运货物。但K公司在合同规定的期限数月后才派船来华接货。大豆装船交货，运抵目的地后，K公司发现大豆生虫，于是委托当地检验机构进行检验，并签发了虫害证明。C公司接到对方索赔请求，一方面拒绝赔偿，另一方面要求对方支付延误时期C方支付的仓储保管费及其他费用。请问，在此案中，C商的要求是否合理？如果检验条款规定“出口方检验、进口方复验”的话，K的质量索赔能否成立。

(摘编自辽东学院精品课程《国际贸易实务》案例集。)

案例 7—3　卖方引用不可抗力条款不交货的纠纷

“合同落空 (Frustration of Contract)”是英美法的术语，指合同签订后由于双方不能控制的情况，使合同丧失了订立时的基础，双方得以免除合同义务。《联合国国际货物销售合同公约》也有类似的规定，发生当事人订立合同时所不能预见且不能控制的事件时，当事人可以免除合同义务。

美国A公司与中国C公司于1994年11月12日间先后签订了三份售货合约，由C向A出售总价值为468 000美元的货物，价格术语CIF鹿特丹，最后交货期限为1994年12月31日。并规定发生了不可抗力事件，可以根据实际情况解除合同。

合同签订后，中国国内和国际市场价格飞涨，出口货源紧缺，到合同规定的交货期时价格已经上升了1至2倍。C认为依合同价格交货的义务因履行合同时的环境与订立合同时的情况有本质的变化而得以免除，遂引用不可抗力条款要求解除合同义务。A根据《公约》有关卖方义务的规定，认为C的行为已经构成违约，要求损害赔偿。

中国国际经济贸易仲裁委员会仲裁认为C援引合同落空理论来解释其不履行合同交货义务的行为是没有法律依据的。裁决C赔偿A三份合同项下的利润损失共计550 800美元以及支付其中两份合同项下的改证费和电传通知费683.31美元。本案仲裁费，A、C分别承担10%和90%。请问，C为什么不能引用不可抗力条款？

（摘编自万能商业网。）

案例7—4 倒签提单的法律后果

某年3月20日，我国C公司与外国F公司签订一笔进口合同，规定交货期为6月10日。C于6月8日收到货物6月7日从香港载往大连港的装船通知，6月14日接到提货通知和随船提单一份，但提单上的装船日期为6月11日。因装船日期比合同规定晚了一天，C以F违约为由拒绝提货和付款，同时提出解除合同。双方协调无效，F依据仲裁条款提起仲裁。

根据《联合国国际货物销售合同公约》规定，合同一方履行合同构成根本性违约时，才有权宣告合同无效或解除合同。而本案中交货时间迟延一天，很难确定卖方构成根本违反合同，以迟延交货为由，买方只能要求赔偿损失，而无权要求解除合同、拒收货物。

但倒签提单是卖方串通船方欺骗买方的一种违法行为。根据国际惯例，一旦有证据证明提单上的装船日期是伪造的，买方就有权拒绝接受货物，即使货款已经支付，买方也可以要求卖方退还。你认为以什么理由，买方可以在仲裁中获胜？此案例对出口业务有何借鉴意义？

（摘编自山东环球农贸网。）

案例7—5 出口压缩机注意的问题

2005年底，张家港市某进出口公司与外商签订了出口一批压缩机的合同。2006年5月付款并从工厂进货安排出口装运，但在出口报关时，海关以法检放行为由拒绝报关单据，要求提供检验放行章的报关文件。公司报关员不解，该商品不在《出入境检验检疫机构实施检验检疫的进出境商品目录》内，为何还要法检呢？

中国政府为履行保护臭氧层国际义务，执行《保护臭氧层维也纳公约》和《关于消耗臭氧层物质的蒙特利尔议定书》（伦敦修正案），商务部、海关总署、国家质检总局、环境保护总局于2006年2月23日发出联合公告规定，从3月1日起，禁止进口和出口公告附件所列以全氯氟烃物质（简称CFCS）为制冷剂的工业、商业用压缩机；并从3月1日起，将压缩机列入《出入境检验检疫机构实施检验检疫的进出境商品目录》。在进口和出口以非CFCS为制冷剂的工业、商业用压缩机时，进口或出口经营者应向检验检疫机构提供产品为非CFCS为制冷剂的书面保证，海关凭检验检疫机构出具的《出（入）境货物通关单》办理验放手续。该企业由于对最新规定不了解，导致出现因为没有及时办理检验检疫而无法通关。

此案例说明在国际贸易中应注意什么问题？这种政策风险应如何回避？该企业能否通过引用不可抗力免除国际贸易合同和国内收购合同的合同义务？

（摘编自空调制冷大市场网，2006年4月5日。）

案例 7—6　法检进口商品不容逃检

广东X塑胶工程有限公司是一家进口塑胶粒的企业，按广东检验检疫局《关于调整进口金属材料、塑料检验监督管理模式的通知》的有关规定，该公司被列为二类检验监管企业，按文件规定，被列为二类检验监管企业进口的塑料原材料，必须批批实施口岸核查后方可使用，但该公司在2003年11月至2004年3月共进口7批法检商品聚乙烯胶粒，在深圳报关后，本应到商品使用地所在的惠州检验检疫局报检，但该公司并没有按规定报检，在未经惠州检验检疫局检验的情况下就擅自使用了上述7批法检进口商品。案件正在调查处理中。

根据新《商检法》规定：凡是列入“目录”的进口商品，必须经检验检疫机构检验合格后方可销售和使用，未经检验检疫机构而销售或使用进口商品的行为，即是违法行为。惠州检验检疫局在落实对进口商品的检验中发现，一些企业进口的商品在未到检验检疫机构报检或未经检验检疫机构落实检验的情况下就擅自销售或使用。

法检进口商品逃检的危害性极大。首先，逃检是违法行为；第二，逃检行为破坏了国家正常的进出口秩序；第三，进口法检商品未经检验检疫就销售或使用，很有可能使不合格的原材料流入我国，使有毒有害物质危害环境或质量不合格的进厂原材料生产出不合格的产品，损害消费者的利益。这个案例说明了什么？

（摘编自 www. tjaefi. com. cn/ newsinf/ zcnewscom. asp? newsid =65。）

案例 7—7*　海友稀土走私案

珠海海友公司胡某在与日本J公司签订稀土供货合同后，从内蒙古采购了4 100多吨稀土，为走私出境，他把出口通关交给了在青岛做货代生意的逄某，承诺事成后支付逄800多万元好处费。

逄常年做稀土生意，对稀土走私链条、各种走私手法和逃避监管的方法非常精通。狡猾的逄没有自己的公司，而是挂靠别人的公司开展业务，行踪诡秘。为降低被查获的风险，逄将这批稀土运到青岛，先租了个仓库存放起来，然后委托淄博市X报关公司报关。而且报关所用的合同、发票等，都是逄买来的假单据。被偷梁换柱的除了货主单位名称，更重要的是货物的品名：名为氧化镧等的稀土产品，被伪报成了非稀土货物氧化铁红等。

青岛海关风险管理平台的工作人员发现，X公司代理报关的这批货物，报关单上的名称为氧化铁红，而仓单上却为氧化镧。仓单是提供给收货方的，记录的应该是货物的真实信息。由于我国对稀土出口配额有严格限制，货名不符的背后，很可能存在着走私行为。于是，他们找到了X公司的负责人，随后缉查人员顺藤摸瓜，锁定了逄某。

但逄已经下落不明，稽查人员根据在逄办公场所搜查到的一个记录本得知，逄只是这单生意的中间人，真正的发货人是胡某。2009年1月份，办案人员发现了胡和其公司涉案人员开始乘坐国内航班准备出境，遂对他实施监控。但要逮捕胡，就必须找到负责为他通关的逄，从而掌握二人涉嫌走私的证据。

一个月后，办案人员在互联网上的一封感谢信里看到了逄某的名字，逄由于脑溢血住院，手术成功后，逄的家人给沈阳医科大学写了一封感谢信，获取信息后，办案人员飞到沈阳进行摸排，很快控制了逄以及一同涉案的妻子周某。此后，在稀土采购方J公司的配合下，办案人员从境外调回大量资料，完善了证据链条，包括胡某在内的所有涉案人员随之都被抓获并受到了法律的严惩。在这宗稀土走私大案中，走私的稀土产品价值为1.05亿元，涉税1 052万元。根据此案，请说明报关的意义和注意事项。

（摘编自《稀土走私团伙落网记》，焦点访谈，2010-09-14。）

小知识

（1）面函：面函是为寄送物品或附件所写、并与物品或附件一同邮寄或传送的函电，如寄送样品、订单、单据等，通常要写一个面函简要说明附件的内容和/或相关事项。

（2）单据不符的处理：如果出口商提供的单据不合格，说明出口义务履行不符合合同，进口商有权拒绝接受单据。但如果单据仅仅是制单质量问题，又逢货物畅销的季节，应立即赎单；作为出口商，进口商拒绝单据，只能把出口货物转卖或者运回处理。转卖货物出口商通常会遭受损失，货物运回可能会遭受比转卖更大的损失，出口商应根据情况酌情处理。应争取让进口商接单，即使给予一定的价格折扣。

（3）不清洁提单的处理：按是否有不良批注，提单可以分为清洁提单与不清洁提单。不清洁提单是指提单上有对履行交货义务有不良影响的批注，如注明货物破损、变形等。为顺利收款，发货人通常凭保函要求船公司签发清洁提单——在提单上不加不良批注。

（4）倒签提单：货物不能在规定期限内装运，如果最后装运期与实际装运时间相差不多时，通常也凭保函让海运公司提前签发提单，称为倒签提单。但在商品价格变化对进口人不利或错过销售季节时，结汇风险很大。

(5) 货物溢短的处理：有时货物短少，港口又有相同货物（也可能规格不同）的溢货，理货公司通常征求货主的意见是否同意以溢货替代短少的货物，收货人可根据实际情况决定。

(6) 疏港费用：如果港口货物大量积压影响到港口作业，港务部门要把进口时间较长的在港货物疏运到其他存储地点，这称为疏港，要给进口商增加不少的费用。

(7) 法定重量：法定重量是指国家规定的海关计税重量。有些国家规定，海关计税重量是商品净重加上直接接触商品包装的重量。这是在计算关税成本时需要注意的。

7.4 思考与练习

1. 货物出口业务流程有哪些环节？进口业务流程有哪些环节？
2. 进口合同履行与出口合同履行复杂程度一样吗？为什么？
3. 出口商如何确定具体的装运日期？
4. 提单的作用有哪些？与其他货运单据相比最大的特点是什么？
5. 什么是外部单据？什么是内部单据？
6. 外部单据对进出口合同的履行有影响吗？应如何处理外部单据？
7. 什么是过期提单？两种过期提单的区别是什么？
8. 什么是赎单？什么情况下进口商可以拒绝接受单据或拒绝赎单？
9. 作为出口商，进口商拒绝接受单据怎么办？
10. 什么是到岸价格？合同中的到岸价格与海关征税用的到岸价格一样吗？为什么？
11. 什么是单式税则？什么是复式税则？思考其优点和缺点是什么？
12. 思考：诚信对国际贸易的影响？
13. 什么是倒签提单？倒签提单的法律后果如何？
14. 什么是不清洁提单？进口商是否接受不清洁提单？为什么？
15. 国内A公司与一香港贸易商行签订了一金额为50万美元（CIF）的不锈钢进口合同，A公司另付香港中间商2%的佣金，运输条款中规定“shipment to be made from KOBE to DALIAN”，请查询进口税率，并根据适用税率和税率计算进口关税成本。
16. 假定本章履行的出口合同是进口合同，阳光公司为出口方，远航配件厂为进口方，价格基础为CIF HUANGPU，试计算进口价格成本。

第 8 章　国际贸易结算

8.1　学习本章的任务和应掌握的知识点

8.1.1　学习本章的任务

下面是中国银行广州分行寄给远航配件厂的信用证和某外贸公司的信用证审核单，根据审核的结果，填写信用证审核单，提出出口计划，并制作一套结算单据。然后，以进口商的身份，审核单据，决定是否接受单据，并说明理由。

Natwest Bank Plc

Natwest Bank Plc, Devonshire Square, London, C2M 4XB, UK

Tel: +44 207 672 6100, Fax: +44 207 672 6219, Swift: NWBKGB2L

Our Irrevocable Documentary Credit No. NB5308 dated 21st August, ××××

Beneficiary:	Applicant:
Sailing Electric Accessories Factory	Great British Sunshine Trading Co., Ltd
Freedom Village, Tiger Gate Town,	8A Grand Parade, Light Street, Middx,
Dongguan, Guangdong, China 523000	HA8 7JS

Advising Bank: Bank of China, Guangzhou, China

Amount: USD165 107.58

Date and Place of Expiry: 30 Sep., ××××, China

We hereby issue in beneficiary's favour this documentary credit. Credit available with any bank in China by negotiation of Draft (s) at sight drawn on us, and accompanied by the following documents.

1. Signed invoices in 3 copies certifying merchandise to have been shipped.

2. Full set of "clean ON BOARD" marine B/L made out to order and endorsed in blank by shipper, marked 'Freight Prepaid' and notify the applicant.

3. Packing/Weight list in Duplicate.

4. Insurance Policy or certificate endorsed in blank by the assured covering institute cargo clause (A) showing claims payable at destination.

5. Certificate of Origin issued by CCIB in Duplicate.

Partial Shipments and Transshipments are prohibited.

Expiry date for shipment: 15th Sep., ××××, On Board from China to Felixstowe.

Description of Goods and/or Services:

12 920ctns (in 10×20′C) SAILLING brand Fused socket and Electric Bulbs

7 300ctns S2 Fused sockets at USD12.00/ctn	USD 87 600.00
2 810ctns CB02 Electric Bulbs at USD12.90/ctn	36 249.00
2 810ctns FB02 Electric Bulbs at USD16.50/ctn	46 365.00
	USD170 214.00
Less 3% discount	5 106.42
Total CIF D3% Felixstowe Amount	USD165 107.58

Further details as per beneficiary's S/C No. S053 dated 5th June, ××××

ADDITIONAL CONDITIONS

A. All bank charges outside U.K. are for Beneficiary's account.

B. Alterations/additions in all documents, if any should be authenticated by the respective issuing authority.

C. L/C Number must be shown on all supplied documents.

D. We reserve the right to make a charge of USD75.00 in addition to any other costs which arise, where presentations of documents do not comply with the terms and documents of the credit.

Bank to Bank Information：略

We hereby engage with Drawer and/or bonafide holders that drafts drawn and accepted in conformity with the terms of this credit will be duly honored on presentation.

Except where otherwise expressly provided herein this credit is subject to the Uniform Customs and Practice for Documentary Credits.（2007 revision）International Chamber of Commerce Publication No. 600.

Authorized signature

××公司信用证审核单

L/C No.		金额：		效期：			装运期：		
汇票	发票	装箱单	产地证	商检证	保单	提单	证明函	装运通知	其他

信用证或履行信用证规定的义务存在的问题：

8.1.2　学习本章应掌握的知识点

1. 国际贸易支付方式的种类和特点
2. 信用证的性质和作用
3. 信用证的内容和审核
4. 信用证业务的操作程序和注意事项
5. 国际贸易结算单据的制作和处理

8.2　国际贸易结算支付方式

国际贸易结算项目主要是货款结算，还有一些佣金、垫付费用、保证金、退款等附属业务的货币支付。

8.2.1　汇付

汇付是付款方通过银行将款项主动交付收款方的付款方式。汇付程序简单，手续费低，用于内部交易和有长期合作关系且彼此信任的客户之间的贸易结算以及一些特殊情况的付款，如小额交易、紧急订货、从属费用结算、逃避外汇管制和海关征税等。

1. 信汇、电汇与票汇

按照汇付所使用的工具，汇付可以分为信汇、电汇与票汇三种结算方式。信汇（Mail Transfer，M/T）/电汇（Telegraphic Transfer，T/T）是汇款人委托银行将信汇/电汇委托书寄给收款人的开户银行，授权解付一定金额给收款人的汇款方式。而票汇（by Banker's Demand Draft，D/D）则是银行应汇款人的申请，代汇款人开立以其分行或代理行为解付行的银行即期汇票，支付一定金额给收款人的汇款方式。

过去，由于信汇费用便宜而在国际贸易结算中使用较为广泛，随着电子技术的成熟与费用降低，电汇的应用愈来愈普及；票汇结算对于收款人来说，一是可以确定款项已收到，避免汇款人称已付款而银行称未收到汇款的情况；二是比较灵活，他可以决定何时、何地（在汇票有多个银行可以选择的情况下）去银行把汇票兑现。

2. 预付与延付

按照汇款的时间，汇付分为预付、延付两种结算方式。预付（Payment in Advance，或 Cash with Order）是指买方在卖方发货前付款；延付（Delayed Payment）则是买方在卖方发货后把货款汇付给卖方。按延期的时间不同，延期付款又分为见票付款（Sight Payment）、见票后付款（Time Payment）和固定时间付款（Payment on Fixed Time）三种汇付方式。

预付与延付是交易双方风险极不对称的结算方式，因此不适用尚未建立起互信关系的交易双方的大额贸易。但也可以配合其他支付方式使用，如部分预付，部分托收，以平衡交易双方的风险与利益。

8.2.2 托收

托收是指债权人（出口人）出具汇票委托当地银行向债务人（进口人）收取货款的一种支付方式。当货物出口后，向银行提交委托收款申请和相关单据即可，手续也比较简单。

1. 托收的种类

托收的单据可以分为金融单据和商业单据两大类。前者是指代表一定资金货币的单据，后者是指发票、提单、保险单等一切非金融单据。根据托收需要随附的单据，托收分为光票托收和跟单托收两种。货款的收取大多采用跟单托收。

光票托收（Clean Collection）是指凭金融单据而不附有商业单据或仅附有一般商业单据（非货运单据）索汇的托收方式。在采用光票托收时，货运单据通常直接寄交进口商；跟单托收（Documentary Collection）是指凭附有物权凭证和其他商业单据、金融单据（主要是汇票）索汇的托收方式。根据交付货运单据的条件，跟单托收又分为以下两种类型：

(1) 付款交单（Documents against Payments，D/P）：付款交单是指出口人交单以进口人付款为条件。按支付货款的时间，付款交单可再细分为即期和远期付款交单。即期付款交单（D/P at Sight）是指银行提示即期汇票和单据，进口人审核单据无误，立即付款，并取得单据；远期付款交单（D/P after Sight）是指银行提示远期汇票，进口人审核无误后在汇票上进行承兑——在远期汇票上承诺到期付款并签名，于汇票到期日再付款赎单。

(2) 承兑交单（Documents Against Acceptance，D/A）：承兑交单是指出口人的交单以进口人承兑远期汇票为条件，进口人办妥承兑手续后即可取得包括物权凭证在内的商业单据，于汇票到期日才履行付款义务。收款的保障完全依赖进口人的资信。

2. 出口商采用托收付款方式注意事项

托收的结算方式属于交易伙伴之间的商业信用，和延期汇款的支付一样，出口商要承担巨大的收款风险。在承兑交单的托收方式中，出口商甚至货款两空。

(1) 在价格条款中争取使用 CIF 条款，货物出口时可以办理货物运输保险，以便货物在运输途中遭受损失、买方不赎单时向保险公司索赔。否则要额外投保卖方利益险。

卖方利益险是一种供出口企业在采用托收方式并按 FOB 或 CFR 术语成交出口时为保障卖方利益而投保的独立险别。在这种险别下，如被保险货物在运输途中由于承保范围内风险造成损失，国外买方既不付款赎单，又拒绝支付货物受损部分的损失时，保险公司对买方拒绝赔付受损或灭失部分的损失负赔偿责任。

(2) 货物采用海洋运输方式时，提单上的收货人宜作成指示性抬头（to Order，凭物权人指令）。当进口商拒绝赎单时，出口商可以较方便地通过背书提货或转让提单。

(3) 有些拉美国家的银行，按当地商业习惯把 D/P 远期按 D/A 处理，在与拉美国家做 D/P 远期时，要明确 D/P 的做法。

(4) 信托收据（Trust Receipt），信托收据是在 D/P 远期付款方式下，进口商为在不付款的情况下提前取得单据而向银行出具的担保文件。这是银行与进口商之间的信贷安排，与出口商无关。但也有在合同中规定 D/P T/R 付款方式的，即为出口人在托收指示中授权银行凭 T/R 交单，则到期不能收汇的风险由出口商承担。

8.2.3 信用证

汇付与托收的选择都依赖于交易双方的商业信誉，交易双方的利益与风险极不对称，为了平衡进出口双方的利益，在国际贸易的长期实践中，产生了信用证结算方式。

信用证（L/C，Letter of Credit）是银行应申请人（国际贸易中为进口人）的要求向受益人（国际贸易中为出口人）开立的有条件付款的书面担保文件，信用证支付是银行为进口人提供付款担保的一种付款方式。因此，使用信用证结算，进口商通过开出有条件付款的信用证，提出对出口商履行合同的要求，保证出口方按时、按质、按量交付合同规定的货物，维护自己的商业利益；而对出口商来说，信用证是银行的付款保证，收汇比较安全可靠。因此，信用证支付对进出口双方都有一定的保障。在交易双方缺乏足够的信任时，信用证成为双方都可接受的国际贸易结算折中方案。但信用证支付程序复杂，技术性强，费用较高。

1. 信用证结算业务的特点

（1）信用证支付是一种银行信用，且银行的付款担保是有条件的，交易双方风险承担比较均衡。

（2）信用证是一种自足的文件，虽然买卖合同是开立信用证的依据，但信用证一经开出，就成为独立于合同以外的另一个契约，而不受原合同的约束，即使信用证中有关于该合同的援引。

（3）信用证业务是一种单据买卖，即银行和出口商进行的是纯粹的单据交易，而不涉及信用证中描述的货物。只要出口商向银行提供的运输单据表面上符合信用证的要求，银行就必须履行付款责任。

2. 信用证的种类

（1）可撤销与不可撤销信用证

可撤销信用证（Revocable Credit）是指开证行不经受益人同意，可以随时撤销信用证或修改信用证的内容；不可撤销信用证（Irrevocable Credit）则反之，而且银行付款后不得向受益人或其他汇票善意持有人行使追索权。可撤销信用证对出口商没有保障，出口商一般不接受这种信用证。

（2）保兑信用证

是指信用证开出后由另一家银行加以保证兑付的信用证（Confirmed Credit）。作出兑付保证的银行称为保兑行（Confirming Bank）。保兑内容是保兑行加列到信用证上的条款。出口商在不信任开证行的情况下，通常要求有实力的银行保兑。

（3）议付、付款和承兑信用证

开证行允许受益人向某一银行或任意银行提交单据议付的信用证称为议付信用证（Negotiation）。前者称为限制议付信用证；后者称为公开或自由议付信用证。所谓议付是指通过提交单据经银行审核符合信用证规定后取得全部或部分汇票金额的货款。

指定某一银行付款的信用证，称为付款信用证（Payment）。付款信用证无需受益人开具汇票，不能议付。

指定银行承兑的信用证称为承兑信用证（Acceptance），用于远期信用证。

（4）即期、远期、假远期信用证与迟期付款信用证

即期（Sight）信用证是指出口商交单后可以立即取得货款；远期（Usance）信用证业务中，出口商开具的汇票是远期汇票，经银行承兑后可以保存到到期日向承兑行取款，也可以在市场上贴现；而假远期（Usance Credit Payable at Sight）信用证是指信用证要求出口商开具远期汇票，但可以立即从银行取得货款的信用证。汇票承兑后立即贴现，贴现费用由进口人承担。这是进口人融资或回避外汇管制采取的一种迂回付款方式；迟付（Deferred Payment Credit）信用证属于远期信用证，与远期信用证的区别是不需要汇票，所以不能贴现。

另外还有预支信用证、循环信用证、对开信用证、背对背信用证和可转让信用证等。

8.3 信用证支付

由于信用证技术性强，信用证支付对于交易双方的保障作用，在一定程度上取决于国际贸易从业人员的业务水平和综合素质。

8.3.1 信用证业务涉及的当事人和结算程序

1. 申请开证

进口商按照合同规定，在卖方交货前向银行申请开立以卖方为受益人的信用证。开证申请书的内容包括两部分，一是请求银行开证和规定付款条件，这些条件是对进口商履行交货义务的要求，如交货日期、合格商检证书等，是保证自己国际贸易利益的前提；二是开证申请人对开证行的声明，用以明确双方的责任。如开证人保证如期赎单，开证行有权接受表面上合格的单据等。在信用证业务中，申请开证的进口商被称为申请人或开证人。

有时，进口商在开证前会收到出口商催促开立信用证的信息，称为催证。

2. 开证行开证

银行如果接受进口商的开证申请，将根据开证申请的内容开出信用证，并寄交（信开信用证）或用电子方式传递（电开信用证）给出口商所在地的联行或代理银行，由他们通知出口商（在信用证业务中被称为受益人）。开出信用证的银行称为开证行，通知信用证的银行称为通知行。

3. 将信用证通知受益人

通知行收到开证行的信用证，核对信用证的密押（电开信用证）或印鉴（信开信用证）无误后，根据信用证的要求，将信用证通知或转交受益人。

4. 审核信用证

出口商是通过执行信用证条款获得利益的受益人，但受益人能否真正受益，则要看信用证是否有付款保障、能否按信用证要求履行合同义务和提交相应的出口单据。最后一项是纯单据制作问题，前两项需要通过对信用证内容的审核来解决，而且还要审核信用证条款和合同条款是否一致。审核是收汇安全的保证。

5. 修改信用证

受益人审核信用证，如果发现信用证有误或不能接受的内容，应立即通知开证人修改信用证。对信用证的修改还要进行审核，直至满足受益人可以“受益”的要求为止。

6. 议付或索偿

当信用证满足要求后，受益人根据信用证的规定开始履行出口义务，备货、订舱（大宗货物则租船）、商检、报关和及时交货，并及时取得和缮制信用证规定的相关单据，然后把单据和信用证交通知行或信用证指定的银行议付货款或办理收汇手续。

7. 赎单

开证行收到出口地银行寄交的整套单据并审核单证符合信用证要求后，将全部货款划拨出口地银行，通知开证人赎单。开证人持单提货。

另外，信用证业务中还可能涉及保兑行、付款行、偿付行和受让人（可转让信用证中接受转让利益的人）等。

8.3.2 国际商会《跟单信用证统一惯例》

防止信用证业务纠纷和使信用证业务纠纷得到迅速、合理的解决，对信用证的解释也有一个国际上统一的标准——国际商会制订的《跟单信用证统一惯例》。

《跟单信用证统一惯例》的最新版本是2007年7月1日开始实施的《跟单信用证统一规则》，称为《国际商会600号出版物》（《UCP600》），之前的版本是1994年1月1日起实施的《500号出版物》。下面没有说明的，《UCP500》和《UCP600》的规定是一致的。

1. 《跟单信用证统一惯例》的适用范围

根据《UCP600》规定，除非信用证中另有规定，本惯例适用于所有在正文中标明按本惯例办理的跟单信用证，并对信用证涉及的一切有关当事人具有法律约束力。

2. 可撤销与不可撤销信用证

根据《UCP500》规定，如果信用证未规定是否可以撤销，则按不可撤销信用证处理。即使可以撤销的信用证，如果受益人已经开始履行信用证的义务，也不能被撤销。而在《UCP600》中，取消了可撤销信用证的存在，信用证不可撤销性质更为突出。

3. 分批（Partial Shipment）与转运（Transshipment）

分批（分批装运，又称分期装运）是指一个合同项下的货物分若干批或若干期装运；转运（转船运输）是指货物全程运输要经过中途港重新装卸后到达目的港。除非信用证另有规定，允许分批和转运。

（1）关于分批的规定

① 不视为分批交货的几种特殊情况：（a）运输单据表面上注明货物是使用同一运输工具装运并经同一路线运输的，即使每套运输单据注明的装运日期不同及/或装运港、接受监管地不同，只要运输单据注明的目的地相同，也不视为分批装运；（b）按《UCP600》规定，含有一份以上快递收据、邮政收据或投邮证明的交单，如果单据看似由同一快递或邮政机构在同一地点和日期加盖印戳或签字并且表明同一目的地，不视为部分发运。

② 同一天发运视为分批交货的情况：根据《UCP600》规定，含有一套或数套运输单据的交单，如果表明在同一种运输方式下经由数件运输工具运输，即使运输工具在同一天出发运往同一目的地，仍将被视为部分发运。

③ 分批装运中一批未按信用证规定交货的处理：信用证规定在指定时期内分期支付及/或装运，其中任何一期未按期支款及/或装运，除非信用证另有规定，则信用证对该期及以后各期均告失效。

（2）关于转运的规定

① 如果提单条款仅是声明承运人保留转运权，即使信用证规定禁止转运，银行也接受这样的提单。

② 对于两种或两种以上不同运输方式的运输，如果信用证明确规定禁止转运，只要货物已由集装箱、拖车或子母船运输，并且在同一提单内已包括了信用证所规定的全程运输，银行也接受转运的提单。

4. 装运期模糊的处理

对装运期规定模糊的信用证条款，如立即装运、尽快装运等，《UCP500》明确规定不宜采用。如果在信用证中出现类似内容，银行将不予置理。《UCP600》在《UCP500》的基础上，增加了“于或约于”为所述日期前后各五天内，起讫日包括在内，并适用于信用证对任何事项时间问题的确定。

5. 溢短装和约量的解释

（1）溢短装：合同中未明确规定数量机动幅度的，卖方一般应按合同规定交货。但采用信用证支付且货物不是以包装件数计量的，惯例规定卖方交货数量允许有5%的增减。但对信用证允许或适用惯例可以溢短装时，受益人要注意信用证金额是否允许溢装，否则只能短装。

（2）约量：信用证金额或规定的交货数量有约、大约等类似约量的规定时，按惯例应理解为对有关金额或数量有不超过10%的增减幅度。

6. 信用证修改

不可撤销信用证一经开出，开证人不得单方面修改。受益人对收到的修改，可以接受，也可以不接受，但不得部分接受修改内容。受益人如同意修改，议付单据时需把修改附在原信用证上，作为原信用证的一部分。《UCP600》规定未经受益人同意，信用证既不能修改也不能撤销。虽然规定受益人应发出接受或拒绝接受修改的通知，但不是强制性的。并规定部分接受修改被视为对修改通知的拒绝。

7. 信用证转让

可转让信用证是指受益人可以要求银行，将信用证全部或部分转让给一个或数个受益人（第二受益人）使用的信用证。根据惯例规定，只有在信用证明确规定可以转让（Transferable）时才能转让，且只能转让一次，但第二受益人再转让给第一受益人不受此限，转让的费用由第一受益人承担。

在具体业务中，第一受益人办理信用证转让时，可以变更信用证条款；在议付时，第一受益人可以直接提交第二受益人单据，也可以用自己的单据。

8. 向银行提交单据的期限

如果信用证未规定提交单据的最后期限，银行将不予接受迟于装运日期后21天提交的单据。当然，无论如何交单不得迟于信用证的到期日。

9. 向银行提交的单据要求

《UCP600》第17条规定，凡信用证规定的每一种单据必须至少提交一份正本，而对于正本单据的认定则比较宽松——除非单据本身表明其不是正本，只要有出具人签字、标志、图章或标签即可。

10. 《UCP600》关于保险单据的规定

《UCP600》关于保险单据上投保险别如何记载可接受的规定比《UCP500》更为宽松，如果信用证对投保险别未予明确规定，银行接受其投保险别属含糊其辞记载的保险单据而不论是否有漏保风险，甚至援引任何除外条款的保险单据也可接受。

11. 《UCP600》审单标准的变化

与《UCP500》"单证相符、单单不得互不一致"要求不同的是，《UCP600》即使在单证之间也不要求"等同"（Identical），仅要求"不得矛盾"（Must Not Conflict With），这样比过去单单之间"不得互不一致"（Not Inconsistent with）的说法体现了审单标准宽松化倾向。

8.3.3 信用证的内容和审核

信用证没有固定的格式，但其内容大致可以分为四大部分：信用证本身的内容、银行之间信用证业务处理、与进出口业务有关的内容和其他内容。

1. 信用证本身内容的审核

信用证本身内容审核的目的是确保信用证是一个真实、有效和可靠的银行担保文件。

(1) 真实性：保证开来的信用证是真实的，该项审核是由银行来完成的，因为银行之间有业务代理等合作关系，相互之间有一套严格、完整的鉴别手段，如密押、印鉴等。所以出口商在任何情况下都不能直接接受信用证。如果进口商交来信用证，应交银行审核。

(2) 有效性：是指信用证应该按照国际惯例具备付款担保的基本特征：① 要有信用证业务的当事人（尤其是开证行）的正确名称和法定地址；② 要有明确的信用证标识或开证表示；③ 要有明确的开证行付款保证；④ 要有明确的接受国际惯例的表示，这是规定当事人权利与义务和界定纠纷责任的依据。

(3) 可靠性：可靠性包括银行担保的可靠性和业务操作的可能性，主要通过信用证类型的审核来完成。前者如不可撤销信用证和保兑信用证，后者如对开信用证和是否可转让等。

2. 银行之间信用证业务处理

银行之间的内容与出口商无关，如寄送单据、银行之间结算等。受益人无必要审核该部分的内容，但应该注意的是，该项内容通常在信用证尾部，有时在这一部分之后或之中又出现了与受益人的信用证业务有关的内容，所以对这一部分内容也要仔细查阅。

3. 与进出口业务有关内容的审核

信用证业务是独立于合同的，因此银行审证不涉及合同内容，与进出口业务有关的这部分内容完全由受益人自己审核。信用证又是有条件付款，能否满足信用证提出的条件，受益人要逐条审核和落实。

(1) 合同利益的审核：审核信用证的要求是否与合同要求一致，确保合同利益的落实。内容包括信用证的类型、货物名称、品种规格、包装、数量、价格等。

(2) 交货要求：包括信用证有效期限、装运期限、装货和卸货地点、运输方式、是否允许分批和转运，其他还有对承运人和运输工具的要求等。

(3) 单据要求：即对需要提供单据的种类、份数、内容和出单人等方面的具体规定。

(4) 信用证本身内容的一致性：审核信用证有无自相矛盾的内容，防止履行信用证时无所适从。

4. 其他内容的审核

其他内容是指既与进出口合同无关也与银行付款保证无关的内容，在信用证中通常称之为特殊条款。其他内容有来自银行的（如不符点扣款）、进口商的（如所有单据都要注明信用证号码），也有反映进口国国家政策方面的（如阿拉伯国家不准使用以色列船只运输），都要一一审核。

8.3.4 信用证审核注意事项

1. 一些常用条款的规定

（1）信用证到期地点：坚持出口地作为信用证的到期地点，否则可能造成事实上过期（单据传送过程中引起延误）或给进口商拒绝赎单的过期借口。

（2）装运条款：为了交货方便，应尽量坚持可分批交货和可转船条件。

（3）银行费用：按照平等互利的原则，除事先有约定外，银行费用应由双方共同承担。

2. 提防信用证软条款

限制信用证生效或执行的条款称为软条款。信用证是有条件的付款担保，而软条款规定的限制性条件是完全由申请人控制的，对受益人起不到担保作用。按限制的内容，软条款有以下三种类型。

（1）限制生效条款：是指通过给信用证附加生效条件致使信用证不能生效。如规定进口许可证申领后生效、付汇批准后生效等。

（2）限制装运条款：是指可能致出口商不能装运的条款。如申请人代表监装、装船样品确认等。

（3）限制议付条款：是指信用证中含有可能致出口商交货后不能议付单据的条款。如议付单据须有申请人的代表签字、代表签字与银行存根必须一致等。

3. 外来单据问题

外来单据不是由受益人制作、但又是受益人凭以结汇的重要文件。受益人需要注意的是能否取得这些单据、能否满足信用证对单据的要求（如份数、证词等）。凡是没有把握的内容，要与相关部门联系予以确认。

4. 审证要仔细

对信用证要全面审核，仔细审查每一项条款，不要遗漏任何内容，对容易产生歧义和误解的表述或缩略词一定要搞清楚，否则要求申请人修改。

8.3.5 信用证的修改

如果审核发现信用证有问题，凡是影响合同执行和安全收汇的内容，受益人应要求开证人通过开证行修改信用证，信用证的修改要掌握以下几个原则：

1. 具体情况具体分析

凡是严重影响受益人合同利益、信用证无法执行或执行信用证风险较大的条款，一定要坚持修改；但对出口业务无关紧要、且可办到的信用证要求，应尽量配合。

2. 坚持修改原则

对于需要修改的内容，受益人一定要坚持修改原则。在向开证人提出改证要求时语意要明确、态度要坚决，以免客户产生可以不修改信用证的想法，增加修改的难度。

3. 坚持先修改后发货

坚持收到银行修改信用证通知书后发货，以免发生货物装出后而修改通知书未到的情况，造成受益人出口工作被动、甚至经济损失。

4. 开证人要合情合理地处理受益人的改证要求

对于受益人合理的改证要求，开证人要按要求及时到银行申请改证，积极配合受益人履行合同，建立和增强双方的商业信任。

5. 一次性修改原则

受益人要对信用证的内容全部审核，把需要修改的条款一次向开证人提出，避免由于考虑不周而多次提出修改要求；而开证人也要避免因修改不合要求而多次修改。否则不仅增加双方的手续和费用、影响合同的履行，还可能影响相互关系。

8.3.6 受益人对单据不符的处理

如果单据不符合信用证要求，银行将拒绝议付；如果议付行未发现不符点把单据寄给开证行，也可能遭到开证行拒绝付款。对于受益人来讲有以下三种选择。

1. 修改后再次议付

修改后再次议付有两个前提条件：（1）单据不符是技术性的，即纯粹是单据制作中的问题，这样的不符单据可以通过字面修改满足信用证的要求；（2）受益人可以在信用证的有效期内完成修改。对于已经寄往开证行的纸质单据，修改后再议付几乎是不可能的，而对于EDI单据这种处理方式很方便。

2. 托收

单据不能通过修改再议付，受益人只能采用“表提”方式收款。表提是指受益人随议付单据另附一张表，把单据的不符点在表上主动地提出来，委托银行以托收方式收款。

主动提出不符点，说明原因，求得客户的谅解与合作，以取得货款，这是处理单据不符的一种积极态度。但信用证担保已经失效，表提实质上属于托收的收款方式。

3. 敦促进口商接受单据

表提或单据被拒绝，受益人还应通过各种方式与客户沟通，敦促进口商接受单据。如果客户拒不付款，应该毫不拖延地通过协商、第三方调解、仲裁或诉讼方式予以解决。信用证业务虽然是独立于合同之外的单独交易，但它只是合同的一个支付条款，单据不符并不一定意味着违反合同，即使违反合同，也不一定意味着进口商可以拒不付款，应据理力争。

8.3.7 开证人在信用证业务中的注意事项

国际贸易结算与交货义务履行一样，都需要双方的配合，也影响着双方的利益和合作关系的发展，对于开证人来讲，要注意以下两个问题。

1. 按合同约定开证

一是按合同规定的时间申请开证，二是按合同条件提出开证条件。开证条件既要维护自己的合同利益，也要考虑合作伙伴的利益与交货方便。表述要准确、简洁，否则受益人提出修改，既降低经营效率，又增加经营成本。

2. 认真审核受益人提交的单据

单据是受益人合同履行的记录，开证人要对单据进行及时、认真地审核，决定是否赎单。若单据不符属于违反合同，要坚决拒绝。对于单据的技术性错误，开证人应立即赎单或有条件赎单——以对方补偿单据不符造成的损失为条件接受单据。即使拒绝单据，开证人也应在可能的情况下，协助对方处理货物。

8.4 内部单据制作

单据是货物交付的证明和货款支付的依据，尤其是采用信用证付款的出口合同履行中，进出口商品的交易表现为纯单据的买卖，单据制作的正确与否直接关系到出口商能否及时和全部收到货款。

8.4.1 单据制作的基本要求

单据制作的基本要求是真实反映合同的履行情况。使用信用证作为支付方式，制作的单据尤其必须严格符合信用证的要求。

1. 准确

准确是指单据内容与合同规定完全一致和不同单据的内容不得有冲突；若以信用证方式结算，还要求所有的单据都与信用证一致，即从内容上准确地反映出口商履约的情况，格式上严格符合进口商的要求。

2. 完整

单据的完整包括内容、数量和种类三个方面。内容完整就是单据上所有的必要项目和信用证要求的特殊内容都要填写；数量完整是指提交信用证规定的单据份数；种类完整是指提供信用证要求的所有类型的单据。

3. 及时

信用证有有效期限，交货也有规定的时间。在信用证项下交单必须掌握装运期和信用证有效期。在可能的情况下，要尽量提前交单，为单据不符留下充足的修改时间。而且提前交单可以提前结汇，加快资金周转。

4. 简明

单据内容的文字表述力求简单明了，防止单据的冗长增加单据出错的可能性。

5. 整洁

单据的制作必须力求表面整洁。个别错误可以更正，但必须在更正处签名或加盖更正章。但产地证不能有任何更正，所有单据的装船标志也不能更正，错了就要重新制作。

6. 合理

合理是指内容合理和时间合理两个方面。

(1) 内容合理：内容合理是指单据的内容既要与信用证的表面要求一致，又要与信用证的意思要求一致。例如，信用证装运条款要求“from China Port to Venice”，装运港表面上一致是指必须有“China”字样，意思上一致是指必须有确定的装运港口。

(2) 时间合理：时间合理是指出单日期要符合逻辑。从单据与信用证的关系上讲，出单日期应在信用证有效期间——从开证日期至有效期到期日；从各种单据之间的关系上，要注意出单的先后顺序，如提单日期不得早于商检证书的日期，保险单的签发日期不得晚于提单的日期等。

8.4.2 常见结汇单据的种类

1. 票据

票据在商业上是指由出票人签发，无条件约定自己或要求他人支付一定金额，可流通转让的有价证券。国际贸易中常用的票据是汇票、本票和支票。

(1) 汇票（Bill of Exchange or Draft）：按《英国票据法》的定义，汇票是一个人向另一个人签发的，要求见票时或在将来的固定时间或可以确定的时间，对某人或其指定人或持票人支付一定金额的无条件书面支付命令。

汇票所涉及的当事人有三个，一是发出付款命令的人，称为出票人（Drawer）；二是接受付款命令的人，称为受票人（Drawee），也是付款人（Payer）；三是接受汇票款项的人（Payee）。

根据付款期限，汇票分为即期汇票和远期汇票；根据出票人分为银行汇票和商业汇票；根据是否需要随附其他单据分为光票和跟单汇票。国际贸易中信用证支付常用的是出口商开具的跟单汇票，光票用于小额货款、退款、运费等的结算，佣金的支付则用银行汇票或本票。

（2）本票（Promissory Notes）：本票是一个人向另一个人签发的，保证于见票时或定期或可以确定的将来时间，对某人或其指定人或持票人支付一定金额的无条件书面承诺。简言之，本票是出票人对受票人承诺无条件支付一定金额的票据。银行本票是即期的，所以银行本票具有现金的性质。

（3）支票（Cheque）：以银行为付款人的即期汇票称为支票。支票有现金支票和转账支票之分，使用支票时应注意支票有一定的效期，且效期较短，国际贸易中使用不多。

2. 发票

发票是卖方开出的销售货物和价格清单。根据用途分为商业发票、海关发票和领事发票三种。

（1）商业发票（Commercial Invoice）：商业发票是全套单据的中心，除用于卖方凭以向买方收取价款、进出口商记账、进口商核对货物外，还是进出口报关缴税的计算依据。在不用汇票的情况下，也可以替代汇票作为收、付款的凭证。

（2）海关发票（Customs Invoice）：海关发票是进口国海关制定的一种固定格式的发票，由出口人填写，供进口人凭以报关纳税之用。此外，海关发票还有提供货物原产地、供进口国海关核查货物在其本国市场的价格和提供进出口统计数据的作用。

（3）领事发票（Consular Invoice）：由进口国驻出口国的领事签证的一种特别印就的发票或在出口商商业发票上由领事签章的发票。与海关发票的作用类似。出具领事发票时，领事馆一般要根据进口货物价值收取一定费用。

3. 运输单据

有关货物运输的单据统称为运输单据，在国际结算中常用的运输单据是提货凭证，根据运输方式，提货凭证分为以下五大类型。

（1）海运提单（Ocean Bill of Lading，也简称为提单 Bill of Lading，B/L）：海运提单的种类很多，通常可以结汇的是已装船的清洁提单。在国际结算中，要注意信用证对提单抬头的不同要求而形成的记名提单、不记名提单和指示提单。

- 记名提单（Straight B/L），具体填写特定的收货人或公司；
- 不记名提单（Bearer B/L），指不填具体收货人名称，提单的持有人拥有提单上所载货物的所有权；
- 指示提单（Order B/L），是按记名人指示或不记名人指示而交货的提单。

（2）联运提单（Through B/L）：使用包括海运在内的两种或两种以上的运输方式

时，由第一程运输的承运人签发的全程提单称为联运提单。其作用和单据制作与提单相同。

（3）铁路运单（Railway Bill）：是由铁路运输承运人签发的货运单据。它是收货人、发货人同铁路部门之间的运输契约。正本在签发后与货物同行，副本签发给托运人用于贸易双方结算货款。在货物发生损失时，还是向铁路进行索赔的依据。铁路运单不是物权凭证，因而不能转让。

（4）航空运单（Airway Bill）：航空运单是承运人与托运人之间的运输合同，也是承运人签发给托运人的货物收据。航空运单共有三份正本，托运人（Shipper）、收货人（Consignee）和承运人（Issuing Carrier）各一份，其余副本由航空公司按规定和需要分发，作为报关、结算、中转分拨等之用。

（5）邮包收据（Parcel Post Receipt）：邮包收据是邮政运输的主要单据，具有货物收据、提取邮包凭证和索赔、理赔依据三个作用。有的信用证规定，结汇除提供邮包收据外，还要提交邮寄证明（Certificate of Posting），作为邮包确已寄出和邮寄日期的证明单据。近年来，邮政快递业务发展迅速，特快专递收据（Courier Receipt）的使用日趋普遍。

4. 保险单据

保险单据是保险公司对被保险人的承保证明，也是双方之间权利义务的契约，在被保险货物遭受损失时，它又是被保险人索赔和保险公司理赔关系成立的依据。

保险单（Insurance Policy）是一种正式的保险合同，保单背面印有货物运输保险条款（一般表明承保的基本险别条款的内容），还列有保险人的责任范围及保险人与被保险人各自的权利、义务等方面的条款，俗称大保单。

结汇用的保险单据还有保险凭证（Insurance Certificate，一种比较简化的保险单据，与保险单具有同等的法律效力）和保险批单（是指保险公司用另出的凭证对保险单据内容的补充或更改。作为保险单不可分割的一部分，批单须粘在保险单上并加盖骑缝章）。

5. 装箱单（Packing List）/重量单（Weight List/Certificate）/数量单（Quantity Certificate）

装箱单是货物装运明细表；重量单是关于货物重量的证明书；数量单是关于货物数量的证明书，三者形式相近、制作要求也基本相同，一般由出口商出具。

6. 产地证明书（Certificate of Origin）

产地证明书主要是用以证明货物的原始生产或制造国，以便进口国海关核实进口来源，实行关税区别待遇的证书。我国出口产品的产地证可分为一般产地证明书和专用产地证明书两大类别。

（1）一般产地证 C/O：一般产地证是指适用于所有进口国家和所有出口商品，证明我国出口货物生产和制造在中国的证明文件，通常由中国国际贸易促进委员会签署。

（2）专用产地证：专用产地证是指仅适用于一个国家、一个贸易集团或某种商品的，证明我国出口货物生产和制造在中国的证明文件，通常由商检局出具。

适用于一个国家或一个贸易集团的产地证书常用的有普遍优惠制产地证 FORM A——普遍优惠制（GSP，General System of Preference，简称普惠制）是发达国家（给惠国）对从发展中国家（受惠国）进口某些工业制成品时给予减免税的优惠待遇，该产地证适用于向 WTO 组织发达国家成员的出口贸易；东盟产地证 FORM E，适用于与东盟国家的出口贸易；此外还有智利产地证 FORM F，中巴（巴基斯坦）产地证 FORM P（FTA），秘鲁产地证 FR、亚太产地证 FORM M 等。

适用于某种特定产品管理使用的专用产地证如输美纺织品产地证、输欧盟丝麻制品产地证、输土耳其丝麻制品产地证、香港纺织品转/入口证等。

不同的进口国家，对进口商品产地认证的标准有不同的要求，如加工标准（经过受惠国充分加工）、运输标准（直接运输原则）等，因此出于管理需要，各种专用产地证都有特定的格式和内容，企业可根据进口商的要求向商检局申领。

7. 商品检验证书（Commodity Inspection Certificate）

也称检验证书、商检报告等，是由商检服务机构对出口商品检验后签发的有关商品品质、数量、卫生等状况的检验结果报告或证明文件。在我国商品检验证书一般由国家商检局或商检公司出具，随着服务贸易的开放，证书的类型和商品检验机构不断增加。

国际贸易中常用的是品质检验证明书、动植物检验证书。其他还有重量检验证明书、数量检验证明书、包装检验证书、卫生检验证书、消毒检验证书、熏蒸证书、出口危险货物包装容器鉴定证书、监视装载证书、残损鉴定证书、集装箱鉴定证书等。

8. 通知和证明等

（1）装船通知（Shipping Advice）：货物装运后，由出口商给进口商关于货物已经发送的通知称为装船通知，发出装船通知是卖方的义务之一。

（2）证明或证词（Certificate）等

➢ 受益人证明（Beneficiary's Certificate）：受益人证明是指信用证受益人根据信用证的要求出具的证明。如有关于货物的品质、包装、装船通知，已寄样品或已寄副本单据等内容的证明；

➢ 承运人或代理人证明（Carrier's or Forwarder's Certificate）：是指根据信用证的要求由货物承运人或其代理人出具的证明。如关于运输工具（如船龄、国籍等）和航线等内容的证明；

➢ 电报抄本（Cable Copy）：电报抄本是受益人根据信用证的要求，在货物装运后发送给信用证申请人（进口商）或信用证中规定的“Notify Party”的电传、传真或电报等。

9. EDI 单据

EDI 电子数据交换是将进出口贸易双方与银行、海关、运输、保险和商检等国际贸易有关环节之间的信息，用彼此公认、相互约定的标准格式，通过计算机网络实现彼此间的数据处理和交换。需要交换的单据和上述八项是一致的，只是以标准的电子格式通过网络传送。

8.4.3 信用证常用单据制作

1. 汇票（Bill of Exchange）

根据《日内瓦统一法》规定，一张有效的汇票必须具备下列内容：标明其为汇票字样；注明付款人姓名或商号；出票人签字；出票日期和地点；付款地点；付款期限；金额；收款人的名称等。除按信用证和合同要求填写汇票相关的项目外，还应注意下列几个内容。

（1）汇票期限（Tenor）：汇票上必须明确表明是即期付款还是远期付款，即汇票的付款时间必须是可以确定的，否则汇票无效。

汇票上一般有“At. . . Sight”字样。如果是即期汇票则为“At Sight”，如果是远期汇票，则应填写远期天数。规定远期汇票期限有以下几种方法：

- 见票后“×××”天付款：则应在“At Sight”中间插入“××× days after”；
- 出票日后“×××”天付款：则应表示为“At ××× days after date of issue”；
- 装运日或提单日后“×××”：则应表示为“At ××× days after Date of Bill of Lading”；
- 在固定的将来时间付款：把“At Sight”划掉，填写具体日期即可。

（2）收款人：也称为汇票的抬头人，抬头有限制性、指示性和来人抬头三种。在信用证业务中，汇票的抬头人常被做成信用证的受益人或议付行或其指定人。

- 限制性抬头：Pay to ××× Company，在票据中使用不多；
- 指示性抬头：Pay to the order of ××× Company/Bank 或 Pay to ××× Company/Bank or order；
- 来人抬头：Pay to the bearer。

（3）必要时汇票应被正确背书：如果做成受益人或其指定人抬头，受益人向银行交单时应在汇票背面背书，将汇票转让给银行。

2. 发票

（1）商业发票：商业发票的主要内容有发票编号、日期、合同或 L/C 号码、抬头

（收货人）、装运工具、货物起讫地点、唛头、件数及数量、货物描述、价格条件、单价和总金额、包装，最后是出票人签章，这些项目应根据情况一一填写。采用信用证支付，商业发票制作，关键要注意信用证的要求。如发票中的证词、手写签章和发票签证等。

（2）商业发票上对佣金的处理：佣金的处理要根据合同或信用证的要求区分扣佣、汇佣、出具佣金收据或付款收据、银行扣除四种情况，在单据制作中分别对待。

➢ 扣佣：即在合同金额的基础上，扣除佣金，发票金额与结汇总额（信用证金额）相同。在发票中要注明合同金额和扣除的佣金额（发票金额与汇票金额相同，小于合同金额）。

➢ 汇佣：发票金额与结汇总额（信用证金额）相同，佣金不在发票中扣除，而是结汇后按合同规定汇给中间商（发票金额、汇票金额、合同金额相同）。

➢ 出具佣金收据或付款收据：发票金额等于汇票金额与佣金（或付款）收据之和。佣金收据和付款收据的写作格式如下：

TO：× × × Co. Ltd （佣金收据示例）

By 2% （佣金率）comm. on USD1 000. 00（发票金额）as per our invoice No. × × × dated × × × USD20. 00（佣金额）.

× × × Co.（Issuer）

TO：× × × Co. Ltd （付款收据示例）

2% （佣金率）comm. on our invoice No. × × × USD20. 00 （佣金额）of which has been deducted from the credit amount.

× × × Co. （Issuer）

➢ 银行扣除：发票的制作与汇佣相同，只是结汇时由银行代为扣除佣金。

（3）海关发票：海关发票有进口国的特定格式，按要求的内容填写即可，但要注意以下事项：填写的内容要与商业发票的相应项目完全一致；列出的国内市场价格或成本价格，应低于出口的离岸价格；提供准确核算的运费、保险费及包装费；海关发票应以收货人或提单的被通知人为抬头人；要用手写签名。

3. 海运提单

（1）提单的基本内容：不同的运输公司或代理人有不同的固定提单格式，但基本内容大体包括：

➢ 有关当事人的内容：托运人（Shipper or Consignor）、承运人（Carrier）、收货人（Consignee）和被通知人（Notify Party）；

➢ 有关货物的内容：唛头、货物名称（提单上可采用该类货物的统称或简写）、件数和包装、毛重（以公斤为单位，不要小数）、尺码（以立方米为单位，最多保留三位小数）；

➢ 有关运输和其他内容：提单号码、船名（如果是转船运输，应填一程船的名称）、装货港、卸货港（如转船运输，卸货港一栏还应反映出中途转船的地点）、运费支付地点、运费支付（根据情况注明 Freight Prepaid 或 Freight Collect）、提单的份数、签发地点和日期。

（2）制作提单应注意的几个问题：

➢ 收货人：也称提单的抬头人，应严格根据信用证的要求正确填制。如果信用证没有规定，要做成指示性抬头（To Order，或简单地填写 Order），方便提单背书转让；

➢ 被通知人（Notify Party）：如果信用证没有规定，可填写进口商；如果收货人就是进口商，此栏可以不填，也可注明同收货人（The Same as Consignee，或 Ditto）；

➢ 货物的件数：即使提单上没有大写数量栏，货物的件数也必须用大、小写两种文字表示。大写可以放在货物名称栏的最下方；

➢ 提单的份数：提单的份数是指提单正本的份数。如果信用证中没有规定，或要求提供"全套的提单"（Full Set of Bill of Lading），则提单的份数可以是两份或三份；

➢ 提单的签发人：提单只有经承运人或其代理人签字后才能生效。承运人、承运人的代理人、船长、代表船长的具名代理人是提单的合法签发人；

➢ 只有已装船提单才是有效的：提单上要有已装船字样（On Board 或 Shipped）。否则要在提单上加装船批注。

4. 保险单据（Insurance Documents）

保险单据需要核实以下内容：被保险人或其投保代理人的名称；保险标的物（货名、数量和唛头）；保险金额和币别；投保险别；出单日期和地点、保险公司名称和法人代表的签章，以及信用证对保险单据的特殊要求。

5. 装箱单/重量单/数量单

这三种单据都是关于货物装运数量的描述，一般应列明合同号码、唛头、货名、数量、重量、体积、进口商名称和地址、运输工具名称等，内容类似，单据可以统一制作冠以不同的名称。在信用证付款方式下，主要是注意信用证中对这些单据内容有无特殊要求（如证词、签名等）。

6. 产地证明书/检验单据/证明

产地证有签发部门印就的固定格式，按要求填写即可；检验单据由检验机构出具和签发。需要注意的是有特殊内容要求的要事先征询签发机构的意见。

而证明、证词种类繁多，比较常用的证明是装船通知的发送证明、寄单证明、寄样证明、船公司有关货物和运输工具的证明等。证词的内容要严格与信用证一致，出证时间要合理。

延伸阅读 8—1 付款方式应考虑多种因素

在欧美一些发达国家和地区，付款方式日趋简单易行，信用证在贸易结算中的使用率只占 10% 左右，并且还有进一步缩小的趋势。随着国际贸易的进一步发展，中国出口商对国际市场的进一步了解，能否向外商提供更有竞争力的付款方式，是出口商需要重新检视的商业观念和行为。

收汇安全的关键是交易对象的选择及在各种条件下各种交易方式的灵活运用。不重视业务关系的建立与发展、不强调业务工作中的服务理念，只是将所谓有利的付款方式作为救命稻草，是无法在当今竞争激烈的国际贸易中立足的。

以前出口商对国外市场不了解，为保险起见，采用 L/C 支付方式的情况较多。但伴随着资讯、交通的飞速发展与跨国经营的兴起，采用非 L/C 方式结算的越来越多。如在深圳市商业银行结算的出口货物总值中，电汇和银行托收占了约 70%，只有约 30% 以信用证结算，并且非 L/C 结算所占的比例呈现出逐渐增大的趋势。这反映了当前国际贸易结算方式发展的一个趋势。但与欧美等发达国家相比，中国出口商采用信用证交易的比例明显要高得多。

在东南沿海地区，三资企业居多，这类企业的总部设在中国香港或海外其他地方，母公司和子公司间的交易往来不会用信用证结算。同时，随着买卖双方的业务交往，在对交易伙伴的资信状况、交易群体或有关市场行为有一定了解之后，由此建立起来的相互信任关系也对付款方式的变化产生着积极的影响。

所以，出口商在考虑如何保证收汇安全的问题上，已不仅是考虑选择哪一种付款方式，而是要针对不同的交易对象，确定自己要选择的付款方式，综合考虑和评价与交易方的关系性质以及如何更合理地运用相应的交易条件。

（摘编自英语世界网。）

延伸阅读 8—2 防范金融诈骗案的几点建议

由于银行在社会经济生活中发挥枢纽作用，公众对银行特别是大银行普遍信任，尤其是信誉卓著的大银行，它们出具的各类信用工具如保函、信用证、汇票等在国际上被普遍接受，自然也就成为国内外不法分子所利用的幌子。

印鉴作为银行最重要的控制文件之一，是在长期的业务实践中形成的。各行有权签字人的签字范围、级别及签字方法等均有严格的规定，局外人很难了解。一个作风严谨、管理体制完善的银行，对印鉴管理也非常缜密。因此，印鉴是否相符是判断一份票据真伪最主要的依据，犯罪分子往往也就是在这里露出马脚的。耐人寻味的是，在诸多涉外经济诈骗案中，多有熟人、朋友从中牵线，海外商人往往为华人。他们采取广骗多收、骗一个是一个的办法，终有人“自愿”以重金换取一张废纸。等受骗人有所察觉时，他们先是以种种理由搪塞，继而花言巧语使你抱有一线希望，最终销声匿迹，行为极为恶劣。为此，我们愿向从事外贸工作的同志提出以下几点建议：

(1) 加强业务学习：国际贸易活动在国际间有公认的规则，因此需要掌握贸易流程、国际贸易结算方式，并熟悉常用的结算票据。不管诈骗分子的手段多么狡猾，但终有露出马脚、经不起推敲之处，有时漏洞还很明显，需要仔细辨别。

(2) 做好决策前的资信调查：外商如有合作意向，应通过各种途径对对方财力、经营状况、信誉等进行调查，这在国际上是一个惯例。如通过各地贸促会、中国银行都可以达到这个目的。资信调查是中国银行的日常业务之一。中国银行在全球45个国家或地区设有530多个分支机构，同世界上180多个国家或地区的5 000多家银行或金融公司有代理业务关系，利用这个覆盖全球的银行网络和现代化的通讯手段，不出几日便可将你客户的情况反馈给你，因为一个合法商人不在银行立户是难以置信的。只需极小的代价更可堵住可能出现的漏洞，何乐而不为呢?

(3) 不要认为经熟人、朋友甚至上级引荐就可放松警惕：须知一旦出了问题，最终吃亏的还是自己，别人是不可能替代的。不要听任对方一面之词，更不要看到同行对外商趋之若鹜、前呼后拥便失去冷静，自投罗网。

(4) 不要对诈骗分子存有幻想：在发现被骗后，要及时报案和采取措施，争取挽回损失，防止不法分子继续危害他人。

(摘编自环球农贸网《涉外金融诈骗案面面观》。)

案例 8—1 付款条件修改造成的损失

湛江Z公司与香港H公司达成一笔FOB湛/广 USD50 000.00的出口合同，付款方式为交货前一个月H支付USD10 000.00订金，剩余货款于货物装船前通过电汇(T/T)付清，并约定H将在货款生产完毕派人来工厂验货。

合同签订后一个月，Z收到H支付的定金开始生产，即将生产完毕时通知对方来工厂检验。但对方要求改变支付条件：一是将验货地点由工厂改为装货港，二是将T/T改为由H的检验人员检验合格后，当场把银行汇票（D/D）交给Z用以结算余款。Z认为票汇与电汇也没有什么区别，到银行立即将汇票兑现也不会出什么问题，接受了支付条款的修改。

双方按新的约定完成了检验、装船和交接银行汇票的相关工作，但Z发现汇票的付款行不是湛江的，也不是广州的，而是“汇丰银行上海分行”，由于异地托收，所需时间较长。Z只是认为损失几天的利息，也未提出异议。但汇票寄汇丰银行后，接到银行称出票人要求止付而拒付的通知。经访问，Z才知在某些情况下，代理行将汇票款项解付给收款人之前，委托人有权要求出票行止付。而Z转向船公司索要提单时，船方称运输是由H安排的，早已将提单交H公司。从此案例应接受哪些教训？

案例 8—2　T/T付款的伎俩

我国C公司2000年向美国MAY WELL公司出口工艺品。该公司以前曾多次与其交往关系不错，但没有成交。第一笔成交客户坚持以T/T付款，称这样节约费用对双方有利。考虑双方长时间交往还算了解，C答应了客户的要求。在装完货收到B/L后即传真给客户，客人很快将货款USD11 000汇给C方，第一单非常顺利。一个月后客户返单，并再次要求T/T付款，C同意，以后在三个月内连续4次返单总值FOB DALIAN USD 44 000，目的港为墨西哥。待4票货全部出运后再向客户索款，回复均以各种理由拖延，一会儿说资金紧张；一会儿说负责人不在；一会儿说马上付款；半年后客户人去楼空，传真、E-MAIL不通，4万多美元如石沉大海，白白损失。请分析骗子的伎俩，我方的失误在什么地方？

（摘编自世贸人才网。）

案例 8—3　信用证与合同关系纠纷案

2002年天津T外贸公司与德国一客商G达成向南美出口一批桅灯的合同，价格条件为C + F CORINTO，在开来的信用中货物描述部分规定：“Covering: Hurricane lanterns, as per the S/C No. TH2035 attached”。T公司出口议付后，收到开证行的拒付通知，其不符点如下：

“受益发票上货描部分只有‘Hurricane lanterns, as per the S/C No. TH2035 attached’和规格、数量，没有合同上规定的‘STAR Brand’，经联系开证人也不接受单据，请提出单据处理意见。”T公司认为信用证是与合同独立的业务，据此开证行提出的不符点并不成立。你认为T公司论点可以接受吗？

案例 8—4　出口以色列大理石质量争议

天津A公司出口以色列B商一批大理石，A按B商开来的三个月远期信用证交付了货物。B商承兑票据提货后发现货物质量与合同不符，向A提出索赔。此时B尚未付款，A认为B是以拒绝付款迫使A在赔偿问题上作出重大让步。A提请B准备付款，付款后再谈索赔问题。果然，B拒绝付款。你认为他们谁的做法不妥？

B拒绝付款，A通过天津中行与其据理力争，开证行在准备付款时，B以A欺诈为由，状告到以色列法院，以法院向A公司经理寄来传票。A最后不得不通过中行总行向开证行施压，最后以B付款结案。索赔案由进出口双方另行解决。你认为这个结局是否合理？从此案例可以得到什么启发？

案例 8—5 审单不细造成单据不符案

天津某公司与一中东客商达成一笔CFR交易，在收到的信用证中要求这样一个单据："A certificate issued by Tianjin United International Forwarding Co. certifying that shipment has been effected by conference line and/or regular line vessels only covered by institute classification clause." 单证员审核后，与天津联合国际货运代理公司联系，可以出此证明。但出口单据议付寄到开证行时，却因此证被拒付。开证行提出的理由是：

我信用证上规定的出证人为"Tianjin United International Forwarding Co."，而你所提交单据上的出证人是"United International (Tianjin) Forwarding Co. Ltd."。而出口公司认为天津没有第二家联合货运代理公司，"Tianjin"写在公司名称的什么地方与实际情况并不构成任何差异，而且公司加不加"Ltd"不属于性质错误。因此双方产生争议。根据信用证惯例，你认为谁是谁非？出口公司审单工作需要从哪方面改进？

案例 8—6 因恶意欺诈信用证被冻结案

1993年11月23日，我国B公司与香港D公司签订了进口2 500吨船板的合同，按照合同规定，B公司以每吨330美元（CIF黄埔港）从D公司购进2 101件船板。

合同订立后，B公司立即请求A银行开出了以D公司为受益人的不可撤销的150天远期信用证，信用证金额为82.5万美元。D公司收到信用证后，于1993年12月30日将提单及其他单据通过议付行E银行香港分行提交A银行承兑，B公司通过A银行于1994年1月3日接受单据，并表示承兑。1994年1月25日，当B公司持单前往黄埔港提取货物时，发现该货物已于1993年11月9日被西安市中级人民法院因D公司与陕西省五矿公司的纠纷而明令查封。在数次与D公司联系未果的情况下，B公司遂与黄浦港务公司协商。黄浦港务公司考虑到西安中级人民法院尚有部分货物未查封，于是允许B公司提走剩余船板，但还有724件价值292 683.72美元的船板始终未能提取。

为此，B公司于1994年3月30日向中国国际经济贸易仲裁委员会提出仲裁申请并要求法院进行财产保全。A市中级人民法院以D公司隐瞒真相，确属恶意欺诈为由，下达冻结A银行开具的L/C593BB717信用证及该证载明的部分金额516 028.72美元。你认为冻结信用证与信用证业务的国际惯例有冲突吗？这对银行的信用证业务有何影响？法院的判决是否合理？

（摘编自山东环球农贸网。）

案例 8—7 不可分批装运和转运，溢短装数量的纠纷

A 进出口公司与国外 C 公司成交一笔花生仁出口贸易，于 1997 年 6 月 26 日收到由通知行 B 转来的公开议付信用证，其部分有关条款规定："400 吨手拣花生仁，新麻袋装。从大连装运至伦敦，最迟装运期 7 月 31 日。不许分批装运和转船"。

A 审核信用证后安排装运之际，于 7 月 5 日又接到信用证修改书：数量增加 100 吨，装运期延展至 1996 年 8 月 31 日。

双方的合同规定：7 月份装运 400 吨；8 月份装运 100 吨，A 认为该信用证增装 100 吨部分属于 8 月份交货额，所以修改也延展至 8 月 31 日。原信用证既规定 400 吨不许分批，应理解为该 400 吨须原数装出。对于增装修改部分也应按照 100 吨原数不分批另行再装出。所以 A 仍照原计划安排装运该 400 吨，同时以书面形式向通知行通知接受该修改。

A 于 7 月 8 日将 400 吨货物以集装箱装运完毕，7 月 9 日将该信用证项下的全套单据向 A 的往来银行——D 银行办理交单议付。但单据寄到开证行，于 7 月 18 日被提出单证不符：(1) 我信用证规定总数量 500 吨不许分批装运，但你所提交的第 × × 号提单只装 400 吨；(2) 我信用证规定不许转运，但你方所提交的提单上记载有将转运的字样。根据以上不符点，我行无法接受，单据暂代留存，请告单据处理的意见。

A 与买方几经交涉，均无效果。由于买方拒收单据，货物无人提取，A 为了避免货物的损失，委托目的港的船方代理又将货物运回内销处理，损失惨重。

根据《UCP500》关于港至港海洋运输转运问题，如果信用证明确规定禁止转运，只要货物已由集装箱、拖车或子母船运输，并且在同一提单内已包括了信用证所规定的全程运输，银行也应该接受转运的提单；如果提单上条款仅是声明承运人保留转运权者，即使信用证规定禁止转运，银行也可以接受这样的提单。本案例的提单，已明确表示了"Containerized"，银行应该接受表明有转运的提单，A 准确引证了《UCP500》第 23 条的条文使开证行对这个问题无言以对，C 只好紧紧抓住分批装运问题不放，坚持拒付。据悉，买方坚持拒受货物，只因市场突然暴跌，以此为借口而已。对于分批问题，你认为 A 有无过失？C 可否据此不接受货物？

（摘编自山东环球农贸网。）

案例 8—8 单证是否与信用证一致纠纷案

1994 年国内某 AB 进出口公司向 SM 有限公司出口一笔大麻籽。对方开来信用证中有这样的条款："... Credit available by the beneficiary's draft (s) at sight, pay to The

Standard Bank Ltd. only. ... Covering 150 M/Tons of Hempseeds, mixture and moisture must be identical with the contract No. DHF94308 stipulated. ... A certificate issued by the beneficiary and countersigned by buyer's representative Mr. Smith, his signature must be verified by opening bank, certifying the quality to conform to sample submitted on 15th July, 1994." 你认为该信用证受益人可否接受?

收益人AB公司审查信用证后，认为信用证条款与合同规定相符。货物备妥后，邀请买方代表史密斯先生检验货物。AB公司按信用证要求出具了证书，证明所装运货物品质符合1994年7月15日提供的样品，并由买方代表史密斯先生会签。AB公司在装运后，于9月13日将信用证所要求的单据向议付行交单议付。9月29日开证行提出如下单证不符点：

(1) 我信用证规定："...The beneficiary's draft (s) at sight, pay to The Standard Bank, Ltd. only..."，而你方提交的汇票收款人却只表示"pay to The Standard Bank, Ltd."，遗漏了"only"。

(2) 我信用证规定货物的杂质和水分必须与第DHF94308号合同规定一致。从你方发票和其他有关单据上都无法确定杂质及水分的含量已符合上述合同规定。

(3) 你方出具的证书虽然已由史密斯先生会签，但其签字并非真实的，经与申请人事先向我行备案的签字存样对照，差别很大，故该证书无法生效。

以上三点不符，经联系申请人亦不同意接受单据。速告处理意见，我行暂代保管单据。

AB公司对开证行所提的三项不符点，经研究认为是无理挑剔。于10月4日即作出如下反驳意见：

(1) 汇票收款人名称有三种惯例填法，即记名式抬头、指示式抬头和来人式抬头。记名式抬头即直接指定某某人为收款人。你信用证所规定和我提交的汇票均属于记名式，以标准银行为该汇票的收款人，有无"only"，其作用没有实质差别。故我汇票的收款人缮制方法已符合你信用证要求，应认定为单证一致。

(2) 对货物规格含量问题，信用证规定杂质和水分必须与第DHF94308号合同规定一致。该合同规定杂质最高3%，水分最高12%，我发货票上亦同样记载杂质最高3%，水分最高12%。两者均相同，完全符合第DHF94308号合同规定，怎能说单证不符?

(3) 关于我们出具的证书，证明货物品质符合1994年7月15日提供的样品问题。该证书已由买方代表史密斯先生检验货物后亲自会签，并非第三者签字，如何能说签字不真实?

双方经多次函电争论，AB公司最终认为无法驳倒对方，只得自己与SM公司联系，但对方一直不答复。开证行又再三催促单据处理意见。最终AB公司只好委托其他代理商就地处理货物，以免货物遭到更大的损失。请就开证行提出的三个不符点谈谈你的看法。

（摘编自 http：//xtrade.126.com。）

案例 8—9* 提单上装运港异议的 DOCDEX 裁定

S（A Saudi Arabia 银行）银行根据《UCP500》开立了信用证，由 B（A Bulgaria 银行）银行作为指定银行对信用证保兑。S 银行收到单据后于 2003 年 5 月 4 日向 B 银行发出了拒付通知，提出了 3 个不符点，对此 B 银行不予认可。接下来 B 与 S 银行之间就该问题通过函电你来我往，但毫无进展。遂提请 DOCDEX 裁定。

（1）关于第 1 个不符点——原产地证明：信用证原相关条款规定，“certificate of origin issued by the chamber of commerce in the exporting country and authenticated by the representative office A. B. C. D. E. or any Arab embassy in Ukraine and showing said applicant as consignor, also evidencing that the commodity is of Ukraine origin.”，后来修改为：“certificate of origin issued by chamber of commerce in the exporting country and authenticated by any Arab country's embassy in Ukraine evidencing that the commodity is of Ukraine and/or Romania origin.” S 银行认为原产地证明是在罗马尼亚而非信用证规定的乌克兰，构成了单证不符。

信用证开立时当事人规定货物的原产地为乌克兰，因而只规定了在乌克兰认证单据。然而信用证修改为，允许货物原产于乌克兰或罗马尼亚，但并未相应修改原产地证由乌克兰或罗马尼亚出具。DOCDEX 裁定认为，无论受益人是否曾经要求修改信用证，都不能期望受益人去要求另外一个国家的机构（即乌克兰）对罗马尼亚出具的原产地证明加以认证，信用证本身也允许货物原产于乌克兰或罗马尼亚。认证仅仅是由认证机构在相关单据上签署意见以证实单据是真实的，且该认证手续最好由单据签发人所在国的机构来完成。受益人提供在货物原产国的机构认证单据并无不妥之处。

（2）关于第 2 个不符点——提单：信用证原相关条款规定，“Loading on board: Any Ukraine sea port”，后来修改为“From Black Sea port or Azov Port”。所提交提单显示“Tulcea”为装运港。S 银行提出的第 2 个不符点认为提单没有按信用证规定显示“Black Sea”作为装运港。

Tulcea 是 Black Sea 的一个港口。信用证条款并没有规定在实际的装运港后面必须注明“Black Sea”字样。这就类似于信用证规定“Mediterranean port”，而提单实际显示“Marseille”作为装运港一样。因而 Tulcea 作为装运港已满足了信用证的要求。

（3）关于第 3 个不符点——证明：信用证证明条款规定，“certificate indicating that wheat is as per Lebanon standards”，而货物描述为“6 000 MT sound loyal merchantable feed barley in bulk”，S 银行提出，受益人提供的证明书上显示的实际装运的货物名称“feed barley”而不是“wheat”。

信用证规定的货物是“feed barley”，而要求受益人提交装运货物是“wheat”的证明。若要做到与信用证规定相符，则导致受益人只能出具虚假证明。DOCDEX 裁定认为，该信用证所要求提交的证明单据，明显与其他单据不一致，这与信用证制度以及 UCP 的性质和精神明显不符。开证行不能期望受益人依据一份条款不当的信用证而提供一份虚假证明。

S 银行提出的以上三个不符点都被 DOCDEX 裁定不成立。你认为 DOCDEX 裁定合理吗？这与其他案例对信用证单据的要求有不同吗？这对你的国际贸易有何启发？

（摘编自九城集团网 - 职业考试 - 报关员考试 - 复习资料，2006 年 07 月 17 日。）

案例 8—10　信用证要求投转船险未投

某轻工业品进出口公司 TL 对日本 Y 株式会社出口一笔玻璃器皿。1996 年 3 月 11 日收到国外开来的信用证，信用证有关保险条款规定：“Insurance police in duplicate covering ocean marine cargo clauses F. P. A Including Risk of Breakage and transshipment risk...”。在特别条款中又规定：“Shipping advice must be sent to accountee by cable after shipment and a Inspected copy of this cable to accompany the negotiating documents.”

TL 公司根据信用证要求，在装运后备齐单据向国外寄单办理收汇手续。3 月 26 日开证行提出异议：

“你第 ××× 号单据已收到，经审核发现如下不符点：① 保险单的险别中漏保转船险（transshipment risk）；② 信用证要求提供‘Inspected copy of cable’（经检验的电报抄本）。该抄本须经过原发的电报局盖章证实电文的内容，才能符合我信用证要求。上述不符点我行无法接受，单据仍在我行代保管，速告你处理意见。3 月 26 日。”

TL 公司接到开证行的上述拒付意见后，经研究认为开证行意见毫无道理，于 3 月 28 日向开证行作如下答复：“① 该批货物是由起运港直达目的港，中途不转船，所以就不投保转船险，并非漏保；② 对于信用证要求‘Inspected copy of cable’，我提供的单据名称也是‘Inspected copy of cable’，所以单证已经相符。至于是否须经过原发电机构盖章证实，信用证上并没有这样要求。根据惯例规定：银行审核单据是依据单据表面上是否与信用证条款相符合，以确定是否接受单据。所以我单据表面上与你信用证相符合，你应该接受单据。”

4 月 1 日开证行又提出仍然不同意接受单据，其电文如下：“① 银行不管实际运输是否转船或直达，只管单据表面上是否相符。信用证要求投保转船险；而保险单缺转船险，就是单证不符；② 经检验的电报抄本，不仅在单据名称上表示，而实际也要经过原发电部门盖章表示经检验。你未经发电部门检验，怎能构成‘经检验的电报抄本’？所以它并未满足信用证这一要求……”

TL公司又再三与买方交涉，最后按80%付款，赔偿对方20%而结案。根据运输合同和惯例，你认为TL公司不投转船保险是否合理？电报抄本应由谁检验？

（摘编自一叶飘落江湖的博客－和讯博客网。）

案例8—11 审单时间的代价

C外贸公司与香港H公司达成了一笔1 019公吨镀锡铁皮和镀锌薄板，金额约20万美元的进口合同。支付条件为即期信用证，交货期为2—3月。不久，广州中行根据C的申请开出了以H为受益人的信用证。3月25日，H的单据寄至广州中行，承运货物的“海星”号轮也同时到达黄埔，C赎单提货。装货的48个集装箱外观完好，封条未动。但启封以后，发现箱内只有充满脏水的铁桶，没有镀锡铁皮和镀锌薄板。3月30日，C立即将该欺诈行为通知了广州中行，要求其通知指定的议付银行。但广州中行收到的香港银行回复的电传称，已根据提示汇票和单据支付了货款。这时，C又发现了H所交单据的不符点：商业发票注明的规格为50厘米，与信用证要求一致，而提单上注明的规格为50毫米。4月14日，中行根据C的请求，以单据与信用证不符提出拒绝付款，要求香港银行行使追索权，向H索回货款。3天后，香港银行回复称，中行提出偿还货款的要求超过了允许的合理时间（《UCP500》规定7天，《UCP600》改为5天），因此，要求广州中行立即偿付。你认为在这个案例中应该吸取哪些教训？

（摘编自合众出口网。）

案例8—12* 进口监装又遇“软条款”

C公司从美国进口木材，合同金额300多万美元，CFR中国港口。签订的合同和开出的信用证中都规定在装船时由C派人验货、监装并签发检验证书的条款，C方也正想借这个机会安排几个人出趟国。于是进口部经理带一个四人小组到了美国，卖方马上拉他们去码头验货。到码头一看，货物质量很好，全是又粗又长的松木。卖方告诉验货小组，船过两天才能到，你们初来美国供货主一定会尽地主之谊。验货小组欣然接受了卖方安排，这一玩就是一个多星期，等验货小组回到码头一看，货也没了，船也没了。卖方说，船已装上货走了，请签字吧。验货小组就在检验证书上签了字。过了半个多月，船到目的港，C方到码头一看，傻了眼，整个是一船杂木。找专业人士估价，仅值70多万美元。

对于大宗货物的进口，买方自己派人监装，可防止交易诈骗，而对于卖方来说在信用证中就是“软条款”。为什么有的企业在出口中难以避免“软条款”的圈套，而在进口中还落入了“软条款”的圈套呢？从此案例，你认为外贸人才的什么素质最重要？

（摘编自世贸人才网。）

小知识

（1）Swift：Swift是国际金融电讯协会Society for Worldwide Interbank Financial Telecommunications的缩写。使用该协会的通讯系统就意味着接受该协会的通讯标准，如用Swift开立的信用证不必有保证付款的字样，但开证行也受保证付款的约束。

（2）Bonafide Holders：善意持票人，是国际金融中的常用术语。是指相信票据所载的内容、不知道票据缺陷的票据持有者。按法律规定，善意持票人的票据权益受到保护。如信用证业务申请人的汇票被银行买入后，买入汇票的银行如果不知道该汇票有缺陷，就是善意持票人。如果汇票的付款人不付款，申请人不得以任何理由拒绝善意持票人要求付款的请求。当然，银行审单疏忽议付的单据不适用此规定。

（3）Endorse：背书，是一种在权利文书背面以书面形式把文书正面所记载的权利进行转让的法律行为。国际贸易中的背书单据有提单和汇票两种，提单的背书就是提单货权拥有人在提单背面签名把货物所有权转让给他人的行为；而汇票的背书就是汇票权力拥有人在汇票背面签名把收款权利转让给第三者。

（4）空白背书（Black Endorsed）：空白背书是指不填写权利受让人的一种背书形式。空白背书的方法是把填写受让人名称的地方空出来，仅在后面签上背书人的名字。这样，谁拥有了文书谁就拥有了文书所记载的权利，而无需一次次通过背书转让。

（5）双效期信用证：信用证有效期和装运期限相同的信用证称为双效期信用证。应该注意的是虽然从理论上讲装运可以在规定日期的最后一天完成，但实际上交货必须提前两三天以上，一是因为当天取得单据、当天议付时间紧张；二是装运单据当天可能不能取得，如提单，送货要在24小时以前送达指定的收货人，货主要等运货船只启航后才能凭收货人的收货单换取提单。

（6）提单签发人的身份：根据信用证惯例及银行审单标准，提单的签发人必须注明自己的身份，如承运人必须在签字后面注明Carrier；代理人必须注明所代表的承运人或船长。如：“ABC FORWARDING CO as agents for XYZ LINE, the carrier”或“ABC FORWARDING CO on behalf of XYZ LINE, the carrier”。

（7）装船批注：如提单上印就收妥待运（Received in apparent good order and condition for shipment...）字样的必须再加“装船批注”和装船日期；提单印有“Intended Vessel”、“Intended Port of Loading”、“Intended Port of Discharge”及/或其他不肯定的描述字样的，须把实际装货的船名，装货港口，卸货港口等项目注明，即使和

预期（Intended）的船名和装卸港口一致，也必须重复列出，否则不能结汇。

（8）电提：在信用证下单据不符的情况下，受益人为了在交单前获得申请人的付款保证，用传真的方式向申请人提出不符点，请申请人作出接受单据的书面承诺，受益人在向银行交单时随附申请人接受单据书面承诺的复印件。这种收款做法称为电提。虽然这种支付方式与表提一样由银行担保转为商业信用，但由于有申请人的付款承诺，收汇要安全得多。随着传真的普及，表提基本上已被电提所取代。

（9）DOCDEX 裁定：DOCDEX 裁定是国际商会跟单票据争议专家解决规则的简称。根据此规则，信用证当中的任何一方当事人与其他当事人就信用证产生争议时，可以向国际商会设在法国巴黎的国际专业技术中心（International Centre for Expertise，简称“中心”）提出书面申请，由该中心在银行委员会提名的一份专家名单中指定三名专家，根据当事人陈述的案情和有关书面材料，经与银行委员会的技术顾问协商后，就如何解决信用证争议以该中心的名义作出决定，称为 DOCDEX 裁定。

（10）需要时代理：在出口商委托银行托收货款时，应在委托中指定一需要时代理——国外客户拒绝赎单时由需要时代理处理已经装运的货物。

8.5 思考与练习

1. 汇付有哪些分类，其特点是什么？
2. 何谓光票托收，何谓跟单托收？二者分别适用于什么业务托收？
3. 付款交单与承兑交单有何区别？两种支付方式的优劣是什么？
4. 出口商采用托收付款方式应注意哪些事项？
5. 什么是信用证？对进出口商有何作用？
6. 信用证业务的特点是什么？
7. 出口商有 L/C——银行付款担保，是否化解了买方不付款的风险？为什么？
8. 什么是不可撤销信用证、保兑信用证？
9. 什么是议付？什么是议付信用证？什么是承兑信用证？
10. 用承兑 L/C 支付，如果申请人承兑取得单据，但到期日不付款，开证行对此是否应负付款担保责任？
11. 什么是假远期信用证？对于受益人来说，假远期信用证与即期信用证有无区别？
12. 远期付款信用证和迟期付款信用证有何区别？
13. 信用证的操作程序和通常涉及的当事人有哪些？

14. 如果收到国外客户寄来或当面交给你的信用证，你如何处理？

15. 信用证的内容有哪几个组成部分？

16. 有效信用证的基本特征有几个？

17. 审核信用证时，与进出口业务有关的内容主要有哪些？

18. 审核信用证常用条款应注意哪些问题？

19. 何谓信用证软条款？有哪些类型？如何防范？

20. 审核信用证对外来单据的要求应注意哪些问题？应如何解决？

21. 信用证修改应注意哪些问题？

22. 受益人 B 于 4 月 10 日收到申请人 A 通过银行开来的要求立即装运、有效期至 4 月底的信用证，B 在 4 月 25 日向议付行提交了单据，提单上的装船日期是 4 月 21 日，A 以 B 没有立即装运违反了信用证规定为由拒绝赎单，作为受益人 A，你如何处理？

23. 信用证要求一份船公司证明（Carrier's Certificate），并注明“stating the shipment to be effected with reliable motor vessel”，你审证时应如何处理该证明。

24. 国外开来一信用证，装运条款有“From China port to Rotterdam”的规定，且不可分批。装船期为 4 月 25 日，受益人赶上 20 日的航次交货有困难，但下一班需要一个星期。经询问，该班轮 4 月 25 日前在上海停舶，企业想在青岛和上海各装运一批货物，这是否符合信用证要求？

25. 国外开来一装运 1 500 箱洗衣粉的信用证，未规定是否允许溢短装，受益人为节省运费，用一个整 20′C 出货装了 1 550 箱。因为受益人认为按《UCP600》规定，卖方交货数量允许有 5% 的增减，你认为可否？

26. 受益人 B 收到申请人 A 通过银行开来总额为 1 万美元的信用证，货物描述部分规定“Toilet Soap about 1 000 cartons, Unit price @ USD10 CIF”，为了节省运费，B 装足了一个 20′C，共 1 080 箱，但单据遭到 A 的拒付。理由是发票金额与信用证金额不符，而 A 认为信用证的货物数量既然是约数，金额也应该允许做相应的增减，你认为此理由成立否？

27. 假定你与阿联酋客商签订了 CIF DUBAI 出口合同，但审核信用证时，发现“B/L to evidence that the final delivery of goods will be at Yemen. Marked ‘In-Transit to Yemen’”这个条款，应如何处理？

28. 结汇单据制作的基本要求是什么？

29. 什么是汇票？汇票所涉及的当事人有哪些？

30. 商业发票、海关发票和领事发票的区别和作用？

31. 什么是清洁提单和不清洁提单？什么是已装船提单和备运提单？

32. 在不清洁提单、备运提单、甲板提单和过期提单中，哪一种是可以结汇的提单？

33. 何谓记名提单、不记名提单和指示性提单？
34. 保险单的作用是什么？什么是保险批单？有何作用？
35. 产地证明书的作用和主要种类有哪些？
36. 采用“表提”收款，开证银行可以拒付吗？
37. 单据不符开证行拒绝付款，作为受益人，你如何解决货款问题？

第 9 章　国际贸易方式

9.1　学习本章的任务和应掌握的知识点

9.1.1　学习本章的任务

下面是阳光公司发给远航配件厂的电子邮件（格式略），请在本章学习的基础上，作出国际贸易方式决策，并相应地回复客户。

> Re: The Compensation Trade and Setting up Distribution Relationship
>
> Thank you for your counteroffer of your Ref No. 302.
>
> We appreciate your great concession to strike the deal, but there is still a big gap between our prices. Our market is glutted with your "Made-in-China" products and the competition in prices becoming keener and keener. May you consider manufacturing the sockets with our supplied materials and consider us to be your Sole Distributor in the British countries? Or will you please make another way out?
>
> Looking forward to your response.

9.1.2　学习本章应掌握的知识点

1. 对销贸易和加工贸易的概念和含义
2. 对销贸易、加工贸易的特点和适用情况
3. 加工贸易在企业发展、国家发展中的作用和意义
4. 加工贸易的发展目标

5. 三来一补和以进养出贸易
6. 国际贸易与国际分工的关系
7. 经销和代理的概念、区别和作用
8. 经销和代理协议的主要内容
9. 订立经销、代理协议应注意的问题

9.2 对销贸易与加工贸易

与单纯的进口贸易或出口贸易不同，对销贸易与加工贸易包括进口和出口两个相关联的业务，增加了国际贸易业务的灵活性和复杂性。

9.2.1 对销贸易

对销贸易（Counter Trade）是包括易货、记账贸易、互购、产品回购、转手贸易等以进出口结合、出口补偿进口为共同特征的各种贸易方式的总称。

1. 易货贸易（Barter）

易货贸易是指出口商品价款是以进口货物支付的出口方式，是双方当事人间不涉及货币的货物互换，用于与商品经济不发达的国家或地区的进出口贸易和小额边境贸易。

（1）易货贸易的主要方式

易货贸易有记账易货贸易和对开信用证两种方式，前者是指交易双方的货物互换不必立即进行，而是将货值记账，保持进出口双方逐笔易货贸易或在一定时间内的易货贸易额平衡（如不平衡，再以现汇或货物平衡）；采用后者交易方式，双方同时用计价方式成交金额大致相等的一个进口和一个出口合同，并以互开信用证作为支付货款方式。

（2）易货贸易方式的优劣

易货贸易的优点有三个，一是方便外汇紧缺或与外汇紧缺的国家交易，扩大进出口业务；二是没有国际市场的一方可以利用对方作为出口渠道；三是方便边境贸易，不用货币交换。但易货贸易中进口商品选择余地有限，而且要求进出口商有多种商品交易的经验和渠道，因而增加了成交的难度。

易货贸易是原始的交易方式，交易效率低。从企业经营考虑，应优先使用货币为媒介的国际贸易方式。当然，如果需要扩大经营，也要抓住易货贸易的机会。

2. 互购贸易（Counter Purchase）

也称回购和对等购买，是指在出口的同时，订购进口商全部或一定百分比金额商品的贸易方式。在这种方式下，先出口的一方在其售货合同中承诺，用所得外汇（全部或部分）购买对方国家的产品。

互购贸易涉及两个即独立又相互联系的进口、出口合同，特点是两笔交易都用现汇支付。显然，这种贸易方式是交易一方或双方做出的利用对方市场的优惠安排。

这种贸易方式的选用有两种可能的情况：（1）用货币支付易货贸易的差额，方便易货贸易磋商和履行。在这种情况下，性质上仍属易货贸易；（2）缺乏销售渠道的一方利用进口打开出口渠道，但可能要在出口价格上付出一定代价。

3. 补偿贸易（Compensation Trade）

补偿贸易是指在信贷的基础上，从国外进口机器、设备、技术、原材料或劳务，约定在一定期限内，用其生产的产品、其他商品或劳务，分期清偿贷款的一种贸易方式。

（1）补偿贸易的种类

根据偿还进口货款的出口商品，可以分为直接产品补偿、间接产品补偿和劳务补偿三种。如果用于补偿的产品是进口设备或用进口原料生产出来的，称为直接产品补偿，否则为间接产品补偿。而劳务补偿常用于来料加工和来件装配业务。

（2）补偿贸易的特点

由于补偿贸易通常包含机械设备的进出口，具有商品的技术含量高、合同金额大、履约期限长，交易风险大的特点。表现在业务上，国际贸易与信贷相结合，由设备提供商或进出口国银行直接或介入提供信贷；国际贸易与生产相联系，出口机器设备原料方同时承诺回购对方的产品。

（3）补偿贸易的作用

对设备原料进口方来说，补偿贸易有下列作用：① 通过出口或进口信贷利用国外资金，以弥补发展所需的资金不足；② 通过引进先进设备或优质原料，提高科技水平和生产产品的档次；③ 以对方为出口渠道，充分利用国内和国外资源。

对设备原料出口方来讲，有利于突破对方支付能力的瓶颈，扩大出口，也可能在回购中取得稳定的原料或加工品来源和转售利润。

所以，补偿贸易多用于外汇支付能力困难的国家与发达国家之间的国际贸易。

（4）补偿贸易注意的问题

项目的选择：对于补偿贸易的设备进口方来说，项目选择决定着整个补偿贸易的利益多寡和得失。项目的选择主要应考虑以下三个因素：① 产品的市场前景：进口设备生产的产品要有支撑经营利润的市场基础和发展潜力，既要考虑目前的利益，也要考虑企业的未来发展。切勿选择夕阳产业的项目；② 国内资源与环境：引进设备的优点之一是利用国内资源，一是要考虑国内资源的丰余程度，二是要考虑环境可以承受的程度，切勿引进长期大量消耗国内不可再生资源和破坏环境的项目；③ 技术上的合理性：合理性要综合考虑引进项目技术的先进性、可靠性、适应性和经济性。先进是提高科技水平的前提，可靠是实现科技进步的保证，适应是发挥先进技术优势的基础，经济是一切经营活动的原则。

设备出口方资信：由于补偿贸易金额大、期限长和技术复杂的特点，使补偿贸易的设备进口方面临的风险较其他贸易方式大得多，设备出口商的资信直接关系到设备进口方的补偿贸易利益。

技术消化与创新：技术领先需要科技创新，创新的前提是要以一定的科技水平为基础，所以补偿贸易的进口方首先要消化引进设备带来的先进技术，这是取得补偿贸易目前利益的前提；其次，在消化的基础上，进行科技创新，创造技术优势，以免陷入引进、落后、再引进、再落后的技术引进怪圈。

4. 回购（Buy-back）与返销（Sell-back）

是指进口方用进口的机器设备、技术、专利工业产权等项目生产的产品再向原出口方出口的贸易方式，是补偿贸易中不同的进出口主体，对补偿贸易的不同称谓。对于设备等的进口方，这种贸易为返销，对于设备出口方来说则是回购。

9.2.2 加工贸易

加工贸易是一国通过各种不同的方式，进口原料、材料或零件，利用本国生产能力和技术，加工成成品后再出口，从而获得以外汇体现的附加价值。因此，可以把加工贸易理解为以加工为特征的再出口业务。

1. 进料加工贸易

进料加工是指用进口的原材料、辅料，利用本国的技术、设备和劳动力，加工成品后，销往国外市场。

与对销贸易不同，进料加工贸易的进、出口合同是相互独立的，与一般出口贸易相比，只有原材料是进口的。一笔对销贸易，通常包含一个进口合同和一个出口合同。而进料加工的一个进口合同项下的原料可能用于多个出口合同的生产；一个出口合同的货物也可能由多个合同进口的多种原料生产。因此从业务角度讲，进料加工并非“加工贸易”，因为进料与出口“加工”产品是两个没有联系的业务，是企业正常的购销活动，并不存在加工问题，它只是我国在国际贸易管理中的称谓。

进料加工的进口原料是国内原料质量较差或价格较高的产品，进口原料的目的是为出口贸易加工产品，因此我国把进料加工贸易也称为以进养出贸易。

2. 加工装配贸易

加工装配业务是来料加工、来样加工和来件装配业务的统称，即由外商提供原材料、图样或零配件，经加工方加工装配成产品交还外商返销，由加工方收取工缴费。有时亦由外商提供机器设备，可以作价或不作价；作了价的，加工方则用工缴费分期偿还。

外方提供原料、辅料和包装材料，根据业务需要可以全部提供，也可以部分提供，部分由加工方提供。

加工装配业务包括进口原料和成品出口两个贸易进程，但这两个进程是同一笔贸易的两个部分，而不是两笔交易。原材料的提供者和产品的接受者是同一家企业，交易双方不存在买卖关系，而是委托加工关系，加工一方赚取的是劳务费，因而这类贸易属于劳务贸易范畴。但在具体业务中，外方提供的原、辅料需要按进口贸易办理通关手续，成品出口则需要办理出口通关手续。

加工贸易的委托方可以利用自己的原料、技术、销售渠道优势和利用加工方的劳动力资源优势，合理配制和充分利用世界资源，最优安排生产和销售，获得最大经营利益；而加工方可以发挥本国劳动力资源丰裕的优势，提供更多的就业机会；补充国内原料不足，充分发挥本国的生产潜力；通过引进国外的先进生产工艺，借鉴国外的先进管理经验，提高本国技术水平和产品质量，提高本国产品在国际市场的适销能力和竞争能力。但是，加工装配业务只是一种初级阶段的劳务贸易，加工方只能得到微薄的加工费，产品从原料转化为成品过程中的附加价值，基本被加工贸易的委托方占有。由于这种国际贸易方式所需投入少、风险小，对于缺乏国外经营能力、国际贸易经验、国际贸易渠道或资金技术的企业来说，是进入国际市场的撬门砖和国际贸易的初级形式。

与一般贸易合同不同，加工贸易合同涉及以下几个问题：

（1）耗料率和残次品率：这关系到双方的贸易利益。

（2）保险条款：贸易所有权属委托方所有，加工装配料件和成品在进出口运输和在加工方存储期间的保险责任应在合同中明确，以防发生不必要的纠纷。

（3）知识产权保证：涉及专利、商标的，还应订立知识产权保证条款，以保证双方的利益不受侵害。

3. 贴牌（OEM）加工贸易

所谓贴牌加工是指国内生产加工企业接受国外企业的委托，使用国外企业所拥有的商标为其加工产品且不负责对外销售的生产加工活动。

OEM 是英文 Original Equipment Manufacture 的缩写，直译为原始设备制造商，但其基本含义为定牌加工，俗称“贴牌”。就是品牌生产者不“生产产品”，而是利用自己掌握的“关键核心技术”负责设计和开发新产品，控制销售和销售“渠道”，通过合同订购的方式委托其他同类产品厂家生产，所订产品低价买断，并直接贴上自己的品牌商标。这种委托他人生产的合作方式即为 OEM，承接这种加工任务的制造商被称为 OEM 厂商，其生产的产品就是 OEM 产品。

贴牌加工贸易与加工装配贸易在本质上是一样的，为国外企业提供产品加工，赚取加工费用，其优劣与加工装配贸易相同。唯一不同的只是没有进口委托人的料件，而委托人提供在加工产品中唯一有价值的“原料”就是“牌”，所以加工方在这种贸易中需要特别注意的是在使用定牌加工出口时，要确认买方的商标权利，避免商标侵权，掉入侵权陷阱，或在合同中注明发生侵权与卖方无关的内容。与加工装配业务相同的是，OEM 厂商也要从长远发展考虑，通过 OEM 加工掌握生产技术并进一步创新，培育自己的品牌，开发自己的销售渠道，避免患上“OEM 依赖症”。

9.2.3 “三来一补”和以进养出贸易

为鼓励出口，我国对来料加工、来样加工、来件装配和补偿贸易，简称“三来一补”和以进养出贸易的进口实行优惠进口关税待遇——减免 85% 的关税。从事这些方式的国际贸易，企业要利用国家政策，降低经营成本。

为防止以“三来一补”和以进养出贸易进口的货物用于内销，国家对减免关税进口的货物进行备案跟踪管理，企业要享受优惠待遇，就必须接受海关对进口料、件的监管。进口前要到海关申批备案，海关核准后发给企业一个核销手册。进口报关时要凭手册享受优惠关税，这些进口料、件加工、装配后出口时要凭手册登记核销，进口料、件全部加工出口后，再到海关办理结案手续。进口料、件不能按期出口和不能用于复出口时，应到海关办理延期手续或补交进口关税结案。

“三来一补”和以进养出贸易是我国出口导向国际贸易政策的措施之一，企业利用国家政策培育了在国际市场上的竞争能力，需要实现产业升级和贸易方式的转变，提高竞争水平和竞争能力。

9.3 经销与代理

经销与代理方式下的国际贸易与单纯的进出口贸易没有不同，而是进出口贸易中市场渠道开发、利用和选择的方式。

9.3.1 经销

经销（Distribution）在国际贸易中是指经销商（Distributor，为进口商）按照约定（由经销协议 Distributor Agreement 约定）条件，为国外供货商销售产品。按照经销协议或合同，在规定的时期内，由供货商向经销商定期、定量供应货物，经销商在规定的市场上销售，经销商与供货商之间仍然是买卖关系。

1. 经销的类型

（1）独家经销（Sole/Exclusive Distribution）

独家经销也称包销，是指经销商在一定时期和指定地区内享有独家销售某种或某类商品的权利。在独家经销协议规定的期限和指定的地域内，出口商出口的独家经销商品只能向独家经销商报盘成交，而不能售给该地区内的其他客户。作为对等义务，独家经销商在独家经销期限和地区范围内也不得向其他供货商购买此种商品。

（2）一般经销

一般经销也称定销，是指经销商在一定地区和期限内享有销售某种或某类商品的权利。这种权利不是独享的，也就是说供货商可以同时与几个进口商建立一般经销关系。通常出口商在价格、支付条件和折扣等交易条件上给予经销商一定的优惠。

2. 经销与一般进出口业务的区别和作用

经销方式交易主体双方的关系仍然是买卖关系，这是与一般进出口业务相同的。但经销协议是出口商与经销商的一个长期销售安排，它不是买卖合同。在交易时，要按经销协议确定的原则和事项签订具体的买卖合同。这种长期销售安排有利于出口商打开国际市场、有计划地组织经营和出口。出口商给予经销商的经销权和优惠条件，可以调动经销商的积极性，达到开发市场、巩固市场、扩大市场的目的。

独家经销商获得了专卖权，同时又有义务不再购买其他供货商的同类商品，有利于独家经销商专心经营指定产品，扩大市场占有率。对于出口商来说，也可以避免同一地区多头经营产生的自我竞争，垄断销售价格。

一般经销可以防止独家经销在指定市场上的垄断，但一般经销对于经销商来说积极性不大，对于出口商来说也难以发挥集中经营的作用。通常一般经销是出口商选择独家经销考察阶段赋予独家经销商候选人资格的经销方式，是独家经销的过渡安排。

3. 经销协议的主要内容

经销协议是指出口商与进口商签订的经销方式下双方权利和义务的书面文件，具有法律效力，协议的主要内容包括以下几个方面。

（1）经销的商品、时限和地区

经销的商品包括类别、名称、商标、牌号等，即出口方是把全部、还是部分商品的经销权授予对方；时限可根据需要签订一年或数年；地区是指经销权有效行使的范围，可以是一个国家，也可以是一个地区——数个国家或一个国家的一部分。

（2）经销数量或金额

经销数量或金额是指经销人在一定时期内向出口方购买商品的数量，这是出口商签订经销协议的基本期望目标，是独家经销协议的关键条款。

（3）经销价格

经销价格的确定有以协议规定价格为准的一次作价和分批作价两种方法，后一种作法在经销协议中使用较普遍，因为买卖双方都有回避价格变动风险的要求。

（4）经销商的其他义务

包括提供市场信息、售前售后服务、广告、对出口方的商标权和专利权的保护等。对于独家经销商，还要承诺以出口方作为独家经销商品的唯一供应来源。

（5）出口方承担的义务

出口方的义务是为经销商提供经销条件和方便，如宣传材料、样品、广告费用、促销礼品等。对于独家经销，出口方还要承担不向该地区的其他客户直接售货的义务。

（6）协议的延长和提前中止条款

为了方便，可以在协议中签订自动延长条款，即如果任何一方未发出终止协议的通知，协议可自动延长一年或数年；为了预防意外事件造成协议不能履行或协议一方不履行协议，提前中止条款也是必要的。如不可抗力、经销方完不成销售定额等。

另外还可以规定争议解决条款，如仲裁、诉讼等。

4. 选择经销贸易方式的注意事项

（1）选择经销商要慎重

选择经销商，要先对经销商候选人的资信情况、商业作风、经营能力进行考察，选择经营能力较强，资信较好的国外客户作经销商。尤其是独家经销，出口商有独家经销商包而不销导致出口受阻的风险，同时也有独家经销商利用垄断地位，操纵价格，控制市场的风险。

（2）独家经销协议的签订要慎重

出口商与进口商签订了独家经销协议，就把在特定市场的销售权完全赋予了经销商。对于出口商来说，独家经销既是市场控制手段，也可能是“作茧自缚”的市场障碍。协议一定要根据企业市场营销需要，慎重考虑经销安排，并订立适当的协议中止条款。

（3）一般经销也要有经销最低限额

因为一般经销商的积极性不大，为防止经销商“经而不销”，也要在协议中规定一定的经销最低限额。同时，出口商一定要对一般经销协议安排中的贸易与一般贸易区别对待，提高一般经销商的积极性，以免一般经销流于形式。

9.3.2 代理

代理（Agency）是指代理人接受委托人的授权，在委托人规定的权限范围内，与第三方从事商业活动的行为。

1. 直接代理、间接代理与不公开代理人身份的代理

按委托人与代理人的责任，代理关系可分为直接代理、间接代理和不公开代理人身份的代理三种类型。

（1）直接代理

直接代理是指代理人在代理权限内，以委托人的名义与第三者从事商业活动，由委托人对代理人从事的商业活动负责。直接代理属于代理制度中最一般的情形，是国际贸易中在国外委托代理的常用方式，在英美法系中与其相对应的概念是“显名代理”。

与直接代理类似，还有一种“公开代理人身份的代理”——是指代理人以自己的名义，在委托人的授权范围内与第三方订立合同，第三方在订立合同时知道代理人与委托人之间的代理关系的，该合同直接约束委托人和第三方，但有确切证据证明该合同只约束代理人和第三方的除外。

（2）间接代理

间接代理是指代理人按照代理协议以自己的名义与第三方从事商业活动的行为。在代理人与第三方达成合同时，代理人同时受代理合同、与第三方达成的合同的约束，并享有贸易权利——承担风险和收益。也就是说，委托人与第三方没有法律关系。如果第三方对合同提出异议或产生纠纷，即使责任在于委托人，代理人也必须对第三方承担责任。当然，代理人可以依据代理合同向委托人再行使相应的权利。

（3）不公开代理人身份的代理

不公开代理人身份的代理，是指代理人以自己的名义与外商订立合同时，外商不知道代理人与委托人之间的代理关系，类似间接代理，但从各方的权利主张上与间接代理有些区别。

代理人的“披露义务”：委托人或第三方不履行义务，代理人均负有向非违约方披露违约方的义务。

委托人的“介入权”：因第三方原因代理人不能履行合同义务或产生合同纠纷时，代理人向委托人披露情况后，委托人可以行使代理人对第三方的权利，但第三方与代理人订立合同时如果知道委托人就不会订立合同的除外。对于委托人行使代理人对第三方权利的，第三方可以基于买卖合同的约定向委托人主张其对代理人的抗辩。

第三方的“选择权”：因委托人的原因代理不能履行与第三方的合同义务或产生合同纠纷时，代理人向第三方披露委托人后，第三方可以选择代理人或者委托人作为相对人主张其权利，但第三方不得变更选定的相对人。在第三方选定委托人作为其相对人的情况下，委托人可以向第三方主张其基于委托代理协议对代理人的抗辩，以及代理人基于买卖合同约定对第三方的抗辩。

2. 一般代理、独家代理与总代理

按照代理人的代理权限，代理可划分为一般代理、独家代理和总代理三种类型。

（1）一般代理（Agent or Commission Agent）

一般代理又称佣金代理，与一般经销类似，是不享有排他性代理权的代理，委托人在同一地区和期限内，可选定一家或几家客户作为一般代理人，根据代销商品的实际数量按协议规定的办法付给佣金，委托人可直接与该地区的买主成交。

（2）独家代理（Sole Agent or Exclusive Agent）

独家代理是委托人给予代理商在规定地区和一定期限内享有独家代理权的代理，委托人在该指定地区和时间内，不得委托其他代理人。除另有规定外，委托人也可直接与指定地区的买主进行交易，但这一部分商品交易仍应向独家代理商计付佣金。

（3）总代理（General Agent）

总代理是委托人在指定地区的全权代表，他有权代表委托人进行全面业务活动，除代表委托人签订买卖合同、处理货物等商务活动外，还可根据委托代理委托人进行一些非商业性的活动。

3. 代理与经销的异同和作用

代理是一种委托与被委托的关系，委托的商业事务广泛，既可以是交易合同，也可以是广告宣传、招揽客户、合同履行手续等。因此，可以把经销看作是一种在特定市场上销售产品的委托，经销双方是买卖关系，而代理既可以是买卖关系，也可以是佣金委托关系。

委托人通过代理方式，利用代理人在国际市场上的地位、销售渠道及其专业知识，委派代理人去开拓市场，组织销售和进货，进行售后服务，传播信息等，可避免因设立分支机构带来的人员、财务上的负担。这是专业化发展、非核心业务外包或节省费用的一种经营选择。

代理人通过代理业务，可以在获得稳定的市场供应前提下，发挥他的信息、专业等知识优势，摆脱运输、保险等履约环节繁琐事物，专注核心业务，在承担风险的同时获得贸易收益或不承担贸易风险只收取稳定的佣金收入。

4. 国际贸易销售代理协议的主要内容

除代理的商品、时限、地区、数量或金额、不可抗力、纠纷解决几项内容与经销协议大体相同外，代理协议还有以下几个主要内容。

（1）代理人的权利和义务

代理人的代理权限：即委托方授权代理人代理哪些商业事务，如有无代委托人签订合同的权力，是否享有独家代理权利等。

非竞争条款：即在协议有效期内，代理人不能购买、提供与委托人的商品相竞争的商品或为该商品组织广告，也无权代表协议地区内的其他相竞争的公司等。

信息和广告：代理人有义务为委托人进行市场调研、定期提交市场报告、策划和组织广告宣传等。

商业保密：对于涉及委托人商业机密的代理业务，委托人应注意在代理协议中订立保密条款。

(2) 委托人的权利和义务

有权接受或拒绝客户的订单：代理人对委托人拒绝的订单也不得要求佣金。但代理人在授权范围内与客户签订的合同委托人必须执行。

维护代理人的合法权益：如按协议支付佣金；因委托人责任使代理人蒙受损失的，应予以补偿等。

为代理人的代理业务提供便利条件：如样品、宣传材料、诉讼费用等。

(3) 佣金的支付

内容主要包括佣金支付范围（委托人与客户直接签订的合同是否包括在支付佣金范围之内）、佣金率、佣金计算的基础（FOB 价还是合同价）、佣金的支付时间和方式等。

随着服务业的发展，各种代理业务不断出现，为企业专业化经营提供了方便。如进出口合同履行代理、货运代理、保险代理、人力资源代理、企业注册、变更、撤销代理等。

5. 我国的外贸代理

外贸代理，是指具有进出口经营权的受托人（代理人）应委托人的委托，代理委托人办理涉及对外经济贸易合同的订立及履行事宜，并收取一定的手续费，而因交易所产生的亏盈由委托人承担的代理方式。

由于我国外贸经营权的限制，为了满足没有对外贸易经营权的企业进出口业务需求，《中华人民共和国对外贸易法》第 13 条规定："没有对外贸易经营许可的组织或者个人，可以在国内委托对外贸易经营者在其经营范围内代为办理其对外贸易业务"。进而形成了我国独特的外贸代理形式。当然，即使现在没有外贸经营权的限制，随着电子商务和专业化的发展，外贸代理作为一种行业也将会有更大的发展。

(1) 外贸代理与国际贸易代理的区别

从代理双方的关系和委托人承担交易亏盈方面，我国的外贸代理与国际贸易代理是一致的。但也有以下几个重要的区别，是在外贸代理中需要注意的。

代理的业务：国际贸易代理人的主要业务是为委托人推销产品、订立合同等与销售有关的商业活动，虽然总代理还可代理委托人进行一些非商业性的事务，但绝不包括合同的履行事务。而国内的外贸代理业务则主要是代委托人签订合同（包括或不包括合同谈判）和办理进出口手续。

业务的主体：虽然与国际贸易代理一样，委托人是国际贸易业务的主体，承担交易亏盈，但外贸代理合同的签订及进出口手续的办理与国际贸易代理相反，都要以代理人的名义。

（2）外贸代理双方的权利和义务

除与国际贸易代理相同之点外，关于双方的权利和义务，按照我国法律，主要有以下几个方面：

代理人负责代理业务遵守国家法律和国际惯例：如进出口合同要符合国家法律、进出口手续要符合国家法律法规的要求和国际贸易做法符合国际贸易惯例。

代理人须维护委托人的利益：代理人代理委托人签订的对外经贸合同及合同的变更，不得违背委托协议，并应及时将副本送交委托人。

代理人的合同义务与权利：代理人对外商承担合同义务，享受合同权利。

外商违约的处理：代理人应按合同及委托协议的有关规定及时对外索赔并采取其他补救措施。

信息提供：代理人应及时向委托人报告代理业务进度及履行受托义务的情况。代理洽谈合同时，还要向委托人提供相关商品的国际市场行情；委托人也应及时向代理人详细说明委托进出口商品的有关情况。

委托人的业务参与：委托人经代理人同意可参加对外谈判，但不得自行对外询价，或进行商务谈判，不得自行就合同条款对外作任何形式的承诺，不得自行修改或变更合同。

不可抗力事件：外商因不可抗力事件不能履行委托协议时，代理人免除相应责任，但应取得有关证明并及时通知委托人；委托人因不可抗力不能履行委托协议的，委托人应及时通知代理人并在合理期限内提供有关证明，以便代理人对外交涉。

（3）外贸代理协议

相对国际贸易代理来说，外贸代理协议要简单得多，主要包括合同内容（商品名称、描述、包装、支付方式、币种和价格或价格幅度，以及其他需要明确的交易条件）、委托事项、双方的权利义务（参照上述权利和义务）、佣金（或称手续费）比例（国家规定不超过3%）及其他经济利益分享规定、争议解决和协议期限。

延伸阅读 9—1　国际贸易方式

国际贸易方式是在买卖双方交易过程中随着不同商品、不同地区、不同对象和国家的不同管理政策，根据双方的需要形成的特定贸易做法，每一笔国际贸易都要通过一定的贸易方式来进行。

按组织形式可分为协定贸易，有固定组织形式的贸易和无固定组织形式的贸易方式。协定贸易是根据缔约国之间签订的贸易协定进行的贸易，可分为双边贸易协定和多边贸易协定，政府间的贸易协定和民间团体签署的贸易协定。有固定组织形式的贸易方式是按照一定的规章和交易条件，在特定地点进行交易的贸易方式，主要有商品交易所、国际拍卖、招标与投标、国际博览会和交易会等。在国际贸易中，对某些商品特别是大宗商品的买卖，通常采用有固定组织形式的贸易方式。无固定组织形式的贸易方式是指不按照固定的规章和交易条件，在非特定的地点进行交易的较为灵活的贸易方式。

按买卖双方的关系划分，有寄售、代理、经销、租赁贸易等国际贸易方式；按复杂程度，有单纯的商品购销方式，如单边进出口和复合的国际贸易方式，如补偿贸易、易货贸易、加工贸易等；按我国海关管理，可以分为一般贸易方式、加工贸易、三来一补和以进养出贸易等。

根据不同的划分标准，有不同的贸易方式。有的一种贸易方式具备多种贸易方式的特征。如进料加工按复杂程度是复合国际贸易方式，在海关管理中则属于以进养出贸易，它既可能是固定组织形式的贸易方式，也可能是无固定组织形式的贸易方式。所以划分标准体现的是国际贸易的某个特征，具体的贸易方式则是交易条件的灵活应用或接受国家不同方式的管理。

国际贸易方式是在资本主义生产方式产生、发展、国际贸易不断扩大的过程中，适应不同的政治、经济需要而逐渐形成的。20世纪60年代以后，特别是80年代以来，由于许多发展中国家对外支付能力明显下降，贸易保护主义重新抬头，一些灵活的贸易方式如补偿贸易、易货贸易、来料加工、来件装配等的应用日益普遍，企业应根据具体情况选择适合企业经营的贸易方式。而纯粹是由于本国管理划分的不同贸易方式，则与国际贸易的合作伙伴无关，只需要掌握相应的国家管理政策。

（摘编自潮州商务网，2002－2003。）

延伸阅读 9—2* 警惕落入国际分工的陷阱

中国社科院研究员张宇燕日前指出，我国应加速自主知识产权的技术革新，警惕落入发达国家主导的国际分工陷阱，沦为仅仅依靠资源消耗和廉价劳动力创造低附加值产品的“世界加工厂”。

随着经济全球化的发展，国际分工带来的产业转移使发展中国家融入全球采购链条。我国目前在全球制造业中所占的份额已达12%。2004年我国进出口总量为11 547亿美元，其中加工贸易进出口5 497亿美元，接近全年进出口总量的一半。

国际分工对发展中国家经济增长、广泛就业起到了很大的促进作用，但国际分工的最大受益者并不是发展中国家。作为经济全球化“游戏规则”的制定者，发达国家利用资金、技术、管理等方面的优势，占据着国际分工的制高点，而发展中国家则成为发达国家淘汰落后产业、技术的接收者，并为发达国家的生产和消费提供廉价的资源和劳动力。

截止到2004年年底，我国已有80多种产品的产量居世界第一，工业增加值居世界第四位，是名副其实的“制造大国”。但其中大部分产品属于高消耗、低附加值的产品，尚处于全球产业链的低端。海关统计2004年高新技术产品在我国出口的工业制成品中的比例仅为27.9%，而加工贸易在高新技术出口中所占比例高达88.6%，并且这些所谓的高新技术产品绝大部分是使用国外的核心零部件或者关键技术。

以被确定为国家支柱产业的汽车业为例，目前我国汽车整车制造企业有100多家，全国有27个省（市）生产汽车。但这些汽车制造企业，有实力、成批量、有技术、有市场的几乎全部出自中外合资公司，世界上几乎所有的著名汽车跨国公司都在我国建立了合资企业，中国汽车工业尤其是轿车制造业几乎成为著名外国品牌的组装厂。

张宇燕认为，避免落入发达国家主导的国际分工陷阱，关键在于提高企业的自主研发能力。2002年，我国授权发明专利6 000余件，但其中2/3来自在华的外资企业。时任商务部部长的薄熙来在中欧纺织品贸易谈判中“一亿件衬衫才能换一架飞机”的说法形象地反映了作为一个整体缺乏技术含量的“制造大国”的尴尬。除了产品加工业外，伴随着第二次产业转移的浪潮，我国正逐渐成为高能耗产业中心。不仅进一步加剧了我国能源紧张的局面，还使我国本已很脆弱的生态环境雪上加霜。在目前国际分工的格局下，发达国家实际上是在强化其在经济全球化过程中的既得利益，而发展中国家则被锁定在国际分工链条的末端，落入“国际分工陷阱”。在技术创新的跨越式发展中，我们在强调后发优势的同时，更应看到它的劣势。在由发达国家引领的技术革新中，后发国家不可避免地陷入某种“路径依赖”。只有坚持发展有自主知识产权的技术创新，才能占据经济全球化的前沿。

（摘编自青岛成功网案例讨论，2006－3－11。）

延伸阅读 9—3** 微软代工厂的血泪

一个以“调查和公开美国在发展中国家生产商品的公司犯下的罪行，维护在全球经济中工人的权益”为宗旨的民间机构——美国劳工委员会（NLC）的报告，使全球第二大鼠标键盘生产厂商昆盈陷入了“童工门”，同时把“昆盈工人”推到了聚光灯下。

这份2010年4月13日发布在NLC官网上的报告称，经过三年的调查，证实为微软、惠普、三星、宏巏、华硕等电子产品巨头代工的昆盈，存在雇用童工、聘用大量未成年实习生、超长工作时间、人身自由控制等情况。报告涉及的是台湾昆盈集团在东莞的四个生产厂中的两个——东莞昆盈电脑制品有限公司（总厂）和东莞协盈电子有限公司。

“每年有数以百计的16～17岁学生被强制每天15小时轮班”、“工人面临羞辱、惩罚、性骚扰”。据此报告认为昆盈是“血汗工厂”的标本，称应该有“一场全球性的反血汗工厂运动”。这份报告迅速被几百家国内网站转载，给昆盈带来了一些麻烦：2010年4月15日，东莞人力资源局派出监察大队联合厚街人力资源分局对昆盈总厂进行了突击检查。

人力资源局的调查结果称：全厂2 884名工人中确实有385名16～17岁的未成年工，没有发现童工。但公布了昆盈的几个问题：加班时间过长、未成年工中有326人没有按规定向人力资源部门备案、合同没有发回一份给工人。针对这三个问题，人力资源局发出了“劳动监察限期整改指令书”，限令昆盈7天之内完成整改，依法维护工人的权利。昆盈接令后，在4月16日做出了一系列整改。但对工人真实的生存状态，劳动监察人员并没有作出清晰的回答。但从记者的调查，可窥见一斑。

森严的门禁，将数千名工人与外界隔绝，除已婚外的所有工人都必须住在厂内宿舍，每天只有早、午、晚三个固定的时间段允许工人进出。“有一次我晚上9点34分回厂，只晚了4分钟，就罚掉了我两天工资，大概一百多块。”在昆盈工作的刘某回忆。

多位受访工人介绍了工厂的“军事化管理”。每个进出厂的人都要刷卡，厂外的人基本不允许进厂，哪怕是长途跋涉来探望的员工亲戚，工厂也是打电话通知员工，让他们在厂外见面。工厂一般安排14个工人住一间宿舍，每月交208元的生活费，统一在食堂吃饭。每天开工前，线上的领班还会要求员工集合，先喊“立正，向右看齐”，再喊“向右转，坐下！”然后就坐在流水线前开始工作。每次领班还不忘训话：“手脚要快，做事不要偷懒！”

昆盈还有让员工很紧张的规定。如在上班时打瞌睡发现一次记小过，屡教不改记大过；宿舍不许抽烟，保安突击检查若发现一个烟头，全宿舍的人都要受“株连”记小过；晚上晚归记小过，彻夜不归开除。在昆盈记一个小过是罚120元，一个大过是280块。

员工们还要面对内部环境造成的心理压力。据刘某介绍：“这里的保安性格暴烈。”有一次一名员工在食堂打饭时不小心把饭掉地上了，保安指着他的额头喊：捡起来吃掉！这个人只能乖乖地把饭粒捡起来放在饭盒里，趁保安走远后偷偷地把饭倒掉。也有人觉得这样的管理制度不错，有女工称“管得严才好呢，不会乱啊！”“保安打人也是因为工人不听话”。但这件事让刘某深怀恐惧，而对这样的现状又无可奈何：“无论哪个工厂都是这样的管理的。”他最希望改变的仅仅是食堂的伙食。

“食堂的饭菜难吃得像猪食。”刘某说，“菜叶常是黄的，用铁桶装着自己舀。食堂三菜一汤，有一个一定是白菜，如果你不要白菜你就只能有两个菜。其他的有豆腐，莴笋，花菜。荤菜有莴笋火腿肠、蒜苗炒肉这些，但是肉非常非常少。”

昆盈整改前周一到周五工人们每天加班4小时，周六加班12小时，周日加班8小时。他们每天实际工作12个小时，在厂时间达15个小时。但20多个贵州深兴职业技术中专的实习生，也就是人力资源局所称的“未成年工”，跟正式员工做一样的工作，但很多实习生没有工资卡——厂里把工资付给老师，老师以现金形式再支付给他们；他们跟正式员工加一样长时间的班。但加班时间只能领到5元/小时的基本工资，不能领到加班补偿。

通过整改，昆盈把每个工人每月的加班时间由160个小时减少到80个小时。虽然工人们也希望能够活得“自由”一些，周末能好好休息，但刘某更认为“人总是要屈从于现实的”，“保证收入是最基本的”。所有接触到的昆盈厂的工人都说“在工厂打工，工资主要靠加班”。昆盈工人每月基本工资920元，扣除208元的伙食费所剩无几，要赚钱只有加班。周一到周五加班领1.5倍工资，周六日领2倍工资。以5元/小时的基本工资计算，整改以前工人每个月可以赚到1 800～2 000元，整改以后只能赚到一千多一点，加班费锐减700元。实习生李某对工厂这次减少一半加班时间的整改，最大的感受是“很倒霉”。她不在乎自己的合法权益受到多大的侵害，她憧憬的是：“还有几个月我就满18了，到那时我就可以跟她们一样加班了，可以寄更多的钱，给还在读书的弟弟妹妹。”

（摘编自丁婷婷《微软代工厂的血泪：像坐牢一样的生活》，《南方周末》，2010-4-22。）

延伸阅读 9—4　　经销垄断与进口汽车价格

中国加入WTO，为避免构成实质性贸易障碍，进口车关税应逐步降低，并且取消有关许可证及汽车进口的配额限制。入世后，我国进口车关税已经由最高时的80%～100%降低至目前的25%。汽车进口配额许可证也在3年前被取消。按说进口车的价格应该降下来，但2007年进口汽车价格呈现“大涨小落”的走势，截至2007年9月，进口汽车价格比2006年末上涨4%，其中进口轿车价格上涨6.42%。进口车价格不但不降，反而逆市而涨。

进口车价格上涨的原因也许有多种解释，但不可否认的是，销售渠道的垄断起到了决定性作用。目前我国进口车市场上外资的进口车总经销商利用其垄断地位，在高价位上获得高额的垄断利润。行业普遍认为，三年前实施的《汽车品牌销售管理实施办法》中的总代理制是造成目前市场价格垄断的主要原因。该办法规定，境外汽车生产企业在境内销售汽车，需授权境内企业或按国家有关规定在境内设立企业作为其汽车总经销商，制定和实施网络规划。依据规定，几乎所有的跨国公司都成立了独资或者绝对控股的销售公司作为总经销商，形成对进口汽车销售环节绝对的控制和垄断，从而推动了价格上升。而经销商卖车必须得到厂家授权，是《汽车品牌销售管理办法》的核心内容，其客观结果是，强化了厂家在厂商双方关系中的地位，厂商通过总经销商控制销售数量和价格。从事进口车贸易的经销商成为从总经销商处进货的二级经销商，由于总经销商批发给他们的车价中又加上了运费、管理费等，使得车价被抬升，由此，进口车的国内经销商的利润缩水。

垄断提高了价格，压低了销量，降低了社会的总体福利水平。关税降低以及汽车进口配额许可证的取消等一系列举措所带来的大部分利益被总经销商占据了。显然，改变这种状况最好的办法是通过市场来解决，即引入竞争机制。但完全的竞争等于取消总经销商制度，违背了《办法》的规定，也违背了该《办法》维护汽车市场稳定健康发展的初衷，适当引入平行进口成为打破进口车价格垄断的一个突破口。

平行进口是指除了总经销商以外，其他进口商也可从汽车产品原产地进口商品。据悉，近期国家商务部将针对《汽车品牌销售管理办法》制定一些配套《细则》，其中“平行进口”制度的实施将给“削弱权利”的汽车经销商带来福音，而消费者也可以从进口车价格下降中获得利益。

（摘编自《新规规范平行进口抑制价格垄断》，连云港汽车资讯网，2008-3-7。）

案例 9—1 加工、补偿贸易无料可加纠纷案

1985年2月13日，中国内地某公司A和香港某公司B签订了醋酸纤维素板的来料加工和补偿贸易合同。合同的主要内容是A公司利用B公司和另外两家香港的金融机构共同提供的设备为B进行来料加工，每生产1吨板材的加工费为1 600美元，B负责提供给A的醋酸纤维素板数量为：1985年不少于80吨，1986年不少于150吨，1987年不少于200吨，以后每年不少于200吨，A以来料加工费偿还设备的货款的本息。但在实际履行中，B仅在1985年12月30日提供来料34吨，1986年9月4日来料17吨，1987年2月16日来料1.1吨，合计来料52.1吨。1987年10月，双方签订补充协议，再次规定了B提供来料的义务和数量。结果该补充协议仍未履行，致使A引进的设备无法得到充分利用，只偿还了设备贷款本息的一小部分。A提请仲裁，要求B赔偿包括设备贷款在内的经济损失。B答辩称未能履行合同的全部义务，是因为国际市场发生重大变化，原料价格上涨，数量短缺，无法买到原料所致。最后生产该原料的工厂停产，B更是无法买到。这是不可抗力事件，不应承担责任。试分析本案中，B应不应该承担责任？补偿贸易的特点和应注意的问题有哪些？

（摘编自一叶飘落江湖的博客—和讯博客。）

案例 9—2　加工贸易委托方破产给加工方带来的损失

某省C公司与K国F公司签订了服装来料加工协议，C从F购入原料，加工成衣后由F负责销往日本，双方以对开信用证作为贸易结算方式和融资工具，C通过银行开立120天的远期信用证向F进口面料，F以即期信用证支付C的成衣。这样C得以在出口成衣收汇后支付进口面料款。开始双方经营正常，收汇付汇也非常顺利。

某年国内某银行根据C的申请，连续开出10多笔进口面料的120天远期信用证，累计金额500多万美元，并按惯例在信用证中加列了“收到出口成衣信用证款，方可付款”的特殊条件。但F因经营不善破产，K国议付行无法索回F的押汇款，便反过来向开证行索偿。我开证行因无法收回出口成衣信用证款，根据信用证中的特殊条件予以拒付。

12月，K国银行向当地法院起诉我国开证行，其主要论点是，《跟单信用证统一惯例》（“500”）第13条c款规定，“如信用证含有某些条件而未列明需提交与之相符单据，银行将认为未列明此条件，且对此不予理会”，由此断言上述信用证特别付款条件无效，开证行必须履行付款责任。

K国法院曾受理过类似案例，某开证行根据其在信用证中加列的特别条件（如最终买主于提单装船日后75天内不交付信用证项下货款，汇票及单据款将不予支付）拒绝付款，而被起诉。K国法院审理后认为上述特别付款条件与信用证本质相抵触，故无法律效力，判决开证行应予付款。

鉴于K国法院上述判例和本案情况相似，对我不利，开证行欲以庭外协商解决此案，于是通过其H城分行说服原告从两行友好关系着眼，撤回诉讼，并提出“部分收款，部分付款”的解决方案，即根据出口信用证收到货款的比例确定进口信用证项下的付款责任，至于其余未付部分的付款责任则自动解除。经双方协商同意，问题得以解决。对于F未付的信用证款项，银行又向C索偿。请问，对开信用证是否可以杜绝贸易风险？加工贸易应注意哪些问题？

（摘编自叶飘落江湖的博客－和讯博客。）

案例 9—3*　20美元玩具利润仅25美分

今年上半年，尽管受原材料价格上涨、玩具外销门槛提高等不利因素影响，深圳市玩具出口6.94亿美元，比去年同期增长5.23%，仍保持了增长态势。但让人忧虑的是，尽管深圳生产的玩具产品达10万多个品种，但大多数是贴牌生产。据不完全统计，深圳市目前有1 200多家玩具企业，完全具有自主知识产权的企业仅有40多家。

（1）玩具企业多为国外品牌“打工”：“国际市场上卖20美元，我们的加工费才5

美元，利润仅25美分。”深圳一玩具企业在谈到为某著名品牌生产贴牌玩具时介绍。另一家玩具厂生产的一款毛绒玩具在美国市场上可卖到10美元，加工费也仅50美分。

深圳玩具协会有关负责人介绍，玩具企业大都采用来料加工、来样加工或贴牌生产，以贴牌外销为主，生产的玩具多靠国外提供技术设计，产品几乎全都返销国外。企业在玩具生产过程中只能赚到一些辛苦钱，绝大部分的利润都被国外玩具品牌企业和国外的经销商赚去了。协会的一份调查显示，美国玩具市场上60%的产品都出自深圳，但最畅销的玩具品牌均为欧美日大公司的产品，无一中国品牌。在一年一度的美国国际玩具展上，人们看到的是诸如LEAPFROG、HASBRO、LEGO等欧美大公司的产品。尽管这些品牌绝大多数产品都产自中国，但在展会上几乎看不到中国自己的品牌。

（2）国内玩具市场被国外品牌占领：深圳各大商场的玩具柜台，孩子们耳熟能详的变形金刚、蜘蛛侠、机器猫等几乎全是进口货，大大小小的米老鼠、唐老鸭、芭比娃娃充斥着柜台。我国每年几百亿元巨大的玩具消费市场，国产玩具的占有率仅为16%。而且这些国外进口的玩具价格普遍较贵，一套配有床、衣服、车、提包、化妆品等配饰的芭比娃娃，销售价格可高达700元以上。

（3）深圳玩具自有品牌已经“萌芽”：深圳市好酷玩具礼品有限公司尹宏岗总经理告诉记者：“如今我们的滑板车已经进入全国各大商场，经过对‘好酷’品牌3年的培育，价格可以比没有品牌的同类产品多卖10%～20%。”深圳一些玩具企业已经意识到，要在国内外玩具市场中分“一杯羹”，必须拥有自有品牌和自主知识产权。根据深圳玩具加工、国际贸易情况分析：① 加工贸易的利弊有哪些？② 加工贸易的适用情况和发展目标分别是什么？③ 国际贸易是不是企业发展的必由之路？

（摘编自中礼资讯网，来源：《深圳商报》，2006-08-01。）

案例9—4　《包销协议》执行受阻引起的商标纠纷

1979年春季广交会期间，广东省轻工业品进出口集团公司（以下简称QG）与香港东明贸易有限公司（以下简称DM）商谈吊扇定牌加工出口业务，双方约定使用DM提供的“TMT”商标，由QG加工生产，由DM包销，并签订了《包销协议》。双方还约定，在中国境内，“TMT”牌商标由QG注册，QG有绝对的经营和管理权利；DM在中国境内生产出口的“TMT”牌电风扇及其配件产品，必须全部经过QG出口。因QG不能提供出口服务，DM在征得QG的同意下，可以由其他公司加工出口，但需按出厂价的2%缴纳商标使用费；在中国境外（包括中国香港），由DM在世界各电器主销地区申请办理“TMT”牌家用电器产品注册的一切事宜，并采取各种有效方式进行广告宣传，DM有绝对的经营和管理权利，其他外商不得向QG订购TMT牌吊扇。

双方在"TMT"品牌推广中都花费了巨额费用，随着商标知名度的提高，国内仿冒产品愈来愈多，双方合作中的利益分歧也愈来愈大。DM 认为 QG 没有依约打击国内有关厂家的侵权行为造成其巨大经济损失，要求将 TMT 商标返还或以港币 30 万元办理转名手续，转让给 DM。QG 则认为 DM 没有依约交纳商标使用费，尚欠 19 232 美元未付，且未经许可使用 TMT 商标在境内安排生产和销售。多年来，双方当事人为解决商标纠纷进行了协商，没有形成一致意见。QG 遂向海关总署进行了知识产权保护备案。DM 在国内安排生产的产品因此无法出口，造成厂家产品积压……

此案件 QG 不服广东省高法判决，由最高人民法院复审，最终判决：（1）QG 在国内注册的 TMT 商标的专用权归 DM 所有，QG 应当在本判决生效之日起一个月内负责协助 DM 办理商标注册人的变更手续；（2）DM 补偿 QG250 万元人民币，于本判决生效后一个月内支付；（3）本案一审、二审案件受理费共 102 万元，由 DM 与 QG 各承担 1/2。请问通过此案例你认为商标在经销协议中的重要性如何？经销双方的合作应注意哪些问题？

（摘编自广西万通律师事务所，gxlawyer. nease. net。）

案例 9—5* 代理进口损失惨痛

1995 年 5 月 3 日，江苏 JS 公司和上海 SH 公司签订的代理进口协议约定，JS 委托 SH 代理进口电缆 200 吨，合同总价 300 万美元，SH 收取代理费 1%，JS 应在代理协议签订后 7 天将货款的 30% 交付给 SH，货物抵港后由 JS 自行报关，自行提货。协议第 5 条规定，货到后发生规格、标准、质量、数量等异议，由用户在 30 天内将有关数据、商检证书等详细书面资料交 JS，由 JS 对外交涉或索赔。代理协议签订后，JS 按约履行义务，SH 与美国一公司签订货物买卖合同，并将该货物买卖合同交给 JS。

7 月 20 日，货到目的港，SH 将货物买卖合同项下的全套单据进行审查，未发现单证不符点，按代理协议规定交给 JS。JS 接单后，以 SH 的名义委托一外轮代理公司报关。海关验货发现，进口货物为废铁，非合同货物，不予放行。JS、SH 协商后同意由 SH 向海关提交将电缆改为废钢铁的书面材料，SH 加盖了公章。同日，SH 以外商失踪，为减少 JS 公司损失为由，同意将代理费等相关费用全额退给 JS。海关在接到有关证明文件后，由于 SH 无法提供有关废钢铁的单据，仍不予放行。之后，SH 要求 JS 提供索赔委托书和商检证明文件等书面材料，以便其代理对外索赔，JS 则以自己不是货物所有权人，且由于 SH 退回代理费等费用而致代理协议终止为由，拒绝提供资料，导致 SH 无法进行索赔。10 月 5 日，JS 向法院提起诉讼，以 SH 已同意终止代理合同为由，请求确认终止代理协议的履行，SH 应还货款 90 万美元，承担由此给 JS 带来的全部损失。

法院审理认定，代理协议生效后，由于外商提供的货物与合同不符，JS无法提货，SH因疏于审查而被外商欺诈，导致进口合同不能履行，其过错在SH。SH关于提交单证即为完全履行代理义务的理由不能成立。SH主动退回了代理费等费用，双方实际解除了原订立的代理合同，只能由SH自行向外商索赔。由于全套书面单证均在海关，不在JS处，SH关于JS没有依约提供货单不符的有关文件，致使其无法对外索赔的理由也与事实和法律不符。法院判令SH归还JS货款90万美元，偿付银行利息。

关于SH是否交货问题，根据国际贸易惯例和我国《海商法》的规定，提单是货物的物权凭证。提单成为货物所有权人的支配文件，提单的合法持有人对提单所记载的货物享有物权；关于委托代理协议是否已经解除问题，退回代理费是否就意味着解除代理义务？SH是否应承担外商欺诈责任？你认为法院判决妥当否？SH公司应接受什么教训？

（摘编自八文网国际贸易案例集。）

案例9—6 代理责任认定的纠纷

1989年3月25日，中国华亚贸易公司A又与在华设有办事处的F国贸易商B签订了一笔5月份交货、总额250 000美元、出口10 000套服装的合同，B授权G先生为合同买方签字人，签字下方写明“For HEC Company”。

但B未按合同规定如期开出信用证，在A的一再催促之下，7月25日才通过F国银行开来信用证。该证的申请人为HEC公司，装船期为8月1日，有效期为8月15日。但由于8月5日才收信用证，A不能按要求的期限发货，遂要求B展证。8月8日A收到B传真发来的信用证修改通知书，将装运期和有效期分别延至8月11日和20日，B还对此修改书出具了一份付款担保函。

收到此通知距发货最后期限只有三四天，基于对B的信任，A于8月11日发运了货物，并向银行议付了单据。9月3日，A收到中行转来的通知，开证行拒绝接受单据，理由主要是信用证失效和装运期延误两点。A立即通过中行与开证行联系，得到的回答是：开证行无延长装运期和信用证到期日的记录。换句话说，信用证修改书是伪造的。

A立即与B交涉。经过谈判达成协议：B用T/T方式支付80 000美元预付款给A；B开立一张日期为1990年5月30日、金额为170 000美元的预开支票给A作为付款保证；由B在F国清关，支付所有必要的关税和费用将货物运到由A确认的仓库；由B接受和出售货物，如果在1990年5月20日前不能将货物售出，B支付货款。

协议签订后，A先后收到了协议规定的预付款和支票，随即将全套单据交给B。1990年4月底，A将支票交给银行转送受票行兑现时遭到拒付。经询问，B答复货物质量有问题，但没有提供任何证明，在多次与B协商无果的情况下，A把此案提交仲裁。但在仲裁过程中，B提出他是代理HEC公司签订合同，信用证申请人也是HEC公司，所以B不承担合同履行的责任。你认为B的理由成立否？对于信用证业务，此案对出口商有何借鉴之处？

案例 9—7* 奇瑞轿车出口美国幕后

奇瑞车出口美国的消息引起了美国媒体的广泛关注，毕竟，这是中国汽车第一次叩开美国市场的大门。也许是消息发布得太突然，很多人质疑中国汽车是否具备在竞争最为激烈的美国车市分一杯羹的实力，甚至有人对消息的真实性表示怀疑。2005年1月15日，记者在纽约时报广场附近的万豪酒店约见了事件的中心人物、引进奇瑞汽车的纽约梦幻车辆公司总裁马尔科姆·布里克林。在两个多小时的独家专访中，布里克林述说了奇瑞车出口美国的内幕。

记者：请介绍一下您与奇瑞合作的内容。

布里克林：2004年12月16日，我们与奇瑞签订了独家经销协议。梦幻将在2007年将奇瑞的5款新车引进北美市场。从现在到2007年，梦幻将投资发展250个经销商，预计年进口量在25万辆。同时，梦幻将在奇瑞的研发过程中提供各方面的支持，包括技术和政策信息，帮助奇瑞在2006年底以前通过美国政府对进口车辆环境指标和安全方面的严格要求，获得进口许可证。

记者：很多中国读者是头一次听说梦幻公司，也有人质疑梦幻的真正实力。您愿意简要介绍一下您的公司吗？

布里克林：梦幻车辆公司是为将奇瑞汽车引入美国市场而专门设立的公司。

我在汽车领域积攒了30年的经验。1968年，我创立了斯巴鲁美国有限公司，专门从日本进口富士斯巴鲁汽车。由于我为斯巴鲁建立了一个非常有效的分销商、经销商网络，斯巴鲁在美国市场获得成功。之后，我又自行生产了以我的名字命名的布里克林安全跑车，它创造了美国汽车生产史上最好的安全性能记录。此外，我还曾从意大利进口了宾尼法利纳Spider和博通X1/9型汽车，从前南斯拉夫进口了Yugo型小汽车。后者在美国市场的初试阶段售出了16万辆，成为欧洲车在美国销售成长最快的汽车。

记者：据说，双方的谈判历时8个月，经历了十几个回合。您能透露，主要分歧在什么方面吗？

布里克林：尽管开头，我觉得奇瑞没有如我想象的迅速地回答我的电子邮件，也常常在定好日期的会见前匆忙取消或推迟，但一旦双方坐下来真正谈，我们总能迅速达成协议。

记者：为什么在整个过程中，您没有考虑其他中国汽车企业？

布里克林：奇瑞目前虽然不是中国最大的汽车生产商，但是奇瑞拥有自己的知识产权和生产基地，可以自行出口汽车，并且其新建的生产基地具有年产50万辆的能力，这些都是中国很多汽车生产商所不能比的。长城汽车本来是一家不错的企业，但它已经在去年6月和亚利桑那州一名经销商签订了经销合同。

记者：听说梦幻准备与奇瑞共同研发？

布里克林：梦幻预计将投入两亿美元与奇瑞共同进行研发。我还想谈谈我们的经销计划。我们将设计建造一种全新概念的汽车销售中心：每个销售中心占地面积为2万平方英尺，造价高达1 000万美元。为奇瑞设计的汽车销售中心将采用汽车展览馆概念，内壁用高清晰显示屏完全覆盖，不要窗户，户外设立巨大无比的广告屏。销售中心下班后，广告屏将播出精彩的汽车广告、汽车娱乐节目和赛事，让这里成为年轻人喜爱的新的活动场所。

记者：出口美国会沿用奇瑞品牌吗？

布里克林：不会，我们将重新命名出口美国的新车型。

记者：您对25万辆的目标有信心吗？

布里克林：很有信心。梦幻和奇瑞的优势在于：我们的结合满足了现代人对汽车的所有要求——高性能、优设计、低价位、完美服务。谁能做到这几点，就一定能赢得市场。

请分析：① 奇瑞为什么选择经销的方式进入美国市场？这种方式对于奇瑞来说其得失有哪些？② 通过本案例，你能从梦幻公司学到什么？③ 本案例与教材上讲的经销有哪些不同的内容？

（摘编自《环球时报》，作者：周霁锟、王卓，2005-1-25。）

小知识

(1) OEM的渊源与发展：OEM是社会化大生产、大协作趋势下发展的一种必然结果，是资源合理化的有效途径之一。早在20世纪60年代欧洲就已建立有OEM性质的行业协会，1998年OEM生产贸易已达到3 500亿欧元，占欧洲工业总产值的14%以上，OEM生产已成为现代工业生产的重要组成部分。随着经济全球化的发展，OEM需

求商有可能在更大范围内挑选 OEM 供应商，特别是向加工制造成本低廉的国家和地区转移。美国耐克公司，其年销售收入高达 20 亿美元，自己却没有一家生产工厂，只专注研究、设计及行销，产品全部采用 OEM 方式，成为目前世界上 OEM 经营的成功典范。

（2）寄售贸易（Consignment Trade）：寄售贸易是指企业把产品运往国外销售地点，委托当地的企业作为代销人代为销售，待产品售出后，再与代销人进行结算的出口贸易方式。寄售属于赊销，收汇风险很大，用于开拓新市场或新产品试销。

（3）经销的含义：除教材中上述经销的含义是特定产品在某地区的销售权外，经销也有在佣金的基础上销售的含义，这与代理的含义有重叠之处，在外贸磋商中应注意区别经销与代理。

9.4 思考与练习

1. 对销贸易的含义和特点是什么？
2. 易货贸易的概念、特点和适用情况分别是什么？
3. 补偿贸易的概念、特点和适用情况分别是什么？
4. 设备的进口方在补偿贸易中应注意的问题有哪些？
5. 加工贸易的概念和特点是什么？
6. 何谓进料加工贸易？为什么进料加工贸易在我国也被称为以进养出贸易？
7. 进料加工贸易与对销贸易、一般进出口贸易有何异同？
8. 加工装配贸易的特点和优劣是什么？
9. 讨论：企业应如何利用加工装配贸易进入国际市场？
10. 进料加工与来料加工的区别是什么？
11. 在使用买方商标或品牌加工出口时，如何避免商标侵权？例如，国外客户要求为其订购的产品贴上“Simpson”商标，你怎么处理？
12. 什么是三来一补贸易？三来一补贸易和以进养出贸易在业务操作上与一般进出口贸易有何不同？
13. 我国加工贸易占出口贸易的近二分之一说明了什么？
14. 讨论：你如何答复阳光公司提出的贸易建议，为什么？
15. 讨论：对销贸易、加工贸易在企业发展中的作用和企业发展追求的目标。
16. 什么是经销？经销与一般进出口贸易有何异同？

17. 经销对出口商的出口业务有什么作用?

18. 经销协议的主要内容有哪些?为什么说经销数量和金额是独家经销的关键性条款?

19. 选择经销方式出口的注意事项有哪些?

20. 做一个调查,国内的电器生产商(如手机、空调、沐浴器等)在激烈的市场竞争中,是如何通过经销商控制价格的?对出口企业有何借鉴意义?

21. 什么是代理?代理与经销的异同是什么?

22. 总代理与一般代理和独家代理在业务权限上有何区别?

23. 什么是直接代理,间接代理和不公开代理人身份的代理,三者的责任有何不同?

24. 选择代理方式出口,对委托人有什么好处?在哪些情况下,出口商应采用这种方式出口?

25. 我国外贸代理与国际贸易代理有哪些异同?随着外贸经营权的放开,外贸代理业务还有市场前景吗?为什么?

第 10 章 国际贸易争端解决与违约救济

10.1 学习本章的任务和应掌握的知识点

10.1.1 学习本章的任务

下面是阳光公司发给远航配件厂的电子邮件（格式略），拒绝远航配件厂的展证要求，并要求赔偿和取消合同，在学习本章的基础上回复客户。

> Re: S/C No. S098
>
> Your mail of Sep. 10 has been received and noted in which you urged us to extend L/C for shipment of the captioned S/C.
>
> In the S/C, the importance of delivery by the end of August is stressed and we opened the L/C in time. Your non-delivery caused great trouble to our customer. To meet his requirement, we have bought the same goods from another supplier at a higher price. We no longer need your delivery and decided to cancel the S/C, and have to ask you to compensate us USD12 000 we paid more for the purchase.
>
> Please understand that we have no alternative but to claim with you, and hope the issue may be settled soon.
>
> Awaiting your early reply.

10.1.2 学习本章应掌握的知识点

1. 索赔与理赔
2. 解决贸易争端解决的途径和选择
3. 法律对违约的界定和违约救济措施
4. 进出口贸易中法律规定的买、卖方违约救济方法
5. 仲裁、仲裁条款的内容及仲裁的应用

10.2 贸易争端解决的方法

由于合同一方不履行合同、不完全履行合同或第三方责任以及意外事件，都可能导致合同的另一方利益损失，受损方就会对由此造成的经济损失向责任方提出赔偿要求——称为索赔（Claim）。相应地，被索赔方对索赔必然会作出反应，称为理赔——处理索赔。利益相关方对责任的认定——责任人、责任的性质、赔偿的方式和数额产生纠纷是难免的，需要双方合情、合理、合法地尽快解决分歧。

10.2.1 贸易争端解决的依据

解决贸易争端，必须使交易双方都满意——至少要让双方心服口服，就必须为国际贸易争端解决提供一个各方公认的依据。

1. 事实依据

事实依据是指事件发生的证据，如人证、物证，但这些证据都是要通过书面文件的形式表现出来的，这些文件主要可以归纳为以下三大类型。

（1）索赔关系成立的文件：说明双方存在合同关系，这是向对方索赔的基础。如合同、提单、保险单等。

（2）索赔事实存在和损失程度的证明：这是确定索赔理由是否充分、赔偿数额的依据。如理货单、商检证书、残损报告等。

（3）索赔相关性单据：是证明事实的其他相关文件。如合同、提单、发票、装箱单等，这些文件是货物和数量、货物运输、货物价值等的支持性文件。

2. 行业惯例

行业惯例，如国际贸易术语，信用证统一惯例等。但行业惯例只能提供一个违约判断标准，但对违约后果、如何赔偿、受害人可以采取的补救措施等没有规定。

3. 法律标准

根据事实、惯例及法律条文，确定是谁应对责任事件负责，事件的性质是否构成违约，是轻微违背还是严重违约以及违约赔偿方式或赔偿数额。

10.2.2 贸易争端解决的原则

贸易争端解决的基本原则是企业社会责任原则和商业原则的结合，这是国际贸易工作者解决贸易纠纷的指导思想。

1. 以合情合理为基础

合理是指以理服人，这就要求以国际贸易法律、国际贸易惯例和合同为解决的依据；合情是指要考虑争议对方和公众的感情，所谓“法不容情”是指法律的正当性并不总是与人的感情一致。如合同违约罚款条款，有些国家不支持，虽然责任人通过打官司可以不受罚款损失，但会影响双方的关系甚至公众形象。再如法律规定有限责任公司的最大责任以注册资金为限，假定责任人应承担赔偿500万元的损失，而通过法律程序破产只承担10万元的注册资金限额赔偿；对于超过期限的索赔要求，是否引用法律条款予以拒绝等。如何处理情与法的冲突，企业价值与公共关系的冲突，社会责任与商业利益的冲突，是每个良知企业在争端解决中需要认真对待、慎重权衡的价值问题。

2. 以商业活动为中心

企业经营的目的是通过商业经营取得最大利益，企业的一切活动都要从属于商业经营这个主业。因此在争端解决中，在合情合理的基础上，首先考虑的是把贸易争端的解决对商业经营的不利影响降低到最低程度。如考虑争端解决的结果对双方的合作关系、争端解决过程中对企业正常经营的影响等。

3. 以取得最大争端利益为目标

贸易争端的利益受三个因素的影响，一是贸易争端的处理结果，这直接影响争议案件的最终利益；二是贸易争端的处理过程，要考虑在争端解决过程中企业所要承担的人力、物力和财力负担；三是案件处理结果对公众的影响。

10.2.3 索赔提出的期限

对于索赔的期限，理赔机构或相关法律有明确规定，要求索赔必须在一定期限内提出，否则受损方将丧失索赔权力。而且从企业自身的角度来说，尽快提出索赔有利于搜集证据和减少损失。

1. 向卖方索赔

索赔期限按合同规定。合同没有规定的，联合国《公约》规定以质量保证期为准，没有保证期的，索赔应在合理时间内提出，但最长时效不超过买方收到货物之日起两年。

2. 向海运公司索赔

按《海牙规则》，货物灭失或损坏，提货人应在提货之日起三天内向运输公司提出书面索赔，但提货时双方已对货物进行了联合检验的不受此限；若索赔未被受理，提出诉讼的时效为货物交付之日起的一年时间。

按1992年生效的《汉堡规则》，提出货损索赔时间为15天；提出延迟交货索赔的时间为收货之日起60天；诉讼时效为2年。

3. 向空运公司索赔

根据《华沙公约》规定，货损索赔期限为7天；延迟交货索赔期限为14天；诉讼时效为2年，从货物到达之日、或货物应到达之日、或运输终止之日起计算。

4. 向多式联运承运人索赔

按《联合国国际多式联运公约》规定，货物灭失或损坏索赔期限为6天；延迟交货为60天；诉讼时效为2年。但应该注意的是，如果60天内未向多式联运承运人提出索赔，则诉讼也失去效力。

10.2.4 贸易争端解决的途径

贸易争端解决主要有协商、调解、诉讼和仲裁四条途径，应根据具体情况选择，或选择其他可能的途径。

1. 协商（Amicable Negotiation）

也称友好协商，也就是索赔与理赔，是指自行协商解决争端的方式，简单方便，节省费用，是贸易纠纷发生后首先选择的解决方式。但应注意以下几个问题：

（1）索赔要明确对象，索赔对象就是要对索赔方承担损失赔偿责任的当事人。因为国际贸易履约过程中除贸易双方外，还要涉及其他当事人，根据事实、分清责任是提出索赔的第一步。

（2）索赔要求、理赔处理有理有据，索赔方的索赔依据要充分、赔偿要求要合理，而理赔方也要以法律、事实、国际贸易惯例合理地提出自己的答复。这样有助于双方尽快达成一致，达到友好协商的目的。

（3）用语要艺术、态度要坚决，无论是索赔还是理赔，都要掌握这个原则，用语客气可以使双方保持良好的协商气氛，促进问题的尽快解决和维持双方的良好商业往来；态度坚决则是不要给对方留下可赔可不赔、可多可少的想法，增加对方讨价还价的预期，拖延纠纷的解决。

（4）由于纠纷案件的复杂性，当双方不能通过协商解决争端时，就要考虑其他的解决途径，以防纠纷久拖不决，空耗双方的精力。

另外，对于找错对象的索赔，被索赔方要说明情况，协助对方向第三方索赔，如提供单据，积极与运输公司、检验机构联系提供事实查证等。

2. 调解（Conciliation）

是指当事人把贸易争端提交给一个双方都信任的第三方，由第三方作出裁决的争端解决方式。调解具有协商的性质，除非双方对第三方裁决满意，不具备法律约束力。

3. 诉讼（Litigation）

诉讼是当事人通过法律手段解决贸易争端的方式，具有强制性。只要法律作出判决，争议双方必须执行，否则当事人可以申请法院强制执行，避免了协商和调解可能使双方陷入久拖不决、空耗人力、物力的长期僵持局面。但诉讼的缺点是程序复杂，解决争议所需的时间长、费用大，而且可能影响双方的合作关系，同时当事人还要承担法律风险。因此，在诉诸法律之前，要慎重权衡以下几个问题。

（1）诉讼的成本：法律诉讼是一个耗费精力和财力的较长过程，对于跨国诉讼来说，聘请律师一项的费用就可能令中小企业望而却步。

（2）双方的合作关系：对双方合作关系考虑要建立在合作对方商业价值分析的基础上，防止因小失大。

（3）胜诉的可能性：诉讼的目的是维护自己的合法国际贸易利益，要对案情和涉及的国际上和当事国家的法律仔细研究，不打无把握之仗。

（4）判决结果执行的可能性：胜诉不是为了斗气，对执行地法律、法律环境和争端对手的情况在诉讼前就要认真分析，确定判决结果能否执行。

（5）其他方式解决的可能性：毕竟诉讼成本高、影响双方的合作关系，只要有方便和对双方关系不利影响小的解决方式，就不选择诉讼。

4. 仲裁（Arbitration）

为了回避以上各种解决方式的缺点，在国际贸易长期实践中产生了仲裁这种贸易争端解决方式。仲裁是指买卖双方在争议发生之前或发生之后，签订书面协议，自愿将争议提交双方所同意的第三者予以裁决的特殊调解方式。

（1）仲裁的特点：仲裁是经当事双方一致同意采用的争端解决方式，结合了调解和诉讼方式的长处，具有以下四个主要特征。

① 业务的独立性：仲裁协议独立于国际贸易合同而存在，不因合同的终止、无效而终止或无效。

② 方式的服务性：仲裁具有民间性，与合同一样，是建立在意思自治基础之上的，

当事人可以选择是否采用仲裁这种争端解决方式，也可以选择仲裁地点、人员、程序等。所以仲裁是一种贸易相关服务，企业可以选择价格合理、裁决公正的仲裁服务。

③ 程序的灵活性：由于仲裁方式的服务性，仲裁程序不必象诉讼那样拘泥形式，当事人双方在协商一致基础上可以充分享受仲裁过程的灵活性。

④ 裁决的终局性：仲裁裁决是终局的，当事人必须遵照执行，而不能就同一问题再诉诸于法院。当事人仅可以对仲裁程序向法院提出异议。

⑤ 执行的强制性：仲裁对双方当事人都具有法律约束力，一方不执行裁决的，另一方可以请求法院强制执行。

另外，仲裁还具有处理速度快、费用支出低的优点。

（2）仲裁的性质：仲裁是当事双方共同选择的争端解决方式，因而体现了民间自治性，其法律效力来源于双方签订的仲裁协议，因此也可以说具有契约性质。仲裁自治是仲裁的独特魅力和价值所在，又具调解和诉讼所不具备的诸多优点，因此成为国际贸易中被广泛接受的争端解决方式。在我国的国内经济纠纷中，仲裁解决也日益普及。现代仲裁的发展趋势是，仲裁的自治程度不断加强，仲裁将真正成为重要且有效的替代诉讼的争议解决方式。

另外，也有人认为仲裁具有司法性质。这种观点认为裁判权是国家主权的一部分，仲裁员的权力和裁决的权威均来自该国的法律，而不是来自当事人的权利。仲裁之所以有法律效力，是来自于国家授权及国家司法权力的让与。是否具有这种性质姑且不论，但也确实体现了司法的某些特点——如仲裁的法律依据、裁决结果终局性等。

5. 其他途径

其他途径是指除上述途径外的一切可能途径，常见的有行政申诉和委托专业公司处理。前者因法制不健全、行政权力膨胀、通过正常渠道难以解决或由于违约受害人能力有限、正常渠道解决困难导致；而专业公司提供的是贸易争端解决一揽子服务，产生于解决高难度贸易纠纷的市场需求。这类专业公司是在讨债服务的基础上发展起来的，随着业务的发展，现在可以提供与讨债相关的资信风险管理系列服务。

另外，还有阻塞交通、引人围观、软磨硬泡等花样繁多、不胜枚举的非常规手段。

10.3 违约与违约救济原则*

违约受害方不仅可以向违约责任方提出索赔，还可以根据法律的规定采取其他维护自身利益或防止损失进一步扩大的措施——这在法律上称为违约救济。

10.3.1　主要国家法律对违约的不同规定

违约（Breach of Contract）是指合同的一方当事人没有履行、没有完全履行或没有按期履行其合同规定义务的行为。除合同或法律规定的属于不可抗力原因，违约方都要承担违约责任，另一方当事人也就有权依合同或法律规定向违约方提出违约救济。

1. 构成违约的条件

（1）大陆法：大陆法以当事人是否有过失作为判断构成违约的条件，简称过失责任。按法律规定，即使没有履约，但不存在归咎于当事人的过失，当事人也不构成违约。

（2）英美法：英美法以当事人履约的结果作为判断是否构成违约的条件，简称结果责任。英美法把一切合同都看作“担保”，只要债务人不能达到担保的结果，无论什么原因，都构成违约。

（3）《联合国国际货物销售合同公约》（以下简称《公约》）：公约以是否给对方造成损失作为判断构成违约的条件，简称损失责任。只要当事人违反合同行为的结果使另一方蒙受损害，就构成违约，当事人要承担违约责任。

2. 违约的形式

（1）大陆法：大陆法把违约的形式概括为不履行债务和延迟履行债务，但违约方是否承担责任要看违约方是否有过失。

（2）英国法：英国法把违约的形式划分为违反要件和违反担保。违反要件（Breach of Condition）是指违反合同的重要条款，按英国法，履约时间、货物品质和数量等都属要件；违反担保（Breach of Warranty）是指违反合同的次要条款。

（3）美国法：根据违约的性质和带来的后果，美国法把违约的形式分为轻微违约（Minor Breach of Contract）和重大违约（Material Breach of Contract）。

（4）《公约》：按照损失程度，《公约》把违约分为根本性（Fundamental）违约和非根本性违约，与美国法类似，根本性违约受害方才能解除合同，否则只能要求损害赔偿。按《公约》第25条，根本性违约是指一方当事人违反合同的结果“使另一方当事人蒙受损害，以至于实际上剥夺了他根据合同有权期待得到的东西”。“除非违反合同的一方并不预知而且同样一个通情达理的人处于相同的情况下也没有理由预知会发生这样的结果。”

各种违约的形式可见表10－1。

表 10-1 违约形式一览表

主要法律	违约构成条件	违约的形式
大陆法	当事人有过失	不履行债务、延迟履行债务
英美法	结果达不到担保	英国法：违反要件、违反担保 美国法：轻微违约、重大违约
《公约》	给对方造成损失	根本性、非根本性违约

10.3.2 违约救济方法

救济方法（Remedies）是指一个人的合法权利被他人侵害时，法律上赋予受害方可以要求、可以行使的补偿或补救方法。

1. 实际履行

实际履行是指一方当事人有权要求违约方按合同规定完整地履行合同义务，是对一赔了之的拒绝。

（1）大陆法：大陆法把实际履行作为一种主要的救济方法，当然只有在实际履行尚属可能的情况下法院才会作出实际履行的判决。在实践中当事人要求实际履行的并不多，只有当金钱赔偿不能满足其要求时，债权人才会提起实际履行之诉。

（2）英美法：英美法将实际履行作为例外的辅助性救济方法，法院对是否判令实际履行有自由裁量权。

（3）我国《合同法》：债权人有权要求实际履行，但规定了三种例外，不可能实际履行、不适于实际履行或实际履行费用太高、债权人未在合理期限内提出的，法院均不判实际履行。

（4）《公约》：债权人有权要求实际履行，但是否判决实际履行，公约并不赋予法院判令实际履行的权力。《公约》没有统一规定是为了回避大陆法与英美法的矛盾。

2. 损害赔偿

（1）损害赔偿成立的条件：大陆法的三个条件可以概括为：① 有损害事实；② 有违约方过失；③ 损害与过失有因果关系。英美法规定达不到担保就构成违约，但无实际损失无权要求实质性赔偿。《公约》把损害赔偿作为主要救济方法，并规定要求赔偿的权力并不因采取了其他救济方法而丧失。

（2）损害赔偿的方法：损害赔偿的方法有回复原状和金钱赔偿两种方法。德国法以回复原状为赔偿原则，以金钱赔偿为例外；法国法则反之；英美法则采用金钱赔偿方法。英美法认为，损害赔偿的目的就是在金钱可能做到的范围内，使权利受害方处于该项权利得到遵守时同样的地位。

(3) 损害赔偿的范围：即当事人在要求损害赔偿时，其赔偿金额应包括哪些方面，按什么原则来确定。对约定赔偿（合同中规定了赔偿数额）和法定赔偿的法律规定如下表：

表 10－2 约定赔偿与法定赔偿的法律规定

法律	约定赔偿	法定赔偿范围
德国	承认其惩罚性质，获得约定赔偿后仍可要求其他赔偿	实际损失＋所失利益
法国	认为其为违约金性质，获得约定赔偿后不得再主张其他权利	与德国法类似
英美	按实际情况而不是合同条款来确定约定赔偿的性质	赔偿的结果使受害方在经济上处于履行合同相同的地位。但赔偿的这种损失必须是当事人在订立合同时对违约可能产生的后果所合理预见到的。
我国	承认其双重性质，当约定赔偿金过分低于或高于实际损失的，当事人可以请求法院或仲裁机构予以增减	与英美法类似
公约		包括利润，但赔偿不得超过违约方订立合同时按他当时知道或理应知道的情况，对违反合同预料到或理应预料到的可能损失。（参阅《公约》第 74 条）

3. 解除合同

(1) 大陆法：只要一方违约，另一方就有权解除合同。但在给付延迟和不完全给付的情况下，需要先经催告，在催告期限内对方仍未完全履约时，才能解除合同。

(2) 英美法：按英国法，违反要件受害方才能解除合同。对要件的认定，既可以是明示的，也可以是默示的；美国法与英国法类似，重大违约可解除合同，否则只能要求赔偿。

(3) 我国《合同法》：有两种可以解除合同的情况，一是违约造成的后果严重，二是在延迟履行的情况下，经催告违约方在合理期限内仍未履约。

(4)《公约》：根本性违约是解除合同的条件，但解除合同必须向违约方发出通知。

对于延迟交货、货物有瑕疵，很难判断是否属于根本性违约时，守约方可以规定一段合理的额外时限。如违约方在额外时限内仍未履约，则守约方可根据情况撤销合同，而且撤销合同并不丧失其他要求赔偿的权力。

10.4 国际贸易违约救济方法

具体到国际贸易合同，可能的违约方就是卖方或买方，违约救济方法也就是买方和卖方为维护自己的国际贸易利益可以采取的补救措施或补偿方法。

10.4.1 买方对卖方违约可以采用的救济方法

1. 卖方不交货（或不交单）

（1）大陆法：可以要求实际履行、解除合同和请求损害赔偿等救济方法。但法国法规定解除合同须向法院提出，法院判决后解除合同才有效力；虽然德国法规定买方只要作出撤销合同的表示即可解除合同，但买方选择了解除合同，就丧失了使用其他救济方法的权力。

（2）英国法：买方可以采取请求实际履行和损害赔偿两种救济方法。同时对损害赔偿金额作出了具体规定，合同价格与市场价格的差价作为计算赔偿的依据，市场价格用合同规定的交货时间市场价格计算，合同没有规定的，以拒绝交货的时间为准。

（3）美国法：买方可以采取的救济方法有四种：① 解除合同；② 补进货物（不以解除合同为前提）：买方可对补进货物与合同的差价及间接损失要求卖方赔偿；③ 请求损害赔偿；④ 请求实际履行：在货物具有独特性、或买方无法补进货物、或买方已偿付或提示偿付且货物已特定化三种情况下，法院才会判决实际履行。

（4）《公约》：公约规定了以下几种救济方法：① 请求实际履行：但公约并不赋予法院判令实际履行的权力；② 解除合同：可以解除合同的情况有不交货属于根本性违反合同，或买方给予卖方宽限期，但卖方声称不在规定的时间内交货两种；③ 请求损害赔偿：买方在宣告撤销合同的情况下，可以要求损害赔偿。如果买方补进了货物，可以得到差额赔偿和其他损害赔偿；如果买方未购买代替物，可以得到宣布撤销合同时市场价格和合同价格差额赔偿和其他损害赔偿。

2. 延迟交货

（1）大陆法：买方在给予卖方一定宽限期后才有权请求解除合同、损害赔偿等救济方法。

(2) 英美法：英国法认为延迟交货是违反要件，可以解除合同；美国法则按事实确定是否构成严重违约，构成严重违约的，买方才可以解除合同。

(3)《公约》：① 解除合同：根本性违约可解除合同，但要在合理时间内提出。同时规定已交付货物时不得解除合同；② 损害赔偿：解除合约后仍可要求损害赔偿。

3. 交货与合同不符

(1) 大陆法：可解除合同、请求赔偿或减少价金。如果货物有隐蔽的缺陷，而卖方也不知情，买方的选择有两种，返还货物或接受货物而减少价金。

(2) 英国法：交货与合同不符，属违反要件，可解除合同，并可要求赔偿；但买方也可作为担保处理，保留货物，提出赔偿。按《英国货物买卖法》规定，交货与合同不符违反要件的情况有五种：与合同说明不一致、与样品不符、与合同规定的品种不同、不具备商销品质和数量与合同规定不符。

(3) 美国法：买方可行使解除合同拒收货物和请求损害赔偿等权利。具体应采取什么救济方法，视买方是否已经接受货物而异。

买方未接受货物时的救济方法有以下三种：① 拒收货物，但一要提供货物缺陷的检验报告；二不得拒绝卖方对货物缺陷所做的补救措施；三拒收货物要在交付或提示交付的合理时间内通知卖方，拒收货物后仍可要求损害赔偿；② 接受货物，但仍有权请求损害赔偿；③ 实际履行，上述方法不足以弥补买方损失时，可要求实际履行。

买方已接受货物时的救济方法：买方只能要求赔偿。买方接受货物是指向卖方作出了接受表示、或拒收货物无效、或买方行为与货物所有权相抵触三种情况之一。

(4)《公约》：按照公约的规定，买方只有先通知对方后才有权行使各种救济方法，而且通知必须在收到货物两年内作出（除非这一时限与合同规定的保证期不符），否则买方不能行使或丧失了行使货物不符时的违约救济权力。买方可以使用的救济方法有：

① 要求交付替代货物，这种权利只有卖方构成根本性违约才能行使，这种要求只有在合理时间提出才有效；

② 要求对货物进行修补，但只有在买方认为对货物的修补不会给他带来不合理的不便和经过修补货物可以达到规定的使用价值时才可使用这种救济方法，而且这种要求要在合理时间内提出；

③ 要求减低货价，但卖方对不符货物进行了修补或买方拒绝修补时，买方就不能再采取减低货价的救济方法，只能请求损害赔偿。

④ 解除合同，解除合同的条件是卖方构成了根本性违约，或虽不构成根本性违约但在买方给予补救宽限后卖方表示不采取或无法采取补救方法或采取补救方法后货物仍

与合同不符；

⑤ 损害赔偿，损害赔偿的范围包括：卖方对不符货物采取补救措施时给买方带来的不合理开支；在解除合同的情况下，赔偿范围为合同价格与解除合同时时价差额及其他损失；在买方接受货物的情况下，赔偿范围为合同价格与接受货物时的时价差额及其他损失。

10.4.2 卖方对买方违约可以采用的救济方法

买方的基本义务是按合同规定受领货物和支付货款，买方违约也就表现为不按合同规定履行这两项义务。

1. 根据大陆法卖方可以使用的违约救济方法

大陆法规定，如果买方不按合同规定受领货物或支付货款，卖方可以解除合同、请求损害赔偿和提起支付价金之诉。

2. 根据英国法卖方可以使用的违约救济方法

根据英国法，付款不属要件，因而卖方不得轻易解除合同，卖方可行使物权和债权两个方面的救济方法。

（1）物权方面的救济方法

① 留置权（Lien）：即对仍处于卖方控制之下的货物扣留，作为买方支付货款的担保。

② 停运权（Stoppage in Transit）：即卖方对丧失控制权、仍在运输途中的货物，收回货物的占有权。而且停运权不因提单做成买方抬头而丧失，但对买方已经背书转让给了善意的、支付了对价的第三者，则卖方不能再行使停运权。

③ 转售货物权（Resell）：卖方在行使了留置权或停运权后，在货物易腐、或卖方通知买方欲转售且买方仍未在合理时间内付清货款的情况下，可以行使转售权。

（2）债权方面的救济方法：债权方面的救济是指买卖双方之一当事人违约，而另一方作为债权人可向对方依法主张的权利。英国法把卖方可以行使的救济方法与货物所有权相联系。

货物所有权尚未转移，一般不能对买方提起支付价金之诉，卖方只能请求损害赔偿。货物所有权已经转移，若买方无理拒收货物，卖方可请求损害赔偿，也可提起支付价金之诉；若买方已经受领货物不支付货款，卖方的救济方法就是要求对方支付货款。

3. 根据美国法卖方可以使用的违约救济方法

美国法把卖方可行使的救济方法与买方是否接受货物联系起来，具体规定如下：

（1）买方在接受货物前发生违约：与英国法的留置权和停运权类似，卖方可以扣交（Withhold Delivery）货物或停止运交（Stop Delivery）货物。

（2）对尚未特定化货物的处置：在货物尚未制造成成品得知买方违约的情况下，卖方可以选择以下两种救济方法：① 继续制造，完成制造后将货物特定于合同项下，请求损害赔偿（但继续制造会大大增加损失时，卖方不能选择此种方法）；② 停止制造，出售已生产的半成品，请求损害赔偿。

（3）转售货物：卖方需以善意和商业上合理的方式转售。除非是易腐或面临价值迅速下降危险的货物，以私下方式转售时，卖方必须将转售意图通知买方；以公开方式转售时，卖方应将出售的时间和地点通知买方。

（4）请求损害赔偿：赔偿金额为“价格差额＋违约损失－由于买方违约节省的费用”。其中，价格差额为合同价格与转售价格（货物转售时）或交货地市价之差。

（5）要求支付价金：行使支付价金救济方法的条件是：① 货物风险转移后发生了货损或灭失；② 卖方无法以合理的价格转售货物。

4. 根据《公约》卖方可以使用的违约救济方法

（1）请求实际履行：需要注意的是《公约》规定请求实际履行的前提是卖方尚未采取与实际履行相抵触的补救方法，而且法院无义务按《公约》规定作出实际履行的判决。

（2）给予对方合理的履约宽限期：卖方在宽限期内不得再采取其他救济方法，但卖方并不因此而丧失其他法律赋予的权利。如解除合同、请求损害赔偿等。

（3）解除合同：前提是买方构成根本性违约或在宽限期内买方声称他不履约或仍未履约或仍未完全履约。解除合同后，卖方仍有行使公约规定的其他救济方法的权力。

（4）请求损害赔偿：损害赔偿的金额应相当于卖方由于买方违约所造成的包括利润在内的全部损失。在转售或无法转售的情况下，“赔偿金额＝价格差额＋其他损失”；在买方迟付货款的情况下，赔偿金额包括利息损失。

10.5 仲　裁

仲裁是当事人在协商一致的基础上选择的解决商业争端的方式，订立仲裁协议是仲裁解决争端的基础。

10.5.1 仲裁协议的形式和作用

1. 仲裁协议的形式

根据协议的表现形式，仲裁协议有仲裁条款和仲裁协议两种形式。

（1）仲裁条款：即仲裁的内容作为一个条款订立在贸易合同中，因而是争端发生前订立的仲裁协议。

（2）仲裁协议：这是贸易争端发生后，双方都同意使用仲裁方式解决争端而订立的一个协议。仲裁条款和仲裁协议具有同等的法律效力。

2. 仲裁协议的作用

（1）确定仲裁作为争端解决的唯一方式：只要双方签订了仲裁协议，仲裁就成为争端解决的唯一方式，任何当事人不得向法院起诉。若一方向法院起诉，另一方可根据仲裁协议要求法院不予受理。

（2）是仲裁机构受理仲裁、取得管辖权的依据：当事人在申请仲裁时，必须向仲裁机构提交仲裁申请书和仲裁协议。

10.5.2 仲裁条款的内容

根据仲裁需要，仲裁条款一般应包括仲裁地点、仲裁机构、仲裁规则、仲裁裁决的效力和仲裁费用负担几个方面的内容。

1. 仲裁地点

仲裁地点的选择非常重要，选择在本地仲裁，在适用法律与惯例、与仲裁庭沟通和费用等方面，可谓占尽天时、地利、人和的优势。但关键是仲裁地点必须被双方都能接受。

2. 仲裁机构

仲裁机构有常设机构和临时机构两种，我国的常设仲裁机构是 CCPIT 下设的国际贸易仲裁委员会，地点在北京，上海和深圳设有分会。我国外贸业务中常用的外国仲裁机构有：英国伦敦仲裁院、斯德哥尔摩商会仲裁院、苏黎世商会仲裁院等。选择临时仲裁机构时，仲裁条款还应约定仲裁员的组成、指定办法和是否需要首席仲裁员。

3. 仲裁规则

仲裁规则是指仲裁程序和仲裁依据的规定。仲裁程序中仲裁员的指定直接关系当事人的利益，仲裁依据确定了仲裁审理适用的实体法，因而决定着仲裁结果的性质，所以仲裁规则对双方当事人非常重要。无论在什么地点仲裁、由哪个仲裁机构仲裁，只要选定了仲裁规则，仲裁结果就基本确定了。

4. 仲裁裁决的效力

（1）法律约束效力：仲裁裁决对当事人双方的法律约束力源于仲裁协议。仲裁机构在接受仲裁时，仲裁协议上都必须有仲裁是终局性的类似条款，否则仲裁机构不予受理。

（2）诉讼例外：由于仲裁的法律效力是以当事双方的约定为基础的，法院只是审查仲裁程序，一般不受理仲裁败诉方对仲裁结果不服而提起的上诉。

5. 仲裁费用负担

通常规定由败诉方承担，也有的规定为由仲裁庭确定。即使不规定费用负担条款，仲裁庭对此也会做出裁决。

仲裁条款可以按上面所述的内容一一书写，但在国际贸易业务中，仲裁条款通常只需要确定仲裁方式解决争端、接受仲裁机构的裁决和选择仲裁机构三项内容，甚至有的仲裁条款只有前两项内容，根据默示原则选择其他仲裁内容。

10.5.3 混合仲裁

混合仲裁（Mixed Arbitration）是指在仲裁过程中按当事人要求采用了或部分采用了法律标准或法律程序的仲裁与法律相结合的一种仲裁方法。

1. 争议案件的性质和适用的解决方式

（1）事实性问题（Question of Fact）：事实性问题是指当事双方对履行合同事实认定的争议，如是否按期交货、质量是否合格、提交的单据是否有不符点等。事实的认定属于国际贸易业务范畴，按商会的规则仲裁，贸易争端可以获得迅速解决。

（2）技术性问题（Technical Question）：而非事实性问题，称为技术问题，如合同的效力、合同条款的解释、国际贸易惯例的适用等。这类争议属于法律问题的范畴，法院解决这类案件更具专业优势。诉讼比仲裁解决起来会更快捷。

2. 混合仲裁的含义

国际贸易纠纷通常既有事实性问题，又有技术性问题，为了获得仲裁的优势，而又充分体现法律依据，或者为了防止仲裁员对法律性问题的仲裁结果有失偏颇，当事人可以在仲裁协议中规定按法律判决的规则。如法律性问题的裁决要求法院审核或仲裁员要对裁决结果提出所引用的法律依据。

10.5.4 我国仲裁规则规定的仲裁程序

1. 申请仲裁

申请人提交仲裁协议和仲裁申请书，并附有关证明文件和预交仲裁费。仲裁机构立案后向被申请人发出仲裁通知和申请书附件。被申请人可以提交答辩书或反请求书。

2. 指定仲裁员组成仲裁庭

当事人双方均可在仲裁机构所提供的仲裁员名册中指定或委托仲裁机构指定一名仲裁员，并由仲裁机构指定第三名仲裁员作为首席仲裁员，共同组成仲裁庭。如果用独任仲裁员方式，可由双方当事人共同指定或委托仲裁机构指定。

3. 选择适用的实体法

当事人可以选择适用法律，否则按惯例仲裁适用于合同有最密切联系的国家的法律，通常是指仲裁所在地法，也可以根据具体情况适用合同签订地或履行地所在国的法律。

4. 仲裁审理

仲裁审理案件有两种形式：一种是书面审理，也称不开庭审理，仅根据有关书面材料对案件进行审理并作出裁决；另一种是开庭审理，这是普遍采用的一种方式。

延伸阅读 10—1 中国苹果汁企业告倒美国商务部

2004年2月10日，一场持续了3年多的中国苹果汁企业状告美国商务部裁决不公的国际官司获胜：美国商务部当天根据美国国际贸易法院的最终裁决，签署了修正后的反倾销令。根据修正结果：起诉方的9家中国苹果汁企业中的5家，将来出口美国的产品关税为零，其余4家也为不到4%的极低税率。

1999年6月初，根据美国苹果汁协会的申请，美国商务部决定对来自中国的浓缩苹果汁进行反倾销调查的正式立案调查，中国食品土畜进出口商会立即组织企业应诉。2000年6月，我国企业对美国商业部做出征收零至27.57%关税的终裁结果不服，联名上诉至美国国际贸易法院，并最终获胜。

中国食品土畜进出口商会副秘书长张志彪称，这场官司的胜诉不仅使他们（应诉苹果汁企业）大大拓展了美国市场，同时也告诉人们，面对国际贸易纠纷，企业只有勇于拿起法律武器，奋力抗争，才能真正维护自己的合法权益。

（摘编自广州日报大洋网，http：//www. sina. com. cn，2004-2-13。）

延伸阅读 10—2* 武汉惊爆全国首例判决书拍卖案

1998年6月，武汉市硚口区人民法院判处被告武汉第二面粉厂偿还新洲粮食收储经销公司（以下简称新公司）134.8万元欠款以及银行利息、诉讼费共计150万元，在判决生效后10日内一次性付清。随后，新公司向硚口区人民法院递交了强制执行申请，并交纳了2万余元的强制执行费，但因种种原因这张判决文书还是成了一纸“白条”，万般无奈之下，新公司竟将判决书作为“拍卖品”对折送进了拍卖行……

11月23日，记者在新洲区采访时获悉，西藏自治区残疾人联合会驻北京办事处已于11月22日给新公司发来传真，希望尽快与新公司签订债权转让协议书；意向一旦达成，如果该办事处6个月内能为新公司追回欠款，该公司将全部款项的40%付给办事处，否则一切费用自担，合同自动取消……

武汉拍卖中心拍卖师谢先生表示，债权人申请法院执行后，若法院对债务人的财产进行强制执行，变成“标的物”后，拍卖公司方可进行拍卖。而判决书只是一个法律文书，若执行不了，就分文不值。

（摘编自红网，http：//www. rednet. com. cn，2001－12－08。）

延伸阅读 10—3* 关注中国仲裁事业

《中华人民共和国仲裁法》于1995年正式实施以来，我国仲裁事业迅猛发展，仲裁制度以其公正、快捷、便民等特点，逐步赢得了当事人的认可和青睐。据零点调查公司最新的研究表明，在解决企业经济纠纷方面，仲裁已超过诉讼，57.74%的企业在合同中选择通过仲裁来解决经济纠纷。一个地区的经济越发达，这一地区的仲裁事业发展也就越迅速；一个行业发展越热，涉及这一行业的仲裁案件也就越多。

仲裁事业的发展还得益于政府尤其是法院的支持。根据《仲裁法》规定，我国对承认和执行仲裁裁决实行“双轨制”原则，法院对国内仲裁实行实体监督，有权撤销仲裁的裁决。但实际上，法院对仲裁的独立性相当支持，对仲裁裁决一般只实行程序上的监督和审查，不轻易撤销仲裁裁决，在广州仲裁委2002年1月至11月份受案数审理的2 500多个案例中，被撤销的还不到1%，这就大大提升了仲裁在公众心目中的形象……

在法院开庭审理案件时，法官“代表国家形象的威严”，身穿制服、举止严肃，当事人不能选择法官，只能接受法官的质询和判决。而仲裁员是可以由当事人来选择的，在仲裁厅里，仲裁员身着便装。仲裁员提供的是仲裁服务，与当事人的接触也会变得更亲近。即便当事人的陈述冗长，他也会耐着性子听。单从办案本身来讲，仲裁员和法官没有太大的不同，二者所依据的法律都是一样的，都要求公平与公正。但是，仲裁也显示了与法院不一样的裁决风格。法官的工作重在判决，而仲裁员的工作则意在调节。

法官的权利来自国家强制力及法律的规定，而仲裁员的权利来自当事人的信任和授权。因此权利源自于公众的仲裁员，格外珍惜公众对仲裁制度的信赖，在把握公正的同时，对双方当事人往往表现出更多的关注。在法庭上，律师的辩论常常会被法官打断，但在仲裁庭上，仲裁“法官”必须充分表达和解释自己的观点，也给双方当事人提供充分辩论的空间。

薛某说，他从事仲裁员工作，更多地是从为社会公益事业服务这个角度考虑。律师在其职业行为当中，可以在不损害他人的前提下合理追求自己利益的最大化，但是一旦开始履行仲裁员义务，所谓的“经济人假说”便不再适用，仲裁庭上的他必须完全抛开一己之私，将法律的公正作为自己惟一的信念。

（摘编自杨霞，吴俊，《中国审计报》，2002－12。）

案例 10—1 人棉坯漂布交货争议案

1994年9月，深圳C公司与香港H公司达成一笔118 872米人棉坯漂布出口合同，单价每米0.544美元FOB深圳，总额64 660.36美元。由于C没有外贸经营权，经H同意，由深圳F公司代理C与H签订合同。在签订合同时，C的法定代表人在F的标准合同的卖方处签字。

H按合同规定，付给C订金20 000美元。后因C无力履行交货义务，C根据H的请求9月15日把H交付的定金2万美元换成人民币170 388元并垫资人民币29 612元，开具面额为人民币20万元的汇票并交给H的代理人用于支付九江一棉纺织厂的货款。随后H就价格上涨补进货物每米多付的0.03美元的差额和尚余6万码无法交货的违约损失1 800美元和按原合同应得的利润，向C提出索赔，但C置之不理。H遂提请仲裁，请求解除合同和获得损害赔偿。

但仲裁结果大大出乎H的预料，仲裁认为由于C没有外贸经营权，无权订立合同。虽然由F代理C出口，但签字人是C而非F的法人代表或法人授权的代表，双方所订合同无效，应予解除，H所有的损害赔偿要求被驳回，仲裁费用也裁由H承担70%。请分析：（1）这样的裁决合理吗？这对你的国际贸易风险管理有何启示？（2）如果H与C原来签订的合同是有效的，C的索赔要求合理吗？

案例 10—2 出口罐头规格不符被退货

A公司与外国买方订立一份合同，合同规定：“番茄酱罐头200箱，每箱装24罐，每罐100克”。但A在出售货物时，却装运200箱，每箱24罐，每罐200克。国外买方见到货物的重量比合同多了一倍，拒绝收货，要求撤销合同。A提出降价20%，希望买方接受货物，但遭到拒绝，最后A只得同意退货，为此付出了货价30%的运费损失。分析：进口方不接受的可能原因是什么？他是否可以用撤销合同作为违约救济方法？

案例 10—3 未按期完成全部货物导致客人取消合同案

C公司向孟加拉国B公司出口一批货物，合同价值约为USD20 000.00，货物为汽车配件，共有10个型号，其中有4个型号要求根据客户样品制造。B按合同开来信用证，C按合同和L/C要求开始生产货物，但发现其中按B样品要求订做的货物不能完成，因为订货数量太少，开发成本太高。因此打算从其他厂家购进该产品，但一直无法找到生产该产品的厂商。临近装船期，其他货物相继生产完毕，C只好告诉B上述问题。B要求取消所有的货物并退还定金和样品，理由是他要求订做的货物是十分重要的，不能缺少，因C没有按时完成交货，错过他的商业机会。C也感到理亏，只好答应客户的要求，承担一切货物积压的损失。你认为B要求撤销合同有无法律依据？C在这笔业务中有哪些失误？

（摘编自郑州升达经贸管理学院网。）

案例 10—4　比利时客商撤销竹签合同案

天津某公司A先生收到一比利时客商B先生急询2×20′C竹签的传真，在传真上标有醒目的字符“Urgent!”，传真强调时间是非常重要的，要求尽快报盘，并报出交货期。

A报盘后立即收到信用证，要求按合同规定20天内交货，但由于需要在武汉发货，在实际交货时因与工厂衔接问题晚了两天，A通过表提委托中行收款，结果被B商拒付。A认为延迟两天并不构成根本性违约，传真催B赎单；而B不但拒绝付款，还要求撤销合同，并提出一万美元的索赔。B解除合同的要求有效吗？B可以在提出解除合同的同时要求损害赔偿吗？

案例 10—5　收不到加工费的一系列失误教训

K国M公司的金某（公司法人代表系金某之妻），1999年主动与中方C公司接触，做纺织品来料加工业务，双方迅速达成合作协议。从2000年开始M以“资金紧张，需要延期付款”为由开始拖欠加工费，当年累计拖欠15万美元。C曾多次催促付款，但M以各种理由搪塞并以新订单安慰C，结果欠款越滚越大，到2001年12月已高达30万美元。

2002年1月金某称春节有笔大订单，加工费30万美元，如果做好可一次性缓解原有债务压力，C受此诱惑接单出货但金某仍拖欠付款。当年5月C找到金某要求立即付款，但金却要求削减债务，为促金还款，C同意免除40万人民币债务，金某签署了总额达442万人民币的还款计划，但仅履行了3个月的部分还款义务，其后拒绝还款，最后干脆避而不见。此外，M与C的业务都不签署合同，所有加工贸易都是压低发票金额，不足部分由金某通过携带现金交付或借用K国他人身份证汇款，逃避关税和所得税。

C委托专业资信调查公司到K国调查发现，M没有任何有价值的固定资产，民事诉讼以及协商无效，且无法进行财产保全。请问此案C为什么一再失误？此案对合作伙伴选择有何借鉴意义？

（摘编自世贸人才网。）

案例 10—6　一起在索赔期届满之后提起索赔并获得成功的案例

某年2月，中国C公司与美国A公司签订合同，C向A购买一台4 000吨压机。合同规定的保证期为18个月，但在期满之后33个月，该压机发生了一次大的事故。经专家论证，事故的原因是传动装置中的一块防松板因金属疲劳而断裂，使动力不能传递而致。按A随机器提供的使用手册，原设计的防松装置应是一个方块状的防松键，A在制造过程中将其更换为一块较薄的防松板。事故发生后，A以保质期已过为由，拒绝来中国确定事故原因和修复压机。C只好自行将压机修复，为此发生数百万元人民币的费用。于是，C委托律师事务所向A提出索赔，但A以保质期已过以及压机质量无问题、事故是C使用维护不当而致为由，拒绝谈判。

本案的争论焦点有两个：一是将原设计的防松键更换为防松板是否构成货物与合同不符；二是在合同规定的保质期已过的情况下，C是否有权获得赔偿？

（1）货物是否符合合同：从合同法上讲，A使用防松板代替了防松键，这一行为本身并不构成违约。为证明A所做的变更在技术上是否合理，A、C双方各自聘请了技术专家出庭提供证言，美国专家用了大量的技术分析认为，用防松板代替防松键功能效果不受影响。因此仲裁庭认为C没有举出充分的证据证明防松板的功能效果比原来设计的防松键差。但中方提出另一争点，在这一制造上的变更使压机的安装变得更加复杂麻烦，而A没有对因其改变设计而变得复杂的安装作出说明并告知不适当安装的危险性。正是这一点被仲裁庭所采纳，认定实际交付的货物不符合合同。

（2）货物保质期问题：按《公约》第40条，如果存在卖方已知道或不可能不知道而没有告知买方的一些事实，当事人约定的保质期就不再有效力。仲裁庭认为C提出的证据证明A知道不符合同的情形及其危险性，而A在不能排除用户错误安装可能性的情形下，没有提出证据显示他们曾作过任何努力来确定防松板得到正确安装，仲裁庭认定A是“有意不顾与货物不符合同明显相关的显而易见的事实”。A争辩说在给C的使用手册中的防松装置为防松键，而实际使用的防松板上打有戳记，因此他们实际上将这一部件的更换“告知”了C。仲裁庭认为，这一点不够《公约》要求的告知义务。

C委托的律师事务所依据联合国《公约》第40条的相关规定提起仲裁，最终仲裁庭裁定A应承担责任。在此情况下，A同意赔偿100万美元，A、C达成和解。此案例说明了什么？你认为应如何利用法律手段维护国际贸易利益？

（摘编自山东环球农贸网。）

案例10—7 木衣架质量索赔不了了之

1994年，英国某客户B在天津与一外贸公司洽谈合同期间，因木衣架价格不能达成一致，经外贸公司介绍，直接向天津一木制品厂W试订购5×20′C的木衣架，第一批要求发货一个货柜，价值约二万美元。W是刚开业的私营企业，木制品生产经验不足，当由外贸公司代理出口货到Liverpool后，木衣架发生霉变。B遂向W提出索赔，W以无力赔偿为由，拒绝立即赔付，但答应B可以从以后出口的四个集装箱货款中逐笔扣除25%，作为赔偿金，B未与回复。W不甘心就此失去一个国外客户，后又两次与B联系，均无回音。(1) 你认为B提出索赔不了了之的可能原因有哪些？(2) 你认为W的做法是否恰当？(3) 如果你是W，你将如何处理英商的索赔要求？为什么？

案例10—8 一桩欠款案的调解解决

河北省HB进出口集团公司与捷克SUD贸易有限公司1996年底建立贸易关系，1997年应SUD先发货、货款缓期再结的要求，HB连续向SUD出口总值34万美元的货物，但至年底仅收到货款2万美元。HB通过各种方式催要，而SUD均以货物积压或货款未收回为由要求推迟还款。最后，HB找到了河北国际商会总法律顾问何某。

在做好充分准备的基础上，何去布拉格找到了SUD的法定代表人Z女士。Z承认该公司拖欠货款的事实，但解决办法只能有两个选择：一是以库存货物运回中国抵补全部货款，二是由HB在捷克设立公司，接收库存货物，总之SUD无力支付现金。在Z的陪同下，何查看了该公司租用的四个仓库，情况属实。

通过进一步了解获知，SUD仅在中国就有5家债权人，共欠150多万美元，其中两起案件已经中国涉外仲裁机构裁决结案，公司面临被强制执行，所以他们准备在近期申请破产，并已在斯洛伐克另外注册了一家公司。虽然与HB关系一直不错，但对HB的债务只能以货抵款的方式解决。而HB不愿接受任何退货，也不打算到捷克设立公司，那将增加HB的风险和损失。

显然通过诉讼和仲裁是无法解决还款问题的，何不仅是法律专家，而且熟谙贸易实务，他不得不“为SUD的利益和发展设身处地地考虑”，动之以情，晓之以理，几经努力，终于使Z女士有了还债的打算。与此同时，河北国际商会转委托的捷克律师发来传真，对SUD在清偿债务之前到斯洛伐克注册新公司行为的合法性提出质疑，对公司负责人个人可能承担的法律责任进行了分析，敦促SUD全面履行还款义务；当地国际商会首席法律顾问也打来电话，对此案表示关注，明确表示：如经查证证明该公司“破产躲债”，商会将把其列入不守信誉企业的“黑名单”。各方面工作的结合产生了作用，Z女士表示，如果HB方面同意的话，她将以公司和家庭财产来兑现何律师提出的还款方案……

通过该案例，你认为应该如何选择国际贸易纠纷的解决方式？如果HB诉诸法律，将有什么后果？

（摘编自《跨国追债十八天》，环球农贸网。）

案例10—9 引发损害赔偿争议的调解

1995年10月Y公司收到美国经销商D的传真，称美国公民A先生购买了D销售的1991年进口Y的锤子，现因质量缺陷造成身体损害为由，向美国佛罗里达州法院起诉，D和Y为共同被告，法院向D下达财产冻结令。因D资产有限，A正利用美国和中国所参加的《关于向国外送达民事或商事文书和司法文书公约》，向Y送达诉状。

诉状称A于1991年8月5日在D处购买了一把由Y生产的锤子，8月8日在用其砸钢钉时，一块锤体飞离，戳入了A的右眼，经多次治疗未愈，已造成严重视力障碍。锤子质量缺陷是造成此事件的原因，后果是A身体受伤、蒙受痛苦、容貌被毁，右眼视力几乎失明，失去了挣钱能力和生活乐趣，要求损害赔偿150万美元。A的妻子B女士因此事故需要陪伴丈夫，社交和配偶权利减少，要求赔偿精神损失和陪伴损失50万美元。

1996年10月Y收到A和B在美国佛罗里达州法院的起诉状和开庭传票。Y以所送达公司名称不符、地址不对，未附中文译本为由拒收。1998年6月，A、B因D资信差，对Y不能送达诉状及法院传票存在困难，中美之间没有司法协助执行协定存在的判决履行困难，和考虑到国外诉讼的困难，通过当地商会与Y所在地有业务联系的国际商会联系，请求商会敦促Y到美国应诉，并表示了和解的意愿。

A、B在调解申请书中要求：① 由Y、D赔偿200万美元；② 由Y、D承担办理本案的律师费、诉讼费及相关实际开支；③ 由Y、D承担调解费及为参加调解而发生的费用。

而Y和D的答辩称：① Y出口的锤子符合美国质量标准，不存在产品质量缺陷；② 锤子包装上有英文使用警示：WARNING PLAY SAFE WEAR GOGGLES（使用时戴护目镜），锤子握柄上印有前述警示的不干胶条，Y已尽到合理管理之责；③ 不排除A使用不当造成锤体破裂的可能；④ 没按使用警示戴防护镜使用锤子的后果，Y、D不应负责。

根据调查和双方提供的证据，调解庭认定的有关事实为：① 锤子符合美国商品质量标准；② A、B 不能提供出使用锤子时佩带护眼镜的证据；③ D 提供的锤子外包装上的警示语清晰。但锤柄上不干胶条的警示语字小模糊不清，且粘贴不牢；④ A 和 D 均不能提供肇事锤子上有无不干胶条的有说服力的证据。

调解庭根据查明的事实，归纳了质证意见：① Y 出口的锤子，安全提示制作上有缺陷；② D 在破套零售锤子时，向用户提示注意事项不充分；③ A 使用时有过错。因为 A 和 B 急于得到相应补偿、D 急于摆脱困境、Y 急于开拓美国市场，有关当事人对调解庭以上归纳无反对意见，并达成如下协议：

(1) 由 D 在 5 个月内分五次向 A 支付 10 万美元，作为本案最终调解方案。

(2) A 在收到第一次 2 万美元 10 日内申请法院延缓审理并解除对 D 的财产冻结。

(3) 收到 D 支付的剩余 8 万美元后 10 日内，A 到法院申请撤销诉讼。

(4) Y 在四个月内供 D 价值 50 万美元的五金产品，并让利 5 万美元。

(5) 本案调解费由 Y 承担，在美国诉讼费用由申请人承担，其他费用各自承担。

根据此案，你认为索赔和理赔应掌握什么原则？是不是过了索赔期就丧失了索赔权力？

（摘编自贵才律师网，http：//www. guicailawyer. com/home/case-analysis. htm。）

案例 10—10 仲裁条款的有效性纠纷案

韩国新湖商社因与四川省欧亚经贸总公司、韩国农业协同组合中央会（以下简称韩农行）、中国农业银行成都市总府支行（以下简称中农行）信用证欺诈纠纷管辖权异议一案，不服四川省高级人民法院民事裁定，向中华人民共和国最高法院提起上诉。

1997 年 9 月至 10 月，欧亚公司与新湖商社通过传真签订了四份进口合同，合同约定信用证支付。为此，欧亚 1998 年 4 月至 8 月申请中农行开立了以新湖为受益人，韩农行为议付行的五份信用证，开出并承兑信用证总金额 9 867 601. 93 美元。但新湖不交货物，并制作虚假提单进行诈骗。新湖在提单上所载由其指定装运的船舶最迟应在 1998 年 10 月底到达目的港汕头，但经交通部汕头海上安全监督局证明，并没有运载新湖货物的轮船在汕头办理进出口岸手续。欧亚发现后向新湖提出质询，但新湖一直未予答复。但作为议付行的韩农行明知新湖的单据是虚假的，却仍将该单据提交中农行，一次骗取了开证行对上述四笔信用证项下款项的承兑。韩农行同新湖串通一气，故意隐瞒单据的虚假性，构成欺诈。1998 年 12 月 4 日，欧亚以新湖为被告，韩农行、中农行为第三人向四川高法提起诉讼，请求：(1) 判决中农行向韩农行开出并承兑的信用证无效，终止支付；（2）判决被告承担本案的全部诉讼费用。

四川高法1998年12月18日以（1998）川立保字第9号民事裁定书裁定，冻结了中农行承兑的信用证。而新湖则以其与欧亚之间订立的买卖合同有仲裁条款为由，提出管辖权异议。该仲裁条款约定："双方的所有争议应由第三国商业仲裁委员会依商业仲裁条款而最终裁决。"

对新湖提出的异议，四川高法认为：（1）新湖提出管辖权异议所依据的仲裁条款是新湖与欧亚在销售合同中的约定，与本案的信用证欺诈纠纷无关；（2）双方的仲裁条款约定不明，且欧亚选择向法院起诉，表明其已放弃重新协商予以明确的权利。根据《中华人民共和国仲裁法》第十八条规定，该仲裁条款无效。故驳回新湖对本案管辖权的异议。

新湖不服原审裁定，向最高法院提起上诉称：（1）原审裁定："新湖提出管辖异议所依据的仲裁条款是新湖与欧亚在合同中的约定，与本案的信用证欺诈纠纷无关"是错误的。本案如果是信用证欺诈，欺诈者是上诉人的话，被欺诈者应当是作为议付行的韩农行或者是作为开证行的中农行，本案的原告应当是韩农行或者是中农行，而不是欧亚；（2）原审认定新湖与欧亚在合同中的仲裁条款约定不明，且欧亚选择向法院起诉，表明其已放弃重新协商予以明确的权利，因此该仲裁条款无效也是错误的。重新协商约定仲裁条款，既是欧亚的权利，也是其义务，权利可以放弃，义务必须履行；（3）原审驳回上诉人的管辖异议也是错误的。欧亚根本没有同上诉人协商补充协议签订一事，更不存在达不成补充协议的事实。因此，请求二审法院依法作出公正裁定。

高法审理后认为：新湖与欧亚买卖合同中的仲裁条款不明确，无法执行，需要当事人重新协商，但是欧亚已经采取了诉讼的方法解决本案的争议，表明其放弃了仲裁的愿望，新湖称重新协商既是当事人的权利又是当事人的义务并无事实和法律上的依据。根据最高人民法院《关于适用〈中华人民共和国民事诉讼法〉若干问题的意见》第145条的规定："当事人在书面合同中订有仲裁条款，或者在发生纠纷后达成书面仲裁协议，一方向人民法院起诉的，人民法院裁定不予受理，告知原告向仲裁机构申请仲裁。但仲裁条款、仲裁协议无效、失效或者内容不明确无法执行的除外。"由于合同中的仲裁条款没有约定仲裁方式和机构属内容不明确，无法执行，因此原审人民法院对欧亚公司的起诉应予受理。

你认为该案中仲裁协议是否无效？是否无法执行？订立仲裁协议应注意什么问题？

（摘编自最高人民法院（2000）经终字第155号民事裁定书，环球农贸网。）

小知识

(1) 索赔的艺术：提出索赔时，感情要克制、语言要艺术、意图要明确，既要达到索赔目的，又要尽可能不损害合作双方的长期关系。

(2) 仲裁的裁决效力：由于仲裁实质上是一种法律认可的私力救济，仲裁没有自己的裁决执行机关。虽然仲裁的私行为得到国家的承认，其裁决具有与法院判决类似的效力，但国家仍保留对仲裁的监督权。根据我国《仲裁法》的规定，司法的监督分国内仲裁及涉外仲裁两种情况，国内仲裁监督兼具实体审查和程序审查，而对涉外仲裁主要是程序审查。司法审查的存在，使仲裁的一裁终局出现不确定性，事实上出现裁决效力不具备法院判决的拘束力所认定的完全效力。

10.6 思考与练习

1. 什么是索赔和理赔？索赔和理赔的依据是什么？

2. 贸易争端解决的原则是什么？

3. 贸易纠纷解决有哪些方式？其特点和适用的情况是什么？

4. 决定诉诸法律解决贸易争端前必须考虑哪些问题？

5. 仲裁的概念、性质和特点各是什么？

6. 《公约》对向卖方提出索赔的期限是如何规定的？

7. 什么是违约？什么是违约救济？

8. 出口商在向港口交货时因途中发生交通事故，导致未能按期交货，按主要国家法律和《公约》规定，出口商是否已构成违约？

9. 什么是根本性违约？与非根本性违约的法律后果有何不同？

10. 美国公司A从外国公司B进口一批冻火鸡，供应圣诞节市场。合同规定卖方应当在9月以前装船。但是B违反合同，推迟到10月7日才装船；另一家美国公司C从外国公司D进口一批冻鸡，合同中规定卖主应在9月以前装船。D也是10月7日才装船。A和C均拒绝收货和主张撤销合同。请分析在这两件纠纷中，A、C是否有权撤销合同？为什么？

11. 何谓实际履行？根据《公约》规定是否可以判决实际履行？我国法律对实际履行是如何规定的？

12. 什么是公约规定的主要违约救济方法？什么情况下可以解除合同？如何确定损害赔偿范围？

13. 违约救济有哪些方法？

14. 仲裁有几种形式？仲裁协议有什么作用？仲裁协议的内容有哪些？

15. 仲裁裁决结果有无法律效力？当事人一方对裁决结果不服可否向法院起诉？

16. 什么是仲裁规则？仲裁规则对仲裁结果有什么影响？

17. 如果贸易双方都坚持在本国仲裁，你考虑应如何解决这个问题？

18. 混合仲裁的含义是什么？

第 11 章　国际贸易风险管理

11.1　学习本章的任务和应掌握的知识点

11.1.1　学习本章的任务

下面是阳光公司发给远航配件厂的传真（格式略），提出一个到 Puerto Cabello 的 20×20′C 大订单，请在学习本章的基础上回复客户。

> I'm pleased to say that the dispute on S/C No. S098 has been settled to our mutual satisfaction, which will, no doubt, facilitate the cooperation between us.
>
> One of our customers wants to buy your S2, S2S, S3S, S4 and S4SW Fused sockets, each item for 4×20′C. Please fax us your pro forma invoice on CIF Puerto Cabello including our 3% commission for account of Inversioner Libita S. A., Avenida Sucre, Los DOS Caminos, Caracas, DF, Venezuela.
>
> To enter the market, your competitive offer is appreciated.

11.1.2　学习本章应掌握的知识点

1. 国际贸易风险的主要类别和防范措施
2. 常见的资信风险控制措施
3. 资信风险管理的内容

11.2 国际贸易风险概述

国际贸易风险是指在国际贸易中，由于种种意外或难以预测的原因导致国际贸易的实际收益与预期收益不一致，从而蒙受损失的可能性。根据风险的来源，国际贸易风险大致可以分为国家风险、技术风险、诈骗风险、市场风险、资信风险五大类别。

11.2.1 国家风险

国家风险大多是指由于国家管制措施的变化引起的进出口商不能履行合同或履行合同发生损失的可能性。如外汇管理导致出口商收不回货款，环保措施、配额等导致不能履行合同，反倾销措施导致成本增加失去市场等。此外，还有国家的政治、法律、战争等风险。

应对这种国家风险，企业应充分利用信息技术和本国提供的海外市场风险预警，及时获得相关信息，提前采取措施防范风险的发生或降低风险来临造成的损失（如公共关系，提前中止、撤销合同，市场转移等）和事后积极应对（如法律诉讼、反倾销应诉等）。市场选择是从源头上防范国家风险的措施，如选择一个民主、法治国家市场，它不会轻率地（不经国民充分争论，在经营者未得任何预兆的情况下）颁布法令或强制措施，也不会轻率地对国际贸易纠纷作出不公正判决，可以降低或完全回避国家风险。另外，我国提供的出口保险业务也提供了某种程度的国家风险回避功能。

11.2.2 技术风险

技术风险是指由于国际贸易从业人员业务水平低或意外差错带来损失的风险。这类风险存在于国际贸易的各个环节。如贸易术语的理解、支付方式的选择、单据的制作、合同的签订、信用证业务的流转程序、违约责任的判断等，哪个环节出错都可能给企业带来重大损失。业务水平问题，需要通过不断学习和不断实践来不断提高，对于意外差错应采用复核制度来避免。对于企业面临的重大国际贸易风险，如难以解决的纠纷，票据的真伪等，应交专业公司处理或咨询专业公司后再作决定。

选择重合同、守信誉的合作伙伴，是降低技术风险最有效的措施。他不会利用你的失误谋取额外的商业利益和转嫁商业风险，而且双方良好的合作关系还可以提高合作效率，降低国际贸易成本。

11.2.3 诈骗风险

国际贸易双方相距遥远，又处于不同的文化、法律、社会环境，为形形色色的骗子提供了鱼目混珠、牟取暴利的舞台。国际贸易工作者在明处，骗子的暗箭可谓防不胜防，以下仅提出诈骗防范的几种措施供读者参考。

1. 认真考察交易对手

考察交易对手的真实情况有助于防范诈骗，当然骗子也会披上层层伪装。直接防范可以采取对不明对手不做大额交易、不同时做多笔交易，对大额交易委托专业公司调查交易对手后决定是否成交或通过合同条款采取一定的技术措施等。

2. 严格遵守业务流程

骗术通常不遵循常规和惯例，所以要严格遵守国际贸易流程，如不直接接受信用证，银行票据要通过银行查验真伪，对抵押物要查询抵押记录等。

尤其需要注意的是合同的签订，要严格审查签约人的身份和签约资格。中间商以代理人身份签字的，不仅要求其提供实际买家真实的授权书，还要审查授权的范围和时限，判定授权的有效性和充分性。

3. 保持清醒的头脑

骗子通常会乘人之危和利用人们的弱点，如在你经营困难之际给你送来利润丰厚的贸易机会，利用同胞关系、亲友关系让你放松警惕，保持清醒的头脑和分清经营与感情的界限是必要的心理素质。

4. 受骗后立即通过各种途径追讨

为了转移赃款、转移居住地，诈骗犯得手后需要继续施展骗术拖延一段时间，这段时间是追讨骗子的最佳时机，千万不要怀有侥幸心理、轻信承诺，一错再错，贻误时机。

11.2.4 市场风险

市场风险是指由于价格波动造成交易亏损的可能性，是买卖双方共同面临的风险。价格风险可以通过签订非固定价格合同来回避，尤其对于履约时间长的补偿贸易、加工贸易，非固定价格是必要的。期货交易也是有效防范市场风险的现代金融工具。

所谓期货，是指可以交易的标准化远期合同。期货的标的物，可以是某种商品，如铜或原油，也可以是某个金融工具，如外汇、债券等。期货交易按交易目的可分为投资和保值两类交易。要防范市场风险就要做保值交易，亦称套期保值。

套期保值是指在期货市场上买入（或卖出）与现货市场交易（配合进出口业务）方向相反、数量相等的同种商品的期货合约，进而无论现货供应市场价格怎样波动，最终都能取得在一个市场上亏损的同时在另一个市场盈利的结果，并且亏损额与盈利额大致相等，从而达到规避现货交易市场风险的目的。

在国际贸易中，无论是买方还是卖方，都有汇率波动风险。外汇价格这种市场风险可以通过外汇期货交易或远期外汇交易来回避。

期货交易风险较大，技术性强，要用期货交易回避国际贸易市场风险，请认真学习期货业务或详细咨询期货交易代理机构。

11.2.5 资信风险

资信风险是指由于合作伙伴的资信状况产生的国际贸易风险。所谓资是指合作伙伴的资本运营和偿付能力；而信则是对方的信誉。资信风险包括由于合作伙伴资本能力有限在客观上不能履约或不能完全履约，或由于商务环境的变化主观上不履约或不完全履约可能给企业经营造成的损失。

卖方资信风险具体表现为交货问题，如延期交货、不交货、交货质量不合格。买方资信风险主要是付款问题。而提供相关服务方，如商品检验、运输、保险等服务企业的资信水平也影响着企业的利益得失和对外服务质量。而且企业产品的买主、原材料的供应方以及服务提供方众多，他们的地域分布非常广泛——尤其是国际经营，资信风险管理的复杂性、技术性、专业性对企业经营提出了更高的要求，成为现代企业经营中非常重要的一个组成部分。

11.3 资信风险管理**

经营风险是不可避免的，选择索赔、诉讼、仲裁或第三方机构服务等手段维护自己的利益，都是事后解决方案，需要支出一定的成本，还存在着纠纷解决的不确定性。加强资信风险管理，是企业降低国际贸易风险最有效的措施。

11.3.1 常见的资信风险控制措施

在国际贸易中，常见的资信风险控制有以下几个方面的措施。

1. 支付条件

在合同中选择有利的支付条件——买方选择延期付款、卖方选择预付货款，这是最简单、易行的风险控制措施，但风险的回避是以另一方完全承担为条件的，用此方法控制风险的关键是双方能否达成一致，通常这种方法需要与其他措施结合使用。

2. 国际保理（International Factoring）

国际保理为出口商提供买方信用担保和融资等一揽子金融服务，是在出口商向进口商提供优惠付款方式（on Account，O/A）的激烈市场竞争中，为满足出口商风险转移和融资需要而发展起来的商业担保形式。

保理服务的内容包括用立即付款方式购买应收账款；保持销售分类账并履行关于应收账款的其他财务处理责任；收取应收账款和承担由于进口商无力支付而造成的损失。

现代保理公司业务范围已不限于保付代理，还提供资信管理咨询服务、资信风险管理培训、资信调查服务、追讨欠款等业务。

3. 出口信用保险

出口信用保险是保险公司承保出口商在出口收汇过程中，由于进口商方面的商业风险或进口国的政治风险而遭受损失的一种保险险别。

（1）出口信用保险责任：商业风险保险责任包括：买方无力偿还债务或破产、拒收货物并拒付货款、拖欠货款；政治风险保险责任包括：买方国家禁止或限制汇兑、进口管制、撤销进口许可证、买方所在国或货款须经过的第三国颁布延期付款令、战争、暴乱或革命等被保险人和买方均无法控制的非常事件。

（2）投保前的限额申请：合同一旦签订，应立即向保险公司申请限额——保险公司为出口合同中买方设定的最大保险金额。因为限额是根据进口商资信确定的，评估进口商资信需要一段时间。此外，限额批准之前变更合同，要及时与保险公司联系。

（3）企业投保出口信用险注意事项：① 如果付款采用L/C、D/P或D/A方式，但出运选用空运方式或提单自寄，这样的风险已等同O/A风险，应申请O/A方式的限额；② 按保险公司批复的买方信用限额条件出口，否则保险公司不承担赔偿责任。

4. 银行保函（Letter of Guarantee，简称L/G）

银行保函，又称保证书，是指银行应申请人的请求，向第三方（受益人）开立的一种书面信用担保凭证，银行（保证人）对申请人的债务或应履行的义务，承担责任。根据用途，保函主要有以下三种类型。

（1）投标保证书（Tender Guarantee）

投标保证书是应投标人的申请向招标人发出的保证书，保证投标人在开标前不中途撤标或片面修改投标条件、中标后不拒签合同和合同签订后不拒交履约保证金。

（2）履约保证书（Performance Guarantee）

履约保证书是向受益人作出的如果委托人不履行他与受益人之间订立的合同时受托人采取措施履行合同或支付赔偿的保证。履约保证书用于大宗商品交易、加工贸易、补偿贸易和招标合同等。

(3) 还款保证书（Repayment Guarantee）

还款保证书是预付金额的退还保证，多用于国际承包工程项目，也用于货物进出口、劳务进出口和技术贸易等。

银行保函用途广泛，对于受益人来讲使用方便，因为保证条款的引用不一定要有货运单据，往往仅凭一纸证明或受益人的声明书就可以付款。所以保函为受益人提供了风险保障，而且要求采用保函担保的受益人通常信誉较高，因此委托人的风险也不大。

5. 担保与抵押

担保是指承担合同履行的保障，如果合同未被履行，守约方可以利用担保取得与履行合同相同的利益。担保可以由第三方提供（如果被担保人不履行合同，由担保人承担履行合同或赔偿违约损失的义务），也可用抵押品提供（抵押人不履行合同，抵押权人可以用抵押品作为损害补偿）。银行保函属于第三方担保，请求第三方担保通常需要向第三方提供抵押品。

只要合同一方当事人认为对方资信风险太大，可以要求对方提供某种形式的担保或抵押。但在国际贸易中，由于交易双方相距遥远，所处法律环境不同，抵押品处理遇到的问题复杂，抵押方式很少使用。与其让对方提供抵押，不如让对方提供银行担保（他可以以向银行抵押为条件取得银行担保）。

6. 除支付外的其他合同条款选择

国际检验机构的品质、数量、重量等检验，可满足交易双方对货物风险的防范；买方对单据的要求可降低卖方交货风险；选择负责运输、监装条款可确保运输货物的真实性。其他如违约金条款、纠纷解决条款等都与国际贸易风险相关，需要综合考虑。

11.3.2 资信风险管理的原则

承担经营风险、追求经营利润，是资本主义生产方式的特征。资的风险是纯经营风险，源自人的能力限制，信的风险源自人的动物精神，需要商业道德、商业惯例和法律来规范。资信风险是一切商业活动可以通过商业经营、商业管理来控制，而无法彻底杜绝的风险。

因此，资信风险管理不是追求万无一失的经营方案，企业决策不能以安全为风险管理的目标，风险管理的原则是服务于企业经营，国际贸易风险管理的原则就是要服务于国际贸易业务，要根据经营环境、市场情况、产品特点、企业本身、交易对手等实际情况，制订风险管理政策，选择风险承担和经营收益的最佳结合点。既不能为扩大经营饥不择食，也不能“十年怕井绳”——在经营中缩手缩脚。

11.3.3 资信风险确定

资信风险确定是指确定交易对手的资信水平，需要在交易对手资信调查的基础上，根据企业设定的资信指标，对其进行综合评价。

1. 交易对手资信调查的内容

资信调查是指通过调查确定交易对手的资本能力和历史信誉记录，以便确定其主、客观上履行合约义务的可能性。资信调查的内容主要包括：

(1) 公司概况：是指调查对象的基本情况，包括注册情况、资本属性和规模、企业的人员（数量、结构）、历史（经营规模、营业状况、资本的发展变化）和现状、所在地址等。

(2) 主营业务：主要业务范围、现在的供货来源、市场分布、收付款习惯、经营能力等。如果是生产商还有产品情况（自然属性、质量认证、生产能力等）。

(3) 付款记录：以往对外付款及所得到的最高信用额及信用期，以反映其付款及资金流动情况。

(4) 财务状况：公司的盈利情况及营业额发展趋势记录。

(5) 银行往来：主要往来银行及关系，公司在银行的信用等级。

(6) 公共记录：社会责任、环境保护、法律诉讼、抵押记录等公司整体社会形象和影响公司业务状况的记录。

2. 资信调查的方式和途径

(1) 直接调查：就是企业自行调查和评估交易对手的资信能力。信用调查和评估的依据主要是来自权威机构的资信报告、企业的财务报表、银行证明、交易对手同其他外贸企业的交易记录以及经商习惯等。有可能的话，也可直接与交易对手接触，通过当面询问、观看等方式获取资料，甚至让交易对手自己提出一个资信报告。直接调查的优点是简便易行，适用于有长期业务往来的交易伙伴和交易额较小的业务。但直接调查有以下几个不足之处：

① 搜集信息的渠道复杂：直接调查需要从多种渠道搜集信息，加大了搜集信息的难度。而且还要对不同信息渠道信息的可靠性、完整性、时效性进行评估。非专业机构很难保证调查的质量。

② 调查费用昂贵：对于大型的调查项目，如果企业要想获得充分、及时的交易对手资料，需要调查分处不同国家和地区的企业、服务机构和管理机构，费用昂贵。

(2) 委托调查：在国际贸易中，委托调查是常用的资信调查方式。企业通过支付一定的费用，可以迅速地获得优质的资信调查报告。委托的对象有以下三大类型：

① 国际贸易服务机构：主要是银行，进出口合同的履行离不开进出口双方所在地

银行的中介服务，银行有真实的、连续的和最新的企业账目往来记录。通过银行调查交易对手资信的优点是费用低、速度快、可靠性强，但调查内容范围有限，适合简单的交易项目。

② 专业资信调查公司：随着国际贸易业务对交易伙伴资信和资信风险管理需要的增长，专业化资信服务公司于20世纪80年代起在我国有了较大的发展。资信服务公司的业务范围也不断拓宽，除资信调查外，提供资信系列服务，如资信风险管理（深度研究，管理培训等）、信用咨询、身份认证（包括企业合法性认证和联络人业务身份认证）、市场调研、营销和采购，以及账务催收和追讨等。

在我国经营的资信服务公司有两类，一是中资资信调查公司，如华夏国际企业资信咨询公司和上海中商征信有限公司等；二是已进入中国的外国资信服务公司，如世界著名的邓白氏公司、ACP公司、TCM公司等，均已在我国设有分支机构，提供企业资信调查服务。

③ 保险公司：保险公司是国际贸易服务机构，由于其保险业务涉及企业资信，因而也具备专业资信调查能力。

3. 评估交易对手资信水平

在资信调查的基础上，根据企业经营风险控制的需要，对交易对手的资信状况作出综合评价。国际上通常采用“五C”指标来确定，即交易对手的品行（Character）、能力（Capacity）、资本（Capital）、担保品（Collateral）、和其他情况（Conditions）。企业可以根据实际情况配制这五大指标及其细目指标的权重，得出一个统一的评价等级。

11.3.4　资信风险管理的内容

1. 制定风险管理政策

风险管理政策是指风险管理的指导原则和执行方案。如采购商、客户选择的标准，对不同资信等级的采购商、客户采用不同的交易条件、付款条件等。这些标准需要根据企业经营的需要制定和调整，如赊销政策，包括赊销的目的、赊销的权限、赊销的标准、赊销的条件、赊销的方式和风险控制措施等内容。

2. 建立资信管理档案

建立、建全资信档案，对交易对手进行分类管理、动态跟踪和对其资信实时评估。在此基础上，制定和调整资信管理政策，并根据交易对手的动态资信水平，对资信风险进行动态管理。

3. 资信风险的业务管理

资信风险的业务管理是指按照企业资信风险管理政策来处理国际贸易业务。对供货商的选择和管理请参见第12章中的供应链内容，对客户的资信风险管理主要是赊销管理，赊销管理主要包括以下四个方面的内容。

（1）风险销售管理制度：根据企业资信风险管理政策，制订相应的风险销售管理制度，严格按制度办事；不符合信誉政策的一律禁止信誉销售，不为扩大出口而承担不能控制的收汇风险。

（2）风险跟踪制度：对应收账款按应收期限、过期时间进行分类管理和控制，包括逐日跟踪、风险预警，督促相关人员催款或采取商业、法律措施等。

（3）风险防范制度：即从风险源头上降低风险发生的可能性。在建立客户资信档案、动态跟踪的基础上，制定应收账款重点监控对象。并对监控对象实时评估，采取相应的风险防范措施，如提前收款、降低或取消信用额度、停止交易等。

（4）处理坏账制度：对欠款限期催收未果的，要按坏账处理。并及时提交仲裁或法律诉讼，对难以自行催收的，要委托专业机构进行处理。

延伸阅读 11—1 国家信用风险分析

亚洲：亚洲国家与我国的国际贸易关系最为密切，但亚洲国家由于资金短缺导致信用风险上升，对2010年的国际贸易国家信用风险存在一定影响。亚洲发展中国家的企业实力普遍不强，易受外部冲击，进而导致偿付能力及偿债意愿恶化；亚洲国家货币体系不稳定，外汇政策多变，存在较大结算风险；诸多国家法制不健全，行政效率低下，腐败严重，易出台针对中国的贸易保护政策。所以除可以在与日本、韩国、新加坡、马来西亚等国贸易中使用信用证支付结算外，其他发展中国家，尽量考虑前T/T贸易结算。尤其需要注意的是：伊朗银行受国际制裁，开证行无法顺利汇出货款；印度信用证具有先天不可操作性，已出现多起信用证付款项下开证行拖欠或者拒绝承兑的案例。

北美（美国和加拿大）：2010年，对于中国出口企业而言，北美市场经历了短期的需求骤降后，很可能迎来长期的需求不足，并伴随更趋苛刻的贸易条件、更加多样的贸易壁垒和更为复杂的贸易纠纷。最近企业受损案件中涉及知识产权、反倾销、环保标准、商品质量等方面的商业纠纷明显增多，在贸易中除了付款条件外，国内企业应该更注意对输出美国加拿大的产品质量和品质。

欧洲（欧盟地区）：由于西欧发达国家银行业、建筑业、汽车业、零售业在危机中受影响严重，企业破产数量显著增长，信用证违约和拒付风险明显增加。在中东欧新兴市场国家，建筑业、汽车业、消费品业均普遍出现客户拒付而导致我国企业损失的情况，商业风险持续加大。与欧洲国家进行国际贸易时，一般在客户无法接受全部T/T的情况下，尽量使用前T/T与信用证结合的付款方式。

非洲：非洲地区政府干预现象普遍，油气和矿产项目面临不同程度的政府违约风险；由效率低下等问题导致的项目拖期、配套工程滞后广泛存在；部分国家财政担保有效性不足，汇兑限制突出；已发生的案例中，在苏丹因财政资金紧张导致拖欠，国内某大型工程承包商承建的苏丹电站项目获保险公司赔付 1 680 万美元，后续还将赔付 2 000 万美元。在尼日利亚，其国内两家大型商业银行相继在信用证业务中违约拒付。金融危机对多国经济造成重创，非洲国家国际收支恶化，偿付能力削弱，加上历史原因积累的沉重债务负担，部分国家已经出现偿付危机。此外，非洲国家不同程度存在政府效率低下、腐败、国家治理不规范、法制不健全等现象，普遍存在复杂的种族、宗教、地区分裂势力或反政府武装等问题。与非洲国家合作，尽量使用全款 T/T 支付方式。

拉丁美洲：拉美地区各国政府采取的非正常措施正主导着其风险特征的转变。如巴西政府开始对外部资本流入进行控制，开征了资本税；委内瑞拉政府进一步增强经济控制力，将国有化措施深入到经济各个方面；厄瓜多尔等部分极左国家，为转移经济下滑带来的执政压力，加强了政府在边境非法武装问题的立场，导致哥伦比亚周边地缘政治冲突有所增加。

企业想在国际贸易中降低风险，必须时刻了解全球各国国家信用风险。

（摘编自深圳《国际贸易国家信用风险分析》，2010－1－31。）

延伸阅读 11—2* 关于合同、信用证与索赔权保留问题

1996 年 2 月 13 日，山西 A 公司与法国 B 公司签定了购买玻璃生产设备的合同。合同总价 CIF 天津 28 万美元，付款条件为买方在装货前 60 天开立信用证，后因 B 不能按期交货，双方经反复协商，A 于 4 月 20 日修改信用证，将交货期推迟到 7 月 15 日。B 于 7 月 13 日将货物装运。A 在收到货物后以延迟交货为由，要求 B 按合同规定支付迟交货罚款 6 000 美元，并赔偿 A 因迟交货对其下家违约而支付的违约金 18 万元人民币及有关的改证费损失 2 万元人民币。

B 答复称其已按修改后的信用证如期交货，合同交货期因信用证的修改而被展延，不存在违约问题。而 A 认为根据信用证独立于合同的原则，信用证修改并不意味着合同修改。双方各执一词，A 遂提起仲裁。中国国际经济贸易仲裁委员会仲裁庭认为，信用证独立于其基础合同而存在，但信用证毕竟源于其基础合同。对信用证交货期等主要条款的修改，即视为对基础合同的修改。鉴于此，仲裁庭驳回了 A 的所有仲裁请求。你认为仲裁结果符合国际贸易惯例和相关法律吗？请继续阅读下面的分析和评述摘要：

（1）该项裁决混淆了信用证与基础合同这两个不同的法律关系：① 两者的性质不

同。信用证是开证行向受益人提供付款保证的一种书面凭证，其性质是一种支付手段；而基础合同是商品交换的手段和方式，属于债法范畴；② 两者的标的不同。信用证是一个自足的文件，信用证交易是一个独立买卖，他的标的为单据。根据《UCP500》的解释，所有有关当事人对信用证的处理，均以单据为依据。因此，信用证与基础合同有本质的不同，两者之间不能互相利用，《UCP500》第3条对此也有明确的规定。信用证的修改并不意味着合同的修改是有法律依据的。

（2）该项裁决否定了约定索赔权、法定索赔权以及守约方对违约采取的救济方法：① 该裁决只注重双方当事人就交货期在信用证上的展期的表意，没有注意到申请人同意修改信用证是不得已而为之的民事行为，是为避免损失扩大的补救措施。这种补救并不是对基础合同的修改；② 该裁决将修改信用证的交货期溯及到了基础合同的违约条款，颠倒了民事法律行为的因果关系；③ 该项裁决否定了约定索赔权和法定索赔权。《民法通则》第115条明确规定："合同的变更或者解除，不影响当事人要求赔偿损失的权利"。因合同的变更使对方当事人造成损失或合同变更以前，由于一方的过错而给另一方造成损失，应负损害赔偿责任。

（3）该项裁决违反了国际惯例：《公约》第45条第（2）款规定：买方可能享有的要求损害赔偿的任何权利，不因他行使采取其他补救办法的权利而丧失；第47条第1款规定：买方可以规定一段合理时限的额外时间，让卖方履行其义务。……但是，买方并不因此丧失他对迟延履行义务可能享有的要求损害赔偿的任何权利。因此，给予履约宽限期并不意味着免除违约方的责任。

（摘编自刘彤海，《对一宗国际货物买卖纠纷案例仲裁的评析》，中国律师网，2004-08-06。）

延伸阅读 11—3　海外欠款中国出口企业新隐忧

从2002年起，因在美国遭代理商拖欠高达42亿元人民币巨款，中国彩电出口大户四川长虹陷入经营泥淖，事实上海外欠款已经成为不少企业海外战略的滑铁卢。商务部最近对近千家出口企业所做的一项调查统计发现，中国出口企业的平均坏账率约在5%以上，远高于西方发达国家0.25%～0.5%的平均水平。以外贸大省浙江为例，2004年该省出口总额为581.6亿美元，按照2004年中国海外应收账款欠账率4%来计算，浙江省外贸企业1年被欠账款至少高达23亿美元。该省外经贸厅一位官员的话更是令人触目惊心："实际比例远非如此，浙江企业平均收账率只有80%左右，目前海外欠款累计估计已增至近百亿美元。"

浙企海外欠款主要包括"钻空运提货空子"和"信用证做挡箭牌"两种。第一种方式主要是因为空运不需要提单就可以直接提货；第二种是买家利用银行出具的信用证进行交易，买家以信用证为诱饵，在信用证和单据上做文章。

商业活动中存在逾期应收账款问题本来是正常的，但在发达国家，企业应收账款的合理期限一般是3至6个月，超过这个期限就作为坏账处理。与国外企业相比，中国企业在国际业务中存在许多不规范问题，主要表现在以下几个方面：

（1）支付方式不合理：中国出口企业为了争抢国外客商，大量采用信用结算的方式出口货物。这种做法虽然能使出口额大幅上升，但大大增加了收款风险，带来了大量逾期应收账款。

（2）人员专业能力差：这表现在多个方面，如外销员不了解各种交货方式、支付方式的特点及适用情况，一味迁就国外客商，无单放货、滥用赊销等；制单员不熟练掌握国际贸易惯例和单据制作，为国外客商拒付提供了借口，在信用证支付中使银行信用转为商业信用等。

（3）风险管理是空白：我国很多出口企业在风险管理方面，没有一套系统、完善的信用管理制度是造成坏账率高的最主要原因，所以说真正的收汇风险在企业内部。据商务部统计，中国从事进出口业务的企业中只有11%建立了自己的信用监管体系，这11%中又有93%是具有外资背景的跨国企业。很多国内公司至今没有建立应收账款管理制度，或者有制度而没有落实。

（摘编自蔡八弟《海外欠款中国出口企业新隐忧》。）

延伸阅读 11—4* “追债公司”登堂入室

由于我国信用制度不完善，有些金融机构、企业公司、事业单位各种“债务链”长期难以解开，往往因陷入债务纠纷而影响到生产经营和工作正常进行，以“商账追收”为主营业务的“追债公司”应运而生。国外追债公司已经存在了近百年，而我国有近20年历史的专职商账追收公司一直被国家工商总局、公安部、国家经贸委列入禁止注册的黑名单。企业自行讨债困难、正常渠道阻塞、专业收账公司在地下活动，给不法分子可乘之机，他们往往采用威胁、殴打、绑架等暴力手段“帮助”债权人“讨债”，许多债权人在追债不成、求告无门的情况下把希望寄予了黑社会性质的“追债公司”，演绎出了一幕幕磨泡讨债、舍命讨债、暴力讨债等民间故事……

国家劳动和社会保障部中国就业培训技术指导中心今年四月发布了商账追收职业培训项目，首批商账追讨师培训六月在北京开班。现在，已经有100多名学员获得劳动部颁发的《全国统一职业岗位证书》，这意味着在“地下”活动了近20年的追债行业终于登堂入室，获得了国家的承认。为帮助企业及时有效地收回欠账，防范和规避企业由于使用赊销方式带来的信用风险，又能使之从债务纠纷中解脱出来提供了一条合法的途径。

比追讨更重要的也许是防患于未然，比规范更重要的也许是重塑社会的诚信美德。这其中，我想首先是政府应该树诚实守信的榜样。现在的“欠账不还者”，很大一部分就与政府有关。孔子说，“上好信，则民莫敢不用情。”只有诚信的政府，才有诚信的社会。此外，在我国，盗窃几百元、几千元就可以定罪量刑，而欠债数十万、数百万、甚至上千万、上亿的，反而可以逍遥法外。但愿由劳动部认定的专业商账追讨师，在这样的法制环境下，能够依法解除企业的“应收账款”之忧。

（摘编自林金芳《更重要的是“重塑社会诚信”》和闻风《“追债公司”登堂入室》，《中国审计报》，2006-9-11。）

案例 11—1 向外汇管制国家出口的风险

向外汇管制国家出口，往往因为进口商受到付汇限制使出口企业不能或不能及时收回货款。外汇管制国家也通常是非法制化国家，政策性风险也较大。

如委内瑞拉，自2003年2月开始实行外汇管制以来，取消并禁止外汇自由兑换。2006年年底，我国出口商C通过美国中间商，向委内瑞拉电信运营商T出口价值近100万美元的产品。为了保证如期收汇，出运前C要求买方必须获得委国外汇管理委员会（CADIVI，以下简称“外管会”）颁发的外汇使用许可。T企业随即向委国外管会提出美元购汇申请，并于2006年9月得到了批准。

但货物按合同于2006年9至11月安排出运，次年1月货款到期，T企业在申请支付美元时，委国外管会以T企业需要审计为由，未予批准，导致其无法付出外汇。

委国的外汇管理制度较为特殊，用汇程序需两次审批。在第一次获得批准时，委国外管会仅将有关外汇贸易金额在其账户上单独划出。在审核清关单据后，还需外管会第二次批准，企业才能真正购汇支付。

委国海关政策风险也不容忽视，根据委国规定，所有进口货物都必须直接托运。海关规则规定收货人是该批货物的主人，因此收货人支付海关费用后即可提走货物。海关还规定，货物抵达委港口后，延迟提取货物，海关将予以没收。如果大额罚金和仓储费没有得到及时支付，海关将拍卖这批货物。有时，该批货物最初的收货人（进口商）成功地在海关拍卖会中购得这批货物，价格却远远低于货物的到岸价（CIF）。

从这个案例，分析向这类国家出口，在贸易方式、支付方式、风险管理等方面采取哪些措施可以防范收汇风险。

（摘编自江文《委内瑞拉的外汇管制风险解析》，《江门日报》，2009-9-25。）

案例11—2 国际贸易需要警惕的“朋友”

2001年3月，济南某外贸公司经理姜某到北京出差，经朋友介绍认识了美籍华商黄某，黄提出要在中国购买一批狐狸皮。看到黄拥有绿卡，祖籍上海，姜某相信了他的外商身份。据朋友介绍，国内每张狐狸皮的价格为3 300元左右，而外商出价3 800元左右。于是姜某就和黄的美国太平洋贸易实业有限公司订立了买卖蓝狐狸皮12 000张的合同。每张定价466美元，信用证支付，分批两年内做完整笔交易。

又是在同一个朋友的引见下，姜某认识了北京中豪信科贸易有限公司的法人代表徐某。徐自称是公安部现职警员，父母都是高干。徐承诺供给姜某狐狸皮，每张3 300元，可由外商验货合格后付款。基于他的个人背景、说一不二的作风，又都是山东老乡，姜某就代表公司和徐的中豪公司签订了合同。为慎重起见，姜某让外商黄亲自到徐的仓库里验了100张狐狸皮，才敢将货款付给徐。4月1日，姜收到黄金额为13.8万美元的第一张信用证，交易就更放心了。经过黄检验，姜又向徐现款购进300张狐狸皮。在准备发货时，黄以货太少为由要求增加数量至3 600张，并表示立即追加信用证。姜考虑到周转资金和风险，提出异议，因为合同约定是分期发货。但黄坚持说：“如果非要坚持发货，我们就只做这300张皮，以后就不做了。”想想整笔业务的可观利润，姜某妥协了，答应凑齐700张皮子再发货，让黄再补开一张信用证。黄补开来的香港信用证里面开始加一些软条款，如他的验货单的笔迹要和开证银行的笔迹相同。在姜某让他重新开来的800张皮子货款的信用证上错误更多，不但受益人名称写错了，预付地点也成了香港。

姜某的疑虑随之产生，对继续交易也发生了动摇。这时供方徐开始施加压力，再不验货付款，就要起诉姜。姜只好带着黄又一次到北京检验了徐提供的800张狐狸皮。当天晚上，满腹狐疑的姜某找服务员聊天，询问黄的活动情况。得知黄常住这里，且由中豪结账。姜明白了二人的合谋，此时交易的1 500张皮已经运到了天津港，500多万元已付给了徐。姜某不动声色，一怕打草惊蛇，二是还抱有一线希望，他决定无论如何要发一批货试试。狐狸皮是通过徐介绍的天津某检验检疫技术公司代理出关，结果在天津，该公司的老总非要经过徐同意才肯放行装船，而姜某无论怎么打徐的手机都打不通。

假装回公司拿钱稳住对方，姜到济南后立即报案。在警方布控下，黄被抓获。他交代了这起蓄谋诈骗的全过程：徐通过他的太太认识了黄，徐先付给黄人民币，让黄换成美元给香港某公司，请香港公司帮助开具信用证，他承担开证费，利用这些附带软条款的信用证来欺骗内地公司。为了诈骗，徐从河北X县以600到800元的价格购买狐狸皮，然后利用外贸合同、外贸信用证等手段欺骗客户，以3 300元出手，套取现金。通过此案例，你认为应如何利用“亲友”这个国际贸易渠道？应注意哪些事项？

（摘编自吴允波《信用证诈骗瞄准冷门行业》，大众网－大众日报，2003－11－06。）

案例 11—3 内外联手诈骗代理人案

国内一家软件光盘产品的供应商A公司委托外贸B公司代理其出口业务。A与B约定，由B提供买家，A发货后B将支付A 50万RMB作为货物定金，余款待B收到国外买家货款后再支付给A。随即B与香港C买家缔约，之后按照与A的约定，支付定金，出运货物。但货发C买家后，B始终没有收到货款。

B在情急之下，将该欠款委托中国出口信用保险公司追讨。经调查发现，C买家是应其最终用户D公司的要求向指定的B下订单的。C在收货后，即以放账形式将货物发至D，后也发现受骗，D负责人不知去向。经进一步的深入调查，发现D公司的负责人与最初的供货商A公司业务员系姐弟关系。至此你能明白此案的来龙去脉了吗？

前些年，工厂与国外商人合伙诈骗外贸公司的案件比比皆是，无论是“魔高一尺，道高一丈”，还是“道高一尺，魔高一丈”，此骗案又多了一个中间环节，骗技更隐蔽。防诈骗需要时刻保持高度警惕，不断掌握骗案发展的新动向，在骗术不断翻新的同时，保持“道高一丈”是诈骗风险防范永恒的追求。请分析作为生产型、贸易型企业可以避免此类风险吗？应在业务中采取哪些防范措施？

（摘编自李亮萱《国际贸易风险防范》，《进出口经理人》，2006－11－17。）

案例 11—4 与注册资金只有1英镑的国际控股集团公司的出口贸易

石家庄S羊绒服装有限公司因其出口的羊绒服装面料考究、款式新颖，在国际市场上小有名气。1999年夏天，一位自称常住北京的意大利商人MARTINI先生慕名而来，向S订购了小批量的服装。

经过几次小额业务合作，再加上M先生经常在中国中央电视台以知名服装设计师的身份做节目，S逐渐与M建立起了信任。2000年6月，M再次向S订购1 150件羊绒衫，合同价款约20万人民币，S按合同规定将全部货物从首都机场发运至意大利米兰。然而，与以往不同的是，M确认收货后却一直没有付款，几天后M的办公电话、手机、EMAIL等各种联系方式都失灵了。M“失踪”了。

无奈之下，2003年S委托公司法律顾问在合同的履行地——北京朝阳区人民法院提起了诉讼。但因无法找到M，法院无法向M送达应诉通知、起诉状等法律文书。直到2003年年底，S才从被告在北京居住地的物业公司获得一个重要信息：被告的妻子刚刚从意大利来北京。S 的律师立即通知法院派人赶到现场，向被告的妻子送达了诉讼文书，并通知了开庭时间。

被告代理人认为，M 个人没有和原告做过生意，与原告发生经济往来的是被告所在的 G 公司。庭审过程中，被告出具了 G 公司的注册文件，称羊绒衫业务和被告个人无关。然而，被告代理人所说的 G 公司是在大西洋英属曼恩岛上注册的，注册资本只有一英镑，按照各国的法律，有限责任公司的“最大赔偿责任”以注册资本为限，G 公司完全可以破产逃避 20 万元的偿付责任。而幸运的是被告 M 主动向 S 提出了和解建议，最终以向 S 支付 15 420 美元（127 529 元人民币）货款结案，S 向法院申请撤诉。请问，此案对资信管理有关借鉴意义？

（摘编自《威尼斯商人省会欠账 20 万》，http：//news. sohu. com，2004 - 12 - 08。）

案例 11—5 代理开证的损失

K 国严某伙同丈夫 K 国人南某，利用其原中国身份证在深圳开设一内资贸易公司，拟进口 K 国一批纺织原料，要求广东某市粮油食品进出口公司代开价值 50 万美元的信用证，并许以开证金额 3% 的报酬。严预付了总开证金额 20% 的人民币作为保证金，广东公司代为开证并议付了货款，但货到后严关闭了深圳的公司返回 K 国。经过近两年的诉讼，K 国法院认定南某诈骗罪成立并处以有期徒刑，严某在逃，两人没有任何可以强制执行的财产。请问此案中涉及哪些国际贸易风险？代理人应接受什么教训？

（摘编自中华英才网，2006 - 12 - 28。）

案例 11—6 不要轻信漂亮的公司网页

2004 年春交会上，山东 SD 公司业务员张小姐结识了印度 PIPL 公司总经理 KARMER 先生。KARMER 风度翩翩，谈吐幽默，双方谈得相当投机，签署了大蒜合作协议书。新货大蒜面市后，双方一直保持密切联系。其间，SD 根据 KARMER 名片上的资料，登陆 PIPL 网页，确信该公司是印度进口大蒜的主营公司之一，张小姐也很庆幸自己认识了一个重要客户。

6 月 15 日，SD 和 PIPL 签订出口大蒜 300 吨，金额 96 000 美元，付款方式为 D/P60 天的合同。7 月 5 日 SD 将全部货物出运，8 日通过银行把全套单据寄给印度 P 银行。8 月 15 日张小姐收到 PIPL 的一封航空信，KARMER 先生说他的公司面临破产，无法接货，他的一个朋友愿意接手，价格降 70%，并要求立刻回复。SD 十分震惊，赶紧联系 KARMER，发现办公室电话不通，手机停机，只有传真可用。公司领导通过其他公司的印度客户了解得知，PIPL 是个只有 3 个雇员的私人公司，KARMER 本人从前没有经营过大蒜，至此真相大白。SD慌忙计划将大蒜转口到斯里兰卡，要求银行退回单据，并指示货代着手办理转口事宜。SD发送传真给KARMER，希望得到理解和配合。KARMER很快回复，生硬地拒绝了，并警告没有他的签字，退回根本不可能，而且大蒜可能会被拍卖。SD被迫屈服，降价70%，遭受了巨大损失。请问通过本案例，你对信用调查、付款方式选择有何感想？

附印度港口规定：凡是进口货物，到港后3个月无人提货，港口只需获得进口方认可，无需征得出口方同意，即可将货物拍卖；还规定，如果办理货物退运手续，出口方代理须凭进口商（提单上的收货人）出具的无异议证明信（NO OBJECTION CERTIFICATE）到海关办理退运手续。此案例涉及的国际贸易风险除对方资信外，还有哪些？教训是什么？

（摘编自荆楚网东湖社区。）

案例 11—7　从一个追讨难度大的赊销欠款案看信用保险的重要性

2006年9月至2007年1月，A公司以OA90天支付方式向广东某深加工买家B工厂销售货物，发票总金额31万美元，B支付5万美元货款后，拖欠余款26万美元。由于A投保了出口信用保险，遂于2007年6月就其应收账款损失26万美元向保险公司提出索赔申请，并委托中国信保（CI）调查追讨。

CI的律师开始对B进行追讨，而B授权的律师要求到访人员出示公章和应付款凭证原件进行身份审核。在完成身份审核后，B的律师立即拿出已事先盖章备好的协议书，要求追讨人员签字。协议规定，20万美元以上的欠款按25%比例一次性清偿，10天内还清，对不同意该和解协议的债权人，B不再与其协商。CI拒绝了B单方提出的“霸王条款”，非诉追讨已无法继续推进。

CI对B的企业工商注册信息和信用状况进行了调查：B厂为“三来一补”企业，不具备独立的法人资格，而投资方为台湾T公司。目前B厂已不再经营，考虑到对B诉讼后可供执行的财产有限，且国内的胜诉判决在台湾地区执行也存在较大障碍，CI遂将追讨对象转为B工厂的台湾母公司T。

CI的台湾合作伙伴与T取得联系后，T表示对B与A之间的交易一无所知，并反馈目前T有大量应收账款无法收回，资金链断裂，根据目前的财务状况，只能分18个月打5折还款，了结全部债务。为准确掌握T的实际偿付能力，CI对T的资产结构进行了调查，发现T在彰化商业银行股份有限公司有1 330万台币的抵押贷款已到期，且在美国、香港、韩国有3笔总计90万美元的应收账款无法收回。

获此重要财务信息，CI立即向T提出了新的债务解决方案，即在T同意将拖欠款项对应金额50%的应收账款转让给A的前提下，接受T提出的对剩余50%欠款分18个月清偿的还款方案。但T拒绝了这一和解方案，称回收的应收账款应首先偿还银行的抵押贷款。为进一步向T施压，追账机构随即向T表示要对其提起诉讼。T立即反馈，最近正处于产品销售旺季，两周内会有大量资金回笼，待收回货款后立即偿还对A的债务。请分析：（1）A在交易中的失误是什么？（2）出口信用保险公司的主要功能是什么？

（摘编自《一宗深加工结转追偿案件的启示》，《国际商报》，2009－11－28。）

案例11—8 追讨货款的无奈选择

2002年，天津T国营针织服装出口公司的一位副总经理W在美国的一次展会上和美国A贸易公司签了一笔出口合同。此后，双方便开始了生意上的往来。A每次的订单都不大，付款都很及时。双方陆陆续续合作了一年，相互建立起了一定的信任。

2003年11月，A向T下了一笔高达85万美元的订单，T收到信用证后，发现条件之一是直接寄给A一份正本提单，T提出修改信用证，要求提单全部交银行。但A总以各种理由拖延未做修改，W认为之前双方有良好的合作基础，批准先发货给A，于是T分5批将85万美元的货物全部发了出去。

A在结算了20万美元货款后，便以种种理由拖延余下的65万美元。2004年，T派人去美国催款，A以与下家还没结算为由拒绝还款。2005年，T分别委托中国贸易促进委员会调解中心、中国出口信用保险公司代为追债，从中国出口信用保险公司得知A卷入了三起经济纠纷，公司在停业一段时间后被注销了。

2006年10月，T通过网络了解到美中资产管理M公司开展的美国追债业务，与之进行了接触并委托后者追债。双方在委托书中约定，欠款被追回前，M不收任何费用；追债成功后，T需支付追回欠款总额的45%作为佣金。T公司经理说他们从2004年8月开始，一直在向A追讨被拖欠的65万美元，但未追回分文。2005年才知道A已经注销了，公司老板也不知道去向。T公司经理也曾为如此高的佣金犹豫，但还是认为“总好过一分钱都收不回来”。

一个月后，M致电T，称通过A的上家美国PSTEX集团公司，找到了已经改头换面、易地经营的A，并将之起诉到了美国的法庭。并最终成功追回了货款。请网上查询追债公司的收费标准，从收费标准的差异思考对企业资信风险管理政策的影响？

（摘编自宁华、叶文添《中国企业海外被欠款千亿 国企或为主体》，《中国经营报◎一线调查》，2007－02－19。）

小知识

(1) Proforma Invoice：形式发票，是指格式与发票类似但不起发票收款作用的一种单据。有些国家或地区的商人进口前要卖方出具形式发票申请外汇，也有的进口商用来作为向卖方询价之用。下面是一个形式发票的推荐格式：

× × ×Comp. 's Letter Head

PROFORMA INVOICE　　P/I No.

Date：

To：..

Name of Goods and Specifications	Quantity	Trade Term	
		Unit Price	Amount

Remarks：□ This P/I is without engagement on us. The eventual orders are subject to our confirmation.

□ This P/I is valid up to ....

STAMP OF × × × Comp

(2) For account of：For account of 是以××的名义（票据抬头是××）、由××承担费用、以××的利益等意思，在阳光公司的来函中，要求形式发票 "For account of Inversioner Libita S. A."，意为买方是 Inversioner Libita S. A.，形式发票的买方应写 Inversioner Libita S. A.。

(3) 国外代理的做法：如阳光公司来函中的 "For account of"，意味着此笔贸易不是以他自己的名义，也就是阳光公司作为代理人。这样签订的合同，代理人没有履行义务，这是需要注意的。当然，在业务实践中，也有代理人直接开证履行合同的情况。

11.4　思考与练习

1. 国际贸易风险的类别和防范措施有哪些？
2. 国际贸易支付方式选择要考虑哪些因素？

3. 银行保函的特点是什么，与信用证有何异同？

4. 银行保函有哪几种常见类型？分别用于哪些国际贸易业务？

5. 什么是国际保理，国际保理产生和发展的原因是什么？

6. 什么是出口信用保险？出口信用保险的两类保险责任是什么？

7. 出口信用保险与卖方利益险有何区别？

8. 什么是信用额度？保付代理和保险公司为什么要确定信用额度？

9. 客户资信调查的内容和目的是什么？

10. 登录邓白氏网站，了解其国际贸易服务的范围和内容。

11. 什么是信誉销售政策？主要包括哪些内容？

12. 资信风险管理的内容有哪些？

13. 资信风险管理的原则是什么？

14. 为什么说采用航空运输时，L/C 付款等同于 O/A 交易方式？

15. 假定配件厂与国外 F 客商签订了 D/P 付款方式、金额为 15 万美元的出口合同，并计划投保出口信用险。但保险公司给 F 商核定的信用额度是 10 万美元，配件厂该怎么办？

16. 如何防范市场风险和汇率风险？

17. 我国有些生产型出口企业，只接受使用信用证作为付款方式的支付条款。可能的原因是什么？试评价这种做法。

18. 使用信用证作为付款方式的出口业务，有无必要投保出口信用险？为什么？

19. 中国日报网环球在线消息：3 名中国工人将自己反锁在特拉维夫一处工地高处的起重机内，长达 9 小时，要求资方发放拖欠薪资。随后警方和消防人员赶赴现场，3 人确保可以获得总共欠薪 20 000 谢克尔（shekels，以色列货币，约合人民币每人可得 6 837 元）后，才走出了起重机（《中国工人以色列讨薪自锁起重机内 9 小时》，国际在线，www. chinadaily. com. cn/hqbl/2009 - 09/22/content_8720987. htm）。这条新闻对你的国际贸易风险管理有何启发？

第 12 章　国际市场与供应链

12.1　学习本章的任务和应掌握的知识点

12.1.1　学习本章的任务

下面是阳光公司 Love 先生发给远航配件厂黄先生的电子邮件（格式略），提议利用来华参加广交会的机会，访问远航配件厂，讨论建立供应链关系的商业细节，并对配件厂加入供应链提出了要求，请通过本章的学习回复 Love 先生。

> Dear Mr. Yellow,
>
> <u>To build supply chain relationship</u>
>
> Having cooperated with you for several years, we are desirous to establish closer relationship with you.
>
> To face today's fast-moving and more volatile marketplace and meet the complex customers' needs, we are designing and building an adaptive market-driven supply chain of electric appliances and invite you to become a member of the chain as one of our suppliers.
>
> So, you are requested to get SA8000 and ISO14000 certificates, set up an EDI system connecting our E-procurement to deal with our correspondence and supply shipping documents. If interested, I'll take the advantage of my trip to Canton Fair to visit your factory next month to discuss the commercial details with you.
>
> Look forward to hearing from you soon.

12.1.2 学习本章应掌握的知识点

1. 国际市场的类型
2. 进入国际市场的途径和方法
3. 合作伙伴关系的建立和发展
4. 供应链与供应链战略
5. 电子国际贸易
6. EDI 与 Interne
7. 商业模式与社会责任

12.2 国际市场

国际市场是国际贸易磋商的地点，也是结识贸易伙伴和获取国际贸易信息的重要渠道，充分利用国际市场这个交易平台、贸易渠道和信息资源，是国际市场营销的基础工作。

12.2.1 国际市场的类型

根据进入国际市场的方法不同，国际市场可以分为集中型和分散型的国际贸易市场两大类型。

1. 集中型国际贸易市场

集中型国际贸易市场是指众多的买方和卖方为商品交易而聚集的场所，出于国家管理和贸易活动对相关服务的需要，集中型市场现在都有专门的组织和管理，所以这种市场是有固定组织形式的国际市场，根据交易时间，这种国际贸易市场又可分为长期交易市场和交易会两种类型。

（1）长期交易市场：是指除节假日天天可以进行交易的市场，如商品交易所，国际拍卖市场等。这种交易市场仅适用于一些特殊商品，交易的产品有限。

（2）交易会：是指临时的交易场所，但国际上大型交易会都有固定的举办时间。除交易会外，类似的还有国际博览会、展览会、招商会、经济研讨会等。

2. 分散型国际贸易市场

分散型国际贸易市场是指由两个或两个以上的少数交易者进行交易磋商的场所或交易磋商所处的无形环境，如双方约定的宾馆、饭店、企业的谈判间和函电磋商所处的地点或环境等。与集中型市场相比，分散型市场的特点是交易时间、交易地点和交易方式灵活方便。

12.2.2 国际市场的功能和应用

市场的主要功能是销售，还有传递供求信息、企业市场营销等功能。但不同类型的国际贸易市场，功能有所侧重，国际贸易经营，需要充分利用各种国际贸易市场。

1. 国际贸易市场的功能

长期交易市场的主要功能是交易，由于交易的是大宗商品，其价格趋势对其他市场交易的各种商品都有影响。而且买卖双方公开交易，价格透明，对于所有的国际贸易商品价格走势都有一定的指导意义；交易会的功能集销售、宣传商品、结识交易伙伴、企业形象推广、市场信息调研于一体，类似交易会的博览会、展览会、招商会、经济研讨会与交易会相比，缺少了交易功能；而分散型国际贸易市场仅是交易磋商的场所。

2. 国际贸易市场的关系

这两大类型三种国际贸易市场构成了一个国际贸易市场整体，都是企业国际贸易需要利用的市场。长期交易市场用于特定商品的交易，企业可以直接进入市场进行交易。这种市场的优点是信息公开透明，不在这种市场上交易的企业，要通过收集、分析长期交易市场的信息，掌握整个市场行情，指导企业的经营决策；交易会的优点是供销人员集中，方便结识和选择合作伙伴，而且面对面磋商方便快捷，但缺点是费用大。参加交易会的目的虽然是交易，但形象推广、结识商业合作伙伴是更重要的功能；分散型市场是企业长期交易活动的市场，是集中型市场营销的延续。从长期交易市场获得信息，在交易会上宣传企业形象、结识合作伙伴，在分散型市场上进行日常交易磋商，是大多数企业，在通常情况下进入国际市场和进行国际市场营销的经营组合。

12.2.3 进入国际市场的途径和方法

1. 直接进入

对于集中型国际贸易市场，因为市场是公开的、有形的，国际贸易工作者可以非常方便地获得集中市场的信息，如市场类型、所处地点、举办或交易的时间等，直接进入市场就可选择交易对手、进行交易磋商。这种类型的交易市场汇集了众多的买方和卖方，寻找交易伙伴和搜集市场信息非常方便。通常进入这种市场需要交纳一定的费用。

电子商务的发展，电子商务服务商提供的电子市场为企业直接进入国际市场提供了畅通快捷、费用低廉的网络途径和方法。如与我国广州出口商品交易会同时举行的网上出口商品交易会，中国制造网、阿里巴巴提供的网络市场和易创化工在线的拍卖市场等。

2. 与潜在交易伙伴取得联系

分散型市场是无形的、流动的，要进入这种类型的国际市场，必须首先与潜在交易伙伴取得联系。因此，进入国际市场的途径也就是获得合作伙伴信息的途径。

与潜在交易伙伴取得联系有主动联系和被动联系两种方式。寻找经营信息，如潜在合作企业的名称、经营产品范围和联系方式等，属于主动联系方式；而通过某种方式宣传企业自身的信息，以便让潜在交易伙伴获得企业的信息，则是被动联系方式。

12.2.4 与潜在交易伙伴取得联系的途径和方法

除了在集中型市场上与潜在合作伙伴取得联系外，还有很多其他途径和方法。根据使用的商务手段，可以分为传统方式和网络方式两大类型。

1. 传统途径和方法

（1）信息媒体

包括公开的信息媒体和企业的信息媒体两大部分。公开信息媒体包括报纸、杂志、广播、电视、广告、商业书籍（产品年鉴、外国驻华企业名录、企业黄页等）等；企业的信息媒体主要是企业的印刷品、印刷物，如企业样本、产品说明书、产品包装、产品标签、信封、信笺、名片、明信片和礼品（伞、笔、匙链、打火机）等。信息媒体是商业信息来源的主渠道。

（2）政府机构

主要是政府的驻外机构，如驻外国使领馆的商务处和外国驻本国的使、领馆。为了促进国际经贸合作，各国政府机构都提供本国的经贸信息和提供经营业务服务和帮助。企业既可以通过本国的驻外机构，也可以通过外国驻本国的机构获得经贸信息。

（3）民间组织

为促进国家间的经济合作和贸易往来，民间成立了很多贸易促进和贸易协调组织，如国际商会、英国的英中贸易协会、我国的对外贸易促进委员会（CCPIT）、工艺品商会等，这些组织是寻找合作伙伴和获得商贸信息的可靠渠道。

（4）服务企业

服务企业可以分为两类，一是相关商务服务企业，如银行、运输、商检、保险公司等，他们在服务国际贸易的同时，掌握了很多进出口商和进出口业务的信息，但出于商业机密考虑，通常他们不能泄露进出口商的信息，这种渠道的应用非常有限；另一类是专业提供国际贸易服务的企业，如资信调查、市场调研机构或经纪人等，是方便、可靠的进入国际市场的渠道，但需要付出一定的费用。

（5）人员接触

人员接触是指国际贸易从业人员主动或偶然地直接找到潜在合作伙伴，除集中型市场外，人员接触的可能渠道有出国推销、参加会议、商业旅行、访问零售市场等。主动接触通常费用较高，偶然地接触到交易伙伴，是企业可以利用的一种幸运渠道。

(6) 他人介绍

在商业活动中，他人介绍也是一个不可忽视的重要途径。他人可能是企业、团体，也可能是个人，如国内或国外的同行、同学、亲友等。介绍有有偿的，也有无偿的。介绍人员的构成比较复杂，国际贸易人员应谨慎防范国际贸易风险，但也不可因噎废食。

(7) 其他途径

其他途径是指国际贸易从业人员由于敏感的职业嗅觉而发现（并非人们通常所用）的任何其他渠道。

2. 网络途径和方法

电子商务的发展，使交易市场和商业竞争延伸到网络，传统寻找交易伙伴的途径和方法反映国际互联网上，表现为以下几种途径和方法。

(1) 企业网上存在

企业网上存在是指企业可以让网络浏览者可能找到的任何网络存在方式。

网站形式：网站形式是指企业建立一个独立的、或与其他企业联合建立一个共享的、或把企业的网站以无独立 IP 地址的方式寄存在电子商务服务商的网站上。任何网络浏览者都可以根据企业的独立 IP 地址或非独立的 IP 地址与企业取得联系。

信息形式：信息形式是指企业没有网站，而只是把企业的信息长期贮存在一定的网络空间，起到宣传企业、方便潜在合作伙伴联系的网上存在方式。这种形式主要包括：① 导航台注册：把企业的信息登记到提供导航服务的网站上，以便浏览者根据要查找的企业名称、地域、产品名称、行业等关键词查询。如搜狐、Yahoo 等网站；② 把企业信息存入贸易促进机构的数据库：如香港贸发局数据库、中国出口企业数据库等。

(2) 直接联系

就是通过网络直接与潜在客户或提供贸易信息的机构取得联系，如用电子邮件、网络传真等与各种方式找到的企业、商会、商务处等直接联系。

(3) 信息搜集

信息搜集的渠道和方法有两个，一是通过网站注册，获得电子杂志、定期或不定期商贸信息等。如贸易通（www. mytong. com）、Yahoo 等网站；另一种方式是上网浏览，方式直接，但费时费力。为了提高寻找进口商、进入国际市场的效率，可以选择和使用电子商务服务商提供的软件。如搜索进口商软件、搜索经贸信息软件等。

（4）信息发布

信息发布可以通过网络广告、网络函电、网络交互等多种方式，常用的方法是通过大型电子商务网站提供的电子公告板 BBS 发布信息。而要进入国际市场，最好利用国内英文网站和国外的大型电子商务网站发布信息。

（5）网站相互链接

网站相互链接是指通过企业之间合作——相互提供链接的企业形象推广方式。在为其他网站提供宣传的同时，也享受合作网站的链接，从而扩大企业网络宣传的效果。

（6）网络市场

随着电子商务的发展，国际市场也延伸到了国际互联网，有些实体专业市场和电子商务服务商开办了网络市场，是企业国际市场营销竞争的新领域。

（7）网络平台沟通

是指通过网络交互平台直接与浏览者交互，达到吸引和找到潜在合作伙伴的目的。除电子市场外，这些平台还有电子商务网站、企业的网上营销系统。与传统的偶然人员接触类似，网络聊天、网上有奖竞赛、以商会友等交互平台，也提供了偶然找到潜在合作伙伴的机会。

12.2.5 合作伙伴关系的建立和发展

找到潜在合作伙伴，并不一定建立、不一定能建立起合作关系。建立起合作伙伴关系，也有一般贸易关系、合作伙伴关系、战略合作伙伴之别。要对拟合作伙伴、合作伙伴进行评估，确定是否与之建立合作关系和建立何种合作伙伴关系。

1. 合作伙伴关系的建立

能否建立合作伙伴关系的前提是潜在合作伙伴的资信风险程度。通常，与潜在合作伙伴取得联系后，要对其资信水平进行调查和评估，对于一般交易，可以通过银行查询，因为银行的世界网络都有企业的资金往来记录，也可以根据情况采用担保、抵押、监装、预付款、保证金、投保等措施；对于大额交易，则应委托专业公司处理，或在业务允许的情况下，把一笔交易分成若干小额交易分阶段履行，以降低交易风险。对于小额交易，根据企业风险承担能力和风险管理政策，可以决定是否建立贸易关系。尤其在企业供应商、采购商资源不丰富阶段，切忌急于求成而忽略贸易风险。

2. 一般贸易关系

是指根据市场供求关系、基于价格竞争形成的贸易关系。这是最低层次的合作关系。

3. 合作伙伴关系

有贸易关系的众多合作伙伴，其价值是不一样的。供应商供应产品的稀缺性、质量可靠性、时间准确性，下游采购商的采购数量、付款情况、渠道控制能力等的不同，对企业的商业价值大小有别，而且供应稀缺性产品的供应商和渠道控制能力大的采购商对企业的经营有决定性的影响，这就需要把与重要贸易伙伴的一般贸易关系提升到合作伙伴关系水平，保证企业的正常经营和利益最大化。

4. 战略合作伙伴关系

当需要建立深层次的供应链合作关系时，就需要从有合作伙伴关系的供货商、采购商中进行筛选，通过双方的谈判，在共同价值、共同战略、共享供应链利益和共担供应链风险的基础上，达成长期合作协议，进行供应链管理运作，以供应链整体展开竞争。

12.3 供 应 链**

供应链（SC，Supply Chain）是指由原材料和零部件供应商、产品或服务提供商、分销商和零售商以及最终用户组成的一个供应链条，通过物品在这个链条上一系列的供应、加工活动，最终满足顾客需求。

12.3.1 供应链管理

供应链是企业在长期经营过程中与上、下游企业自然形成的，但供应链上各节点上的企业之间仅仅是买卖关系，企业之间的关系比较松散。因此，这种自然供应链连接不紧密、运行效率低、成本大。

1. 供应链管理产生的原因

（1）客户响应速度：为了降低企业产品库存成本，通常采用订单生产。贸易型企业也是如此，根据下游企业的订单向上游企业订货，甚至根据下游企业的询价向供货商询价。由于与供货商是买卖关系，要对采购业务进行交易洽谈，交易利益的分割和关系协调往往需要双方花费大量的时间，大大降低了企业客户的响应速度。尤其是电子商务的发展，信息交流的速度大大提高，双方的交易洽谈成为扼制供应链运转速度的瓶颈。这就要求合作双方从一次一议的买卖关系，发展为长期合作关系，通过电子商务系统对接，提高客户响应速度。

（2）市场反应能力：随着科技发展、生产能力的提高和电子商务的应用，消费者的个性化需求不断增长，反映在订货上就是订货批量小、产品变化快、交货时间短。对市场的这种反应能力受到以下三个要素的影响。

① 个性化产品开发：满足客户个性化需求，就要根据市场趋势或客户需求研发新产品，供应商的原料在价格、质量、时间上能否满足企业需求决定着产品研发成败，这

就要求让供货商共享企业客户需求的动向，了解企业产品开发的计划和需求。

② 反应成本与速度：尤其对于个性化、小批量、多变的客户需求，物流成本大大增加，如果每次采购都对原料或零件的质量进行严格检验，在交货环节也与运输商严密交接，不但降低了反应速度，也增加了反应成本。这就要求企业与合作企业之间建立相互信任的关系，简化与供货商、运输商的业务流程和手续。

③ 消除“牛鞭效应”：“牛鞭效应”是指随着供应链的延长，在供应链中处于末端环节的不确定性导致高端库存越来越大的需求变异放大现象。这样，供应链上的产品的总库存远大于市场需求，增加了产品总成本。虽然企业可以通过实现零库存降低自身的经营成本，但供应企业为应对客户的零库存需求只有通过自身的高库存来实现。这种没有高度合作与协调导致的“牛鞭效应”造成了供应链总成本的增加，最终使客户的采购成本增加。

（3）跨国公司业务外包需要

为了追求最大经营利益，跨国公司垄断产品研发、设计和市场营销等主要业务环节，将产品的制造和装配等环节转移到低工资的国家或地区。但这种转移存在着交货质量、期限风险和与业务承包企业的利益分配问题。公司需要在部分业务外包降低成本的同时，保持整体业务的统一与协调，与承包企业建立长期、稳定、利益共享的合作关系，将承包企业的经营纳入公司管理的要素是一个必然的选择。

2. 供应链与供应链管理

作为一个企业，他既是上游供货商的采购商，又是下游采购商的供货商。作为采购商，需要与上游企业建立战略合作关系；同时作为供货商，也需要与下游企业建立同样的战略合作关系，这种合作关系向上下游的延伸，就是一个在整个供应链上各个节点都与相邻企业建立了战略合作关系的供应链——这就是理论意义上的供应链。

供应链管理（SCM，Supply Chain Management）就是对整个供应链中各参与组织、部门之间的物流、信息流与资金流进行计划、协调与控制。供应链管理的目的是通过优化提高所有相关过程的速度和确定性，使相关活动的价值增值最大化，以提高整个供应链的运作效益和效率。

3. 供应链管理的意义

激烈的竞争要求在保证产品/服务质量的同时，提高响应速度和反应能力，电子商务的发展使得提高响应速度在技术和成本方面成为可能，而供应链管理则是在经营管理层面保证各企业之间的密切合作和业务协同，提高反应能力。因为供应链上任何一个节点企业的效率影响服务最终顾客的效率，供应链上任何一个节点企业的成本增加都会使最终顾客付出更高的价格，供应链上任何一个节点企业出了问题就会导致整个供应链瘫痪。因此，原来那种自然供应链形态下单枪匹马型的企业竞争难以适应顾客对效率和成本的要求，企业之间的竞争已成为供应链之间的竞争。正如 Martin Christopher 教授 1992 年所说，“The competition in the future is not going to be between individual organizations, but between the supply chains they are part of（未来的竞争不是企业和企业之间的竞争，而是供应链之间的竞争）。”任何一个企业必须在提高内部业务运作效率的基础上，加强与上下游企业的紧密合作，并延长为整个供应链上企业之间的战略合作关系，避免由于过度竞争导致人力、物力和时间的浪费造成的共同利益损失，以提高供应链的整体竞争能力。只有这样，企业自身才能更好地生存和发展。

4. 供应链战略

供应链战略就是指企业把组建或加入一个已经存在的供应链作为企业市场竞争的战略。供应链战略的实质是紧密的合作伙伴关系，包括合作竞争和专业化经营两个方面。

（1）合作竞争：合作竞争就是指与上下游企业建立战略合作伙伴关系，避免过度竞争，减少整个供应链上的内耗，以降低成本和提高效率。从长远利益出发，把合作作为一种长期发展战略。

（2）专业化经营：企业竞争力来自于某一方面的特殊能力——也就是核心竞争力，专业化经营就是充分发挥自身的优势，在最有竞争力的领域进行竞争。一方面这样做使企业在竞争中处于有利的地位，另一方面可以不断提高和强化这种核心竞争力。

同时，企业的专业化经营，就需要把非核心业务外包出去，与承包商建立像供应链上下游企业之间那样的战略合作伙伴关系，这样才能保证供应链的正常运转。最重要、最常见的外包是物流和电子商务系统服务业务，前者是供应链上物流质量和准时的前提，后者是供应链信息系统——供应链神经系统反应灵敏、决策科学的保障。

12.3.2　供应链管理的内容

供应链管理是对供应链上的每个结点进行统筹计划、组织、协调和控制，包括企业内部经营所有的业务单元和与供应链上下游企业的合作。

1. 供应链的组建

供应链组建是指企业主导与上下游企业、外包承包商组建一个新的供应链或选择加入一个已有的供应链，这是供应链管理的前提和基础工作。组建供应链通常需要一个企业（称为核心企业）主导，围绕其核心业务，进行供应链规划和实施。首先设计供应链网络——上下游企业、承包企业的数目、能力、位置等。然后按设计寻找与供应链设计相匹配的上下游企业、外包业务承包企业，并与之谈判建立战略合作伙伴关系。非主导企业供应链组建的任务就是寻求加入一个供应链。

2. 供应链的内部业务管理

根据供应链利益共享、作业协同的需要重构企业的业务流程和电子商务系统，使企业内部业务管理和电子商务系统适应供应链高效、低成本运作的目标。

3. 供应链的协调

信息的准确无误、畅通无阻，是实现供应链系统同步化运作的关键。要实现供应链系统的同步化运作，需要建立一种供应链的协调机制，使信息能够畅通地在供应链中传递，使整个供应链系统的运作能够与顾客的需求步调一致，同步响应市场需求的变化。

4. 供应链的动态重构

供应链是动态的、可重构的。当市场环境和用户需求发生较大变化时，围绕着核心企业的供应链必须能够根据新的市场需要，进行动态快速重构。此外，供应链上某个节点企业也可能根据其能力变化自动退出供应链或核心竞争力下降需要被新企业取代，都需要对供应链快速调整和重构。市场机遇、合作伙伴选择、核心资源集成、业务流程重组以及敏捷性等是供应链动态重构的主要因素。

12.3.3 战略合作伙伴选择

供应链上企业之间是一种基于高度信任，共享竞争优势和利益的长期性、战略性的协同发展关系。因而，供应链战略合作伙伴的选择具有决定性的意义。

1. 战略合作伙伴评价指标体系设置的原则

（1）系统全面：评价指标体系必须反映评价对象的综合水平，并包括企业发展前景的各方面指标。

（2）简明科学：评价指标体系的大小必须合适，指标体系的设置应有一定的科学性。如果指标体系过大、指标体系层次过多、指标过细，会导致评价者的注意力转移到细枝末节上去，影响评价的质量。如果指标体系过小、指标体系层次过少、指标过粗，又不能反映评价对象的真实水平。

（3）灵活可操作：评价指标体系应具有足够的灵活性，以使评价主体能够根据自己的特点和实际情况加以应用。而且指标要尽量具体、客观，提高可操作性和不同人员操作的一致性。

2. 供应链战略合作伙伴的评价指标体系

（1）企业价值：企业价值是企业存在的理由和目的，人的物质存在需要物质支撑，这些所需物质的提供就是企业存在价值，但正如任何人造物会产生异化一样，对所需物质追求的企业也可能异化为损害人们生存和自由的组织。因此良知企业对战略合作伙伴选择的第一标准是企业的精神价值，如企业社会责任，绿色经营，商业诚信等。而那些非良知企业最看重的则是纯粹的物质标准——完全抛弃了人类社会公认的基本商业准则。企业价值的一致性有助于双方建立真正的战略合作伙伴关系。

（2）战略价值：指与合作伙伴的合作项目及其产品和服务有助于企业的短期、中期或者长期战略的实施。主要指标包括战略一致性与适应性、发展潜能、品牌影响、产品与服务的可获得性和可靠性、替代产品与服务的可获得性、与现存供应商关系的兼容性和协同性、对核心能力的影响、新产品与服务进入市场的速度等。

(3) 商业价值：指能从合作中获取较高的商业利益。主要指标包括产品质量或服务水平及定价、总成本减少程度、单位成本减少程度、运营成本与花费减少程度、工作效率与反应灵敏度等。

(4) 合作意愿：指合作伙伴参与供应链合作的积极程度。主要指标包括可依赖的程度、与合作方组织共事的意愿、信息共享的质量与水平、信息的开放性与透明性、影响核心能力的意愿、共担风险的意愿、增强合作与联盟原则的意愿、对合作关系各个层次上的支持等。

(5) 综合能力：指合作伙伴的经营实力。主要指标包括技术能力、财力、研发能力、产品与服务的差异性及支持系统、产品与服务的生命周期管理能力、以前合作与联盟的经验、风险管理能力、创新能力等。

搜集战略合作伙伴候选人的资料并对其评估是一项复杂和专业性极强的工作，如果这种选择对企业经营至关重要，对于不是有长期合作关系的企业来说，这种评估最好委托专业的第三方企业进行，这也是目前国外大公司在评估战略合作伙伴时通用的方法。

12.4 电子国际贸易*

电子国际贸易是指利用各种电信网络进行的国际贸易，是电子商务在国际贸易中的应用，也是企业全球化经营、国际供应链运作的新型国际贸易经营形式。

12.4.1 国际电子商务的类型

对电子商务的研究与应用始于20世纪70年代末，是计算机联网技术引起了人们对电子商务的重视与应用。根据国际贸易使用的网络，国际电子商务应用有以下三种形式。

1. EDI国际贸易

按照国际标准化组织的定义，EDI（Electronic Data Interchange）是“将商业或行政事务按照一个公认的标准，形成结构化的事务处理或文档数据格式，从计算机到计算机的电子传输方法”。制造商、批发商、运输商以及政府管理机构等使用EDI，就是按照商定的协议，将商业文件标准化和格式化，并通过计算机网络，在他们的计算机网络系统之间进行数据交换和自动处理。EDI电子商务属于B2B、B2G电子商务，也是最早的电子商务形式。

EDI 产生于 1960 年代，集中应用在银行业、运输业和零售业，主要用于商业文件在交易伙伴之间的交换，这些文件主要是交易过程中的询价单、报价单、订购单、收货通知单和货物托运单、保险单以及转账发票等，它以电子单证代替了纸面文件，因此 EDI 也被称为“无纸贸易”。

EDI 早期使用的网络由企业之间自建，采用端对端的数据传送方式。随着 EDI 技术的发展与成熟，公共增值网 VAN（Value-Added Networks）成为 EDI 的传输网络，也使 EDI 应用迅速普及，20 世纪 80 年代 EDI 在国际贸易、海关业务和金融领域大量应用。

1990 年，国际商会专门对国际贸易术语解释通则进行修改，第一次规定了国际贸易中 EDI 的法律地位，标志着以网络为基础的电子商务时代的到来，电子国际贸易登上了国际贸易的舞台。

2. Internet 国际贸易

EDI 是互联电子商务的最初形式，具备大型机系统可靠、安全的特点。但使用成本昂贵，开发复杂，仅有大型企业具备 EDI 的应用能力和承担得起 EDI 的费用。

随着计算机技术的成熟和发展，计算机对运行环境要求降低，并向小型化发展，操作简单、价格低廉的 PC 机日趋普及；信息网络技术的发展，诞生了开放性的国际互联网 Internet。PC 机与 Internet 的结合，使依托 Internet 的电子商务在世界范围内迅速普及。国际贸易是我国互联网应用的早期商务领域之一，Internet 国际贸易成为我国国际电子商务的主要形式。

3. Intranet 电子商务

Intranet 电子商务是指企业利用内联网进行内部管理和业务协作等内部电子商务活动。用于企业内部管理和建立统一对外的电子商务系统，前者可以提高管理效率和水平，后者可以协调内部商务活动，保证对外一致的电子商务活动和提高与其他企业的合作效率与合作水平。

12.4.2 EDI 国际贸易

EDI 是使用统一的标准编制资料，将商业文件由一台独立电脑的应用程序，传送到其他独立电脑的应用程序，EDI 国际贸易是 EDI 发展到一定程度的产物。

1. EDI 的特点和使用条件

（1）使用 EDI 进行电子数据交换的双方是两个不同的主体。

（2）EDI 数据具有特定的格式，以便不同主体之间进行数据交换和共享。

（3）使用 EDI 的主体必须有自己的计算机或计算机管理信息系统。

（4）所使用的计算机必须具备发送、接收和处理 EDI 文件的能力。

（5）信息传输是通过网络进行的，EDI 所使用的计算机要和网络连接。

（6）EDI 是模拟实际业务流程代替人工操作来实现信息交换的高效率，整个 EDI 处理过程都是由计算机自动完成的，无需人工干预，所以计算机中要有相应的软件。

2. EDI 软、硬件

为了实现 EDI 电子数据交换，必须把企业的电子信息转换成 EDI 系统可以识别和传输的特定标准格式，需要企业独立开发这类转换软件和 EDI 文件交换的通讯软件。

EDI 所需的硬件与 Internet 雷同，最基本的硬件包括两部分，一是计算机，一是与外界的连接组件。

3. 通讯网络

EDI 文件大多是具有一定商业价值的商业单证，是通过专用网络进行交换的，以保证较高的安全性和可靠性。EDI 的专用网络通讯方式有端至端和 VAN 两种。

（1）端至端（或点对点）式网络：是指由合作方直接建立连接组成的通讯网络。如直接拨入对方的计算机系统作为远程终端或远程工作站。最简单的情况是由两个贸易伙伴组成的单点对单点的连接形式，更普遍的则是单点对多点、多点对多点的连接方式。

早期的 EDI 多采用这种直接交换方式，技术简单，容易实施，成本较低。但直接交换必须以同步方式进行工作，对通讯条件要求比较苛刻，即贸易伙伴必须采用相同的通信协议、相同的翻译软件、相同的计算机，在通讯时间上要求文件交换双方的计算机同时处于工作状态。

（2）增值网络（VAN）：是指交换双方并不直接建立通讯链路，而是通过一个中间服务的网络系统间接进行数据交换。EDI 用户将发送给业务伙伴的报文译成标准格式后发送到中间服务系统，并在这里等待业务伙伴接收，而接收方可随时接入中间服务系统并收取报文。

中间服务系统遵循统一的国际标准，利用网关（Gateway）方式建立起集异种机、异种协议、异种操作系统为一体的传输平台，以解决业务伙伴之间由于商业信息交换格式不统一、系统不相同和操作流程不匹配而产生的问题。这个中间服务系统被称为 EDI 服务中心，为客户提供文件传输的公用网络和一些增值服务，如文件的存储转送、通信协议转换和安全管理等。因此，提供这种服务所使用的网络称为增值网。

4. EDI 国际贸易的类型和特点

根据 EDI 使用的网络，EDI 国际贸易可以分为点对点的直接专用方式和基于增值网的间接方式。

（1）直接专用型 EDI 国际贸易：直接专用型的 EDI 系统是通过用户与用户之间直

接相连而构成的。EDI 的用户开发各自的系统，这样开发的系统只同自己的客户相联系，不同其他的系统相联系，即所谓的专用 EDI 系统。全球经济一体化的发展使国际贸易企业要与供应链上更多的节点企业发生联系，如果每一个客户使用不同的传输速率、通信协议及 EDI 格式，那么上述联系显然无法得到满足。专用 EDI 系统的另一个缺点是价格昂贵，只有少数实力雄厚的大公司才能享用。

（2）基于 VAN 的 EDI 国际贸易：基于 VAN 的 EDI 国际贸易数据交换所使用的网络 VAN 是由第三方服务机构 EDI 中心提供的，它不仅提供各种数据标准不同的文件交换服务，还提供交易安全服务、数据交换记录服务、电子邮箱、数据库、EDI 方案设计和咨询等服务，所以这种类型的 EDI 国际贸易方便了企业合作伙伴的业务往来和新合作伙伴的加入，降低了 EDI 应用的费用。

5. EDI 用户的分类

（1）基本 EDI 用户：是指因受到主要业务伙伴的要求和业务需要最初决定使用 EDI 电子数字交换技术的用户。这类用户的 EDI 伙伴数量和要求交换的单证都相当有限，通常选择基本的 EDI 技术来满足其业务要求。这是对参与供应链企业的最低 EDI 应用要求。

（2）集成 EDI 用户：此类用户并不满足于单纯利用 EDI 交换数据，而是希望利用此项技术与主要贸易伙伴建立一种战略性的贸易关系。为此，他们会用 EDI 技术重组一个规范化、自动化的业务流程。集成 EDI 需要采用的技术包括：可与 EDI 技术集成的业务处理系统、适应性强的数据变换工具、良好的通讯系统、跨平台访问能力、交易跟踪系统和可靠的硬件平台等。

（3）电子商务用户：电子商务要求用户与业务伙伴之间通过 EDI 紧密相连，而且自己内部系统的各项功能也与 EDI 集成在一起，当 EDI 数据从一个系统传送到另一个系统时，会触发相应的处理功能，从而达到业务处理的自动化。EDI 作为电子商务用户信息系统主干的一个集成部件，而整个信息系统将包括工作流程控制、信息共享、电子邮件和 EDI 等部分。这是供应链网主企业 EDI 类型的必须选择。

12.4.3 Internet 国际贸易

Internet 的开放性、方便性和低成本优势，使之成为世界上每一个网民活动的社会性公共场所，也成为中小企业的电子商务、电子国际贸易的必争之地。

1. Internet 国际贸易的特点

与 EDI 国际贸易相比，Internet 国际贸易的有以下几个特点：

（1）大范围覆盖：Internet 是世界最大的国际性互联网络，它几乎覆盖了世界上所有的国家和地区。不管与市场、合作伙伴、潜在合作伙伴距离多么遥远，企业随时随地可以通过 Internet 进行国际市场营销。

（2）社会化环境：由于 Internet 的开放性，任何组织、个人都可以参与到国际互联网中来，企业不但可以在 Internet 环境中处理国际贸易业务往来，也可以进行市场调研、市场开发等一切商业事务，以及企业文化宣传和公共关系建设。

（3）低费用支出：企业使用 EDI 要开发专用的软件，而 Internet 提供的公共服务，如电子邮件、信息查询、web 2.0 服务等社会化应用都可以直接应用于电子商务；EDI 使用的 VAN 是商业性网络，使用要收服务费用，而 Internet 是免费的，相对于 EDI 或国际电话、传真等，费用几乎可以忽略。

（4）方便型应用：不用定制软件、不用建设网络，只要会操作计算机和上网，国际贸易就可以在 Internet 上进行，还可以在国际互联网上享受无数的免费资源或服务，如信息资源、软件资源、国际传真服务、网络市场服务等。而且，国际互联网上关于电脑操作、网络应用、业务学习、商务交流的站点比比皆是，国际贸易工作者遇到网络操作、业务处理等问题，可随时找到学习与交流的网上场所。

2. Internet 国际贸易的实施条件

最简单的电子国际贸易设备只需有一台联网计算机即可进行，从理论上说没有电脑用 3G 手机或到网吧里也可进行电子国际贸易操作。而复杂的电子国际贸易应用需要选择、使用购买或定制相应的软、硬件，如计算机，ERP、CRM、SCM 等管理软件，以及内部网络的组建等。

12.4.4 EDI 与 Internet 国际贸易的区别和适用情况

1. 业务处理

EDI 是标准化信息在贸易伙伴之间进行自动交换，因此其处理的是双方以合同形式规范了的贸易行为，而双方未达成长期协议、需要协商的非标准信息只能通过 EDI 的邮箱处理；而对于这种非标准化业务，有国际互联网提供电子邮件、传真等费用低廉的电子贸易手段，则不必用费用昂贵的 EDI 交换。

2. 信息提供

互联网连接着全世界的所有国家和地区，有丰富的信息资源，这是国际互联网国际贸易的最大优势；与 Internet 相比，EDI 上的信息资源是微不足道的，不能满足国际贸易对信息的需求。

3. 安全程度

由于国际互联网是向社会开放的，电子国际贸易只是国际互联网的一个应用，因而国际贸易在国际互联网中容易受到干扰和破坏；而 VAN 是专用的电子商务网络，安全性强，对于保密性要求高的银行、企业、国家机关来说，必须使用 EDI 进行电子数据交换。

4. 市场开发

由于 Internet 是开放的，在上面注册、建站、浏览的企业和人员数目巨大，企业通过 Internet 很容易把市场扩大到全世界，而在封闭的 EDI 系统中是不可能的。纵然 EDI 技术先进、安全性强，封闭的致命弱点是扩展市场的障碍。

5. 费用支出

EDI 电子商务系统开发费用巨大，服务成本因 VAN 按传输的比特数收费较高，限制了中小企业的电子商务应用，大型企业在 EDI 国际贸易中享受安全和效率的优势；Internet 为中小企业提供了新型的电子国际贸易平台，在信息、费用、市场等方面占尽优势。

12.4.5 Internet EDI

EDI 与 Internet 电子商务各有优劣，大型企业对电子商务的需求需要两种网络的优势，满足这种商务需要，基于 Internet 的 EDI——Internet EDI 成为新一代 EDI。目前，应用比较广泛的 Internet EDI 有 Internet Mail EDI、Wed EDI 两种形式。

1. Internet Mail EDI

Internet Mail EDI 是指通过电子邮件与 EDI 的连接方式，这是在 Internet 上实现 EDI 最简单的方式，适用于中小企业与大企业进行 EDI 交换。这种文件交换服务通常是由 EDI 中心提供的——把要发送的文件通过 EDI 中心发送给合作伙伴，和从 EDI 中心接收来自合作伙伴的文件，EDI 中心负责 EDI 格式与 Internet Mail 格式的文件转换。

2. Web EDI

通过浏览器和 Internet 连接去执行 EDI 电子数据交换的 Internet 与 EDI 结合方式，称为 Web EDI。Web EDI 是在 EDI 中心建立 Internet Web Server，并在 Web 上开发可以和 EDI 格式相互转换的 Internet 表单供用户使用。表单成为 Internet 系统和 EDI 系统的接口。

Web EDI 适用于使用 EDI 的大企业与没有 EDI 能力的中小企业进行 EDI 文件交换，可以充分享受 EDI 的安全优势和国际互联网的社会资源优势。

12.4.6 电子国际贸易的网络选择

EDI 是基于增值网的、成熟的、适合 B2B 的电子商务方式和技术，是真正唯一独立服务于电子商务的技术。兼国际互联网的信息与市场优势，提供因特网上的 EDI 服务，降低传统 EDI 的费用，EDI 与 Internet 结合的电子国际贸易是未来发展的趋势。

中小企业或企业在电子商务的起步阶段，Internet 是第一选择，而且永远都不能放弃 Internet 国际贸易这种方式。随着业务的发展，有了规范化、合同化的长期业务和安全性、自动化要求，应采用 EDI 国际贸易；而对于需要充分利用两种网络优势的大中企业，则应选择 Internet EDI 电子国际贸易形式。

Internet 是电子国际贸易以及所有电子商务活动的社会化网络环境选择，EDI 是标准化、自动化、安全性电子国际贸易要求，Internet EDI 是电子国际贸易的更高层次，Intranet 是企业管理、内外部业务集成的需要。

延伸阅读 12—1　中国进出口商品交易会

创办于 1957 年春季的中国出口商品交易会，是中国目前历史最长、层次最高、规模最大、商品种类最全、到会客商最多、成交效果最好的综合性国际贸易盛会。因为交易会在广州举办，故又称广交会。

广交会以出口贸易为主，也有进口贸易。广交会自 2007 年第 101 届起设立进口展区，广交会也更名为“中国进出口商品交易会”，从促进出口的单向平台转变为推动进出口贸易协调发展的双向平台。还可以开展多种形式的经济技术合作与交流，以及商检、保险、运输、广告、咨询等业务活动。

广交会一年举办两次，分别称为春交会（4 月 15 日开始）和秋交会（10 月 15 日开始）。自第 104 届起，广交会的展期由一届分两期调整为一届分三期举行，每期 5 天。

网上广交会（Canton Fair Online，www. cantonfair. org. cn）是广交会的唯一官方网站，具备多语种版本，能提供采购商指引、参展商指引、资讯中心、服务宝典和贸易匹配等服务。既可以通过该网进行国际贸易，也可以在线申请参加交易会。

（摘编自 Canton Fair Online。）

延伸阅读 12—2　参展要注意什么？

根据美国展览业研究中心出版的《展览会的力量》，展会是出口商销售产品的重要途径。在各种营销方式中，展会的成交额仅次于直销，而且是出口商接触买家的重要渠道。90% 的被调查采购商认为，展会是采购信息最重要的来源，有 3/4 的买家在展会上找到了新的供货商，超过 1/4 的买家在展会上购买产品。

（1）选择展会：选择好适合企业产品和影响力大的展会是第一步。如科隆展会上的欧洲买主最多，新加坡展览主要针对亚洲市场。同一行业的展会，也各有不同的特点。如五金展以科隆五金展和芝加哥五金展最出名，而科隆五金展则尤其适合中国产品，因为采购的买家有各种层次，主要以分销商和进口商为主。

现在的展会专业性越来越强，出口商应根据自己的行业特点和地域特点综合考虑。如一个生产户外电暖气的制造商应该多参加北欧的家用电器展会，因那里的气候严寒。专业性和综合性也可结合考虑，如有个生产映像器材的企业，除参加科隆的映像器材展览外，还参加美国的一个非常专业的枪支展。他们在科隆展出民用和天文望远镜，而在美国展出枪支上专用的瞄准镜。还有一个了解展会的有效途径是，第一次可以不买展位，只是去参观，切身体验得来的宝贵经验。

(2) 参展前准备：周密细致的准备是成功的基础。目前世界各大展览组织机构都在中国设有分支机构，承揽中国参展商的出境参展服务。参展商一般提前6个月报名，布展所需的展品应该提前40天左右发运。委托参展说明上指定的货运代理人托运费用较贵，但可以保证展品准时到达，并将展品直接送到展位上。

展品要少而精。展品太多，一是运费支出大；二是摆放起来太困难，达不到理想的效果；三是展后处理起来比较麻烦。

印制的有关公司和产品介绍的文字资料和个人名片，应该力求精美，并且数量充足。对于需要保密的产品资料，要带一台手提电脑，演示给一般客人看，只有自己判断是真正买家的人，才派发图文资料。

(3) 展会设计：不可忽视“第一张脸”。据科隆展会的统计，一般参展成本中，展位费用占24%，设计装饰费用占38%。而中国参展商花在设计装饰上的费用往往比例很小。同样是家具，外国公司会利用灯光、装饰物将展位布置得非常有情调，而中国公司则多是将尽量多的家具堆积在有限的空间，让人眼花缭乱；而鞋展上，中国公司是将鞋挂满墙壁，外国公司会布置得像高级商场的鞋店，让人不由得驻足观赏。

(4) 参展人员：注重自身形象。私营企业主通常是一个人独自参展，到展地后聘请一位当地翻译，费用节省不了多少，而翻译的专业知识和企业责任感往往影响和客户沟通的效果。最坏的可能情况是，翻译日后自己开公司，展会上联系过的客人都被他给搜罗走了。

参展人员的表现也是影响展会成败的一个重要因素，参展人员要讲究着装、仪表，谈吐得体。在展会上，吸引客人的除了产品外，还有你——即将成为他生意伙伴的人。

(5) 转变观念：展览不是展销。出口商虽然参展的最终目的是为了找买家、拿订单，但不能太急功近利。据介绍，电子展上有一些世界知名品牌如西门子，他们参展并不全是为了在展场上直接销售，而是将自己最新的产品、以最令人信服的形式展示给业内人士，让新老买家对公司的实力充满信心。

电子商务时代展会能够依旧长盛不衰的原因是可以实现人与人面对面交流、人与产品直接接触。而生意是在这种感情积累中慢慢发展成长起来的。除了在展场展示自己最好的形象外，展后与客人的沟通、联络则是展会的延伸。

（摘编自《英语世界》。）

延伸阅读 12—3* 企业核心竞争力与供应链

供应链管理的一个重要理念就是强调企业的核心业务和竞争力，并为其在供应链上定位，将非核心业务外包。由于企业的资源有限，企业要在各行各业和各领域都获得竞争优势是不可能的，因此它必须集资源于某个自己所专长的领域，即核心业务。这样在供应链上定位，成为供应链上一个不可替代的角色。

企业核心竞争力具有以下特点：一是别的企业模仿不了，它可能是技术，也可能是企业文化。二是买不来，就是说这样的资源没有市场，市场上买不到。所有在市场上能得到的资源都不构成企业的核心竞争力。三是拆不开，拆不开强调的是企业的资源和能力具有互补性，有了这个互补性，分开就不值钱，合起来才值钱。四是带不走，强调的是资源的组织性，好多资源可能像个人，好比你拿到了 MBA 学位，这时候你的身价就高了，你可以带走。这样的资源本身不构成企业的核心竞争力，带不走的东西包括互补性，或者它是属于企业的，好比专利权，如果专利权属于个人，这个企业就不具有竞争力。一些优秀企业之所以能够以自己为中心构建起高效的供应链，就在于它们有着不可替代的竞争力，并且凭借这种竞争力把上下游的企业串在一起，形成一个为顾客创造价值的有机链条。

比如，沃尔玛作为一家连锁零售企业，高水准的服务以及以此为基础构造的顾客网络是它的核心竞争力。于是，沃尔玛超越自身的“商业零售企业”身份，建立起了高效供应链。首先，沃尔玛不仅是一家等待上游厂商供货、组织配送的纯粹的商业企业，而是直接参与到上游厂商的生产计划中去，与上游厂商共同商讨和制定产品计划、供货周期，甚至帮助上游厂商进行新产品研发和质量控制等方面的工作。这就意味着沃尔玛总是能够最早得到市场上最希望看到的商品，当别的零售商正在等待供货商的产品目录或者商谈合同时，沃尔玛的货架上已经开始热销这款产品了。其次，沃尔玛高水准的客户服务能够做到及时地将消费者的意见反馈给厂商，并帮助厂商对产品进行改进和完善。过去，零售商只是作为中间人，将商品从生产厂商传递到消费者手里，反过来再将消费者的意见反馈到厂商那里。看起来沃尔玛并没有独到之处，但结果却差异很大。原因就在于沃尔玛能够参与到上游厂商的生产计划和控制中去，因此能够将消费者的意见迅速反映到生产中，而不是简单地充当二传手或者传声筒。

沃尔玛的思路并不复杂，但多数商业企业更多的是“充当厂商和消费者的桥梁”，缺乏参与和控制生产的能力。也就是说，沃尔玛的模式已经跨越了企业内部管理和与外界“沟通”的范畴，而是形成了以自身为链主，链接生产厂商与顾客的全球供应链。

延伸阅读 12—4* 我国企业如何加入全球采购供应链？

（1）从战略角度认识采购

跨国公司将采购视为一种越来越重要和战略化的能力，并希望采购部门在企业中创造出成本削减之外的价值。采购已超越单纯的买卖，成为企业建立战略联盟，提升供应链竞争能力的战略问题。目前跨国公司采购管理的特点是：① 企业采购管理从为库存转变为为订单而采购，减少库存，加快流转速度；② 从对采购商品转变为对供应商的管理，建立战略联盟，形成供应链管理；③ 采购管理从企业的一般问题提升为提高企业应变力与竞争力的战略问题。我国企业只有深刻认识采购在跨国公司中的战略作用，才能理解全球采购过程中许多好像不近人情的规定，自觉遵守严格的全球采购评估要求。

（2）用实力获得全球采购商的尊重

英国 Tesco 环球采购董事罗素先生说：在国际供应链的环节中，谁能做到更专业，更精细，谁就能拥有更多的发言权；罗兰贝格的中国区总裁朱伟认为，为跨国公司供货，企业必须进行相应的改进，包括增强开发能力和生产能力，实行质量和流程控制，使成本清晰透明；国际采购联盟专家布朗斯说：需要特别注意的是提升业务水准，以达到跨国公司在全球其他市场上产品质量标准和要求。

（3）精益求精，打造七大体系

要进入全球采购供应链，了解全球采购程序至关重要。跨国公司的全球采购一般分为七个步骤：① 查找供应商。将供应商分为交易型、合作型和全球战略型供应商；② 供应商基本情况调查；③ 供应商管理体系认证：如 ISO9000、ISO1400 等；④ 产品质量认证：如 UL 认证、CE 认证等；⑤ 试生产；⑥ 合同谈判；⑦ 供应商考核管理。其中，对供应商的评估认证是最重要的环节。跨国公司要评估企业品质保障、交货供应、采购价格、外贸流通、环保认证、电子商务应用、安全品质七大体系。我国企业要根据评估要求，相应地建立这七大体系，青岛跨国采购促进中心以食品行业为例提出以下建议：

（a）编写完整的质量手册，并要中英文对照。全球采购商对企业的了解，很大程度上是通过公司的文件，文件的科学性、缜密性、说服性、可考究性显得极其重要。同时要做到"言行一致"。即文件中规定要执行的必须执行，而且必须做好准确、完整的原始记录。

（b）安全性是国外客户评价一种产品可否食用的最重要标准。必须让产品有可追溯性，即产品必须有准确的序号，任何产品都能溯源到哪天在哪条生产线上，由谁加工的，原料是哪家的。万一出现质量问题，要有一套科学的纠正与预防措施。

(c) 所有记录必须有条理性和易检索性，每个部门都要将自己所负责的文件归档，并在客户需要时能在3~5分钟内将其全部摆在他面前。

(d) 强化员工培训。新员工的厂级培训、车间培训、岗前培训，都不可或缺，在培训时间和培训内容上都必须保证，而且有翔实的记录。对老员工最好每年进行一次培训，包括企业文化、工艺操作规程、厂规厂纪等内容，并做好记录。

(e) 注意一些细节。比如：防虫、防蝇、防鼠设施是否已安置，安置的位置是否具有科学性和完全能够预防性；原料、半成品、成品是否完全隔离没混放？员工在进入车间及在工作岗位上是否形成了严格按卫生管理制度操作的习惯？

最后需要注意的是，加入全球采购供应链并不是一劳永逸的，相反就如同身处风驰电掣的F1赛车比赛，竞争更残酷，压力更大。企业只有不断努力，才能在质量、服务、成本、创新方面保持领先优势，否则被淘汰的后果就是致命的失败，一无所有。全球采购正在重塑我国企业的商业模式，对我国企业的管理水平是一个严格的考验。

(摘编自倪海清，中国营销传播网，2005-10-6。)

延伸阅读 12—5** 互联网和互联网时代

A. Network Development vs. Society Shock

(1) From the beginning of human civilization, man has depended on agriculture for his livelihood. The nineteenth century Industrial Revolution introduced a new way of life. The twentieth century witnessed the explosion of information and communications related technologies, ushering in the e-Era of the 21st century. Mankind has experienced unprecedented changes in all aspects of life, including food, clothing, housing, transportation, education, and entertainment. Computers and the Internet have greatly affected our lives.

(2) NII projects in different countries have further fueled already keen international competition. In today's society, lack of knowledge of the Internet is considered equivalent to being illiterate. As a matter of fact, one of the most important indices of national competitiveness nowadays is people's knowledge of information technology.

B. Welcome the e-Business and the e-Generation

(1) The Internet has changed the way we trade, giving us more convenient, economic, and efficient business models. Price quotations, purchasing, billing, and payments can be carried out more easily on the Internet. E-business is service-oriented and emphasizes information, networks, systemizing, and automation.

(2) Business using traditional methods will have to compete for customers with their counterparts employing new E-business methods. One example can be found on campuses:

grade school students can now order stationery, textbooks, food and beverages online without queuing up in traditional on-campus stores. This illustrates how Internet technology has improved our lives.

（摘自 Bill Gates《National General Education Lecture》, www. ncku. edu. tw/~natlec/bill_e. htm。）

延伸阅读 12—6** EDI services for small and mid-size companies

As an EDI provider, CovalentWorks supplies simple and easy-to-use EDI solutions. We make EDI as easy as email. So that you can focus on growing your company when:

Customers require EDI compliance and GS1 - 128 (UCC - 128) barcode labels

You want web-based EDI available 24 X 7 on any PC or Mac

You want to avoid buying, testing, and upgrading expensive EDI

The result is you save time and money by outsourcing your EDI system needs. All your transactions are web-based and available anytime and anywhere via the Internet. You do not have to worry about additional hardware, EDI software, or personnel to do set up, testing and maintenance.

Our complete EDI solution provides everything you need to be EDI compliant, freeing you to concentrate on what matters most? growing your company! All you need is an internet connection, email capability and our service to easily transact with any customer anywhere in the world.

Three options are available for exchanging EDI transactions with your partners. All of our options work without you having to buy, install, or upgrade software.

(1) Web-based EDI solution—for easy online EDI access: Our web-based EDI solution, MyB2B, is ideal for companies that process small to medium volumes of EDI transactions. No software or hardware is needed. EDI VAN service or AS/2 communication is included. All you need is internet access. By subscribing to MyB2B you are very quickly EDI compliant with your customers' equirements.

(2) Integrated solution—for EDI translation into any file format: If you send and receive high volumes of EDI transactions you probably want to eliminate manual data entry. CovalentWorks can help with our integrated EDI solution called B2BWorks. Data entry is eliminated by exchanging data directly with your accounting, ERP, or other in-house applications. Your partners' EDI file formats are translated into a format your applications can

use for automatic data entry and export. Data is imported into UCC - 128 shipping labels.

(3) EDI VAN service—for affordable EDI transportation: Our EDI VAN service is included at no extra charge in our Web-based EDI solution and integrated EDI solutions described above. Or you can choose our stand-alone EDI VAN service if you have the ability to work with raw EDI data using your own EDI software. Your partners can send and receive EDI transactions using their traditional EDI VAN or securely over the internet using AS/2. You will be able to easily access your EDI mailbox on our secure servers 24 X 7.

EDI outsourcing makes EDI simple. Should you outsource your EDI transactions needs to CovalentWorks? An EDI solution from CovalentWorks makes your company EDI compliant fast!

(摘编自 CovalentWorks Corporation's web site. 1 - 800 - 496 - 3380。)

案例 12—1* 交易会边缘的成功者

1995 年以前，国内企业要赢得外贸机会的窗口主要是广交会。对于想做外贸的企业来说，去一趟广交会就像出国一样，甚至比出国所带来的机会更多，因为来中国寻找机会的外国商人大都集中在这里。对于既没有国家开放政策优惠，也没有可开发的自然资源，完全靠自身生命力迅速崛起的浙江民企来说，到了广州却不能堂堂进入广交会，但他们在荆棘丛中闯出了走向国际市场的一条通道。

浙江贝发制笔厂厂长贝智铭因进不了广交会，就在外商云集的一个楼梯口待了一个星期，向过往外商发放样本、样品、名片等，最后拿到了 2 万美元的订单。后来，这个宁波人成了著名的中国笔王。

万向集团董事长鲁冠球带着他的万向节闯入广交会被拒绝，就去外商们住的宾馆客房，一家一家地发出万向产品说明书。就是这种努力，鲁冠球迎来了美国经销商——多伊尔公司，该公司研究了万向的产品之后，成为万向的第一家国外经销商。

浙江方太集团董事长茅理翔 1989 年第一次参加广交会时，这个急需外贸订单的浙江乡镇企业家为了进入广交会的大门，观察到门卫对汽车和步行人的不同态度，开着一辆汽车躲过检查进入了交易会，由于没有展位不能展销他的产品，灵机一动打着了电子打火枪，还用他仅懂的几句英语大声吆喝招徕客商。他虽然为这次戏剧化色彩的表演交纳了几十元的罚款，却赢来了第一张 2 万美元的订单。由于这番表演引起了一家宁波外贸公司的注意，他的产品第二天摆放在这家外贸公司的展台上，订货的客商也排起了队，茅理翔因此在 1989 年的广交会上共签订了 8 万美元的出口合同。……

包括浙江万向、方太等在内的许多知名民营企业集团，正是靠着当初在广交会边缘的拼搏，打入国际市场并发展壮大。许多“中国制造”也正是循着这样的路径，潮水般涌向国际市场。请问，本文中几个企业家选择的进入国际贸易市场之路对你开发国际市场有何启发？

（摘编自《广交会 VS 浙江民营经济》，《南风窗》，2006－10－16。）

案例 12—2　　买家在精不在多

正当很多中国供应商为寻找国际买家而苦恼的时候，上海协大国际贸易有限公司的总经理林雨华却在为如何拒绝客户而心烦。自从协大将目标锁定在大买家身上以来，如何拒绝不符合自身定位的客户，就成了林雨华和员工们必须要面对的难题。作为总经理，林雨华必须要保证所有客户都符合公司的战略定位。而公司的员工，也必须要跟一些已经有多年感情的客户说再见，学习为要求更苛刻的大买家服务。

锁定目标客户了解其需求，协大也曾经有过广招客户、拿到国外的订单就很开心的阶段。中国加入 WTO 后，为了企业的可持续发展，协大开始实行大客户导向策略。其市场定位以消费量巨大的美国、欧洲和日本为主。目标客户也很明确：第一，大百货商场；第二，大型超市，以沃尔玛为代表；第三，品牌专卖店；第四，大型的专业服装进口商。这些目标客户的年采购额都在 5 亿美元以上。

有了明确的目标之后，协大重点研究和学习这些大客户的要求。首先是基本要求，比如沃尔玛对供应商的基本要求就包括社会责任、质量、成本和设计制造能力。在了解基本要求的基础上，更重要的是了解客户的独特要求。协大最大的客户是里斯克来勃（Liz Claiborne），它 37 个品牌中每个品牌的消费者定位都有所不同，有年龄的不同、款式风格的不同，价格定位的不同。协大了解到这些情况以后，就能够主动提供每个品牌所需要的毛衫的开发服务。另一个例子是协大专门成立了团队去学习沃尔玛的做法，并把对方的标准引回来，去辅导自己的工厂，帮助工厂提升，与工厂一起为沃尔玛提供更好的服务。

提升自己的价值定位对供应商来说，高质量的买家带来的不仅是准确的订单数目、固定的交货期、及时的付款，而且是高水准的管理和公司高价值定位的形象。林雨华曾表示："沃尔玛是世界 500 强第一位，这是一个非常大的无形资产，能够和它合作，对于提升我们的管理和品牌形象非常有利。"

协大一直合作的一个买家平台是环球资源，已有 35 年历史的环球资源拥有遍布全球的超过 480 000 名买家，其中一半买家来自世界上主要的买方市场——北美和欧盟。比如美国买家 Lane Technical 公司的总裁 Peter Haak 表示，他从上世纪 80 年代开始就通过环球资源的平台在中国进行采购。来自法国大型电子产品制造商，汤姆逊公司（Thomson）的 Jean Bernard Dunais 也表示他的公司"使用环球资源的杂志和网站已有好几年时间"。请问，通过此案例，你认为应该如何选择客户，应该如何充分利用电子商务手段去开发世界市场?

（摘编自荆楚网东湖社区。）

案例 12—3*　　商业模式与社会责任的结合

沃尔玛在上世纪70年代从本顿维尔起家开始，零售业就一直面临着利润下降的压力。这种压力首先来自竞争的日益同质化。曾令沃尔玛引以为傲的大糖果盒子式的大卖场，中央采购，配送体系，甚至是由卫星支撑起的昂贵的信息系统，都一一被竞争对手们相继仿效。其次在海外扩张中，沃尔玛面临的挑战也更为多样化。在韩国和印度，沃尔玛遭到区域消费文化和地方保护主义的阻击；而在中国，它又要面对商业地产资源匮乏和采购灵活性的挑战。对于供应商来说，他们可以选择向家乐福和麦德龙供货，这对沃尔玛也是一种无形的挤压。而在运营管理方面，高度透明化的沃尔玛也无法再继续指望诸如品类管理、信息系统等众人皆知的管理技术和制度，来保住市场的领先地位。

在这种同质化的竞争中，要想继续为消费者提供低价商品，就必须比竞争对手在供应链上挤压出更多水分。2003年前后，沃尔玛一度深陷血汗工厂丑闻，为了保持竞争优势，将绿色的消费文化和供应商关系作为道德准则，是沃尔玛继品类管理、卫星信息系统之后又一个“一招先”——这是沃尔玛可持续发展的绿色供应链战略的内容。沃尔玛制定了新的供应商协议，要求所有厂家必须承诺遵守所在地法规，达到严格的社会责任和环保标准，并提供相关的认证和证明。该协议于2009年1月在中国的供应商范围内首先实行，到2011年推广到全球的供应商。

每当被问及沃尔玛为什么要制定这样的发展战略，并把这些可能增加额外成本的理念灌输给那些锱铢必较的供应商，沃尔玛总裁李斯阁总会给出这样外交辞令式的回答："通过这种方法我们可以加强商业的合作，加强我们之间的关系，这并不仅仅是一种交易。"也“并不仅仅是投资，只是一种商业管理的成本，他们（供应商）已经得到了回报。”沃尔玛的战略选择，与其说出人意料，不如说简单真实。比如，沃尔玛希望每一个实施的项目，可以让零售商、供应商、消费者三方获益。一旦这种绿色标准、道德准则上升为立法，沃尔玛的先入优势就将更加明显。

沃尔玛在作出战略选择时的优先次序是：首先是更多的销售；其次是社会责任和环保。对此，李斯阁并不讳言，在他看来，“我们这么做（制定可持续发展战略）并不是为了拯救世界。”商业规律也仍旧在起作用，沃尔玛所试图展现的，是通过商业模式与社会责任的结合，为企业带来了新的竞争优势。此案例对你的供应链建设有何启发？请分析经营盈利与社会责任的关系？

（摘编自沈建民《沃尔玛的新“门槛”》，《21世纪经济报道》，2008-12-8。）

案例 12—4* 柳产雪龙牌电脑清洁巾是怎样冲出国门的？

2005年12月22日中午，柳州市三佳公司创始人李某接到郑州创凯公司杜某的电话，说有一个澳大利亚外商，在他的专卖店买了二包“高级电脑清洁巾”和“电脑键盘消毒巾”，用了以后效果非常好，决定首次订货400箱，要求在12月31日把货物发至郑州国际机场，客人元月2日自带货乘飞机回国。

听到这个消息，李某既喜又忧，喜的是自己发明的产品终于冲出国门了，忧的是时间太紧。广西没有制版厂，光制版最短需要4天。制版之后，印刷塑料包装袋最少3天，再加上要吹塑料膜，最快也要1天，样样备齐后，自己生产成品还要1天，满打满算9天才能完成。现在外商才给6天时间……

李某立即拨通了广东汕头制版厂的电话，请求他们火速支援。对方厂长马某听说是出口产品，满口答应全力协助，保证三天内即12月25日前，把制好的四条外文版准时送到柳州。紧接着，李某又拨通了本市旭丰吹塑厂，厂长彭某爽快答应24小时内准时交货，并在12月27日早上8点前，准时把塑料袋送到了三佳公司。然后李某又连续拨通了市内几个塑料包装印刷厂，有的说没有料，有的说常停电，有的说时间太紧搞不了啦……。李某心急如焚，最后找到了旋风彩印厂，幸运地得到厂长伍某当天得版当天完成任务的保证，急得满头大汗的李某这时才悄悄地松了一口气。

12月25日，是汕头制版厂交版的时间，由于路途堵车，直到26日中午才把四条外文版送到柳州。事不宜迟，李某马上通知旋风厂去取版，并要求旋风厂当天晚上12点以前先送部分商标袋到三佳公司，其余的商标袋要在第二天早上九点钟前全部送到。旋风厂老板就像一股旋风一般，动员全厂员工通宵加班。当天晚上12点，老板亲自开车，冒着寒风大雨把部分包装袋送到了李某手中。

27日早上，李某在车间告诉全体员工：这是第一次生产出口产品，是发到澳大利亚去的，能否打响第一炮，就看大家的了，希望大家在下午5点钟以前，把产品做得整整齐齐、漂漂亮亮，让我们柳州三佳的产品顺顺利利地冲出国门、走向世界！

战斗打响了，整个车间鸦雀无声，只听到机器发出有节奏的轰鸣声……。原来有个员工身体不适正好休息，听说是做出口产品，任务紧急，要求马上参加生产。今年已65岁李某也不服老，连同夫人一起穿上工作服，亲自动手进行检验、装箱、封口、打包……，中午也不愿休息，一直干到下午5点多钟，直到外商的货全部备齐。李某还是觉得不放心，亲自动手把货装上卡车，跟车到火车站，把货送上了158次快车！李某就是这样硬打硬的提前一天完成了任务。

2006年的元月2日，创凯公司告诉李某，三佳产品顺利地到达了目的地——澳大利亚，并发来了外商老板的亲切问候……“Thanks, Lihongchang!”

三佳公司走向世界市场的渠道是什么？通过此案例，分析我国企业面临的问题和供应链与“社会主义大协作”的区别？企业冲出国门需要从哪些方面努力？

（摘编自《“柳州制造”添新秀 踌躇满志飞澳洲》。）

案例 12—5** SONY为什么拒绝以经销方式进入国际市场？

1946年5月，盛田昭夫和井深大靠500美元，在战争的废墟上正式成立了东京通讯工业公司——索尼公司的前身。公司共有20名职员，他们在弹片穿透过的临时厂房里，夜以继日地工作，首先生产了第一批产品——压力锅。首批压力锅总共生产了100台，但却无人问津。无奈，他们只好靠给别人修理收音机来维持生计。可是当时谁也没有料到，这竟成了东京通讯工业公司日后跨入电子宫殿的“门槛”。

作为一个新兴的小企业，索尼的当务之急是千方百计创名牌产品，争取在国内谋得相当的市场。然而从长远来看，日本企业若想在生存竞争中发展壮大，必须走出国门，建立国外销售、生产网络。因为日本除了人力外，没有任何自然资源，除了外销，别无选择。1958年，东京通讯工业公司正式改名为“索尼”公司。在国内，盛田昭夫开着装满录音机的卡车，到全国各地的学校去作宣传，介绍录音机的功能和用法，打开了录音机的销路；在国外，当盛田昭夫来到纽约时，美国人一下子被他带来的小巧玲珑的晶体管收音机所吸引，希望销售这种收音机的代销商，蜂拥般的云集到他的住处。洽谈会的第一天，盛田昭夫就接到了一万台的订货单。同时，一家美国最有实力的代销商很热情地说：“如果让我们经销，先订货10万台。但条件是把索尼的商标换成我们公司的牌子。”当时，索尼公司羽毛未丰，10万台是一个诱人的数字，将会给公司带来很大的利益。一个没有什么名气的产品借用一个有好名声的牌子无疑是锦上添花。但是，经过再三思考，盛田昭夫拒绝了这个建议。

对于盛田昭夫的拒绝，不仅美国代销商感到吃惊，就连盛田昭夫的日本同行也认为他未免有点“狂妄自大”，井深大获悉后也大为震惊。当他向盛田昭夫询问其中缘故时，盛田昭夫解释道：“我一直希望SONY商标风靡全球，得到全世界消费者的认可，如果接受OEM的话，这个梦就永远不能实现了。”“如果不能用索尼的商标在美国市场上销售的话，宁可全部不销售。”现在，索尼公司发展成为一个跨国型的电子厂家，是世界第四大电子产品公司。产品种类达10 000多种，“SONY”成为世界市场上人人皆知的品牌。

你认为是什么使盛田昭夫有了宁可放弃美国市场，也不接受经销商建议的底气？索尼公司在当时的发展阶段，这种决策是否正确？这对供应链建设有何启发？

（摘编自《索尼公司创始人——盛田昭夫》，wetdsn. bokee. com/viewdiary. 14590136. html。）

案例 12—6** 金针菇二氧化硫超标沃尔玛向供货商索赔 90 余万

新华社南昌 4 月 26 日专电 南昌市两名消费者吃了从沃尔玛购物广场买的金针菇后中毒，并因此获得了沃尔玛 8 万元治疗费以及赔偿。为了挽回损失，沃尔玛深国投百货有限公司近日将供货商南昌市正味贸易有限公司起诉到法院，根据双方《购货合同》的有关约定，沃尔玛请求法院判定正味补偿自己的损失 8 万元，赔偿因销售该商品而遭受的商业信誉和利益损失 85 万元等。你认为沃尔玛的索赔要求合理吗？请分析供应商选择的经营风险。

（摘编自 goodlawyer 论坛，2005－4－27。）

案例 12—7 供应链环境投诉第一案

富国皮革被排列入世界三大知名制革企业，也是东南亚地区最具规模的皮革生产基地之一，其供货品牌包括：乔治·阿玛尼、Clarks、Rockport、CK、NewBalance、UGG 等，以及 TOYOTA 等 9 个汽车品牌。

富国皮革所在地上海宝山化工聚集区，在迅速城市化的过程中，如今周围已经遍布居民住宅。2003 年，入住大聚丰园的居民，不久就开始感到时有刺鼻气味袭扰，还给气味起了个名字，叫作“富国味”。因为居民从中闻出了“皮子的味道”。为此大聚丰园的业主们不断上访，要求富国搬迁，至今无果。

环保组织自然之友、公众与环境研究中心介入该事件。2009 年 6 月 26 日，环保组织致信富国皮革，要求其公示排放数据，但没有反应，2009 年 7 月给其采购商 Timberland 公司 CEO 发出第一封信，信中提及包括富国皮革在内的三家供货商，罗列了富国皮革历年来的环境违规记录。包括：2004 年因臭气排放超标被责令限期治理；2005 年任意排放未达标废水、逾期未完成限期治理任务；2006 年大气排放污染物超标被上海市环保局责令改正并罚款 5 万元；2007 年违反大气污染防治规定被罚款 28 000 元；2008 年超标排放大气污染物被罚款 10 万元；2009 年进入第一批上海市环保系统查处违法企业名单。Timberland 美国总部并未立刻做出回应，直到 8 月 7 日英文媒体报道此事的当晚，才复电查询所涉环境违规事宜。

一个月后，Timberland 中国区经理何旭对媒体表示：将弥补自己对供货商的管理漏洞。Timberland 一直在与富国皮革联系交流，希望他们提供环保部门的报告等材料，但富国皮革“态度敷衍”，一直没有给出报告。9 月，大聚丰园的居民们获得了富国皮革的邀请，上任刚刚半年的美籍 CEO 鲍伯华举办了开放日活动，6 名社区居民代表走进了富国厂区，实地参观了日处理能力达 9 700 立方米的制革污水处理厂。在获邀的客人当中，也包含 Timberland 的代表。

鲍伯华亲自向他邀请来的社区居民、上下游供应商宣讲了富国近年来的环境违规问题，宣称自 2007 年起富国已经停止了气味严重的鞣制加工业务，改为直接进口蓝湿皮料。当愤怒的居民抱怨半夜的臭味能把人从梦中惊醒时，美国 CEO 将自己的名片递到居民手中，告诉他们：“只要闻到怪味，随时打我的手机！”随后的半个月内，富国皮革组成了一支巡视队伍，在居民投诉集中的晚间时段，沿着厂区和小区之间的路段搜寻气味源头。

来自采购商的压力明显发生了作用：鲍伯华公开承诺将每季度一次的臭气检测改为每月一次，每次邀请居民参与监督。明显的是，入冬以后，投诉减少。但相关环保组织表示，他们仍将对事件进展保持关注。

社区居民投诉，环保组织见证，将信息传导向供应链的上端，直到品牌采购商出面应对、采取措施，促进工厂改变——在上海，社区居民和一家皮革企业的公共环境争议，成为国内首例供应链环境投诉。请问此案例对供应商选择与管理有关借鉴意义？

（摘编自徐楠《南方周末》，2010－1－28。）

案例 12—8* 交收货物是否需要当面交接？

笔者于 2007 年 9 月 22 日启程参加加拿大 Georgian 学院为期 70 天的物流培训（Logistics Instructor Program）。据了解，城镇中小型商业网点的物流配送，大都夜间进行。一是夜间交通畅通无阻，二是方便确定配货数量，根据商业企业经营一天统计的库存信息与配送中心交换，配送中心的信息系统根据事先达成的协议自动计算出补货配送数量并作出配送计划。配送中心的送货人员有商业企业的仓库钥匙，自己打开库门把补货直接送到仓库，双方并不面对面交接，第二天商业企业经营人员自己打开库门把配送货物送上货架。而我从国内出发时正值学院布置毕业设计，某专业毕业设计大题目之一是防范物流风险，探讨的一个小问题是理货中的货物交接问题——如何完善合同条款、双方当面交接、理货结果签字等，以防范合同条款不完善对方钻空子的风险。请分析交收货物是否需要当事双方当面交接？这个国内外迥异的商业做法对你的供应链建设、物流管理有何启发意义？

12.5 思考与练习

1. 国际市场有哪些类型？不同类型市场的主要功能有哪些区别？

2. 企业应如何充分利用这些不同类型的国际市场？

3. 网络市场属于集中型、还是分散型国际市场？具有哪些优点？

4. 进入分散型国际市场有哪些渠道和方法？

5. 进入国际市场的网络渠道有哪些优劣？

6. 是否参加交易会的决策因素有哪些？

7. 为了在展览会上取得较好的展销效果，参展应注意哪些问题？

8. 根据延伸阅读提供的文章，展览不是展销，而我国每次交易会都有交易量的大量报道，说明交易会的主要目的是销售。请在网上调查展览会或博览会与交易会的基础上，说明展销会与交易会的区别，并回答在国际营销中，应如何利用这两个进入国际市场的渠道？

9. 测验一下你的职业灵敏度，你能举出其他进入国际市场途径的例子吗？

10. 什么是供应链？供应链是怎样形成的？

11. 供应链产生的原因有哪些？供应链管理的意义是什么？

12. 什么是供应链战略？供应链战略包括哪些基本内容？

13. 供应链管理的内容有哪些？

14. 你认为配件厂是否应加入阳光公司的供应链？为什么？

15. 你的价值观是否受国际贸易的影响？我们应如何对待这种影响？

16. 你如何选择战略合作伙伴？请提出一个标准，并说明为什么？

17. 企业客户是不是愈多愈好？为什么？

18. 电子国际贸易有哪些类型？这些类型之间有何联系与区别？

19. 什么是 EDI？EDI 国际贸易的类型和特点有哪些？

20. EDI 用户有哪些类型？你认为配件厂如果加入阳光公司组建的供应链，应选择哪个类型的 EDI 用户？为什么？

21. Internet 国际贸易有哪些特点？EDI 与 Internet 国际贸易的主要区别是什么？

22. EDI 与 Internet 有哪些结合方式？对电子国际贸易经营有何影响？

23. 企业应该如何选择电子国际贸易网络？

第 13 章　当代国际贸易

13.1　学习本章的任务和应掌握的知识点 * *

13.1.1　学习本章的任务

以下是阳光公司发给远航配件厂出口部黄经理的传真（格式略），请通过本章的学习回复阳光公司。并以全球性金融危机、国内产业升级压力、企业现实困难为背景，思考外向型制造业企业的国际贸易出路。

Dear Mr. Yellow,

Mr. Parade Love's Calling at Your Factory

Please be informed that Mr. Parade Love, the Chairman of the Board of Directors of our corporation, would like to call at your factory during his business trip to China next month.

There are 4 items Mr. Love would like to discuss with Mr. Xu Fan, your General Manager:

1. A long term purchase arrangement.
2. Development of new products.
3. To shorten the delivery time from the date of order.
4. To improve your working conditions.

To be honest with you, we received some complaints from your employees for working conditions, such as long work overtime, poor accommodation, lack of training opportunities, etc. You are kindly asked to put forward an improving scheme for our discussion.

I've been put in charge of making all the arrangements for Mr. Love's trip and wonder if the time, say on about May 20, for calling at your factory is convenient for you? Your early confirmation is appreciated.

Looking forward to hearing from you soon.

Sincerely yours
Angel Love
Assistant Manager
For SUNSHINE

13.1.2 学习本章应掌握的知识点

1. 国际分工
2. 第三次浪潮与科技创新
3. 新经济的特点
4. 当代国际分工的特点
5. 社会商务与社会责任

13.2 当代国际分工**

国际贸易的基础是国际分工，决定一国国际分工地位的因素是国际政治经济环境，在国际竞争中具备的比较优势和一国文化背景、政治体制、经济政策的长期作用。一个国家的国际贸易战略目标应该是可持续发展、提高在国际分工中的地位、提高民族文化的凝聚力和在世界上的影响力；一个企业的国际贸易战略则应以提高在国际市场上的综合竞争能力为核心，以创造、形成支撑企业经久不衰的企业文化为目标。

13.2.1 第三次浪潮

1. 三次浪潮对社会、经济的影响

人类物质社会的发展经历了农业革命、工业革命和信息革命三次巨大浪潮，每一次浪潮都使社会、经济、乃至人们的生活方式发生了突变。从经济领域，三次浪潮使原始经济依次跃至农业经济、工业经济和信息经济——新经济，促进了经济的快速发展。

第一次浪潮——农业文明大约开始于公元前8000年，直到大约公元1650－1750年；工业文明导致了第二次浪潮，第二次浪潮开始的标志是蒸汽机的发明，用了仅二三百年的时间，第二次浪潮就迅速扩散到全世界，达到了目前统治世界的地步；第三次浪潮在美国大约开始于1955年以后的十年期间，计算机技术、网络技术渗透到人们的生活、工作和社会的各个方面，仅仅用了四五十年的时间——20世纪90年代就普及到了全世界，猛烈地冲击着旧的世界政治、经济格局乃至人们的思维和生存方式。

2. 科技创新在人类社会发展中的作用

人有物质需要，也有精神需要，人类社会活动所追求的是物质生活和精神生活的幸福。物质是人类社会存在的基础，决定了劳动是人类社会的基础活动，也是社会财富的来源。劳动分工和产品交换是人们通过合作实现资源最优配置、提高劳动生产率、增加社会财富的途径；而科技创新扩大了利用资源的范围，提高了资源利用效率和生产效率，也把人类从繁重、持续的劳动中解放出来。

纵观人类物质社会的发展历史，每一次浪潮的动因都是科学技术的突破和创新知识的传播。促进原始社会向农业社会转移的是原始农业知识的突破和应用传播；促进农业社会向工业社会转移的是工业技术知识的突破和应用传播；第三次浪潮的推动力量则是以信息技术为代表的现代科学技术，创新是推动物质社会迅速发展的能量源泉，创新成果使社会物质财富迅速增加。

科学技术的进步促进了生产力的发展，增加了人类社会所需的物质财富，使现代人类生活水平普遍提高。但无论科技发展、普及和应用速度多么快，它给社会带来的物质财富增加使人们的满足也有先有后，而且这种满足比起人们需求的增加来说永远是有限的，科学技术带来的物质满足无可避免地导致人们的失望、痛苦、空虚和永不满足的追求与劳累。教育的普及，科技的进步，导致社会压力更大，竞争更为激烈，人与人的关系紧张，增加了更多的人际矛盾和烦恼。人都变得机智聪明，却更冷酷无情；获得了更多的物质享受，心灵更加空虚；而且科技进步也会引起分配不公、贫富距离拉大，人们的心理受到物质文明的煎熬。因此，科技创新只是人类追求幸福的一种手段，科技成果只是人们追求幸福的一种工具。它能否起到这个作用，则要看人类精神——人性或人类文明的发展水平。

虽然人类社会必须向自然界要物质，但作为人类社会的个体，他还可以在人类与自然界的斗争中提供其他劳动方式，如科研、知识、组织、资本等，通过分工合作交换获得他人在自然界中取得的物质，也有奴役压迫者通过巧取豪夺的方式占有他人的劳动成果。具有平等合作精神的人、组织掌握了科技工具，群体都能从社会物质增长中受益；以奴役压迫他人为目的建立的群体掌握了科技工具，社会财富的增加，只能导致两极分化，形成强化强者恒强、弱者恒弱的社会机制。因此，可以说，在物质领域，人类的历史是人与自然界斗争——向自然界索取物质财富的历史；在精神领域，人类的历史则是倡导、践行平等合作与奴役压迫的斗争，是人类文明发展的历史。自然界和人类社会的复杂性，使世界上形成了不同价值观、不同制度、不同风俗习惯等的不同国家，物质的发展差距很大，精神的发展差异更大，甚至形成了平等价值观与强权价值观的根本对立，科技创新成果通过国际分工、国际贸易、国际交流给整个人类带来物质利益的同时，公平、正义受到前所未有的挑战。

我们正处于第三次浪潮汹涌而至和迅速扩散的21世纪之初，政治、经济、社会激烈动荡，经济全球化与反全球化运动，《京都议定书》与疯狂破坏环境，哥本哈根的碳减排承诺与国情和发展权，资源危机与旧工业革命的最后挣扎，贸易自由化与新贸易保护主义冲突等，正是第三次浪潮惊天动地澎湃的涛声。这既是经济发展的矛盾和斗争，也是人类精神文明发展史上人性与动物性的激烈冲撞。

从科技突破和传播速度看，创新具有不断加速之势。农业革命之前的工具时代，从公元前250万－0.6万年前，持续了近250万年，农业革命从公元前4000－公元1750年，用了近5 800年，而工业革命仅用了200多年就达到了顶峰，取而代之的是信息革命，或知识革命浪潮，促进了人类社会从工业时代向知识时代的转变。21世纪，人类将逐步进入知识时代，知识的加速创新和普及应用是新世纪的特征。随着世界经济一体化、国际贸易的发展和网络的应用，世界各国之间的文化交流愈来愈多，文化融合亦有加速之势，同一个世界、同一个梦想正在形成。同时文化冲突会更趋激烈，人们的生存环境挑战更多地来自国际经济发展、国际贸易价值与本国经济贸易价值的矛盾与融合。

金融危机后，世界政治、经济格局正在发生变化，国际分工竞争、国际贸易摩擦更趋激烈，其本质是国际分工、国际贸易参与国文化、制度、发展模式的冲突，需要人们对国际分工、国际贸易价值进行重新思考。

13.2.2 人类文明历史与冲突

1. 科技革命浪潮冲突的实质

在人类文明的发展史上，每一次科技浪潮引发的人类文明发展都伴随着战争与流血，伴随着精神斗争和社会动荡，伴随着国家民族关系和国家内部生产关系的巨大调整。美国白种人的农业浪潮驱逐了印第安人，试验、建立了民主共和制政体，在人类历史上出现了马克思称赞的“第一个人权宣言”——《独立宣言》；由蒸汽机牵动的工业革命挽救了农业革命的颓势，建立了欧洲与广大亚、非、拉国家之间的工业、农业分工格局，对国际分工利益的争夺最终导致了两次世界大战。第二次世界大战后，军事对峙导致了激烈的科技竞争，在世界上形成了联合发展、集团垄断、不结盟运动三股相互斗争、相互制约的力量。科技创新的实质就是抢占经济竞争、文化竞争、军事竞争的制高点。欧洲联盟的建设、东欧集团的解体和第三种力量的瓦解就是文化竞争、经济竞争、科技竞争的结果。目前浪潮冲突表现为各个国家/地区、各个阶层、各种力量之间经济合作和利益分配中的合理诉求和野蛮掠夺的冲突。世界政治、经济格局的调整正是信息革命浪潮的冲击所引起的变化。

2. 浪潮冲突引起的矛盾

科技创新是获得竞争优势的途径，发达国家需要强化科技领先地位以在世界范围内获得资源和财富，落后国家也需要通过学习、创新缩小与发达国家的差距，以求生存、发展甚至利用“后发优势”进行超越。

（1）人口与资源之间的矛盾：科技革命使人类一次次拓宽了物质资源和获取资源的途径，支撑了一轮轮人口膨胀。在新石器时代（公元8000至公5000年前），世界人口不到500万。随着农业文明的进步，大约到公元1575年，世界人口达到了5亿。工业革命使世界人口迅速增长，虽然经过了第一次世界大战，1930年世界人口仍达到了20亿，1959－1960年间达到30亿，1974－1975年间达到40亿，1987年达到50亿，按照联合国经济和社会事务部人口局2004年11月4日发表的报告预测，世界人口将在2050年达到92.2亿的峰值。科技发展与人口膨胀速度的不适应，使世界性人口与资源危机日趋严重。

（2）工业发展与环境之间的矛盾：第一次浪潮文明的能源是“活的电池”，如人力、畜力，还有来自太阳、风和水能，总的来说第一次浪潮使用的能源是可以再生的；第二次浪潮开始使用煤、天然气和石油，使用的能源是以不能再生的化石燃料作基础。它意味着人类文明开始吃自然界的“老本”，而不只是吃自然界的“利息”。工业技术突飞猛进，不惜一切代价，不顾生态与社会危险，追求国民生产总值，使人类征服自然的战役达到了一个转折点——生物圈已不容许工业化再继续侵袭，不能再无限地依赖不可再生资源。同时，荷兰病、资源诅咒在一些国家或地区蔓延和肆虐。

（3）资源共享与利益分配之间的矛盾：资源瓶颈的解决有两条途径，一是通过科技创新发掘人类可以利用的新型资源，二是利用科技优势对世界现有资源进行重新配置。工业革命拓宽了人类可以利用的资源，支撑了世界人口的膨胀。在工业革命走向衰退、人与资源的矛盾难以调和的20世纪末期，信息革命没有开发出新的资源，而是对工业文明进行改造和升级，是资源配置的科技革命。掌握先进信息技术的国家、企业和个人，可以更多地占有和利用世界资源，而还在农业文明、工业文明挣扎的国家、企业和个人为了生存和发展，只能与发达国家、企业和“文明人”“共享”自己的资源。然而资源的共享，却不一定带来利益的共享，进入信息社会的国家、企业和个人拥有更多的、甚至垄断的利益分配权。

13.2.3 新经济时代的特点

人类生存与进步的客观要求、当前世界的三大矛盾和现代信息技术的相互作用，使新经济时代呈现出全球化、网络化、知识化和人性化的特点。

1. 全球化

经济全球化是一个在世界范围的各个国家和地区经济相互交织、相互影响，融合成统一整体的过程，全球化的实质是在世界范围内进行产业结构或经济结构调整与升级的过程。这是信息化国家、跨国公司在世界范围内按市场经济原则优化资源配置的需要，也是落后国家及企业利用一体化，引进先进技术、提高创新能力的发展需要。不同的需要，使国家与国家之间、企业与企业之间在全球化进程中充满着矛盾和斗争。而受全球化浪潮冲击处于挣扎状态的少数不发达国家，以及积极倡导和参与经济全球化国家内部的弱势产业、弱势群体及其同情者，掀起了一次次反全球化浪潮，却一次次被全球化大潮所淹没。

2. 网络化

全球化经营需要相应的技术手段支撑，信息技术正是这种经营手段的革命。信息技术突破了时间、空间的制约，通过国际协议，使彼此分割的国家、各国企业、贸易、金融、服务等通过网络紧紧地连接在一起，成为一个不可分割的整体。随着高速、宽带的现代信息网络的发展与完善，人类社会的各种经济与社会活动，都将逐步转到网络上来，一个全球化互联网社会正在形成。一个国家不与全球联网，将被排除在世界主流之外；一个企业不在网上存在，利用网络开发全球资源，就不能或丧失在物理世界的存在。无论政府、企业、还是个人是否愿意利用网络，是否有意识地使用网络，网络化趋势已势不可挡。

3. 知识化

信息革命是高科技驱动的，高科技的发展和应用的基础是知识，是掌握知识的人的不断创新。在新经济中，知识和拥有知识的劳动力是最重要的生产要素，知识取代物质成为生产、分配和销售的主要内容。虽然工业革命的推动力也是知识创新，但知识在新经济中成为决定性力量。这是因为，首先，知识更新速度加快，需要不断创新取得或巩固领先地位；其次，工业革命导致了生产能力过剩，知识成为国家和企业，尤其是新经济国家和高科技企业的核心和稀缺资源；再次，通过知识创新可以在世界范围内优化资源配置和提高不可再生资源的使用效率。谁能在时间上抢先一步，谁就能在竞争中处于主动地位。

4. 人性化

经济全球化、国际贸易促进了世界人们的交往，国际互联网在提供了人们经济交流平台的同时，也成为人们文化交流的渠道，在一定程度上突破了国家间的文化藩篱，人性逐渐得到共识并成为人类社会新经济时代的一种发展方向，劳工权益保护、企业社会责任、公平竞争、绿色产品标准、绿色物流、低碳经济等就是世界经济人性化的标志。

13.2.4　当代国际分工的特点

1. 知识、服务专业化

知识、服务专业化是指出现了专门从事知识经营、服务经营的国际分工。根据世界银行的《世界经济二百年回顾》，1992 年美国从事农业、工业和服务业的劳动力分别为 3%、23% 和 74%，虽然服务不等同于知识，但发达国家的服务业更多地体现了知识特征。1996 年 OECD（Organization for Economic Cooperation and Development，经济合作发展组织）主要成员国知识经济占 GDP 的比例超过 50%，知识在当代国际分工中处于最上层的地位，农产品的种植和加工、工业品的制造，都要围绕着知识经济的需要来安排。就像恩格斯在描述工业革命时期的国际分工时，盛赞“英国是农业世界的伟大太阳，是工业革命的中心，日益增多的生产谷物和棉花的卫星都围绕着它运转”一样，在当代的新经济中，知识是新升的“太阳”，是世界经济的中心，工业、农业、第三产业都是知识这个新经济时代太阳的卫星。

2. 分工形式多样化

工业革命产生了工业和农业的垂直型国际分工，第二次世界大战以后随着政治独立、经济自主的民族解放运动，水平型国际分工成为主流。工业革命量变的积累，使产业内分工迅速发展。经济一体化的内在需要，以及信息技术本身促进世界经济一体化的趋势，使国际分工形式不断创新，多种多样。如合资经营、合作经营、合作开发、加工贸易、技术转让等。国际分工已经细化到企业内部，经济关系错综复杂。

3. 利益分配垄断化

国际分工地位，决定着国际经济贸易利益。处于国际分工最高层的知识经济国家，可以凭借世界经济中心的位置，在全球范围内组织生产和销售，垄断着国际分工带来的经贸利益，处于从属地位的制造业国家则沦为国际“蓝领”。由于制造业覆盖的人口众多，竞争更加激烈，提供了不可再生资源，还要承受着“荷兰病”的折磨和资源诅咒；提供廉价的劳动获得微薄的加工费，还要承受着环境污染的痛苦；发展的渴望与冲动，与事与愿违的后果形成了强烈的反差。

这种“雇主”与“蓝领”之间的国家分工地位的形成，利益分配的垄断或相对垄断的局面的形成，与一个国家的发展水平有关，也与一个国家的国际贸易政策有关。恰当的国际贸易战略和政策可以获得相对较多的国际贸易利益，有助于提升国家综合竞争能力和在世界上的分工地位。反之贸易条件恶化，可持续发展能力下降，进一步强化自己的落后和对外依赖。

4. 分工格局稳定化

技术的创新总是有先有后，技术的学习和掌握也总是有先有后。根据世界银行1997和1998年《世界发展报告》，20世纪90年代有10个国家达到知识文明水平，约40个国家和地区达到工业革命水平，约80个国家和地区处于农业文明水平。根据2010年的数据，我国城镇化率已达46.6%，农民仍有七亿多。而美国的农民只占总人口的2%，但他们是用现代化技术进行生产，具备工业化、信息化的特征。而许多至今基本上还是农业化的国家和初期工业化国家，仍在拼命地修建钢铁厂、化工厂、食品加工厂、铁路等，三次浪潮所代表的三种经济共同构成了目前的世界经济格局。信息革命的到来，使发达国家和不发达国家的科技差距拉大，不发达国家提高国际分工地位更加困难。发达国家在利用信息技术和全球化更多地占有和使用世界资源的同时，不发达国家的工业化遇到了资源和环境的巨大压力，甚至出现了因为工业能源的耗尽而退回农耕文明的情况。更有甚者，严重污染的荒芜土地已不适于农、牧。不可否认，按照比较优势理论，国际贸易确实增进了相关所有国家的福利。但增加的多少，增加的福利是否用于了国内全民的幸福，是否用于提高国家在国际分工中的地位，这绝不是可以通过国际贸易与国际接轨可以解决的问题。分工格局稳定化有发达国家通过国际贸易进一步强化其竞争优势的外因作用，也有不发达国家自身的体制、国际贸易战略和政策的内因作用，而内因才是决定性的。

13.3 当代国际贸易的特点*

国际贸易是由国际分工决定的，新经济时代国际分工的特点，决定着当代国际贸易的特点，掌握这些特点对于国际贸易决策和提升企业国际贸易竞争力具有重要的参考意义。

13.3.1 资源利用全球化

当代国际贸易经营已不是单纯的产品互通有无，也不仅仅是扩大市场，而是贯穿产品生产、运输、售后服务、非核心业务外包等企业的整个经营活动，并在世界范围内充分、高效、廉价地挖掘和利用人力、物力、财力以及信息资源。国际贸易是资源利用全球化的初级形式和基本手段，国际供应链管理则是全球利用资源的高级状态。当代企业的经营者，必须从思想上和经营上突破地域限制，充分利用世界上一切可以利用的资源。

13.3.2　运作方式电子化

企业对效益的追求使国际贸易经营的空间向全球扩展，以国际互联网为代表的现代电子技术为全球化提供了强有力的技术支持。电子商务作为一种先进的经营方式、沟通技术和管理手段，可以实现资源全球优化配置和网络化经营，是企业提高效率、降低成本的现代化经营手段。

13.3.3　交换产品知识化

新经济的核心变化是由一个传统的以实物产品为基础的经济向一个以知识的生产和应用为基础的经济转变，交换产品的知识化表现在知识产品在国民经济中所占的比重和知识在产品价值中所占的比重两个方面。

1. 知识产品在国民经济中的比重

像商标、专利、管理软件等知识产品，所需要的物质消耗很少，却能创造出较高的价值。而知识经济就是依靠知识产品的支撑，1948－1984 年美国经济增长中技术进步因素的贡献占66%，全球知识产业占国民经济的比例、知识劳动者占全国劳动力的比例呈不断上升的趋势，知识和技术对经济增长的贡献也在不断增加。

2. 知识在产品价值中的比重

知识经济的发展，使产品物理大小和重量在产品价值中的比重越来越小，产品的价值越来越取决于它们的知识含量。传统的工业产品，也一改工业革命时期周期长、规模大和标准化的特点，向短周期、小规模、个性强和知识含量高的方向发展。知识化产品具有不易被仿冒、附加值高、生命周期长和“锁定”消费者的垄断优势。而知识含量低的产品，生产门槛低，容易形成竞争者一哄而上的混乱竞争局面，盈利空间小，经营风险大。而且知识含量愈低的制造业产品，自然资源消耗一般比较大。甚至企业的盈利无法弥补环境、资源的损失，劳动者所得无法弥补幸福、职业病、甚至生命的代价。优惠鼓励、特殊政策等招商引资、促进出口、促进经济增长等拔苗助长式措施，在使社会经济跳跃式发展的同时，可持续发展能力消耗殆尽。

13.3.4　利益冲突白热化

比较优势理论奠定了国际贸易的理论基础，有经济学家 2005 年具体描绘了贸易自由化将给全球经济每年增加 5 000 亿美元的收入、帮助 1 亿多人口脱贫的美好前景，通过 WTO 框架内的经贸合作、提高人类福利水平成为大多数国家的共识。但一遇到利益冲突，问题马上变得波折复杂，国家与国家、企业与企业以及各相关主体之间在全球化进程中充满着矛盾和斗争。

1. 同等发展水平国家的冲突

如2001年11月启动的旨在降低关税、削减农业补贴并减少金融服务部门国际障碍、到2008年7月29日谈判持续了近7年的多哈回合失败后，美国和欧盟就彼此的农业补贴相互指责，反映了两个发达主体之间的竞争矛盾。我国的纺织品出口也是如此，不但受到发达国家的配额限制、特保调查和反倾销调查，也遭到了发展中国家的抵制。2005年1月1日，是中国纺织业企盼多年——取消出口配额的日子。但不少发展中成员甚至一些发展中国家，也开始频频抵制中国纺织品。美国官员多次在国际场合表示，对配额取消后中国垄断纺织品供应“深表忧虑”，并敦促纺织品出口大国不应仅把目光局限于自身利益，应该与小国一起努力促进后配额时代的平稳过渡。

2. 发达国家与不发达国家的利益冲突

为了获得更多的国际贸易利益，发达国家在具有竞争优势地位的领域，如服务业，要求不发达国家开放市场，而在他们不具有竞争优势或出于某种考虑在某些领域不开放自己的市场则禁止出口。如对农产品发达国家拒绝放弃补贴措施，高科技产品出口受到限制。中美贸易的互补性很强，但中美的贸易摩擦时常出现，美国一方面要求中国采取措施降低贸易顺差，另一方面拒绝向中国出口想要进口的计算机，迫使中国一次次派大型采购团改变中美的贸易顺差。

就科技革命引起的产业升级和转移来说，发达国家出于战略和经济需要，没有、而且也永远不会完全放弃制造业和农业，他们继续生产主要的商品，只是次要部分、环境污染部分、可以利用大量低廉劳动力的部分转移到其他国家去生产。即使非主要制造业商品，他们也不完全放弃产业利益，通过许可贸易、技术贸易等，对制造业国家的生产和出口收取商标费、技术专利费等；在农业领域，他们继续维持高补贴政策。而不发达国家也同样固守他们认为重要的金融领域、服务领域、基础设施领域。各有目的、同床异梦的合作中的冲突其实更多的不是经济利益冲突，而是文化、价值观的根本冲突。

3. 反全球化运动

世界经济一体化、贸易自由化在各个国家内部也导致了尖锐的利益冲突，尤其是不发达国家承接了制造产业、污染产业，其微薄的国际贸易利益分配严重失衡，人口与资源、人口与环境和人与人之间的矛盾进一步激化。与全球化相伴而出现的反全球化运动就是全球化进程中的弱势群体对强势群体及全球化主导者的和平抗议与暴力抗争，借八国峰会、国际劳动节、联合国成员国首脑千年高峰会议、国际货币基金组织和世界银行年会、欧盟首脑会议、世界经济论坛等机会，反全球化运动举行了一次次示威游行和“对台戏”会议，甚至在2003年9月10日世界贸易组织第五次部长级会议举行之际，在反全球化运动的抗议活动达到高潮时，一名韩国抗议者打出了“世贸组织杀害农民”的标语，然后用刀刺进自己的胸部自杀身亡。

在我国，随着农民工生存、工作环境恶化，农民工与企业的矛盾也在加剧。个别地方的农民工因拖欠工资等劳资纠纷，组织集体罢工抗争。2004 年开始出现的民工荒，为制造业的国际贸易低价战略敲响了警钟。而且这种低价战略在国外也招致了抵制，西班牙东部城市埃尔切发生的焚烧温州鞋事件，我国产品在俄罗斯数次以灰色通关为由被查抄，从另一个侧面反映出国家与国家、集团与集团、人与人之间的利益冲突在全球化进程中日趋激烈。

13.3.5　政府管制普遍化

自从凯恩思主义奠定了政府干预经济的理论基础，政府在国民经济中的作用愈来愈大。世界经济论坛和瑞士国际管理学院在其每年进行的国家竞争力评估中，都把政府作为决定一国经济竞争力的八个基本因素之一。

二战以后，尤其是冷战结束以后，综合国力竞争取代了单纯的军事竞争，为了利用世界资源发展国民经济，世界上大多数国家推行贸易自由政策，但出于国际分工、贸易利益分配、各种矛盾协调等原因，各国又推行一系列的国际贸易管制措施，自由贸易主义与贸易保护主义并行。WTO 的自由贸易原则和保障措施原则正是反映了国际贸易中自由竞争和自我保护的双重需要。

在鼓励出口方面，政府通常采取的政策有出口补贴、出口退税、科技资助、信贷和信用风险支持及免费提供出口信息、咨询、展销等；在限制进口方面，政府通常采取的措施是关税、许可证和配额制度。此外，为了垄断国际分工和国际贸易利益，国家也对技术、特殊物品、市场敏感商品进行进出口鼓励或限制。与国家管制相适应，企业只有充分利用国际贸易相关的国家政策和 WTO 规则，才能有效地保护自己和培育自己的国际贸易竞争能力。

13.3.6　竞争手段多元化

全球化经营、高科技手段、激烈的利益冲突、国家的介入使国际贸易复杂性空前提高，国际贸易竞争手段向多元化发展。

1. 竞争向贸易上游发展

有竞争力的产品是国际贸易竞争力和国际贸易竞争的基础。企业要保持优势竞争地位，当经营产品处于成熟期时，另一种新产品就必须已经开发出来甚至步入成长期。这对产品创新提出了更高的要求，所以科技兴贸成为国际经济和贸易竞争的主旋律。

2. 企业向虚拟化发展

科技竞争、知识爆炸使劳动分工愈来愈细，企业要在激烈的竞争中获得立足之地，就需要将经营集中于具有优势或相对优势的核心业务，而把没有竞争优势或相对劣势的非核心业务外包出去，实现与其他企业的优势互补和在广域范围内的资源优化配置，其结果是打破传统“大而全”、“小而全”的实体形态，建立跨地区、跨国界的动态企业经营合作形式——虚拟企业。供应链管理、物流管理正是虚拟企业管理的理念和方法。

3. 竞争向联合的形式发展

国际贸易是国际经济竞争的一个组成部分，是国际分工利益在国内、国际进行分割的过程。一个企业的力量在庞大的国际市场上是微不足道的，在利益冲突白热化的国际环境中，联合成为一个重要的竞争手段。

（1）在生产领域：通过横向联合或纵向联合组成一个对外竞争的利益共同体，可以降低经营成本和增强整体竞争实力。

（2）在产品开发领域：产品开发或者科技创新具有高收益的特点，但同时又兼有投资大、风险高的特点，研发联合是分散投入和风险的途径。

（3）在利益划分领域：虽然各国在 WTO 框架内制定了系统的国际贸易竞争规则，但因利益冲突往往对规则作出不同解释。为了获得谈判优势地位进而获得更多的利益分配，大多数国家都选择了联合竞争——积极组建和参与区域一体化组织。企业的力量与国家相比，就更需要联合竞争。如企业可以通过行业组织影响本国政府的国际贸易政策、协调同业之间联合对外竞争、共同应对国外贸易限制措施和反倾销应诉等。

4. 竞争向协调发展

竞争能力包括矛和盾两种手段的应用能力。国家的外贸政策是自由主义与保护主义并行，企业的竞争也要善于综合应用进攻与防守两种手段，市场营销是国际贸易竞争中的进攻手段，当然在进攻中要遵守国际贸易规则，而协调则是自我保护的方法。

（1）与政府的协调：政府是国际贸易的管制者，是企业连接国际市场的关隘，企业的经营与政府协调至关重要。在投资领域、生产领域要与国家的产业政策结合起来，在贸易领域取得本国政府的支持和取得外国政府的谅解是必不可少的。

（2）与同行的协调：我国出口企业自相竞争已经严重损害了共同利益，虽然我国也有不少商会，但多属于行政管理体制下的产物，迫切需要建立某种民间的、利益共享的同行协调机制，来共同解决面临的国际贸易挑战。

（3）与社会的协调：企业的经营离不开社会环境，其发展也要与社会协调，如善待员工、保护环境、反哺当地等，这是企业可持续发展的需要。另外，与社会的协调也包括与销售地社会的协调，至少不要引起销售地的公众抵制情绪。

（4）与合作者的协调：与国外合作者的协调，就是让利于人共同发展，通过国外合作者实现与当地政府和当地社会的协调。

13.3.7　价值取向社会化

早期国际贸易的目的是互通有无，其交换的产品完全体现了地域特色；工业革命推动了国际贸易大规模发展，企业经营的目的是扩大市场、追求的是经济利益，国家追求的是财富积累和培育朝阳产业。交换的产品从地域特色向体现科技水平、发展水平的国家特色转变。

随着社会的发展，人从经济人向社会人、从物质人向精神人转变，人们不再，或不再仅仅把工作看做是谋生手段，而是实现社会价值、展现个人风采的天职。完成人的这种转变的企业家的企业价值取向也从自由资本主义向社会责任发展。与企业雇员的关系不再是管理与被管理的关系，而是合作关系，共享人的尊严；工作职位不仅为雇员提供生活幸福保障，还培养他们的共同观念、自信心和发展能力；在经营过程中，优先考虑社会责任，而不是自身利益最大化；合作伙伴的选择不仅考虑物质利益，而把企业社会责任作为基础指标；利润不再是作为个人享受或进一步扩张的资本，而是反馈社会，用于匡扶正义的人类正义事业、扶弱济民的慈善事业和全民幸福的公益事业。

1. 社会商务

社会商务是指以追求慈善公益的目标、以资本主义经营为手段的“资本”与“公益”相结合商务模式。它是诺贝尔奖得主尤努斯提出的，他与丹侬公司合作的“格拉明—丹侬合资企业”是社会商务的实验。社会商务被称为资本家的“第二春”，“第一春”是指用经商才能追求个人利润，“第二春”是用经商才能追求社会公益。虽然这种商务模式还不普遍，但把企业部分盈利用于社会事业的社会商务形式却已经非常普遍，盖茨和巴菲特在全球掀起慈善捐赠风暴，表现了个人价值与商务价值的社会化取向。

2. 社会责任

在国际贸易中，社会责任原则、绿色供应链已经渗透到国际贸易实务操作之中。社会商务是目标的社会性，而企业社会责任则是商务过程的经营行为准则。社会责任体现了对企业员工的生命、追求幸福的尊重，对整体社会的义务承担，和商业活动与自然环境的和谐。在一个地球村中，商务活动的外部性愈来愈明显，这种社会责任也超越了一国、一地的界限。

经营价值社会化取向，超越了传统国际贸易经济利益价值，文化竞争超越了物质竞争，社会责任“竞争”超越了“做大做强”的追求。体现在供应链当中，企业之间的竞争关系被战略合作关系所取代。因此，现代国际贸易的竞争，不仅仅是商品的竞争、市场的竞争，而愈来愈多地表现为不同国家之间、企业之间文化的竞争。

因此，一个国家的国际贸易利益不止局限在经济上，目标是建设成为一个在世界上有文化凝聚力和影响力的贸易大国；一个企业的国际贸易利益在人类社会中也不能只用金钱来衡量，企业的文化影响力决定着企业发展的未来。

13.3.8 经营战略人才化

知识经济的发展，使人力资源取代物质资源，成为新经济时代的第一资源。科技发明、产品开发、企业文化传播、市场营销创新和处理日益复杂的国际贸易业务，都对国际经贸人才提出了更高的要求。得人才者得天下，这是新经济时代的铁律，企业竞争如此，国家竞争也是如此。在经济全球化发展，跨国公司扩张，各类生产要素，包括人才资源，成为"资源流"，在全球范围内加速流动的背景下，把社会责任、知识开发、应用成本、风险和预期收益统筹考虑，制订相应的人才战略，是21世纪激烈竞争的需要，也是人类文明进步的需要。

延伸阅读 13—1* The Infant Industry Argument

One of the most notable arguments for protection is known as the infant industry argument. The argument claims that protection is warranted for small new firms especially in less developed countries (LDC). New firms have little chance of competing head-to-head with the established firms located in the developed countries (DC). DC firms have been in business longer and over time have been able to improve their efficiency in production. They have better information and knowledge about the production process, about market characteristics, about their own labor market, etc. As a result they are able to offer their product at a lower price in international markets and still remain profitable. A firm producing a similar product in a LDC, on the other hand, would not have the same production technology available to it. Its workers and management would lack the experience and knowledge of its DC rivals and thus would most likely produce the product less efficiently. If forced to compete directly with the firms in the DCs the LDC firms would be unable to produce profitably and thus could not remain in business.

Protection of these LDC firms, perhaps in the form of an import tariff, would raise the domestic price of the product and reduce imports from the rest of the world. If prices are raised sufficiently, the domestic firms would be able to cover their higher production costs and remain in business. Over time these LDC firms would gain production and management experience that would lower its costs of production. Essentially the firms would follow the same path that the DC firms had followed to realize their own production efficiency improvements. Protection, then, allows an infant industry time to "grow-up".

Furthermore since the LDC firms would improve their productive efficiency over time, the protective tariffs could be gradually reduced until eventually, when the tariffs are eliminated, they would compete on an equal footing with the developed country firms.

（摘编自 Steven Suranovic《The Infant Industry Argument and Dynamic Comparative Advantage》，http：//www. internationalecon. com。）

延伸阅读 13—2* 两个论坛 江海同归

2005 年 1 月 26 日，世界经济论坛在瑞士达沃斯举行，这个一年一度的精英盛会的主题是：为艰难的抉择承担责任。自从 1999 年 11 月底 12 月初美国的“西雅图风暴”拉开世界范围内的反全球化运动的序幕，在世界经济论坛举行的同时，反全球化示威、反全球化论坛也同时举行。这次也不例外，以反对经济全球化为主要诉求的世界社会论坛同日在巴西阿雷格里港举行，其主题和去年一样，仍是“另一个世界是可能的”。

世界经济论坛的“官方”色彩比较强，参加者有许多国家的政界要人、大企业代表和主流学者。今年参加者中有 25 位国家元首或政府首脑，72 名部长以上高官，120 名世界 500 强企业的总裁；而世界社会论坛的“民间”色彩较强，参加者中非政府组织、环保人士、反体制人士居多。

从代表性上看，前者似乎更代表主流建制，后者更代表社会反弹；前者更代表一种经济理性，后者更代表一种人文关怀；前者更代表着“北”——发达国家，后者更代表“南”——发展中国家；前者更代表一种世界“一统性”需求，如应对各种危机的全球性措施，后者更代表对多样性、多元化的诉求。

更值得深思的是，全球化的支持者和反对者都主要来自发达国家。发达国家的政府首脑通常是经济全球化的支持者，反对者主要是来自发达国家的弱势群体和弱势群体的同情者。由于发达国家的弱势群体对经济全球化带来的负面影响体会比较深，更能够意识到他们的失业与经济全球化有着必然的联系，而且他们有在体制内自由表达的机会，也形成了以游行抗议的方式表示反对的习惯，因此更能够通过媒体得到关注。其实发展中国家的反经济全球化现象也不容忽视，不少发展中国家的政府首脑表达了反经济全球化倾向，只是他们没有以游行示威的方式表现出来而已。也许更需要关注的是在不发达国家，弱势群体反全球化的声音被淹没在政府主导的全球化大潮涛声之中。

两个论坛是对立的、矛盾的，但从议题设置上，却也有某种共同性。在达沃斯论坛的议题中，有全球化与可持续发展、气候、环境与发展，建立公正、合理的国际政治经济秩序，民主与现代化等。这些议题与世界社会论坛的许多议题有实质上的重叠和契合之处，反映了人类面对的问题是共同的。当然，由于两个论坛的代表性不同、思维方式不同、价值取向不同，对问题的答案会有相当的歧异。

两个论坛的矛盾反映了当今世界的矛盾，事实上人类从来就是在矛盾状态中向前走的。从两个论坛的趋向看，也有某种议题趋同的迹象。如世界经济论坛开始更多地讨论国际社会公正、环保、可持续发展问题，世界社会论坛中也有人表示并非绝对地反对经济全球化，而是要求这一进程更多地关注弱势群体、与自然的协调等问题。两个论坛或许应验了一句老话：初似矛盾相向，终为江海同归。

（摘编自《人民日报》大千絮语，2005－1－31和韦正翔《反经济全球化问题研究》，经济与管理研究，2005－6－28。）

延伸阅读 13—3* 企业社会责任与SA8000

社会责任国际标准（SA8000，Social Accountability 8000）是世界上第一个规范企业组织经营道德、并用于第三方认证的准则。SA8000标准的要素引自国际劳工组织（ILO）关于禁止强迫劳动、结社自由的有关公约及其他相关准则、人类权益的全球声明和联合国关于儿童权益的公约，其宗旨是保护人类基本权益。

全球企业社会责任运动影响最大的是纺织业、服装业、玩具业和鞋业等劳动密集型消费品行业。一些跨国公司如耐克、阿迪达斯、麦当劳为了避免品牌形象受损，纷纷加入这一运动，它们不仅自己制定社会责任守则，而且要求产品配套企业和合作企业也要遵守，从而将企业社会责任运动扩展到了生产制造基地的发展中国家。现在几乎所有的欧美企业都对其全球供应商和承包商实施社会责任评估和审核，只有通过审核与评估，才能建立合作伙伴关系。企业社会责任越来越多地出现在跨国公司订单的附加条款中。

早在1992年，沃尔玛针对供应商的生产过程就制定了采购道德标准。沃尔玛设置的全球采购道德标准部，把企业关于社会责任的各种决定传导到世界各地的供应商。在签订合同时，每个供应商必须签署一份同意遵循沃尔玛道德采购标准的协定，并要求供应商必须在工厂明显的位置张贴协议，让每一个为沃尔玛生产产品的工人都看见。海报上有热线电话号码和电子邮件地址以便工人可以就有关问题和沃尔玛直接联系。沃尔玛每年一度的采购道德报告主要是提供该道德标准的信息以及对供应商工厂的工作条件与工人生活质量的情况，对严重违反标准的供应商予以橙色警告。如果供应商在两年内被橙色警告四次，双方的供应合同将被取消。

2005年，全球范围内有141家企业因为各种各样的原因，永久性失去了为沃尔玛供应产品的资格。在中国，沃尔玛也已经对在华工厂的验厂频率从每年1次提升至每年4次。而在2006年8月，义乌70家企业执行了沃尔玛的验厂程序，通过的仅为两家，绝大部分被沃尔玛亮了黄灯。

“君子之为君子，善之为善，则在于为义”。五千年中华文化环境下形成了重义轻利、贵义贱利的商业价值主流，与来自西方的SA8000可谓殊途同归。这个新规则，也许是部分企业国际贸易的壁垒，但为社会责任企业提供了更多的国际贸易商机。

（摘编自《沃尔玛的“绿色采购”》，中网资讯中心，2006－10－8；田爱丽《采购道德标准报告出炉 沃尔玛调低橙色警告》，《第一财经日报》，2007－08－17；《SA8000：企业不得不面对的新规则》，国际认证联盟网 www.isoyes.com，2006－6－17。）

延伸阅读 13—4* 警惕“世界加工厂”这个高帽

中国的制造业在最近的十几年里异乎寻常的发达起来，地球上凡是有人的地方肯定都有中国的商品。国人们逐渐被这虚荣所迷惑，赚了钱的老板更是乐不可支，然而中国制造业兴旺的背后却并不令人乐观。

首先，制造业需要消耗大量的资源，而我国是个资源贫乏的国度，今天的过渡开发必然导致资源的过早枯竭，若干年后我们的后代还从哪里寻找发展的物质基础？

其次，世界加工厂所带来的大量环境破坏和污染，当包装精良的商品运上超级货轮的时候，面对满山的黄土和光秃秃的山丘，我们还会欣喜于滚滚而来的美元吗？当我们的后代喝着极度污染的河水，我们还会为造纸业等的异军突起而自豪吗？

第三，外国人把技术拿到中国来加工，中国自己也总是生产那些低附加值的产品，长此以往，不仅资源枯竭，我们的技术也不会精进，别人可以不穿我们的鞋子和衣服，然而我们却不能不需要半导体和CPU。

第四，大量的商品出口到世界上其他国家，因其劳动力成本和安全生产成本的低廉而极具价格竞争力，带来销售额的同时，也带来的诸多麻烦，国际诉讼中的华商频频败诉，西班牙中国鞋商受攻击，俄罗斯对于中国商品的禁令等，都让中国忍受着巨大的成本和冤屈走向世界。

第五，随着“加工厂”的增加，中国工人也在逐渐增多，他们长年累月高负荷地工作在恶劣的环境下，对他们的身心健康形成了重大威胁，由于社会改革的迟缓和不配套，他们的权益也无法得到保证，若干年后大量的羸弱人群将消耗大量的社会成本和社会资源。

就我认识而言，世界加工厂是世界给予中国的美誉，也有可能是别有用心的冠名，不管怎么样，我们自己应该清楚我们自己的斤两。我们必须坚持可持续性发展的战略，严禁掠夺性开发，确保劳动者的合法权益，改革企业的研发机制，避免重复建设，保证GDP的技术进步含量，使中国能够真正地让世界瞩目。

（摘编自《警惕“世界加工厂”这个高帽！》，凯迪网络，2004－11－4。）

延伸阅读 13—5** “世界工厂”的缩影

义乌商人张某的发家史，与中国外贸行业的历程完全同步，浓缩了中国“世界工厂”传奇的身影。

从最初批发生意中发现重大商机的张某，1994 年投入 1 000 多万元购进 2 条当时最先进的日本设备，办起了浙江娇丽袜业有限公司，走在同行前面的张迅速成为第一个获得浙江省名牌的义乌袜业大王，“梦丹莎丽”品牌的 80% 产品销到了日本。

1998 年，他以娇丽袜业和制衣公司为基础，组成了浙江金乌集团有限公司。旗下包括“深圳狄加贸易”、“义乌山图贸易酒店”等 10 家子公司。1999 年，经外经贸部批准，张在义乌市民营企业中第一家取得了进出口权，同时通过了 ISO9000 质量体系认证。借助于新兴的外贸行业，金乌集团业绩惊人。先是公司跨入金华市“50 强民营企业”，其后张个人又获得金华市“十佳青年私营企业家”和浙江省“青年星火带头人”的荣耀。

风光背后，隐忧早已暗伏。7 月 21 日，浙江大学教授史某说，事实证明，“用国际需求代替国内市场需求而不做产业结构的路子，已经走到头了。”产业结构不合理是拖累浙江经济的根本原因，而近期银根收紧、劳动力成本上升、汇率上升，加上出口退税的变化等，加剧了这种情况的恶化，其实“这是长期潜伏着的问题。”

袜业和衬衫业的行业门槛实在太低，低端竞争下，制造业的利润随着出口的扩张而日见微薄。到 2003 年，除了金乌袜厂尚能维持盈利外，旗下另一家制衣厂，到后期只能生产廉价的“1 美元”衬衣，仅能保本而已。

这时，依赖外贸陷入困境的张某开始四处出击，盲目扩张。2003 年前后，金乌集团拍下义乌一 300 亩的地块，号称建设旗下山图服饰的厂房。但 2 000 多万元的土地出让金大部分是借来的，由于缺少后续资金，这幢楼迟迟未能建成，最终迫使金乌走上了“拆东墙补西墙”的不归路。

去年下半年，听到风声的义乌当地一家小型商业银行开始回收金乌集团贷款，其他银行闻风而动，金乌债务危机终于爆发。包括浙商银行在内的多家银行将金乌集团诉至金华和义乌两级法院。重压之下，昔日的明星民营企业家张某 2008 年 6 月 3 日从北京出发，经香港至马来西亚，身后留下全面停产的厂房和巨大的资产黑洞。7 月 16 日，张通过义乌一位密友解释自己的出走。张目前的欠款除银行外，“民间借贷本金 8 亿，利息 6 亿。”而巨额民间借贷的沉重压力，正是张出走的关键原因。

张某只是诸多浙江企业的一个缩影。在义乌乃至浙江，企业主出走事件已屡见不鲜。2007 年 8 月，义乌一帆餐饮有限公司老板朱某一家失踪；11 月，义乌保兴汽车销售有限公司老板叶某下落不明；2008 年 4 月，东方万博集团老板刘某卷款失踪；6 月

26 日，浙江东洲实业集团董事长何某负债数亿举家逃往新西兰……。幸运的是台州飞跃集团创立者邱某，2008 年 5 月底被曝“资金链断裂”后，向政府提出破产申请，经浙江省官方力挺而渡过难关。

“银根收紧、劳动力成本上升、人民币升值等因素，不过是造成企业资金短缺、倒闭、减产、停产的短期原因。”史某对记者说。长期的因素是“产业结构过于依赖外贸；而另一方面，金融领域等基础性政策又迟迟不能到位，金融体制改革大大落后于实际经济面的改革和发展。”

金融危机频发之后，浙江决策层开始出招求解。5 月 4 日，国家银监会、央行联合发布《关于小额贷款公司试点的指导意见》；7 月 15 日，浙江省政府发出通知，启动小额贷款公司试点；6 月底至 7 月 16 日，浙江省 4 次召开高层次的金融工作会议，要求金融部门与浙江经济同舟共济，与企业共度时艰；浙江省中小企业局局长吴某，则以行政公文形式三度投书国家发改委等部门，呼吁“适当把握宏观调控力度和节奏，给中小企业缓冲期”。严冬过后，将是民企的又一个春天。

（摘编自吕明合《浙江求解民企地下借贷困局》，《南方周末》，2008－07－24。）

延伸阅读 13—6* 经济转型与“腾笼换鸟”新战略

广东是改革开放的先行地，经过 26 年的强劲发展，陆地面积只占全国 1.85% 的广东，贡献了占全国 1/9 的经济总量、1/7 的财税收入、1/4 的外资总额、1/3 的对外贸易额，更重要的是，广东贡献了深圳速度、珠江模式、市场机制，贡献了改革开放意识和经验。

当广东认真研究了自己的经济结构之后，猛然醒悟：当年，“三来一补”的外向型经济为广东今日的财富积累立下卓越功勋，但珠三角地区在快速发展了 20 多年后，也陷入了产业层次较低、企业规模偏小、资源消耗大的经济发展方式的“困局”；同时这种“两头在外、大进大出”的加工贸易经济，也带来了经济对外依存度大，对内辐射小的清远现象缺憾——距广州不足百公里的清远市，咫尺之遥，却在珠三角人均 GDP 已经超过 5 200 美元时，以清远为代表的粤北山区，依然不足 1 000 美元。

转型课题又一次“先行”地摆在广东面前。如何转，才能继续保持“排头兵”地位，才能再领科学发展的风气之先？今天，在科学发展观的指引下，广东正试图“闯出一条新路”。一场发展模式转型的探索和创新，在这个先行地悄然展开。

大手笔规划、风景绝佳的两座“城”2005 年横空出世，颇能体现广东的“转型”思路。一是在番禺小谷围岛上的大学城，一是在广州东北部的科学城。大学城投资逾

300亿元，聚集了广东10所高校和10多万学子；科学城占地37平方公里，吸引了上千个研发机构、各类工程中心。在广东决策者心中，这两座城在某种意义上已成为实现广东模式转型的重要载体之一；它们，以及它们所代表的科学教育文化，是广东新一轮战略构想中的核心竞争力所在。

金融危机后出口型企业经营困难，产业转移压力倍增。2008年5月29日，中共广东省委、广东省人民政府召开了一场事关广东省未来发展方向的会议，提出了推进产业转移和劳动力转移的“双转移”战略，出台了《关于推进产业转移和劳动力转移的决定》和8个配套文件等一系列政策措施。广东省委书记汪洋，对有“中国制造”基地美称的东莞市进行考察时曾说：“只要下决心迈出第一步，把笼子腾出来，不愁引不来金丝雀。”他强调说：“如果今天不积极调整产业结构，明天就要被产业结构所调整。”因此，广东省的干部和群众习惯于将“双转移”称之为“腾笼换鸟”，其内涵是指珠三角劳动密集型产业向欠发达的粤东、粤西、粤北地区转移；欠发达地区较高素质劳动力向当地二、三产业和珠三角发达地区转移。可谓珠三角“产业升级”与“清远发展”一箭两雕。

“不谋全局者不足以谋一域，不谋万世者不足以谋一时。”广东的领导深知责重山岳，常常以此自勉。新路为什么更难行？改革的血路需要“破”的勇气、“革”的力度，转型的新路则追求“闯”的技巧、“立”的水平；为追求跨越式发展，血路的杀出难免要阶段性地难以顾及部分人群的利益，付出包括环境、资源等成本代价，而新路的目标是在既有速度的基础上通过各种创新，追求效率与效益，公平与和谐。一个新思路，一种新模式，其产生和成熟的过程，往往需要较长时间。其间，还会不断伴随着矛盾、探索、解决，这在过去26年的广东，也是一个屡屡发生的过程。广东能取得今日之辉煌，得益于两大法宝：中央的指导、支持和鼓励；广大干部群众的激情、胆识和奋进。

（摘编自《广东酝酿发展模式之变 两头在外经济亟待转型》，人民网－人民日报，2005－10－25和宋辅良、卓尚进《“腾笼换鸟”：广东样本演绎新故事》，《金融时报》，2008－9－19。）

延伸阅读 13—7* “低碳”经济与“碳关税”

6月底，美国众议院以219对212的微弱优势通过了一项征收进口产品“边界调节税”法案，征收的这项税种实质就是“碳关税”，即对进口的排放密集型产品，如铝、钢铁、水泥和一些化工产品征收特别的二氧化碳排放关税，该法案从2020年起开始实施。

此消息一出，包括中国、印度在内的发展中国家对此纷纷阐明立场，认为这是变相的贸易保护举措。商务部新闻发言人姚坚称，部分发达国家提出对进口产品征收“碳关税”的做法，违反了WTO基本规则，同时也违背了《京都议定书》确定的发达国家和发展中国家在气候变化领域“共同而有区别的责任”原则。

“最惠国待遇原则是关贸总协定的基本原则之一。一旦开始征收碳关税，各国的关税结构就会变得复杂。”对外经济贸易大学国际经贸学院副教授崔凡说，“比如对日本和中国的产品，美国征收平等的关税，但是一旦涉及碳排放问题，两国的环境政策和环保措施都不同，导致关税征收额度不同，就直接违反了最惠国待遇原则。”

碳关税目前世界上并没有征收范例，但是欧洲的瑞典、丹麦、意大利，以及加拿大的不列颠和魁北克在本国范围内征收碳税。CBN记者采访的多位贸易专家认为，当前实施“碳关税”的可能性虽然不是很大，但长期来看，全球“低碳”经济是一种趋势。

（摘编自宋蕾《美国开征碳关税实质是贸易保护》，《第一财经日报》，2009-7-4。）

延伸阅读 13—8* 农产品出口的“道德壁垒”

中国加入WTO后，西方国家原来的关税保护失去作用，这将刺激一些发达国家去寻找新的贸易壁垒，达到保护本国农民利益和禽畜产品市场的目的，而借助动物福利的国家间差距构筑“道德壁垒”，是最有可能的选择。因为发展中国家很难在短期消除这方面的差距，且用动物福利的名义设置贸易壁垒，不仅穿上了符合进口国法律的外衣，还能容易获取社会公众舆论的同情和支持。

目前，许多欧美国家以及一些发展程度较高的发展中国家都已制定了有关动物福利的立法，要求保证动物享有不受饥渴、生活舒适、避免肉体疼痛和精神恐惧以及享有表达天性等方面的自由权利。即使在贸易运输的过程中，这些进口国也会要求每个动物都拥有足够舒适的空间，既能够与同类伙伴在一起，也能够舒适地休息和睡眠，清洁充足的饮食和新鲜的空气更不能少，就连屠宰也要单独进行，以免其他动物受到刺激和惊吓，一些国家已将动物福利作为进口农产品的一个重要标准。

两年前，欧盟国家的一个畜牧产品进口贸易商曾造访年产5 000万只活鸡的姜某的公司，准备购买数量惊人的活体肉鸡，但由于未达到欧盟规定的一些动物福利标准，这笔巨额生意最终在所谓“不够宽敞舒适”的鸡舍旁流产。

另一个典型的事例是，2002年，乌克兰几位农场主向法国出口活猪，经过60多个小时的长途运输后，却被法方拒绝入境，理由是这批猪在途中没有得到充分的休息，违反了法国的有关动物福利规定。

早在1974年，欧盟就制定了宰杀动物的法规。以猪为例，欧盟对猪的福利规定如下：小猪出生要吃母乳；要睡在干燥的稻草上；拥有拱食泥土的权利；运输车须清洁并在途中按时喂食和供水，运输中要按时休息，杀猪要快等等。到2013年，欧盟各成员国必须停止圈养式养猪而采取放养式养猪……

中国社会科学院农村发展研究所翁某说，去年2月，世界贸易组织农业委员会提出的《农业谈判关于未来承诺模式的草案》，已吸收了某些国家的意见，将“动物福利支付”列入“绿箱政策”之中，这等于在一定程度上已承认动物福利在贸易中的地位。

（摘编自《萧山日报》，2004－3－25和《活猪“安乐死”动物也要福利?》，《浙江日报》，2006－2－7。）

13.4 思考与练习

1. 讨论对美国哈佛大学教授 Michel E. Porter 的国家竞争理论的理解和借鉴意义。按他的理论，一国的竞争优势，就是企业、行业的竞争优势，也就是生产力发展水平的优势。一国兴衰的根本在于能否在国际竞争中赢得优势，而取得国家竞争优势的关键在于国家是否有合适的创新机制和充分的创新能力。

2. 国际贸易竞争中国家和企业的关系是什么？企业获得竞争优势的途径是什么？

3. 美国经济学家 I. B. Kravis 提出“贸易是经济增长的侍女（Trade as a Handmaiden of Growth)”，你认为一个国家、一个企业的发展应该把国际贸易放在什么位置上？

4. 信息革命是加剧、还是解决了社会发展与资源瓶颈的矛盾？

5. 什么是“荷兰病”（Dutch Disease)？什么是“资源诅咒”（Resource Curse)？请上网查询，并分析我国有无感染此症？如有应如何解决。

6. 上网查询什么是人口红利？人口红利在国际贸易中的作用是什么？你如何看待人口红利？

7. 国际贸易利益分割的基础是什么？

8. 一个国家、一个企业应追求的国际贸易目标是什么？

9. 科技发展在人类历史进步中起到的作用是什么？

10. 我国在国际分工中的地位和国际贸易商品结构的特点分别是什么。

11. 全球化与反全球化的原因是什么吗？二者有无一致性？

12. 当代国际贸易的特点有哪些？如何应用于国际贸易经营和操作实务？

13. 新经济时代的特点是什么？这对国家的国际贸易战略和企业经营有何影响？

14. 国际贸易有什么价值？你追求什么国际贸易价值？

15. 幼稚产业的保护是否一定是可行的？可能遇到的问题是什么？
16. 你认为我国在国际分工和国际贸易中存在的主要认识问题和实践问题有哪些。
17. 什么是经济转型？转型的困难和出路何在？
18. 什么是社会商务？你认为社会商务的生命力如何？为什么？

附录 1　《2010 年国际贸易术语解释通则》贸易术语一览表

组别	名称	含　义	主运输②费用承担	装/卸费承担	风险转移界限	保险费用承担	进/出口通关⑦
1. 适用于任一运输或多种运输方式①	EXW	ex works 工厂交货	买方	买/买方	货交买方处置	买方	买/买方
	FCA	free carrier 货交承运人	买方	卖③/买方	货装承运人运输工具③	买方	买/卖方
				买④/买方	卖方运输工具上做好卸货装备④		
	CPT	carriage paid to 运费付至	卖方	卖/买方⑤	货交承运人处置	买方	买/卖方
	CIP	carriage，insurance paid to 运费、保险费付至	卖方	卖/买方⑤	货交承运人处置	卖方⑥	买/卖方
	DAT	delivered at terminal 运输终端交货	卖方	卖/卖方	卸至终端交货	卖方	买/卖方
	DAP	delivered at place 目的地交货	卖方	卖/买方⑤	目的地运输工具上交货	卖方	买/卖方
	DDP	delivered duty paid 完税后交货	卖方	卖/买方⑤	目的地运输工具上交货	卖方	卖/卖方

续表

组别	名称	含　义	主运输②费用承担	装/卸费承担	风险转移界限	保险费用承担	进/出口通关⑦
2. 适用于水运方式	FAS	free alongside ship 装运港船边交货	买方	买/买方	货交船边	买方	买/卖方
	FOB	free on board 装运港船上交货	买方	卖/买方	货装船上	买方	买/卖方
	CFR	cost and freight 成本加运费	卖方	卖/买方⑤	货装船上	买方	买/卖方
	CIF	Cost, insurance and freight 成本、保费加运费	卖方	卖/买方⑤	货装船上	卖方⑥	买/卖方

注：① 第一组术语适用于任何运输方式和多种运输方式的组合——可以包括或不包括水运。

② 货物从卖方转移到买方的全程运输通常可以分为主运输前、主运输和主运输后三部分。主运输是完成货物从卖方向买方转移的长途运输，主运输前、主运输后运输属于主运输装货前和卸货后的附属运输。

③ 卖方所在地交货。

④ 非卖方所在地地点交货。

⑤ 卸货费用由买方承担，但如果主运费包括了装卸费，卖方无权向买方要求补偿该费用。

⑥ CIP、CIF 术语，货物运输保险由卖方安排，而货物运输等一切风险由买方承担。用其他术语货物风险承担者与运输保险利益人同是买方或卖方自己，投保与否、投保什么险别，并不涉及贸易伙伴的利益。

⑦ 需要过境运输的，过境通关手续和费用由货物风险承担人承担。而使用 C 组术语，主运输过程中的过境通关费用，虽应由买方承担，但在运输合同中已由卖方承担的例外。当然，《2010 通则》明确说明，只有在适用的地方，才有义务遵守出口/进口所需的手续。

附录2　国际海运集装箱种类及尺寸

类别	序号	规格	外箱尺寸(英制/cm)			箱内尺寸（cm）			箱门（cm）		容积 M3	一般载重 M/T
			长	宽	高	长	宽	高	宽	高		
干货箱 Dry Freight	1	20′	20′ 609	8′ 243	8′6″ 259	592	234	238	228	227	33	22.1
	2	40′	40′ 1219	8′ 243	8′6″ 259	1204	234	238	228	227	67	27.4
	3	40′超高	40′ 1219	8′ 243	9′6″ 289	1205	234	268	234	258	76	29.6
	4	45′ 超长超高	45′ 1371	8′ 243	9′6″ 289	1358	234	269	234	258	86	28.[illegible]
冷冻箱 Ref	5	20′	20′ 609	8′ 243	8′6″ 259	544	229	227	228	223	28	24.25
	6	40′	40′ 1219	8′ 243	8′6″ 259	1157	229	221	228	223	59	28.55
	7	40′超高	40′ 1219	8′ 243	9′6″ 289	1157	229	250	229	253	67	28.35
	8	45′ 超长超高	45′ 1371	8′ 243	9′6″ 289	1310	229	250	229	253	75	27.3
开顶箱 Open Top	9	20′	20′ 609	8′ 243	8′6″ 259	591	234	228	228	225	32	21.82
	10	40′	40′ 1219	8′ 243	8′6″ 259	1205	234	237	234	227	67	26.18

续表

类别	序号	规格	外箱尺寸（英制/cm）			箱内尺寸（cm）			箱门（cm）		容积 M3	一般载重 M/T
			长	宽	高	长	宽	高	宽	高		
框架箱 Frame	11	20′平装 FlatPack	20′ 609	8′ 243	8′6″ 259	593	239	232	—	—	—	21.44
	12	40′平装 FlatPack	40′ 1219	8′ 243	8′6″ 259	1208	242	210	—	—	—	26.18
	13	20′可折叠 Collapsible	20′ 609	8′ 243	8′6″ 259	596	241	228	—	—	—	27.03
	14	40′可折叠 Collapsible	40′ 1219	8′ 243	8′6″ 259	1206	236	194	—	—	—	39.8
平台箱	15	20′	20′ 609	8′ 243								18.36
	16	40′	40′ 1219	8′ 243		1182	219					39.58
罐箱 Tank	17	20′	20′ 609	8′ 243	8′ 243						20	21.54

注：

1. 有关换算单位 1 米 =3.280 84 英尺，1 立方米 =35.314 76 立方英尺，1 公斤 =2.204 622 磅。
2. 装载重量为参考重量，因集装箱质量不同，所以装载重量不同，不同的港口的装卸重量也稍有差异。
3. 本资料由青岛丑小鸭信息技术有限公司提供 www.shinaduckling.com（2000－07）。

附录3　国际贸易常用度量单位一览表

类　　别	国际贸易常用度量
重量 (weight)	公吨 MT（Metric Ton） 长吨 LT（Long Ton，英国用，1LT = 2 240LB） 短吨（Short Ton，美国用，1ST = 2 000LB） 磅 LB（1LB = 0. 454kg） 公斤 kg（kilogram） 克 g（gram） 盎司 OZ（1OZ = 28. 35g）
数量 (number)	件或个 PC（piece） 对/双/副（Pair） 套/台（set） 打（doz，1doz = 12PC） 卷（Roll） 盘（Coil，与卷类似，只是盘的长度与直径比例比卷小） 令（ream，纸张单位，1 令 = 500 张） 罗（gross，1groos = 12doz = 144PC） 箱（纸箱 carton、木箱 case）
长度 (length) 厚度 (thickness)	英寸 Inch（用“″”表示，1″ = 2. 54cm） 英尺 Foot（用“′”表示，1Foot = 12Inch = 30. 48cm） 码 Yard（1Yard = 3Feet = 91. 44cm） 米 M（meter） 厘米 cm（1M = 100cm） 毫米 mm（1M = 1000mm） 丝 dmm（1mm = 10dmm）

续表

类　别	国际贸易常用度量
面积（area）	平方米（Square Meter） 平方英尺（Square Foot） 平方码（Square Yard）
体积（Volume） 容积（capacity）	立方米（Cubic Meter） 立方英尺（Cubic Foot） 立方码（Cubic Yard） 公升（Liter，1Liter = 1 000 立方厘米） 加仑（Gallon，英国 1Gallon = 4. 546Liter；美国 1Gallon = 3. 785Liter）

附录4 国际贸易中常用包装一览表

英文包装名称	中文包装名称和含义
Bag	袋，可以是由高强度纸（如牛皮纸）、亚麻、帆布、橡胶等制成的，一般 50 公斤以下
Sack	大袋，通常是由黄麻或黄麻布制成的
Jumbo Bag	集装袋，是一种巨型的袋，一个袋的装货重量通常为 1 吨，甚至有的多达十几吨。Jumbo 含义为巨，类似的有 Jumbo tube，Jumbo box 等，只要是很少见的大，就可以称为 Jumbo。
Tube	用于内包装的筒管状硬质或软材料容器，前者如装羽毛球的纸筒，后者如装牙膏、鞋油的铝管——在此汉语通常称袋
Carton	板箱，是由硬板纸或纤维板制成，有双层底双层盖，重量轻、强度高的箱子。是由胶粘物、封箱带、金属带或扁丝固定封箱的
Package	是由几个板箱用金属带固定成一件的包装，称为件
Case	木箱，为减轻重量，木板一般比较薄，但为增加木箱强度，通常有板条固定，在箱子的周围可用金属带或金属线缠绕。根据不同情况，增加不同的内衬物。如防潮纸、金属片等
Box	指用纸板、木板或金属板制成的小箱子。盖子是也可以不是可以折叠的
Crate	大板条箱或枝条编的箱或筐
Drum	指用于盛装液体的圆形桶。通常是金属的；还有一种木制或纸板桶，也称为 Drum，用于盛装不可燃的干化工品或粉末。
Barrel	指 25－60 加仑的 Drum（桶），严密的桶用来装液体，不严密的桶仅用来装干品

续表

英文包装名称	中文包装名称和含义
Cask	容积在60至100加仑的Barrel（桶）
Hogshead	容积大于100加仑的Barrel（桶）
Keg	比Barrel小的桶
Can/Tin	听，是指用来装少量油漆、油或食品的小金属容器
Bale	是一件把松软商品（如棉花、羊毛等）压缩后包裹上保护层，再紧紧捆扎、甚至用金属带固定的包装。标准的包装尺码为30X15X15英寸
Bundle	捆，用于一些不用容器包装的杂品。另外，几个小板箱捆在一起有时也称为捆
Roll	卷，可以有也可以没有外包装物
Coil	盘，它是指卷在一起的小商品包装。盘和卷的区别是直径和高度的比例差别

附录5　空白进出口合同

SALES CONTRACT

ORIGINAL

Seller:

S/C No.

Date:

Order No.

Buyer:

Date:

This Sales Contract is hereby mutually confirmed, terms and conditions as follows:

1. Name of Goods and Specifications	2. Quantity	3. Price Term	
		4. Unit Price	5. Amount
		Total:	

6. Packing

7. Shipement: To be effected during. . . . . from. . . . . to. . . . . with partial shipments and transshipment to be allowed.

8. Insurance: ☐ To be effected by the seller for. . . . . % of invoice value to cover. . . . . . risks and war risks or overland transportation all risks.

☐ To be effected by the buyer.

9. Payment: ☐ By confirmed and irrevocable L/C, without recourse, available by draft at. . . . . . and valid for negotiation in the port of shipment till the 21st day after shipment. The L/C must reach the seller. . . . . . days before the shipment date.

☐

10. Remarks: For general conditions, see overleaf.

Seller: (signature)　　　　Buyer: (signature)

GENERAL CONDITIONS

1. The buyer shall be liable to let the L/C reach the seller before the stipulated date of this contract, failing which the seller shall have the right to cancel, without notice, wholly or partly the contract, and to claim for any direct losses sustained therefrom.

2. Quality discrepancy, if any, shall be raised by the buyer within 30 days after the arrival of goods at the port of destination, and quantity discrepancy, if any, shall be raised within 15 days after the arrival of goods at the port of destination. In both cases, claims must be accompanied by Survey Reports of recognized public surveyors agreed to by the seller.

3. The seller shall not be responsible for failure or delay in delivery of the entire lot or a portion of the goods under this contract in consequence of any Force Majeure incidents.

4. All disputes arising from the execution of or in connection with this Contract shall be settled amicably through negotiation. In case no settlement can be reached through negotiation the case shall be then submitted to the Foreign Economic & Trade Arbitration Commission of the China Council for the promotion of International Trade, Beijing, for arbitration in accordance with said commission's provisional rules of procedure. The arbitrator's decision is final and binding upon both parties.

5. Attachments, if any, are the inseparable parts of this contract.

注：格式合同中的条款选项符号“□”：“□”表示可以选择的项目，如果合同条款选择“□”后面的内容，则在“□”上打印“×”符号。没有选择的合同条款无效。

参 考 文 献

参考书目：

1. 李金林．国际贸易业务操作与训练．北京：北京大学出版社，2011.

2. 国际贸易术语解释通则® 2010. 北京：中国民主法制出版社，2010.

3. 田纪云．改革开放的伟大实践——纪念改革开放三十周年．北京：新华出版社，2009.

4. 阿尔温·托夫勒著．朱志炎，等，译．第三次浪潮．上海：三联书店出版社，1983.

5. 马克思·韦伯．李修建，张云江，译．新教伦理与资本主义精神．北京：九州出版社，2007.

6. 白波．博弈游戏．哈尔滨：哈尔滨出版社，2004.

7. 黎孝先．国际贸易实务．北京：对外经济贸易大学出版社，2000.

8. 张卿．国际贸易实务．北京：对外经济贸易大学出版社，2002.

9. 郑俊田．中国通关实务．北京：中国商务出版社，2005.

10. 邬性宏．国际商务英语．上海：复旦大学出版社，1995.

11. 海闻．国际贸易．上海：上海人民出版社，2003.

12. 南方周末，www. infzm. com

13. 搜狐评论，star. news. sohu. com